延暦寺の建築史的研究

清水擴

中央公論美術出版

延暦寺の建築史的研究

本書は、独立行政法人日本学術振興会平成二十一年度科学研究費補助金（研究成果公開促進費）の交付を受けた出版である。

目次

序

平安時代初期、わが国の仏教界は最澄・空海という二人の傑出した僧の出現によって、大きな変革期を迎えた。延暦二十三年（八〇四）、還学生として入唐した最澄は天台山に登り、道邃と行満から天台の奥義を授かった。そして帰途立ち寄った越州・龍興寺において、順暁から密教を相承している。こうして帰国した最澄は、平安京の東北にあたる比叡山に王城鎮護の道場として比叡山寺（のちの延暦寺）を開き、法華経を根本経典とする天台法華宗の基礎を固め、その布教に邁進した。

一方、最澄と同じ遣唐使節の一行に加わって入唐した空海は、長安・青龍寺の恵果のもとで密教を学び、真言密教第八祖の地位を継承した。帰国後の弘仁七年（八一七）に、高野山に根本道場を開いて金剛峯寺と号し、また同十四年には朝廷より東寺を下賜されて、平安京における真言密教布教の拠点を獲得した。

空海より早く帰朝した最澄は、ついでに持ち帰ったはずの密教が、天皇をはじめとする貴紳たちから思わぬ厚遇を受け、密教のさらなる修学の必要性を痛感する。そして体系として完成した正当密教をわが国に初めて伝えた空海は、嵯峨天皇らの帰依を一身に集めて、真言密教の布教基盤を強固なものとした。

最澄の遺志を受け継いだ弟子・円仁は、承和五年（八三八）から十年におよぶ入唐求法によって、長安・大興善寺の元政から金剛界を、青龍寺の義真から胎蔵界および、空海も未受であった蘇悉地の大法を授かり、いわゆる三部大法を持ち帰って、天台密教の格段の強化を実現した。さらに仁寿三年（八五三）に入唐し、長安・青龍寺の法全から三部大法を伝授された円珍の帰国によって、天台密教は空海以後の真言密教を凌駕する地歩を築いたのである。

天元四年（九八一）に、行基に次いで史上二人目の大僧正に任じられた良源は、円仁、円珍以来、密教優位の続いた天台教団に、始祖最澄以来の天台法華を再構築した。そして多くの有能な弟子たちを育て、天台の基盤をさらに強固なものとするが、なかでも以後の浄土教興隆に決定的といってよい影響力を発揮した『往生要集』の撰述者・源信が出るにおよんで、世は挙げて浄土信仰へと傾斜していく。浄土信仰、そして浄土教美術は天台宗によって主導されたといって過言ではない。

平安時代末期、教団内の抗争に明け暮れ、天台宗はもはや仏教教団としての実を失うに至る。こうした状況のなかから、これまでの仏教のように支配層を布教の対象とするのではなく、一般庶民を基盤とする新しい仏教宗派が形成される。浄土宗、浄土真宗、臨済宗、曹洞宗、日蓮宗など、いわゆる鎌倉新仏教と総称される教団である。これらの宗祖、法然・親鸞・栄西・道元・日蓮はいずれも天台宗延暦寺において修行を積んだ僧侶たちであった。つまり、彼らの思想の本となったのは天台教学だったのである。

このように、平安時代から鎌倉時代に至る仏教界において、天台宗延暦寺は思想的にも文化的にもきわめて大きな影響力を持ち続けたのである。

こうした存在でありながら、平安期における延暦寺の建築についての体系的な研究はこれまで全く行われてこなかった。その理由は、周知のように平安時代中期以降の山門派（延暦寺）と寺門派（園城寺）の度重なる抗争・焼き討ちによって、さらには織田信長の延暦寺焼き討ちによって、多くの資料が失われてしまったとの認識がその第一の要因である。

一方で、『山門堂舎記』、『阿娑縛抄』諸寺縁起、『叡岳要記』（本書ではこの三書を「基本三書」と表記する）など、延暦寺の建築についてかなり詳細に記す文献が存在するのだが、建築史学の泰斗である福山敏男氏がこれらの史料の成立年代が鎌倉時代であり、その内容も基本的には鎌倉時代のものと考えた方がよいという見解を示されたことから、これらを積極的に利用して延暦寺の建築を解明しようとする研究者が現れなかったのである。

しかし、本研究によって、これらの基本史料は、厳密な史料批判を行えば十分に信頼できる内容を多く含んでいること、しかもそれらは平安時代中期以前の延暦寺に関するものであることが明らかになった。さらに、文献を博捜すれば、延暦寺建築に関する記事は意外と多く散見されるのである。

こうした作業を経ることによって、本研究では、これまで試みられたことのなかった、平安時代延暦寺の全体像を建築史的に把握することができたと自負している。

第一章　延暦寺建築略史

本章では平安期の延暦寺における堂舎や院家建設の歴史について略述する。個々の建築の創建年時の推定や建築の内容等については後続の章で詳細に検討を加えるので、ここではその考察の結果に基づいて叙述する。別章で扱われていない事象、例えば最澄による九院・十六院計画についてはこの章で考察を加える。

前　史

比叡山が信仰の山として崇められるのは古墳時代以前に遡ると推定されるが、それが仏教と結びつく過程は判然としない。

近江守となった藤原武智麻呂は和銅八年（七一五）に比叡山に登ってしばらく滞在し、柳樹一株を植えた(1)。無知麻呂の子・仲麻呂も近江守となって比叡山に登るが、その時、父武智麻呂の植えた柳樹のもとで詩を詠んだ。それに和した麻田連陽春の詩「和藤江守詠裨叡山先考之旧禅処柳樹之作一首」が『懐風藻』に載せられている。それには「近江は惟《これ》帝里。裨叡《ひえ》は寔《まこと》に神山。山静けくして俗塵寂《しず》み、谷間《しず》けくして真理専《もはら》にあり。於穆《ああうるわ》しき我が先考、独り悟りて芳縁を闡《ひら》く。宝殿空に臨みて構え、梵鐘風に入りて伝う(2)」とあって、武智麻呂が比叡山において仏の真理を悟り、僧となるべき良縁（仏縁）を開いたこと、叡山上に「宝殿」を造営し、また「梵鐘」を設けたことなどがわかる。続いて「寂寞なる精禅の処、俄に積草の墀《にわ》に為《な》る。古樹三秋に落《ち》り、寒花九月に衰う。唯余《のこ》す両楊樹、孝鳥朝夕に悲しぶのみ。」とあり、三十余年後に陽春が訪れた時には、かつての修禅の場は寂寞として人けもなく、生い茂る草の庭となっていた、つまり宝殿も梵鐘もすでになく、武智麻呂の植えた二本の楊樹だけが残されていたという。

このように、比叡山は奈良時代から聖なる山として、篤信のものによって私的な仏教施設などが営まれていた様子を窺うことができるが、それが大きく展開することはなかったようである。

最澄による開創

最澄は天平神護二年（七六六）、近江国に三津首百枝の子として生まれた。三津氏は後漢・孝献帝の後裔で、応神天皇の時代に帰化したという。百枝は、私宅を寺として修行に励むなど熱心な仏教の信者であったが、子がなく、男子を得んがために叡山を跋渉すること数日、叡山東麓において忽然として馥郁たる香りがあたりに漂った。百枝は香りの源を探し当て、その地に草庵を結んだ。のちの「神宮禅院」がこれであるという。百枝が一七日を期して至心に懺悔すると、四日目の五更に夢に相好を感じ、最澄を得たという。神宮禅院跡は八王子山（牛尾山）の西渓にある。

最澄は十二歳で出家し、十五歳で近江国分寺僧に補せられ、二十歳で具足戒を受けて比丘となった。同年（延暦四年―七八五）、叡山に登った最澄は山上を巡礼すること半年、延暦五年に虚空蔵尾に至りそこに草庵を結んだ。この草庵において最澄は虚空蔵尾の倒木を使って、のちの根本中堂（薬師堂）の本尊となる薬師像および釈迦像、毘沙門天像を彫り上げた。この草庵は根本中堂の北、虚空蔵尾に現存する「本願堂」の地であったと思われる。

近世の史料ではあるが、『比叡山堂舎僧坊記』(3)は「北谷　虚空蔵尾、根本中堂之東北」「一　本願堂」として「当尾本堂也、本尊薬師伝教大師御作、此地有霊木、以此霊木為三塔本尊之御衣木、於当堂彫刻御座云云、仍当堂称本願堂、崇根本中堂之奥院、中堂造営之砌者本尊奉遷斯堂、天下安全長日之御祈願無懈怠修之」と記し、この堂が最澄の最初の草庵であったこと、ここにおいて薬師像等を彫り上げたこと、そうした由緒によって根本中堂の修理等の折りにはこの堂に本尊を移すこと、根本中堂の奥院であることなどを示している。

延暦七年（七八八）、最澄は山上に薬師堂（のちの一乗止観院、根本中堂）および経蔵を建立した。いずれも桁行三丈余の小規模な三間堂であったが、ここに初めて延暦寺の基が築かれたのである。安置された薬師仏は前述の草庵において、虚空蔵尾の倒木を用いて彫られたものであった。遅れて延暦十二年には薬師堂とほぼ同規模の文殊堂が建立された。安置されたのは、最澄の父・三津首百枝の手になる土製の文殊・普賢・弥勒の三像と、薬師像と同じく虚空蔵尾の倒木の第三切から彫りだした毘沙門天像であったらしい。この毘沙門天像は、最澄が計画した十六院のひとつである護国院の本尊として造られたものだったが、結局護国院は建立されなかったので文殊堂に安置されたようであるから、当初からの安置仏ではなく、客仏的な存在だっただろう。のちにこの堂が毘沙門堂と呼ばれるようになるのは、本仏である土製の文殊等三像が次第に破損し、やがて廃棄されたためだったかも知れない。

こうして叡山草創期の三棟の建物が完成し、翌延暦十三年には総供養が行われた。

延暦十六年（七九七）、最澄は内供奉に補せられ、近江の正税を賜った。そして同二十二年（八〇三）、入唐還学生として求法の旅に出る。帰朝は延暦二十四年である。入唐には、訳語僧（通訳）として、最澄死後に初代の天台座主となる義真を伴った。最澄入唐の目的は『摩訶止観』をはじめとする天台関係の法門の収集にあった。そして天台山を訪れ、同山修善寺座主道邃和尚から天台の付法と菩薩の三聚浄戒を受け、同じく天台山仏隴寺座主行満からも法門を受けた。

帰途、明州で遣唐船を待つ間、越州の龍興寺に赴き、そこで阿闍梨順暁に謁して灌頂を受け、三部三昧耶図様・契印（印相）・法門・道具等を授かった。さらに明州において開元寺の霊光等から密教関係の修法の伝法も受けた。

こうして最澄は当初の目的であった天台宗の将来のみでなく、副次的ではあったが密教をもわが国に将来することになったのである。そして桓武天皇をはじめとする帰朝後の朝廷の期待は、むしろこの密教修法に向けられ、以後の天台宗にとって大きな問題を孕むことになる。

大同元年（八〇六）、最澄の奏によって天台宗に二人の年分度者が与えられることになり、ここに天台法華宗の開立が正式に認められることになった。ただ、二名の年分度者のうち一名は天台の『摩訶止観』を専門とする「止観業」、一名は密教の『大毘盧遮那経』を専門とする「遮那業」であったから、この時点ですでに天台と密教が日本天台の二本柱と位置づけられていたことは重要である。

弘仁三年（八一二）七月には、叡山上の三棟目の仏堂である法華三昧堂が建立された。それまではおそらく一乗止観院において行われていたであろう法華十講や法華長講など、法華経関係の行事の多くはこの堂に移されたものと推測される。

最澄によって建立された仏堂としては他に妙見堂（のちの八部院）がある。建立年時は不明で、おそらくきわめて簡素なものであったと推測される。

最澄は弘仁十三年（八二二）に、住房である中道院（中堂坊）において示寂する。五十六歳であった。この院は、円仁の時代に最澄の廟堂・浄土院に改められる。

九院・十六院計画

最澄の弟子・光定の撰になる『伝述一心戒文』巻中には「先師依　先帝公験、而大法師義真・法師光定、宛行戒壇院別当・知事、寄是之旨、共知伝宗事、具如弘仁九年宛九院別当等」とあり、同じく巻下にも「去弘仁九年、先師宛行戒壇院別当義真大法師、同時宛行戒壇院知事伝灯法師光定」とあって、最澄が弘仁九年（八一八）に「九院」の別当等を任命したことが明らかである。ただし戒壇院以外の院名や別当名については記されていない。また同書巻上には「弘仁九年四月二十六日五更、奉資国主、発願奉資一切天神地祇、起恨怨神祇等、令離苦得楽、故定九院」とあって、九院を定めたのは弘仁九年四月二十六日であったことがわかる。これに先立って、弘仁四年六月の「長講金光明経会式」および「長講仁王般若経会式」には「昼夜加護比叡山法性道場正宝蔵・大日本国及九院」といった文言が頻出する。さらに弘仁三年四月五日の「長講法華経後分略願文巻下」には「住持九方院」「護九方院」「造作九方院」「日本及九院」といった文言が見られるから、「九院」は「九方院」がもとであったらしい。そして同書には「護此九方一乗法華院」ともあるから、法華思想に基づく九院であったことがわかる。「九方」については『大漢和辞典』に「九つの方角。転じて、四海・天下・九州をいふ。」とあり、また「長講法華経後分略願文巻下」には「比叡山并八方之院」ともあるから、九方院、九院は根本中堂を中心とする、法華思想に基づく叡山上の諸院という意味であったろう。これに具体的な九つの院を充当したのが叡山の九院であったと思われる。九院の構想は弘仁三年（八一二）ごろから暖められ、弘仁九年にいたって、その実現をめざして動き出したと考えられる。

九院の具体的な名称については、弘仁九年七月二十一日「前入唐受法大乗沙門最澄／前入唐受法大乗沙門義真」の奥書を持つ「九院事」[4]によれば、

一　止観院
二　定心院
三　惣持院
四　四王院
五　戒壇院
六　八部院
七　山王院
八　西塔院
九　浄土院

である。『山門堂舎記』、『叡岳要記』、『九院仏閣抄』も同様である。この当否については後に検討したい。

貞観十六年（八七四）に光定の弟子・円豊が撰述した光定の伝記である『延暦寺内供奉和上行状』には「（弘仁九年）七月廿七日、大師定山家十六院司、任戒壇院知事及宝幢院別当」とあり、弘仁九年（八一八）に最澄が十六院の院司を定め、光定は戒壇院知事と宝幢院別当に任じられたことがわかる。

『九院仏閣抄』所引の『三宝住持集』にはこの十六院の名称とその役僧名が記されている。以下に列記する。[5]

一乗止観院　大別当義真　小別当真忠　上座薬芬　寺主慈行　都維那円信
法花三昧院　別当延秀　知院事円信

一行三昧院　別当円信（円仁）　知院事法雄
般舟三昧院　別当道昭（道紹）　知院事仁誓（仁哲）
覚意三昧院　別当真忠　知院事朗然
東塔院　別当徳善　上座真順　寺主神快（神悦）　都維那粛然
西塔院　別当康遠　上座慈行　寺主道叡　都維那寂然
宝幢院　別当光定　知院事証円（円澄）
菩薩戒壇院　別当義真　知院事光定
護国院　別当円誓（円哲）　知院事寂然
惣持院　別当真徳　上座妙賢（妙堅）　寺主興善　都維那孝行
根本法華院　大別当円澄　小別当恵暁　上座円証　寺主徳円　都維那等善（等真）
浄土院　別当薬芬　知院事俊然（煖然）
禅林院　別当薬証（薬澄）　知院事真忠
脱俗院　別当薬芬　知院事行宗
向真院　別当康遠　知院事維叡（唯叡）

（注）括弧書は『叡岳要記』による。惣持院の上座は「好堅」である可能性が高い。

これに続き、以下のように記す。

右、衆院并別当三綱等、為令仏法興隆、擁護国家、利益群生、依去延暦廿四年大歳乙酉九月十六日治部省公験、建立衆院、任別当等如件、宜同法禅衆、発精進心、修治諸院、長講不絶、持念不怠、禅定不息、福利国

前入唐受法大乗沙門最澄
前入唐受法大乗沙門義真

家、成仏群生、

弘仁九年歳次戊戌七月廿七日

これは最澄および義真が十六院の役僧を定め、それぞれの院の建立に精進するよう促したものである。したがって、その可能性は別として、最澄による叡山の整備計画であったといえよう。そして役僧の配置によって、最澄の構想に占める重要度も示されている。

①大別当、小別当、上座、寺主、都維那を置く…一乗止観院、根本法華院

②別当、上座、寺主、都維那を置く…東塔院、西塔院、惣持院

③別当、知院事のみを置く…右記を除く十一院

なお、前引の文書では、延暦二十四年（八〇五）九月十六日に、治部省公験によって諸院の別当等が補任されたように取れるが、『伝教大師伝』によれば、この日は最澄が伝法の公験を賜った日であるから、何らかの錯簡であろう。また、唐より帰朝直後のことであったから、こうした構想を練る時間的余裕はなかったはずである。『伝述一心戒文』の記すように、弘仁九年のこととすべきであろう。

『九院仏閣抄』はこれらの十六院がどのように実現をみたかを叙述するので、以下にその内容を摘記する。

護国院は伝教大師作の毘沙門天像が本尊として用意されていたが、敷地が點定されず仏閣も建立されなかった。そこでこの像は根本中堂内の文殊堂内に安置されたため、この堂は毘沙門堂と呼ばれた。根本法華院と禅林院は敷地は點定されたが本尊がなかった。根本法華院の地には、天元四年（九八一）に慈恵大師が常行三昧堂を建立

した。常行三昧堂は虚空蔵峯の文殊楼の前の地にあったが、元慶七年（八八三）に相応和上が慈覚大師の遺命によってこの地に移し造った。禅林院の地には天元三年（九八〇）に慈恵大師が虚空蔵尾神殿を造立した。向真院の地には仏閣は建てられなかった。

そして右の記述どおり、根本法華院、護国院、禅林院、向真院、脱俗院はいずれも建立された形跡がない。実現したのは十一の院だったようである。

さて、九院と十六院の関係について検討してみたい。前掲の「九院事」を信ずれば、その計画は弘仁九年四月二十六日である(6)。そして十六院の計画は同年七月二十七日。その間わずか三ヶ月である。しかも止観院、惣持院、戒壇院、西塔院、浄土院は両者に共通している。十六院については、前述したように光定の弟子・円豊が撰した『延暦寺故内供奉和上行状』および『三宝住持集』所載文書によって、弘仁九年にそれぞれの院の別当、三綱等が任命されたことは疑いない。これに対し、九院については『伝述一心戒文』に「具如弘仁九年宛九院別当等」あるのみで、具体的な任命の内容は記されていない。

以上のように九院と十六院の関係はきわめて不明瞭といわざるを得ない。

『伝述一心戒文』巻上の「承先師命建大乗寺文」は、「去弘仁九年二月七日、承先師命、為伝於宗建大乗寺」から始まる。わが国初の、大乗思想に基づく大乗寺に必須の施設である大乗戒壇設立のために、最澄によって朝廷との折衝を命じられた光定の動向を叙述したものである。その中で、弘仁九年四月二十六日の五更（午前四時）に、「九院を定めて」金光明経、仁王護国般若経、法華経の長講を行った旨が記されている。この文脈からすれば、九院は大乗寺建立との関わりで示されたものと解釈されるから、当然大乗寺としての要件を整えるために必要な九院、と考えるのが妥当だろう。十六院の場合には、すべて別名として「法華」を冠し（例えば宝幢院は「法華延命宝幢院」）、これらが法華一乗の思想に基づくことを明確にしている。これに対し、九院はその名称から判断する限り、こうした法華思想あるいは大乗との関係が明確でない。特に山王院は叡山の地主神を祭るものであって、法華思想との関係は見いだせない。

また、次のことも指摘できる。

「九院事」に掲げる「九院」は年代の差こそあれ、すべて実現した院である。そしてこのうち八部院と定心院は最澄の生前の構想に含められたとは考えがたい点がある。

まず、八部院は宗祖最澄の創建と伝えるが、最澄自造とされた妙見菩薩像を安置する妙見堂がその母体で、八部院と称するようになったのは最澄没後の承和年中であった可能性が高い。

次に、定心院は叡山初の勅願寺で、承和十三年（八四六）に円仁によって建立された。しかしこの院は、仁明天皇が隠棲後の居所として計画したという由緒を持ち、最澄の構想にはいるべきものではなかったと思われるのである。

さらに、九院に「西塔院」のみがあって「東塔院」が含まれていないのも不自然である。東塔院は最澄が構想した「六処宝塔院」のうちの近江宝塔院であり、かつ六処宝塔の要であったから、九院に西塔院が含まれるのであれば、当然東塔院も含まれて然るべきと考えられる。そこで九院のひとつとして挙げられた「惣持院」に注目する必要がある。歴史的に見れば、東塔は最澄の時代に建設が開始されたものの、工事途中で中止され、円仁によって惣持院に包摂される形で実現した。惣持院の中心建物は下層方五間の多宝塔で、上層には千部法華経が安置されたことによってもそれは裏付けられる。したがって惣持院は東塔院を兼ねるものであった。このように、九院に東塔院の名がないのは、惣持院が東塔院を兼ねる形で建設された以降、つまり円仁時代以降のことと考えざるを得ない。したがって「九院事」に挙げられた九院の内容は最澄時代のものではなかったということになる。

以上によって、「九院事」なる文書は偽書である可能性を指摘できたように思う。最澄の「九院」の名称が何らかの理由によって不明になったのちに、初期の叡山に建立された代表的な施設を九院に充てたものと思われる。九院の構想と十六院の構想がほぼ同時であったことを勘案すれば、本来の九院は十六院のうちの主要な九つの院であったのではないかと推測される。それは例えば、「十六院」の記載順に、①一乗止観院、②法華三昧院（半行半坐三昧院）、③一行三昧院（常坐三昧院）、④般舟三昧院（常行三昧院）、⑤覚意三昧院（非行非坐三昧院）、⑥東塔院、⑦西塔院、⑧宝幢院、⑨戒壇院、が想定される。

なお、『渓嵐拾葉集』は「一　当山九院事」に続いて「一　発願諸院事 仏像安置章文云」として三十三院の名称を記載するが、これが意味するものは明らかでない。九院と共通するのは戒壇院、四王院、八部院の三院、十六院と共通するのは四種三昧院と戒壇院、宝幢院の六院である。

最澄時代の延暦寺の実態

延暦寺の初代別当光定の著した『伝述一心戒文』には「燈を分ちて二分となし、一分をば中堂薬師仏に供し、一分をば三昧堂の講法華に供するの文」を載せる。これによれば天長年中（八二四〜三三）に、延暦寺俗別当であった権中納言藤原三守の尽力によって「燈分宣旨」が下され、三合の燈分油が延暦寺に支給されることになった。俗別当の一人である伴国道が、その油をどうするのかという質問に対し、光定は次のように答えている。「（法華）三昧衆が云うには、法華経を読むには一合の油では暗すぎる。数日の後、五撮の油を増したら明るくなったという。そこで三昧堂には一合五撮の油を供すべきである。また中堂薬師仏には二人の年分度者が与えられ、永代の基となすべきだから一合五撮の油を供すべきである。天長大皇（淳和）の施入された三合の燈分油はこの二堂にあてる。」

このように、草創期の叡山に支給されたのは一日三合の燈分油であり、それは根本中堂と法華三昧堂の二堂に、等しく配分されたのである。祖師最澄示寂直後である天長期における叡山の中心はこの二堂であり、ほかの諸堂はまだ未整備状態であったことを裏付けている。

なお、『叡山大師伝』によれば、「（弘仁十四年）夏、今帝贈先師忌日料調布祷、又供延暦寺燃料、凡諸弟子等重蒙天恩、悲喜交集不知所言」とあり、弘仁十四年（八二三）六月に天皇より燃料を賜ったとする。この年四月に嵯峨天皇が譲位し、淳和天皇が即位して、翌年一月からは年号が弘仁から天長に変わっている。これらを勘案すれば、「灯分宣旨」が下されたのは「天長年中」ではなく、弘仁十四年であったと考えられる。天長まで降れば、戒壇院がすでに創建されている。

六処宝塔

最澄が構想しながらその在世中には実現しなかった延暦寺の東塔および西塔は、最澄が計画した「六処宝塔」の二であった。六処宝塔は安東上野宝塔院・安南豊前宝塔院・安西筑前宝塔院・安北下野宝塔院・安中山城宝塔院・安国近江宝塔院で、この内の安中山城宝塔院が叡山の西塔、安国近江宝塔院が東塔に該当する。ここではその六処宝塔について述べる。

最澄示寂の翌年、弘仁十四年（八二三）に、最澄の弟子仁忠によって書かれたとされる『叡山大師伝』によれば、最澄は六千部の法華経を書写し、六基の「多宝塔」を造って塔ごとに一千部の法華経を安置して、毎日長講して国家を福利するという本願を立てた。弘仁八年（八一七）、東国巡錫に赴いた最澄は上野国の浄土院（緑野寺）と下野国の大慈寺に「各一級宝塔」を建てて一千部ずつの法華経を安置し、塔下において毎日法華経を長講したという。そしてこの年の五月十五日に「緑野寺法華経塔」前において、円澄と広智の両名に両部灌頂を伝授したという。(7)

承平七年（九三七）十月四日の奥書のある太宰府牒「符牒　筥埼宮　応令造立神宮寺多宝塔壱基事」(8)によれば、筑前宝塔院は竈門山寺に、承平三年（九三三）に造立されたという。そして豊前宝塔院は宇佐の弥勒寺に充てられたが、ようやく法華経二百巻を書写した寛平年中（八八九～八九八）に焼亡してしまった。そこで僧兼祐が新たに一千部を書写し、場所を筥崎神宮寺に替えて多宝塔を造立することを太宰府に請い、承平七年にこれが認められた。『叡山大師伝』には「且修営三千部三基塔已畢、猶未修造中国二千部二基塔・西国一千部一基塔、但中国分叡岳東西両塔是也」とあるから、豊前宝塔は最澄の在世中に完成しており、それが寛平年中に焼亡したようである。筑前宝塔院の完成は三塔よりはるかに遅れて承平三年（九三三）であった。

六処宝塔を総摂する安国近江宝塔院、つまり東塔の造立経過は以下のとおりである。

延暦二十五年（八〇六）二月下旬、桓武天皇は新しく将来した天台宗のために勅によって方五丈の壇堂を建立せんとし、近江少掾安倍真虎と造宮長上工一人、少工二十人を遣わした。しかし天皇は同年三月二十七日に遷化し、宝殿の建造は中断してしまった。そこで天台宗の学生たちは志をひとつにして、一基の宝塔を造立することを発願した。しかし、その工事は遅々として進まなかったようである。東国巡錫が終わって帰山の途中、最澄は美濃国の高野山寺に立ち寄った。この寺の院主賢栄禅師は大師の大願に預かり、多宝塔を建立して千部法華経を安置することを誓願した。そこで仏子好堅を叡山に派遣し、塔の造立にあたらせたという。最澄示寂の前年、弘仁十二年（八二一）に至ってようやく心柱の立柱にこぎ着けたものの、その完成はなおおぼつかないものだったようである。そこで光定は右大臣藤原冬嗣を動かし、弘仁十四年には朝廷より米四百斛を支給されることになった。しかしなお完成には至らず、放置の状態が続いたようである。

結局、東塔は円仁によって、惣持院に含まれる形で実現を見ることになる。つまり、惣持院の中心建築を方五間の多宝塔とし、これを東塔としたのである。竣工は貞観四年（八六二）であり、最澄による東塔の立柱から四十一年後のことであった。

西塔、つまり山城宝塔院は元慶二年（八七八）に延最がその造営を計ったが、露盤も未造の状態であった、と『静観僧正伝』は記す。延喜五年（九〇五）に、増命を戒師として受戒・灌頂のために叡山を訪れた宇多上皇はこの塔が未だ半作にもおよばないのを見て、砂金・生絹・贖芳官等を与え、援助を行った。宇多法皇の絶対的な帰依を受けていた増命の要請によるものであったろう。これによって延長元年（九二三）には五仏中台の毘盧遮那仏の綵色荘厳を終えた。上皇は会日斎の儲けとして米五十斛を充てたという。延長二年（九二四）四月五日には西塔千部法華会が修せられ、最澄没後百二年にしてようやく叡山上に東西二基の塔が揃ったのである。

円仁による東塔の充実と横川の開創

最澄は弘仁十三年（八二二）六月四日に入寂する。翌弘仁十四年には比叡山寺を改め、延暦寺の号を賜った。そして最澄の遺言によって天長元年（八二四）に、義真が天台宗の初代座主に就任する。最澄の悲願であった大乗戒壇院の創建は、南都の僧綱の強硬な反対によってその在世中には実現をみることがなかった。しかし示寂の七日後の六月十一日についに建立の勅許が下された。そして天長四年（八二七）に創建供養を迎える。当初は戒壇堂の付属建築として計画された講堂は、戒壇院とは別個に、遅れて天長九年（八三二）に完成した。

戒壇創建と同じ天長四年、鴻鐘が完成する。この鐘は最澄が弘仁十年（八一九）に発願したものであったが、南都寺院との対立を危惧した延暦寺俗別当良峯安世の判断によって先延ばしにされていたものである。

西塔地区では天長二年（八二五）に、第二代座主となる円澄によって法華堂が造営された。そして承和元年（八三四）には同じく円澄によって、のちに西塔の精神的な中心となる釈迦堂が建立される。この堂には最澄が十六院のうちの根本法華院の本尊として彫り上げた釈迦像が安置されたから、結果的には根本法華院を内包するような形となった。また遅れて嘉祥年中（八四八〜八五一）には、円仁の弟子・恵亮によって宝幢院が創建された。

天長六年（八二九）、未開の横川に籠もって四種三昧の修行に励んだ円仁は、自ら書写した法華経一部（如法経）を小塔に納置し、これを小堂に安置して首楞厳院と号した。横川の開創である。この堂はのちに如法堂と呼ばれるようになり、首楞厳院の名は横川全体の名称となる。

円仁は入唐に先立って、承和三年（八三六）に横川の地において「九峯四院計画」とも呼ぶべき構想を打ち立て、計十三の院の検校を定めた。以下に列挙する。

檀那峯　亦名法華三昧院
持戒峯　亦名護国院、亦名法華堂院
忍辱峯　亦名非行非坐三昧院
精進峯　亦名常行三昧院
禅定峯　亦名常坐三昧院
智慧峯　亦名釈尊院

法身峯　亦名毘盧遮那率都婆院
般若峯　亦名仏頂尊勝率都婆院
解脱峯　亦名除障院、亦名無垢浄光率都婆院　（以上が「九峯」）
都率院　亦名妙法院
砂碓院　是院号此山神別所也
蘇陀院　亦名除病院
宝幢院　亦名延命院　（以上が「四院」）

「九峯」は四種三昧院（法華三昧院・常行三昧院・常坐三昧院・非行非坐三昧院）と三基の塔婆（毘盧遮那・仏頂尊勝・無垢浄光）、そして釈尊院・護国院からなる。釈尊院は天台法華の主尊である釈迦を本尊とする院で、最澄の「十六院計画」の「根本法華院」に該当するものであろうか。護国院も最澄の十六院に含まれる。「四院」の砂碓堂は「是院号此山神別所也」とあるのによれば「山王院」の別所ということであろうか。宝幢院は十六院の宝幢院に対応する。このように、円仁による九峯四院計画は、四種三昧堂を中心とする天台法華に基づくもので、密教的要素はさほど強くない。入唐求法の前であったこととも関係があろう。そして最澄の九院・十六院計画を強く意識したもので、あるいは最澄の意に反して規律の乱れた東塔を離れ、横川に新たな天台の拠点を築こうとしたのかも知れない。

上記十三院のうち、存在が確認できるのは法華三昧院・常行三昧院・般若堂・砂碓堂・兜率堂（都率堂）の五堂のみで、いずれも建立年時は不明である。

天長十年の義真の死去にともなって、翌承和元年（八三四）には円澄が座主に補せられる。しかしその在職はわずか二年半あまりであり、この間に新たな造営は見られない。

円澄の死後、最澄系の弟子たちと義真系の弟子たちの間に確執があり、しばらく座主空位の時期が続く。円仁が第三代座主に就任するのは円澄没後十七年の斉衡元年（八五四）である。

円仁は承和五年（八三八）に入唐し、同十四年（八四七）に帰朝する。この間の承和十三年（八四六）には、仁明天皇によって定心院が創建される。叡山における最初の勅願寺であった。天皇は隠棲後の居所として計画したようであるが、嘉祥三年（八五〇）に在位のまま四十一年の生涯を閉じた。承和十四年（八四七）には十禅師が置かれている。

仁寿四年（八五四）、別当光定は文徳天皇の勅を奉じ、四王院を創建した。定心院に次ぐ勅願寺であり、七禅師が置かれたのも定心院に比肩できるものであった。

同じ年、円仁は浄土院廟供を始修するが、おそらくこの時が先師最澄の住房であった中道院を改めて浄土院とした年であったと思われる。

嘉祥三年（八五〇）に、円仁は文徳天皇に上奏し、惣持院創建の勅許を得る。惣持院の完成は貞観四年（八六二）である。中心建物は下層方五間の多宝塔であったが、これは最澄が企図して未完に終わった近江宝塔院（東塔）を兼ねるものであった。

円仁は入唐中の開成五年（八四〇）に、五台山において文殊が化現する奇瑞に遭い、帰国後に文殊閣を立てることを誓願する。そして貞観二年（八六〇）、文殊楼造立を奏上し、許されてその造料が給せられた。落慶供養は円仁没後二年の貞観八年（八六六）であった。文殊楼は一行三昧院とも呼ばれ、最澄が企図した四種三昧堂のひとつ、常坐三昧堂を兼ねるものであった。

嘉祥元年（八四八）、円仁は横川の地に根本観音堂、のちの横川中堂を建立する。横川・首楞厳院の、いわば本堂的存在となる。

円仁は仁寿元年（八五一）に常行三昧を始修するが、この時期は円仁にとって最大の事業であった惣持院の建設に取りかかったばかりであったから、これと平行して常行堂を建立することは困難であり、常行三昧は他の仏堂を兼用して行われたと思われる。円仁は貞観六年（八六四）に入滅するが、翌貞観七年、弟子の相応は円仁の遺言にしたがって「不断念仏」を始修する。この時が常行三昧堂（仮堂か）の創建であったと推測される。そして元慶七年（八八三）に、同じ相応によってこの堂は講堂の北に移転される。この時初めて本格的な常行堂が建立されたのであろう。

なお、年時は不詳であるが、円仁の時代、おそらく天安二年（八五八）から貞観十八年（八七六）の間に、清和天皇によって随自意堂が創建されている。四種三昧堂のひとつである非行非坐三昧堂である。

年時は不詳だが、九世紀の後半ごろに、円仁の弟子で文殊楼の造建に尽力してその検校に任じられた承雲によって五仏院が建立された。この院は永承二年（一〇四七）に上東門院彰子の奏請によって後冷泉天皇（彰子の孫）の御願所となっている。

円仁の事績

以上、叡山における円仁の建築上の事績をまとめれば次のようである。大きくは最澄の遺志を引き継いだ東塔の充実と、横川の開創である。

前述のように、最澄による十六院計画のうち、その在世中に実現したのは一乗止観院と法華三昧院の二院のみで、入滅直後に勅許の降った菩薩戒壇院を含めても三院に過ぎない。円仁は残る十三院のうち、一行三昧院（常坐三昧堂）と覚意三昧院（半行半坐三昧堂）、惣持院、浄土院の四院を創建した。なお、十六院のひとつの東塔院は惣持院が兼ねることになる。常坐三昧堂と半行半坐三昧堂は、最澄の構想した四種三昧堂であった。このうち常坐三昧堂は「文殊楼」が通称であり、叡山上唯一の楼造の仏堂であった。この形式は円仁が入唐中に訪れた五台山の文殊閣をモデルとしたものであったと思われる。南台近くの金閣寺文殊堂は三層で、第一層に文殊像、第二層に金剛頂瑜伽の五仏像（大日・阿閦・宝生・無量寿・不空成就）、第三層には頂輪王瑜伽会の五仏を安置していた。叡山文殊楼も初層に文殊像、第二層には密教系の五仏と千部金光明経を安置したと思われるので、金閣寺に倣ったものであろう。このように文殊楼は最澄発願の常坐三昧堂を継承しつつ、円仁の文殊信仰をより強く反映させ、さらに文殊法修法と護国の経典である金光明経の安置によって鎮護国家を祈るなど、実態としてきわめて錯綜した機能を持つ仏堂であった。なお、円仁は最澄による十六院では、常坐三昧堂の別当に任ぜられていたから、他の三昧堂（常行三昧堂・非行非坐三昧堂）に優先して建立したのであろう。

浄土院は、最澄がどのような機能を想定したか不明である。しかし円仁による浄土院は祖師最澄の廟所であったから、最澄の想定とは異なっていたはずである。

円仁による最大の事業は惣持院の創建であった。円仁は嘉祥三年（八五〇）に即位した文徳天皇におよそ次のような内容の上奏をした。

除災致福のためには熾盛光法が最も優れている。ゆえに唐朝の道場では恒にこの法を修している。そして街東街西の僧侶は互いに番をくみ、宝祚を祈り奉っている。また唐・長安の青龍寺には皇帝本命道場を建て、真言秘法を勤修せしめている。今、持念道場護摩壇を建立し、陛下のおんためにその法を修すべきである。建立の場所は昔、先師・最澄がすでに點定している。

これに対して天皇は詔を発し、叡山に惣持院を建立することが決せられた。

惣持院は下層方五間の多宝塔を中心に、西に方五間の真言堂、東に同じく方五間の灌頂堂が並ぶ。多宝塔は下層に胎蔵界の五仏と、最澄が感得した舎利と円仁が唐より将来した舎利を安置した。円仁入唐時の長安では寺々で盛んに舎利会が行われ、円仁は薦福寺での仏牙会に随喜して臨んだという。そして上層には千部法華経を安置したから、これは最澄が企図しながらなし得なかった、六処宝塔の中心である近江宝塔院（東塔）でもあった。真言堂には熾盛光曼荼羅、灌頂堂には胎蔵界曼荼羅がそれぞれ安置された。これらの建物の機能を整理すれば以下のようになる。

①多宝塔　密教の主尊である大日如来を中心とした五仏を安置する、天台密教の象徴的建築であると同時に、天台法華を象徴する建築でもあった。そして円仁はこの塔に仏舎利を安置し、恒例となる舎利会を催したから、上代以来の舎利信仰の場でもあった。

②真言堂　円仁が唐より将来した熾盛光曼荼羅を安置し、天台密教最高の修法である熾盛光法を修する。

③灌頂堂　密教の儀式として必須の、灌頂儀式を行う。

このように、惣持院は天台密教、天台法華、舎利信仰を総合する場であったから、天台宗そのものを象徴する、延暦寺の思想的中心施設であったといえる。

以上のように、叡山東塔における円仁の事績は最澄の十六院構想にそったものではあったが、結果的に見れば最澄による法華思想を内包しつつ、円仁が唐より将来した密教や円仁個人の文殊信仰、舎利信仰なども合体させた、複合的施設として完成させたことにその特徴があろう。

円仁のもう一つの事績が横川の開創である。天長六年（八三〇）、円仁は三十六歳の年に未開の横川に籠もり、最澄による十二年籠山の儀則に則って四種三昧に励む。最澄没後、その後任をめぐる内紛と、最澄の遺志の行われない教団への悲憤が彼にこうした行動をとらせたのだろう。籠山中に書写した法華経を安置する小規模な如法堂が横川における最初の施設であった。唐から帰朝した円仁は嘉祥元年（八四八）に根本観音堂（のちの横川中堂）を建立する。しかしこの堂の詳細は不明であるが、その時期が帰朝の二年後、そして最大の事業である惣持院創建勅許の二年前であったことを考えると、比較的小規模の仏堂ではなかったかと推測される。円仁時代の横川は、大きく発展することはなかったのであろう。

円珍と円珍系座主の時代

第四代座主安恵の治山は貞観六年（八六四）から貞観十年までの四年間である。この間の貞観七年（八六五）には円仁の高弟・相応によって、東塔南の無動寺谷に無動寺が創建された。また貞観十年には赤山禅院造立の勅命が下り、円仁の弟子達によって仁和四年（八八八）頃にその造立にこぎ着けた。

貞観十年（八六八）、円珍が第五代座主に就任する。これに先立って円珍は仁寿三年（八五三）に入唐し、天安二年（八五八）に帰朝する。円仁に次ぐ円珍の求法によって、天台宗の密教は真言宗と肩を並べ、むしろそれを凌駕するにいたる。

円珍の治山は貞観十年から寛平三年（八九一）までの、実に二十三年間におよぶ。しかし、残された史料による限り、叡山における円珍の建築上の事績はかなり少ないといわざるを得ない。

『一代要記』によれば、貞観十八年（八七六）に「大極殿・惣持院共焼亡」とあり、これを信ずればその再建事業が円珍によって行われたことになる。しかし他書にこの記事はなく、また焼亡後の再建供養の記事もない。『天台座主記』には「天慶四年辛丑正月廿日、惣持院焼亡初度」とあるから、これを信ずべきかも知れない。天慶四年（九四一）は十四代座主義海の治山時期である。

次に、元慶二年（八七八）に西塔釈迦堂の改造が行われ、これまでの狭小な仏堂が「御願大堂」と表現されるような壮麗な仏堂に生まれ変わった。しかしこの事業は「西塔の興隆は延最に始まる」と評されたように(9)、第二代座主円澄の弟子・延最によるものであったから、直接円珍には結びつかない。

円珍の最大の業績は、最澄の創建した根本薬師堂と文殊堂、経蔵を一棟の建物にまとめて桁行九間の仏堂としたことである。ここにのちの根本中堂の原形が造られたことになる。旧堂はすでに百年近くを経過しており、建て替えの時期となっていたであろう。工期は元慶六年（八八二）から仁和三年までの六年であった。

根本中堂の改造以外に、円珍の事績は確認できない。それだけの大事業であったとの見方も可能だが、それにしても二十三年という長期にわたる座主在任期間の事績としてはあまりにも少ないという感は否めない。後述するように、円珍の事績が記録から故意に抹殺されたという可能性も否定できない。

なお、昭宣公藤原基経が西塔に観音堂を造立した時期は円珍座主の時代に重なるが、建立年時は明確でなく、円珍との関わりも不明である。この堂は代々藤原摂関家が所管する院家だったようである。

円珍没後は円珍の弟子・惟首が第六代座主に就任する。以後、第九代の長意を除いて七代猷憲、八代康済、十代増命、十一代良勇まですべて円珍の弟子たちが座主職を占める。この間の建築的事績について述べる。

寛平五年（八九三）、猷憲によって西塔に常行堂が建立された。法華堂建立より遅れること六十八年である。翌六年には常行堂において円仁が将来した五台山不断念仏法が始行された。

延喜四年（九〇四）、宇多法皇は叡山に登り、増命を師として菩薩戒を受ける。そして同年、増命は叡旨によって西塔の千光院に宇多法皇の御室を建立した。千光院は西塔釈迦堂を興隆に導いた延最の住房で、光孝天皇の時代に新たに堂を構え、仏像を安置して天皇の息災を祈願したという。増命はその延最の弟子でもあった。そして宇多天皇に続く醍醐天皇も増命に帰依して彼を護持僧とし、この院の奉書一切経は宇多天皇の御室に安置された。

このように西塔院主であった延最とその弟子増命は光孝・宇多・醍醐の、三代の天皇の帰依を受け、延最の住房・千光院は法皇の御室を擁し、御願の一切経を蔵する重要な院家として発展し、円珍派の拠点となった。

延喜七年（九〇七）、光孝天皇の皇子・是忠親王によって仏眼院が創建された。

延長二年（九二四）、山城宝塔院である西塔（多宝塔）の造立供養が行われた。西塔の建立は延最によって計画されたが、露盤も未造であったため増命がこれを引き継ぎ完成させたものである。その背景にはやはり宇多上皇の助力があった。

このように、宇多法皇との強い結びつきによって西塔興隆に大きな力を発揮した増命は、延長五年（九二七）に示寂する。

なお、円珍が座主に就任した貞観十年（八六八）に、園城寺が円珍に下賜されている。以後、園城寺長吏は円珍の弟子である惟首・猷憲・康済・増命・良勇と受け継がれ、のちの山門・寺門分裂の萌芽となる。

尊意と延昌

第十三代座主尊意の承平五年（九三五）、僧某の坊から出た火は次々に飛び火して唐院が炎上し、さらに根本中堂に引火した。このとき焼失した建物は鐘堂・食堂・雑舎など官舎一七宇、僧房二四宇の計四一宇にのぼったという。根本中堂は創建以来百四十八年、円珍が造替してから五十三年後の、初めての被災であった。

座主尊意は直ちに再建に着手し、焼亡より三年後の天慶元年（九三八）には完成にこぎ着けた。規模は円珍時代の桁行九間に対し一一間で、ひとまわり大きくなった。この時、旧堂では南端の二間分を占めていた経蔵は大師堂に改められ、経蔵は新たに建立された。

第十四代座主義海の天慶四年（九四一）、惣持院が焼亡する。『天台座主記』には「初度」とあり、創建から七十九年後のことである。再建の日時を示す史料はないが、天徳二年（九五八）には惣持院に熾盛光法が修されているから、義海あるいは第十五代座主延昌の代のはじめには再建されたのであろう。また、天慶三年（九四〇）頃には、陽成上皇によって東塔に安楽院が創建された。「御在所」が置かれたが、これは退位後の居所としての「御室」だったかも知れない。

第十五代延昌の代になると、まず天暦二年（九四八）に、村上天皇によって西塔大日院が建立された。この院では延昌によってしばしば熾盛光法が修されているから、天台密教の最高の修法である熾盛光法を修するための熾盛光曼荼羅を安置する堂であったらしい。『天台座主記』には、天暦四年（九五〇）に「改造講堂」、同十一年（九五七）に「供養講堂」とある。天長九年（八三二）創建の講堂についてはこれまで被災の記事がない。創建からすでに百十八年を経過しているから、この時に造替されたのであろう。

良源による伽藍の整備―延暦寺の中興

良源が第十八代座主に就任したのは康保三年（九六六）八月二十七日である。その二ヶ月後の十月二十八日、僧増快の住房より出た火は講堂・鐘楼・文殊楼・常行堂・法華堂・四王院・延命院と、故座主喜慶など七人の房舎、あわせて三一宇を焼き尽くした。開山以来の大火に見舞われたのである。良源は直ちに再興に着手し、翌康保四年にはまず法華三昧堂、続いて常行三昧堂を、安和二年（九六九）には文殊楼を再建した。復興事業さなか、講堂の檜皮を葺く工事中の天禄元年（九七〇）に、惣持院が焼亡するという事態に襲われる。良源は大講堂の工事を中断して直ちに惣持院再建に着手し、まずは宝塔と門楼・仮房を再建して、翌天禄二年の恒例舎利会に間にあわせたという。逐次、灌頂堂・真言堂・四面廊・舞台・橋等も完成させた。そして天禄三年（九七二）には大講堂・延命院・四王院も再建され、惣持院を含めた五堂の供養大法会が執り行われた。「請僧二百余口、伶人百五十人」で、法会が終わると終日舞楽が催され、弟子の梵照も「事之過差、不可勝計歟」と記すほど華美な供養会であった。しかし、きわめて短い期間における多くの仏堂の再建事業の完遂は、良源の非凡な政治力を物語っているといえよう。

天延三年（九七五）、慈覚大師円仁の旧房・法界房を造替し、阿闍梨房・雑舎・宝蔵・大衆仮屋等を造り、この年から大師供を始修した。

貞元三年（九七八）には円仁ゆかりの前唐院を再興した。円珍派の治山中に荒廃に帰していたのかも知れない。

天元二年（九七九）には西塔の常行堂・西塔院堂・宝幢院堂・経蔵・鐘楼および釈迦堂の礼堂・縁橋《（ママ）》等を造った。(10)

天元三年（九八〇）、尊意によって再建された根本中堂が手狭であったため、東に広庇を造り加え、さらに三間の中門と廻廊を新造した。そして同年、九間四面の食堂と七間二面の雑舎が建立された。根本中堂と食堂とは中庭を挟んで向かい合う形で、一体の空間として構成されたようである。

天元四年（九八一）、東塔常行堂を改作し、旧堂は八部院の地に移築した。また、勅使房・政所屋・湯室等を造った。

なお、ほかに良源治山中の建築活動として以下が挙げられる。

律師賀静の房が醍醐、村上二代の御願所となり、護念院と号した。創建は康保二年（九六五）から天延元年（九七三）の間と推定される。

円融天皇が皇太子のころ、山上に一院を建立すべく御願を立てた。そして天延二年（九七四）をやや降るころ、西塔に御願寺・大乗院が創建された。この院に隣接して、一条天皇が御願寺として勝蓮花院を建立したのは長徳二年（九九六）ころである。一説によれば両院は覚慶の奏請によって建立されたという。覚慶は良源の弟子である。

寛和元年（九八五）、良源示寂の三ヶ月後であるが、花山法皇は横川に静慮院を建立供養した。あるいは遁世の場としたものであろうか。

天暦七年（九五三）、皇太子時代の冷泉天皇は五大尊を造立して自らの即位を律師明達に祈願させ、その房を御祈願所とした。践祚ののちには冷泉天皇の御願寺となり、蓮華院と号した。後述するように、冷泉天皇はその外祖父・藤原師輔とともに良源の横川再興の大きな後ろ盾となる。

以上が良源による叡山東塔および西塔における事績だが、良源のもう一つの大きな事績は横川の再興である。

前述のように、横川は円仁によって開創され、根本観音堂（のちの横川中堂）を中心にある程度の整備は進んだようである。しかし、円仁没後の約八十年間は円珍系の座主が続き、横川はほとんど顧みられることがなかったようである。「慈覚大師入滅之後、彼院住僧纔一両輩」という表現はやや誇張が過ぎるとしても、横川の衰亡を端的に示したものではあろう。

横川の復興は第十八代座主に就任する良源と、彼の庇護者であった藤原師輔とその一統によって行われる。

冷泉天皇とその外祖父である右大臣藤原師輔による楞厳三昧院の完成は永観元年（九八三）である。この院は講堂を中心に法華三昧堂と常行三昧堂からなっていた。法華三昧堂が天暦八年（九五四）から天徳四年（九六〇）の間にまず建立され、続いて常行堂、そして最も遅れたのが講堂で、永観元年（九八三）に、師輔の息男・兼家によって供養が行われた。

良源は天延三年（九七五）に、円仁が創建した根本観音堂（横川中堂）を改造する。創建から百四十六年を経過しているから、おそらく老朽化による建て替えであったと思われる。

これによって、中堂・講堂・常行堂・法華堂という、天台寺院として必要最少限の施設は揃ったことになる。

師輔は生前に、出家後は首楞厳院（横川）に住したいので、その房舎を造るよう良源に命じた。しかし完成を見ずに師輔は他界したので、良源はこれを仏堂に変更し、真言堂として供養を行った。以後、代々の藤氏長者は、毎年の遠忌法事の八講および曼荼羅供をこの堂に行ったという。いわば師輔の追善供養堂であり、藤氏結束の拠点のひとつとなったようである。

父師輔に倣って横川に一院を建立したい旨を良源に語った師輔の三男・兼家は、永観元年（九八三）に恵心院を建立・供養した。

貞元二年（九七七）、師輔の次男・兼通が没すると、嫡子の権大納言朝光は兼通のために仏堂を創建したい旨を良源に伝えた。そして本意のとおり一堂を建立し、釈迦堂と号した。兼通の室は釈迦堂に並んで塔婆を建立した。

このようにして横川は東塔、西塔に次ぐ、第三の拠点としての実を備えるにいたった。円仁滅後は「一両輩」

に過ぎなかった住僧も、良源が住持となった以後は「数百人」に及んだという。

叡山上ではないが、貞元二年（九七七）には叡山に登ることのできない女人等のために舎利会を修する目的で、京都の郊外・神楽岳の西、吉田社の北に「重閣講堂」を中心とする吉田寺を建立している。また天元二年（九七九）には近江の細江浜に「三重閣草堂」と数十宇の雑舎を造り、百余人の僧を請じて舎利会を含む「三箇日大会」を修したという。

以上のように、良源による事績はきわめて広範にわたるものであった。良源没後四十六年の長元四年（一〇三一）に書かれた『慈恵大僧正伝』は次のように記す。

久為台嶺之棟梁、送廿箇年也、此際所造堂塔、一山之上已及大半、如雲之構不日而成、削山塞谷、如令鬼為、鬼神のごとき良源の胆力を表現して余すところがない。

良源の弟子たち

良源の弟子・興良はその秘密修法によって懐仁親王（のちの一条天皇）が誕生したことによって、その房が御願所となり、檀那院と号した。一条天皇の母は当時の右大臣藤原兼家の女・詮子であったから、修法の願主は外祖父の地位をねらう兼家であったろう。兼家は良源とは昵懇の仲であった。御願寺となったのは寛和三年（九八七）であった。

良源の弟子となった師輔の九男・尋禅は良源の死去にともない、寛和元年（九八五）に第十九代座主に就任する。尋禅は横川に近接する飯室谷に営まれた飯室院を拠点とする。その本坊が妙香院で、のちに横川の本坊となる。この谷には良源によってすでに不動堂および法華堂が造られており、この不動堂が飯室院の本堂とされた。

良源は多くの有能な弟子たちに恵まれるが、その筆頭が『往生要集』を著した恵心僧都源信である。源信は寛和元年（九八五）に、僧範好・延久らとともに、飯室北谷に安楽院を建立する。この院は源信流の弥陀念仏の道場となる。長保三年（一〇〇一）には阿弥陀を本尊とする華台院を建立する。ここでは迎講が行われた。また、寛弘元年（一〇〇四）には釈迦を本尊とする霊山院を建立した。いずれも建立の地は横川である。

良源の横川における住房は定心房である。良源はこの院において勧学のための四季講を創始する。良源の死後、定心房は定心院と改められ、住房は改造されて四季講堂となり、「元三大師良源」信仰の中心となる。

良源の弟子・暹賀が座主在任中の正暦（九九〇〜九九五）ごろ、関白藤原道隆によって普賢院が建立された。道隆は兼家の嫡男である。

平安時代中期の造営

良源とその弟子たちの時代、政界では藤原師輔の子息たちの時代を過ぎると、叡山上における新たな造寺造堂はきわめて少なくなる。特に摂関家をはじめとする貴族による造堂はほとんどみられない。権勢を誇った道長やその子頼通も、叡山には建築的事績を残していない。法成寺や平等院が端的に示すように、彼らの関心は平安京周辺における造寺造仏へと移っていった。

一方、天皇家による造営としては四例が挙げられる。後冷泉天皇が康平六年（一〇六三）に造営した実相院、後三条天皇の御願で、承保三年（一〇七六）供養の金剛寿院、白河天皇の御願寺で、承暦四年（一〇八〇）供養の持明院、創建年時不明の後白河天皇御願の浄行院である。いずれも所在は東塔である。

ほかには僧侶による造営が散見される程度である。十一世紀初めころに、贈大僧都賀秀によって建立された尊法院、十一世紀半ばごろと考えられる座主慶命による賢聖院、同じく慶命によって長元八年（一〇三五）に創建された尊徳院などである。

平安時代中期以後の天台宗は円仁系の山門派と円珍系の寺門派の闘争に明け暮れ、宗門としては荒廃への道をたどった時代であった。山上における堂舎の焼き討ちや打ち壊しも日常茶飯であったから、檀越たる貴族たちの気持は騒然とした叡山から次第に離れ、山上における造寺造堂にもうしろむきの気分が育っていったのであろう。そして折からの浄土思想の普及・浸透によって、彼らの意識は阿弥陀信仰へと向かい、邸内や身近な場所での阿弥陀堂の造営を競いあうようになるのである。

〔註〕

1　『群書類従』巻第六十四所収「家伝下」。

2　読みは小島憲之校注『日本古典文学大系』六十九による。

3　『天台宗全書』第二十四巻所収。

4　『伝教大師全集』巻五に所収されているが、その出典は明らかでない。

5　『園城寺文書』所収の、国宝に指定されている「弘仁九年比叡山寺僧院等之記」はこれと同内容で、より原本に近いとされるが、脱落や誤写と思われる箇所が多いので、ここでは採用しない。

6　「九院事」の奥書は七月二十一日。

7　佐伯有清『伝教大師伝の研究』「第四章　叡山大師伝の校訂と注解」所引の承和四年二月十四日付「相承血脈譜」による。

8　『大日本史料』第一編之七所収の『石清水文書』の「田中家文書」。

9　『阿娑縛抄』西塔の項。

10　『慈恵大僧正拾遺伝』。

第二章　東　塔

一　一乗止観院

一乗止観院（根本中堂）についてのまとまった先行研究としては鈴木亘氏の「平安時代における延暦寺根本中堂の研究」[1]がおそらく唯一である。史料を博捜し、創建期から中世末までの根本中堂について、丹念に考証されたものである。しかし創建年時についての十分な考証はなく、また福山敏男氏が「鎌倉時代に作為された記事」として切り捨てられた「貞観元年資財帳」に記された根本中堂の形態についても、反証なしに創建根本中堂を示すものとされている。

本節では、まず根本中堂の創建年時について考証し、ついで貞観資財帳の信憑性について検証する。そして創建から平安時代末に至るまでの、根本中堂の建築とその変遷についての解明を試みる。そして最後に根本中堂の安置仏について考察する。

一　一乗止観院の創建年時

最澄が叡山上に最初に建立し、のちに根本中堂と呼ばれるようになる一乗止観院根本薬師堂の創建に関わる記事を列挙すれば以下のとおりである。

①同（延暦）七年歳次戊辰奉為桓武天皇、創建根本一乗止観院、今謂中堂是也、三部大乗長講于今不絶、（『叡岳要記』所載「建立縁起」）

②延暦七年戊辰、伝教大師建立者、伐虚空蔵尾自倒之木、以本切自手彫刻薬師仏像一躯、安置之、（中略）此堂元者三宇各別、文殊堂、薬師堂、経蔵等也、薬師堂以在中故曰中堂、但彼経蔵今大師堂也、（『山門堂舎記』）

③延暦四年乙丑七月中旬、大師初登山、結草庵、為宿、生年十九、住山廿年、安置薬師像、此事載下大師一生記、可勘之、（『叡岳要記』）

④延暦四年乙丑七月中旬、初登叡岳、結菴為宿、生年十九、／同七年初搆堂、奉安置薬師仏像、号比叡山寺、後称一乗止観院、是堂三宇各別、文殊堂、薬師堂、経蔵等也、以中間故世名中堂、但彼経蔵、今大師堂也、（「伝教大師行状」）

⑤（延暦）七年（中略）伝教大師最澄初結構堂宇、安置薬師像、号比江山寺、後号一乗止観院、此堂三宇各別、文殊堂、薬師堂、経蔵等也、仍以中号中堂、但彼経蔵今大師堂也、／同十二年癸酉、造延暦寺并西寺、（『一代要記』乙集）

⑥延暦四七、伝教大師始登比叡山、結草為宿、七年、建比叡中堂、（『皇年代略記』）

⑦伝教大師諱最澄、延暦四年乙丑年甫十九初住叡山、作建興務、七年戊辰、建立中堂、（『三国仏法伝通縁起』巻下）

⑧（延暦）四年七月中旬、最澄和尚生年十九、昇比叡山、出離憒丙之処、尋求寂静之地、直登叡岳、卜居作草庵、不憚寒熱、不憂飢饉、読誦経典、亦好坐禅、遁身山林、只飡禅悦之味、（後略）／七年、最澄和尚行年廿二、於比叡山建立根本中堂一乗止観院、後改号延暦寺、不倩巧手之人、自造等身薬師仏像、削一捕而堕涙、顧六趣而祝恩、

即献沙門之幽栖、無営宝殿於他砌、已上、（『扶桑略記』）

⑨同（延暦）七年戊辰／伝教大師　年廿二、於一乗止観院、不倩巧手之人、自造等身薬師仏像、削一鋪而堕涙、願六趣而祝息、即献沙門之幽栖、無営宝殿於他砌云云、即根本中堂是也、／同十二年癸酉／伝教大師建立延暦寺、（『僧綱補任抄出』上）

⑩桓武／（延暦）十二年造延暦寺、（『皇代記』）

⑪延暦七年戊辰／（中略）伝教大師年二十二、於一乗止観、不倩巧手之人、自造等身薬師仏像、削一鋪而堕涙、願六趣而祝息、即献沙門之幽栖、無営宝殿於他砌云々、即根本中堂是也、／延暦十二年癸酉／伝教大師建立延暦寺、（『七大寺年表』）

⑫初度延暦寺供養、今云中堂、延暦十三年甲戌九月三日、（『叡岳要記』）

⑬延暦寺建立始／（中略）延暦四年於天台山有四種誓、十九、同七年始建立中堂、廿二、仏像等身薬師如来像、大師自造立之、（中略）同十二年始建立延暦寺、（『初例抄』下）

⑭一　根本中堂初度供養　延暦十三年甲戌九月三日壬午、（『九院仏閣抄』）

⑮同（延暦）四年（中略）是歳、伝教大師近江国三津人、入山、七月中旬云々、／同七年戊辰、伝教大師建立根本中堂、号止観院、造薬師像、／同十二年、（中略）是歳伝教大師造延暦寺、／同十三年甲戌九月三日壬午、供養根本中堂、天皇御願、檀主最澄禅師伝教大師、大導師善珠僧正、（『帝王編年記』）

⑯延暦十三年造立、元号比叡山寺、平城御宇改延暦寺云云、（『伊呂波字類抄』）

⑰此堂（中堂）、延暦七年七月十六日、高祖伝教大師最初建立也、（『九院仏閣抄』）

延暦四年（七八五）七月中旬に最澄が初めて叡山に登り、草庵を営んだことは『叡山大師伝』に記されており、前掲資料の傍線部はこれに基づいたものと推測される。特に⑧『扶桑略記』の二重傍線の部分は大師伝をそのまま引用している。しかし大師伝には根本薬師堂（のちの根本中堂）の造立・供養については一切記されていない。

延暦七年（七八七）に一乗止観院が創建されたとする、最も早い記事は『叡岳要記』所載の、延喜二十一年から延長二年の間（九二一～九二三）に撰述された①「建立縁起」である。[2] 続いて堀河天皇代の寛治八年以後（一〇九四～一一〇七）に編纂された⑧『扶桑略記』だが、波線の部分は天元三年（九八〇）の「中堂供養願文」[3]に同一文が見られるから、これが原典と考えられる。しかし願文には年時を記していない。「（延暦）七年、最澄和尚行年廿二、於比叡山建立根本中堂一乗止観院、後改号延暦寺、」は、また別の原典に基づいたものだろうが、「建立縁起」とは表現が全く異なっているから、縁起以外の資料に基づくことは明らかである。なお⑪『七大寺年表』と⑨『僧綱補任抄出』の記事も同じだが、前者は『扶桑略記』をもととし、後者は『七大寺年表』を抄出したものと考えられる。また②『山門堂舎記』と④『伝教大師行状』、⑤『一代要記』はいずれも鎌倉時代の成立で、その表現に若干の相違はあるものの原史料を同じくするものと判断される。そして「但彼経蔵、今大師堂也」とあることから、原史料は天慶元年（九三八）に尊意によって旧経蔵の部分が大師堂に変えられた以後に書かれたものであることがわかる。平安中期をさほど下るものではないだろう。以上のように、現存する最も古い「建立縁起」をはじめとして、原典を異にする三種以上の史料が根本中堂の創建を延暦七年としていることは注目してよい。なお、⑰『九院仏閣抄』は「延暦七年七月十六日」と、建立の月日まで記す。

次に、延暦十二年「建立延暦寺」または「造延暦寺」とする一群の記事がある。最も早いのが永万元年（一一六五）頃の成立とされる⑪『七大寺年表』で、それ以外は鎌倉から南北朝時代初期成立の文献である。その表記から、これらはいずれも同一史料に基づくと判断される。きわめて重要な事項でありながら「建立延暦寺」は内容が簡略かつ漠然としており、そのまま信ずるのはためらわれる。年代的にも延暦七年説を遡るものではない。あるいは原史料には「建立延暦寺□□堂」とあったものが書写の過程で脱落したとするならば、文殊堂が該当するかも知れない。後述するように、文殊堂の建立時を示すのは『叡岳要記』のみだが、これによればその供養は「延暦十二年癸酉正月一日」である。延暦十二年建立を記す⑨⑪⑬⑮は、いずれも延暦七年の中堂建立のあとにこの記事を載せているから、十二年に建立されたのは中堂ではないという認識では一致している。

⑫『叡岳要記』、⑭『九院仏閣抄』、⑮『帝王編年記』は「延暦十三年甲戌九月三日」に「供養根本中堂」、「根本中堂初度供養」などと記す。⑯『伊呂波字類抄』も延暦寺の項で「延暦十三年造立」とする。延暦十三年の干支「甲戌」は正しい。⑭⑮は九月三日を「壬午」とするが正しくは「癸酉」である。同月十三日は「癸未」、二十三日は「癸巳」であるからそれらの誤写ではない。また同年の各月の三日にも壬午の日はない。したがってこれらの記事には少々疑問が残る。なお『叡岳要記』は「初度延暦寺供養、今云中堂、延暦十三年甲戌九月三日」に続いて、その供養会に列席した僧名を記すが、例えばこの年弱冠十三歳であった義真を「引頭大別当内供奉義真大法師」とするなど不自然である。あるいは別な仏堂の供養会の記事を紛れ込ませてしまったのかも知れない。

以上の考察によって、のちに根本中堂と呼ばれるようになる根本薬師堂の創建は延暦七年（七八七）と考えるのが妥当だろう。『叡山大師伝』に根本薬師堂建立の記事がないのは、根本薬師堂を含め、叡山の整備過程を事細かに記すことが伝記作成の意図ではなかったからであろう。弘仁二年の法華堂建立以外は、造営関係の記載がほとんどみられない。

根本経蔵の建立年を示すのは『叡岳要記』のみで、「寺家縁起」により延暦七年とする。[4]

文殊堂は『叡岳要記』、『九院仏閣抄』とも延暦十二年（七九三）の供養とする。

以上によって、まず延暦七年に薬師堂と、仏典を収納するための経蔵が建立され、続いて延暦十二年には文殊堂が建立され、のちに根本中堂として一棟にまとめられる三棟の建築が揃ったことになる。あるいは、前述した延暦十三年の「供養根本中堂」は、三棟が揃った段階で、改めて供養が行われたことを示すのかも知れない。年時不詳の「根本中堂記」(5)は「延暦七年戊辰七月十六日起立、同十三年九月三日供養、当テ七年」としている。

二　創建期一乗止観院の規模・形態—「貞観資財帳」の検証

創建期の一乗止観院を構成する根本薬師堂・文殊堂・経蔵の規模を記す唯一の史料が、『山門堂舎記』および『九院仏閣抄』に引く「貞観元年九月廿五日勘定資財帳」である。『山門堂舎記』に引く資財帳には、

葺檜皮五間根本薬師堂一宇　長三丈、広一丈五尺五寸、高一丈二尺
葺檜皮五間文殊堂一宇　長三丈三尺、広一丈六尺、高一丈二尺
葺檜皮五間経蔵一宇　長三丈三尺、広一丈六尺、高一丈二尺

と記す。貞観元年（八五九）資財帳の存在を示すのはこの記事のみで、またこの表現のとおりとすると薬師堂は桁行柱間が平均六尺に過ぎないことから、元来その信憑性が疑われてきたものである。(6)

まず、この資財帳の表記形式について検討してみる。周知のように寺院の資財帳は官への提出を義務づけられたものであったが、堂塔等の建物についての表記は年代によって変化している。

現存最古の資財帳である、天平十九年（七四七）の「法隆寺伽藍縁起并流記資財帳」(7)、「大安寺伽藍縁起并流記資財帳」(8)は建築名のあとに「長・広・高（柱高）」、つまり桁行寸法、梁行寸法、柱高の実長を記す。例えば、大安寺金堂は「長十一丈八尺　広六丈　柱高一丈八尺」と表記される。宝亀十一年（七八〇）の「西大寺資財流記帳」(9)

も同様である。

平安期に入って、延暦二十年（八〇一）の「多度神宮寺伽藍縁起并資財帳[10]」も大半の建物については奈良時代と同様の表記だが、法堂についてのみ「檜皮葺法堂壱宇　板敷三間　長五丈　広三丈五尺　高一丈二尺四寸」と表記している。「三間」は母屋の桁行柱間数を表現したと思われ、柱間数表記の最初の例である。また一例のみ、「庇在」と表記するものがあり[11]、これは母屋・庇の構成を表記する初例である。なお、ずっと遅れて延喜五年（九〇五）の「筑前国観世音寺資財帳[12]」は奈良時代以来の長・広・高の表記を守っている。

貞観十三年（八七一）の「安祥寺伽藍縁起資財帳[13]」では「長」のみを記し、広・高は記さず、庇の有無が表記される。例えば「檜皮葺仏堂一間　長五丈六尺　四面有庇」などである。続く貞観十五年（八七三）の「広隆寺資財帳[14]」では「檜皮葺伍間講法画堂壱宇　有庇肆面　高一丈三尺　長八丈　広四丈四尺」のように、すべての建物について長・広・高、庇の有無に加えて母屋桁行柱間数を記している。仁和三年（八八七）の「広隆寺資財交替実録帳[15]」、そしてずっと遅れて天暦七年（九五三）の「伊勢国近長谷寺資財帳[16]」も同様である。

貞観三年（八六一）の「宇治院資財帳[17]」、元慶七年（八八三）の「河内国観心寺縁起資財帳[18]」、承平元年（九三一）の「神護寺実録帳写[19]」では母屋桁行の柱間数とそのあとに「何面庇」のみを記し、桁行・梁行の実長は記載されない。

資財帳ではないが、安和二年（九六九）の「法勝院領目録[20]」には「院内在九間四面庇西僧房一宇」という表現が現れ、これがいわゆる間面記法の初例である。次いで天禄三年（九七二）の「慈恵大僧正御遺告[21]」、天元三年（九八〇）の某寺資財帳[22]、天元五年（九八二）の「桜島某公験焼失状[23]」はいずれも間面記法で建物の形式が表現され、十世紀半ば以降は間面記法による表現が一般化する。なお、『阿娑縛抄』および『山門堂舎記』が間面記法

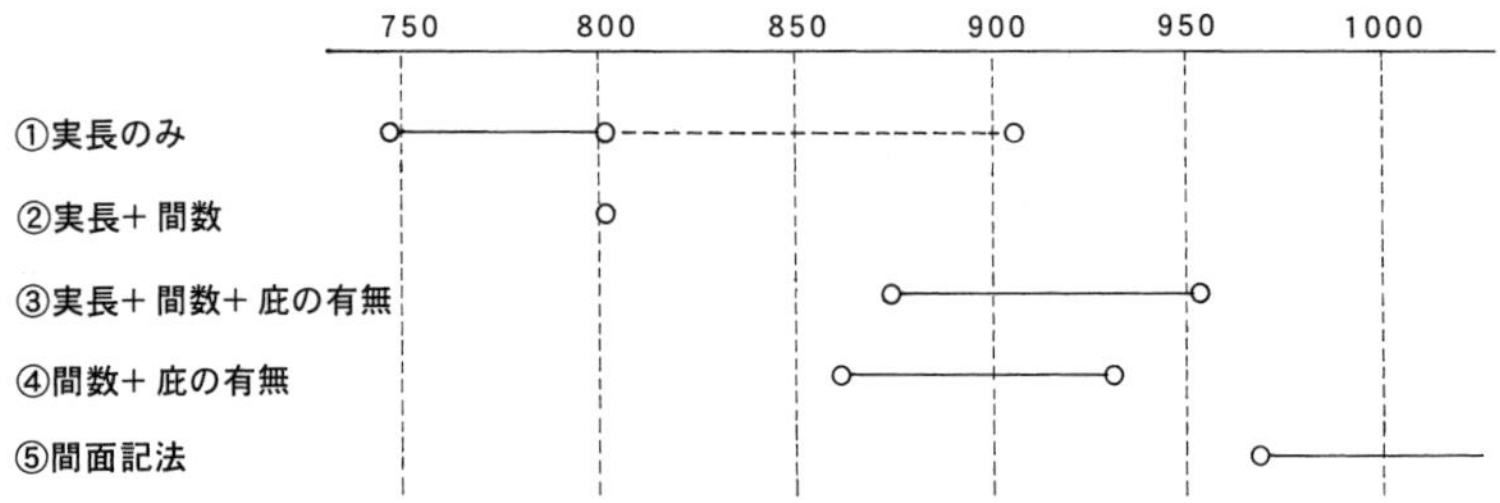

図2－1　資財帳の仏堂規模表記法（横軸は西暦）

で記す最古の例は、康保四年（九六七）の五智院で、「三間四面堂」とある。

以上を整理すると、次のような変化を辿ったことがわかる。

①奈良時代の資財帳は、建物の「長・広・高」を実長で表記する。

②平安時代に入ると「長・広・高」に加えて、次第に母屋の桁行柱間数を表記するようになる。

③続いて、これに庇の有無が加わるようになる。

④実長が記されなくなり、母屋桁行柱間数と、庇が何面に付くかが表記される。

⑤「何間何面」という、いわゆる間面記法によって表記する。

こうした変化を図示したのが（図2－1）である。これによれば、正面柱間間数と実長を併記するのは九世紀前半から十世紀中葉にかけての記載法であり、先に見た延暦寺資財帳の貞観元年（八五九）は、年代的にはこれに矛盾しない。

次に根本薬師堂以下の規模について考える。根本薬師堂は桁行三丈、梁行一丈五尺五寸で、中心仏堂としてはきわめて小さい。しかし奈良時代建立の海竜王寺西金堂は桁行二丈九尺、梁行一丈九尺五寸であり、規模的には大差ない。また延暦二十年（八〇二）の「多度神宮寺伽藍縁起竝資財帳」には「板葺堂壱間　板敷壁代板立　長二丈八尺　広一丈四尺」とあるし、『大日本史料』第一編之十五所収の「延喜式裏文書」には「法林寺／金堂一宇／長弐丈壱尺漆寸／高壱丈弐尺／

長和三年交替日記云、天延三年七月一日、遭大風転倒、無実」[24]とあるので、平安初期から中期の天延三年（九七五）のころ、この程度の金堂または仏堂は、小規模寺院には多く存在したことが窺われる。問題は桁行の「五間」という柱間である。これは創建堂を立派に見せるため、原文には「三間」とあったものをある時期に意図的に「五間」と書き換えたのではないだろうか。桁行柱間一丈に対する柱高一丈二尺は、奈良時代建立の海竜王寺西金堂（三間堂）とほぼ同じ（海竜王寺は柱高一一尺）であり、十分あり得る形態である。梁行は二間とすれば、柱間は八尺となる。屋根は簡素な切妻造だっただろう（図2－2）。

『叡山大師伝』によれば延暦二十年（八〇一）十一月中旬に、最澄は南都六宗の碩学一〇名を一乗止観院に屈請して法華十講を行うが、その会場についての「卑小の草菴にして龍象を要るるあたわざるを知るといえども」という表現は、上記の小規模で簡素な最澄時代の根本中堂によく合致するといえよう。

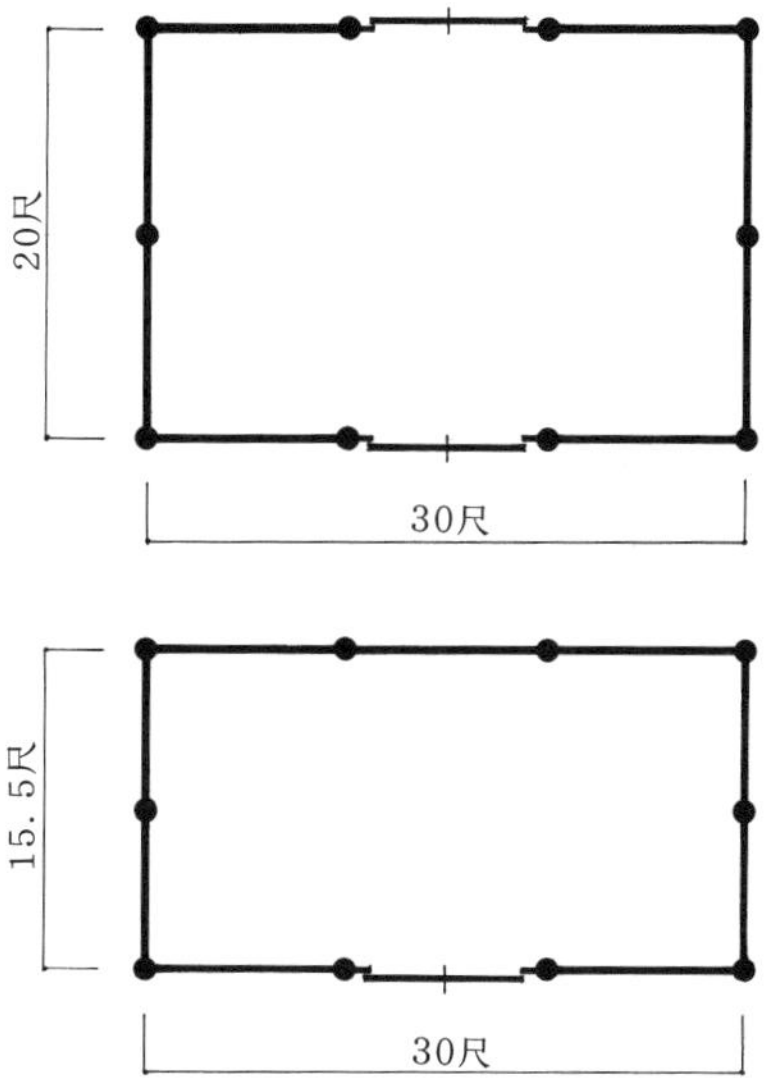

図2－2　海竜王寺西金堂（上）と最澄による根本薬師堂（下）

さらにいえば、もし資財帳が後世の偽作であるなら、祖師最澄創始の根本仏堂は、こうした小規模な形でなく、より壮大なものに潤色したのではないだろうか。

なお、『九院仏閣抄』にも貞観資財帳を引くが、ここでは文殊堂・経蔵は「葺檜皮五間」とあるのに対し、根本薬師堂は「葺檜皮根本薬師堂一宇」とあって「五間」が抜けている。あるいは、原本では三堂とも「五間」の文字はなく、後に書き込まれたことも考えられる。実例からみれば奈良時代の唐招提寺や法隆寺の経蔵も桁行三間であり、五間経蔵は不自然ともいえる。また第五節に述べるように、後に尊意によって根本中堂から切り離されて建立された「根本経蔵」は「五間一面」であったが、これは内部が経蔵と宝蔵に仕切られていたから、経蔵部分はやはり三間程度であったと考えられる。

以上のように、貞観資財帳は後代の書き込み、あるいは改竄を修正すれば、十分に信憑性のあるものと認められよう。

この資財帳の勘録された貞観元年は円仁座主の時代であったから、最澄創建の薬師堂以下三棟はこの時まで存続していたことになろう。最澄示寂後の、義真から円仁の時代には戒壇堂、講堂、食堂、定心院、惣持院、文殊楼など重要な、または大規模な建設事業が続いたから、根本中堂の改築までは手が回らなかったものと推測される。

なお、『九院仏閣抄』には「貞観元年九月廿五日勘定資財帳云」として、割註で「師云、智証御記也」とするから、同書のもととなった元亨四年（一三二四）の口述時には、この資財帳が智証大師円珍の書という伝えがあったようである。円珍はその前年の天安二年に唐より帰朝しているから、年代的には矛盾しない。

三　円珍による造替

『行歴抄』(25)によれば、天安二年（八五八）に唐から帰朝した円珍は、翌年正月二十日に叡山に入り、二十三日には諸堂を巡拝した。「従中堂起、礼拝経蔵・文殊堂・法華三昧、及講堂・戒壇・惣持院」とあり、中堂・文殊堂・経蔵が近接した位置にあったことがわかる。『山門堂舎記』によれば、智証大師（円珍）が座主の時代に上記三堂の朽損が進んだので、三綱・大衆とともに、元慶六年（八八二）から仁和三年までの六年をかけて改造を行ったとする。「始自元慶六年歳次壬寅六月七日戊寅、至于仁和三年十一月七日、都六カ年荘厳功」とあり元慶六年および同年六月七日の干支はいずれも正しい。このとき、三堂をあわせて九間四面堂とし、一面に孫庇を造り加えたという。そして中五間を薬師堂、南二間を経蔵、北二間を文殊堂とした。孫庇はのちの礼堂にあたる部分だろう。

薬師堂、経蔵、文殊楼をあわせた桁行は九間である。一方、後述するように天元三年に良源が再興した根本中堂は中七間が薬師堂、南二間が大師堂、北二間が文殊堂で、桁行合計は十一間だが、『山門堂舎記』はこれを「葺檜皮十一間堂」と記している。これにしたがえば円珍による根本中堂は「九間四面堂」ではなく「九間堂」でなければならない。そもそも『山門堂舎記』において、間面記法によって表記される建築はいずれも十世紀後半以降のものに限られている。したがって「九間四面」は誤写あるいは錯簡と思われる。

なお、『九院仏閣抄』にも『山門堂舎記』とほぼ同様の内容が記載されており、その冒頭に「元慶年中記云」としている。しかし元慶年中に「智証大師」という呼称はあり得ないし、また前述したように「九間四面堂」という表現も十世紀中期以降のものである。あるいは後代に、原文引用ではなくその内容だけを摘記したのだろうか。

いずれにせよ、最澄の創建からすでに百年近くを経過しており、創建堂が小規模かつ簡素なものであったことを思えば、建て替えの時期に来ていたことは否定できない。円仁時代の盛んな堂塔建立に比較して、円珍の時代には西塔の開発が進んだが東塔における造営はほとんどなく、根本中堂の改築が唯一の事業であった。逆の見方をすれば、大規模な根本中堂の造営の負担がそれだけ大きかった、といえるのかも知れない。

以上によれば、円珍によって薬師堂、文殊堂、経蔵が一体となった、根本中堂の原形ができあがったことにな

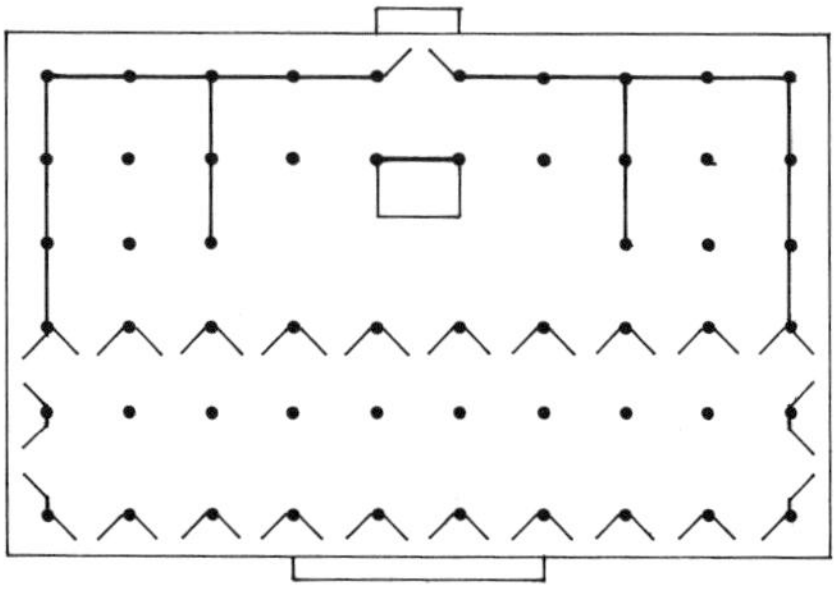

図2－3　円珍による根本中堂復原図

る。「九間堂」としたのは旧来の三堂の桁行合計九間を意識したものであったかも知れない。七間四面、東孫庇付きで、密教修法の道場としての機能を考えれば、内部は内陣と礼堂に分かれ、内陣は土間、礼堂は板敷であったろう。そして礼堂は東庇と東孫庇を併せた梁行二間、桁行九間であったと推測される。経蔵部分、文殊堂部分とも桁行二間・梁行三間で、最澄時代の規模は守られていた。〔図2－3〕に推定復原図を示す。この堂は東向きであったことが明らかだが、これは東方薬師瑠璃光浄土を意識したものであろう。最澄創建の薬師堂も同様であったと推測される。

四　承平五年の焼亡と尊意による再建

円珍によって面目を一新した根本中堂は、承平五年（九三五）に焼亡する。『天台座主記』によれば、承平五年三月六日、根本中堂・前唐院ならびに官舎・私房等四十一箇所が焼亡した。時の座主・尊意は同月十六日（『一代要記』は十一日）に宣旨を蒙り再建に着手、三ヶ年をかけて完成したとする。「天元三年中堂供養願文」によれば、供養間際になって尊意は生死の露泡に迷い、その後の代々の座主は他事に忙しく、供養の遑がなかったという。

この間の事情を詳細に記すのは「根本中堂記」に引く[26]「一　中堂回禄初度」で始まり、末尾に「座主僧正法印大和尚良ー」と記す文書である。良源の書と推測される。

承平五年（九三五）三月六日の未の刻、僧安□の房より出た火は次々に飛び火して唐院が炎上し、さらに中堂へ引火した。唐院の法文や中堂薬師像、大師影像等は虚空蔵峰上の堂に移した(27)。この時焼失した建物は官舎一七宇、僧房二四宇の計四一宇にのぼった。その後、洛中の貴賤道俗が来集して中堂の跡地を踏み荒らすので、堂場を囲い塞いだ。そして同月十五日には相模講師普昭法師等が七間二面の仮舎を造立し、七月七日には寺家所司と満山の大衆が山王に奉幣し、内陣柱一本を曳き上げた。七年（九三七）春、薬師像を経蔵東倉に移し、四月十七日には勅によって木工少工丸長時益が礎を据え、柱梁を作り始めた。そして天慶元年（九三八）十月十六日に中堂が完成、中七間を薬師堂、北二間を文殊堂、南二間を大師堂とした。中七間には壇上に「四角宝殿」を造り、薬師如来の宮殿とした。

これによって尊意再興の根本中堂は桁行十一間の堂であったことがわかる。『阿娑縛抄』、『叡岳要記』とも「葺檜皮十一間堂一宇、東有孫庇、其中七間為薬師堂」と記す。経蔵のあとは大師堂として、伝教大師真影・慈恵大師影像（いずれも等身）を安置した、とするが、慈恵大師良源の影像安置は当然のことながらもっと後のことである。

ところで『山門堂舎記』は「焼亡以後、横川大僧正以中七間為薬師堂、以南二間為大師堂、以北二間為文殊堂」とし、根本中堂の再建を良源の事績としているが、これは尊意に帰せられるべきである。

なお承平の焼亡について、「天元三年中堂供養願文」は「承平六年之春」、『扶桑略記』も「承平六年丙申三月六日」とするが末尾に「一云、五年焼」と併記する。一方、『天台座主記』は「承平五年乙未三月六日庚子」、「根本中堂記」は「承平五年乙未三月五日未剋」とする。『天台座主記』の承平五年および同年三月六日の干支はいずれも正しいので、ここではこれを採る。

また、『九暦』天暦三年（九四九）一月二日の条には「比叡中堂火厄事」とあるが、前述した「根本中堂記」に引く良源の書にはこのことが記されていないので、大事には至らなかったのだろう。

五　良源による整備

前に引いた「天元三年中堂供養願文」によれば、尊意の再興した中堂には廻廊がなく前庇も狭くて、道俗会合の夕べには密集して肩がぶつかるほどであり、他にも不便が多かった。そこで良源は歩廊を造って堂を連ね、広廂を構えたとする。「根本中堂記」はやや詳しく、中堂の東に広庇を構え、三間中門と東南北の三方に歩廊を造ったとする。さらに『天台座主記』によってこれを補えば、工事は天元元年（九七八）に始まり、新たに孫庇（『山門堂舎記』では「中堂礼堂」）・廻廊・中門等を造り加えた。中堂の建つ平地が狭いので南岸の土を採って北谷を埋め、敷地を拡大し、根本経蔵は中堂北側に移し「一宇二隔之経蔵」とした。『山門堂舎記』によれば、天元二年のこととする。「座主記」に「移作根本経蔵・宝蔵」とあるように、内部を仕切って経蔵・宝蔵としたのだろう。『山門堂舎記』、『阿娑縛抄』によれば、根本経蔵の移建は天元二年で、「葺檜皮五間一面」であった。「一切経論・賢聖集并唐本天台宗章疏・新写経・伝記・外典・伝教大師平生資具・八幡給紫衣等」を安置したとする。

ところでこの根本経蔵は、円珍改築の根本中堂ではその南端二間を占めていた。しかし尊意再興堂では、前に見たようにこの部分が大師堂とされている。「根本中堂記」によれば、火災によって焼け出された中堂本尊の薬師像や大師影像、法文、仏具等はすべて「虚空蔵幃上堂」に運び置かれた。そして承平七年春に、薬師像は「経蔵東倉」に移されたという。これは尊意によって根本経蔵が根本中堂から分離され、新たに建立されたことを示していよう。しかも「東倉」の存在は、内部が東西二隔に分かれていたことを推測させる。したがって天元二年の良源による経蔵の移建は、尊意建立のものを単に移築したものと解釈される。

以上を整理すれば次のようになろう。

承平六年の火災によって焼失した根本中堂の再建工事は、座主尊意によって、天慶元年（九三八）に完成した。この時、規模は円珍の九間堂から十一間堂に拡大し、中七間を薬師堂、北二間を文殊堂とし、南二間は経蔵から大師堂に改められた。そして経蔵は内部を東西に分けた別棟として、根本中堂に先立って承平七年（九三七）には完成し、本尊薬師像等が仮安置された。良源はこの堂に東孫庇を造加し、さらに三間の中門と廻廊を新造して、天元三年（九八〇）九月三日に供養を行った。この工事のために中堂の南の地を削って、その土で北谷を埋め、敷地を拡張してそこに尊意建立の根本経蔵を移築した。

良源移築後の根本経蔵の位置は、『阿娑縛抄』、『山門堂舎記』は「在虚空蔵堂南」とする。また「今食堂北」（『叡岳要記』）で、食堂は「在中堂東」（『山門堂舎記』）であったから、根本中堂の東北に当たる。虚空蔵堂と根本中堂の中間あたりであろうか。

六　承平・天元再興の根本中堂の形態

根本中堂は承平五年（九三五）の回禄後、永享七年（一四三五）まで焼亡の記事はない。「根本中堂記」は「永享七年乙卯二月五日未剋回禄、当四百九十八年」（実は五百年）と記す。延暦寺衆徒による放火であった。その間、大規模な修繕等は数多く行われたと思われるが、その実態は明らかでない。

尊意が再建し、良源によって整備された根本中堂の姿をよく伝えるのが『門葉記』「七仏薬師法五」に載せる、文永五年（一二六八）八月十七日に中堂で修せられた七仏薬師法の指図（図2－4）であるとされる。(28)確かに全体の規模、外陣の構成、廻廊と中門など、記録と符合する点が多い。しかしその平面形式をみると、いわゆる単純

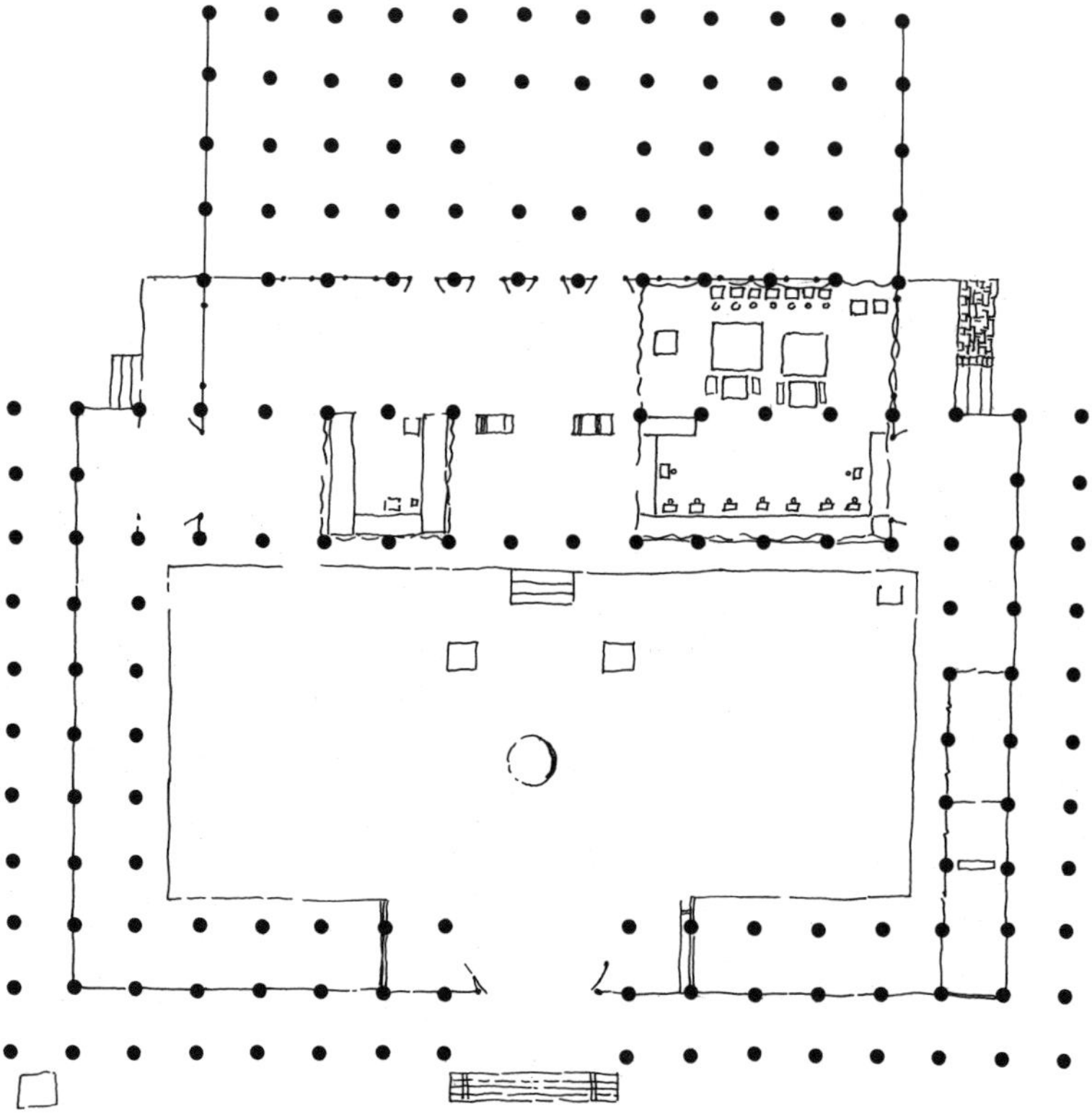

図2－4　文永5年根本中堂指図（『門葉記』）

な母屋と庇による構成ではなく、構造的には野屋根の存在を前提にしなければ成立しがたい形式といわざるを得ない。現存する最古の野屋根は正暦元年（九九〇）再建の法隆寺大講堂である。しかし野屋根の発生は、奈良時代以来の緩い瓦葺屋根による雨漏りに対処するための工夫であったと考えられ、それが平安時代末期にいたって密教本堂形式のような単純な母屋・庇の構成によらない、奥行きの深い建築に応用されたと考えられている。[29] 永暦元年（一一六〇）改修の当麻寺曼荼羅堂がその例である。したがって、年代的にみて尊意と良源による再建中堂が、このような平面形式であった可能性は低い

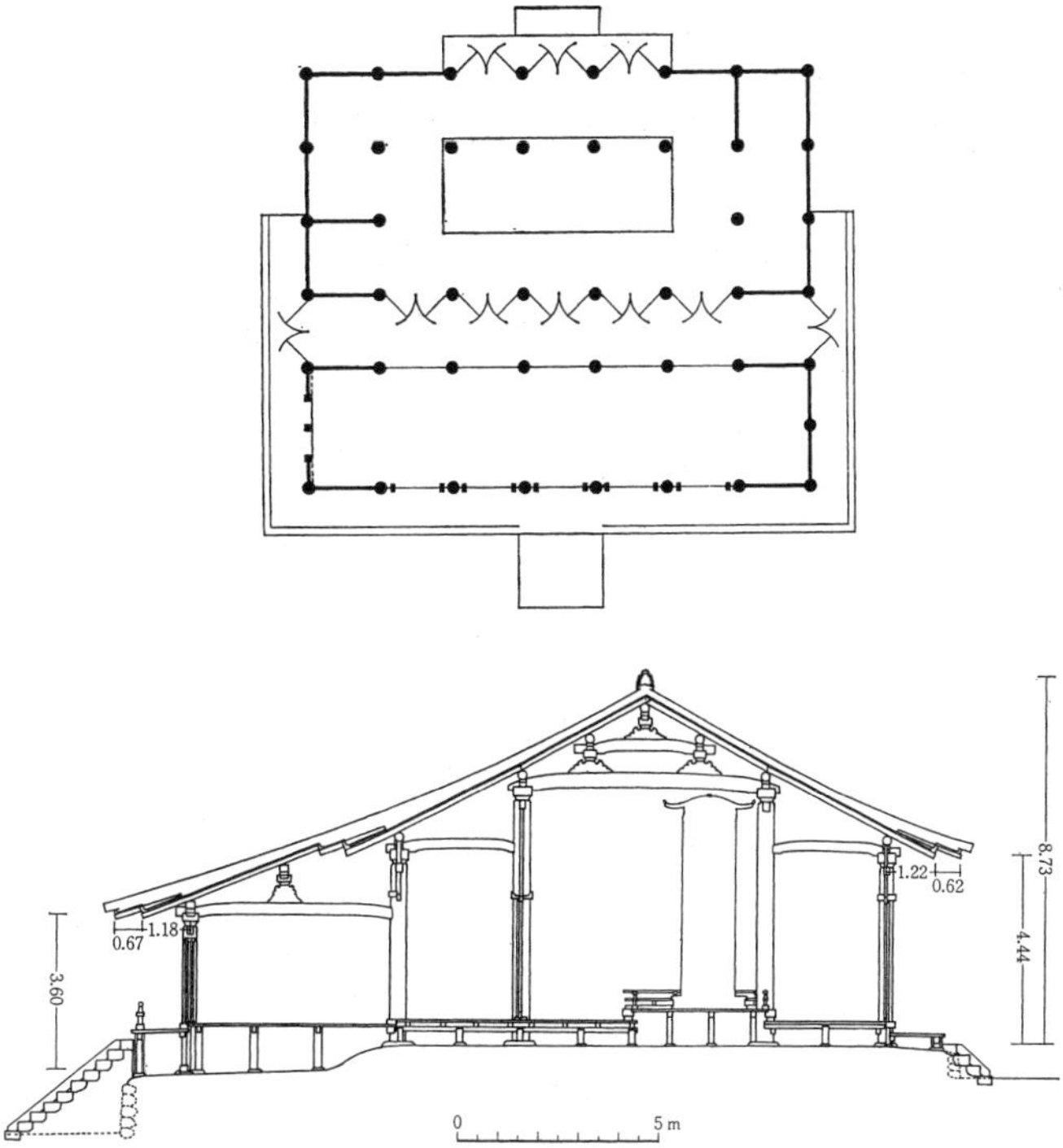

図2−5　当麻寺曼荼羅堂第2次前身堂（『大和古寺大観』）

と考えざるを得ない。

また、その造営過程を見ると、尊意の再建堂は単純な九間四面堂ではなかったかと思われる。それは「天元三年中堂供養願文」に尊意の堂は「前有狭庇、道俗会合之夕、雲集而履肩」とあって、おそらく礼堂とされた東庇が狭かったらしいこと、そしてそれを解決するために「構広庇」とあること等が根拠である。『天台座主記』良源の項も「中堂者始自天元元年新造加孫庇・廻廊・中門等」とあって、孫庇を「新たに造り加えた」という表現をしている。良源によって改造された中堂は「九間四面、東孫庇」の形式であったと推測される。これは円珍改築の中堂と基本的には同じ構成・構造で、平安時代初期を降らないころと考えられている当麻寺本堂の第二次前身堂（図2−

5」に近似するものであったろう。

良源は東孫庇と同時に、中門・廻廊も新造した。そして中堂供養と同年に、中堂とともに焼失した食堂も再建している。この再建食堂は「天元三年中堂供養願文」によれば「起久廃不営之食堂、以待老少満山之僧宝於東廊之東」とあるように、中堂の東廊の東に位置していた。『山門堂舎記』も「食堂、在中堂東」とする。[30] 規模は九間四面で、中堂と同じである。ところで、良源による再興中堂が文永指図と同様に三面廻廊の東廊に中門を開く形式であったとすると、現状の中堂東の狭小な地形をみる限り、中門と食堂はほとんど軒を接するような、不自然な配置であったことになる。

そこで、「供養願文」の「造歩廊、而連堂」という文言に注目する。文字どおり解釈すれば、歩廊によって堂をつないだことになる。その相手はほぼ同規模で、中堂の東に位置した食堂以外には考えられない。すると、中門の位置は東ではなく、中堂と食堂を結ぶ南廊に、南面して設けられたであろう。

これを裏づけるのが嘉保元年（一〇九四）十一月二十六日の『中右記』裏書きである。この日、根本中堂で行われた千僧御読経について、「千僧御読経、中堂并廻廊・食堂相并敷座」と記す。千僧御読経が中堂・廻廊・食堂を一体として行われたのであるから、中堂、食堂の二堂が廻廊によって結ばれていた蓋然性は高いといえよう。『醍醐雑事記』には同じく永暦二年（一一六一）七月十四日に根本中堂で行われた月食御祈の千僧御読経の次第を載せるが、「諸僧座」として「内陣、上礼堂、南廻廊、食堂」とあり、同様の使われ方であったことがわかる。

寛仁四年（一〇二〇）十二月十四日、藤原道長は叡山において受戒するが、当日の夜について『左経記』は「又始自今夜七箇日、於中堂并食堂、被行薬師法并読経」と記し、割注で「一壇於中堂被行、六壇於食堂被行、読経於中堂被行、不断薬師経」とする。これによれば中堂に一壇、食堂に六壇を構えて薬師法（七仏薬師法であろ

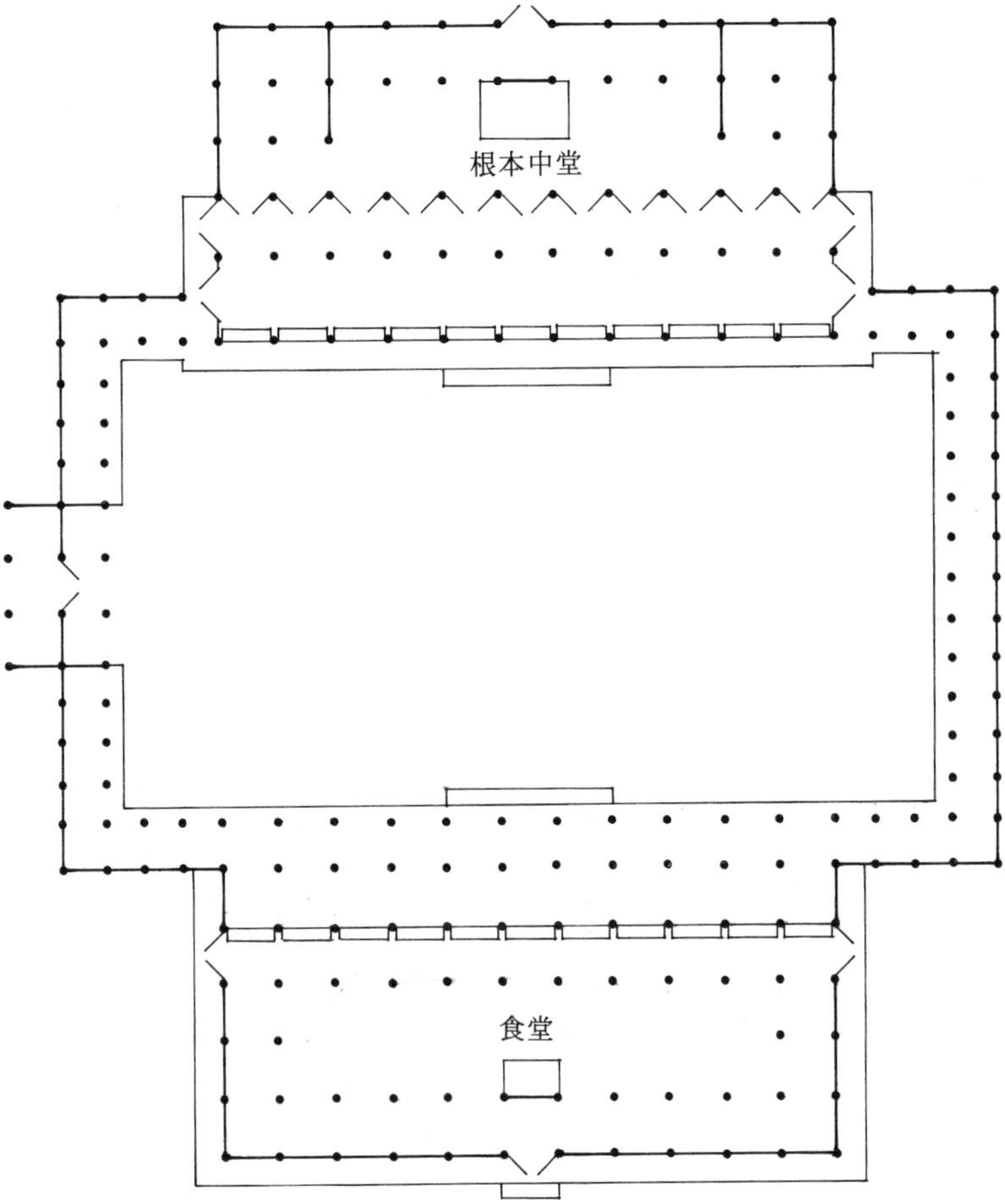

図2−6　尊意・良源による再興根本中堂復原図

う）が行われ、中堂では併せて薬師経の読経が行われた。ここでも中堂と食堂が一体の空間として機能していたことが証される。

以上によって、良源による再興食堂は根本中堂東廊の東に、廊と軒を接するようにして建てられ、中庭を挟んで中堂と一体の空間として機能するように計画されたと推測される。東廊と食堂は、あるいは双堂のように一体

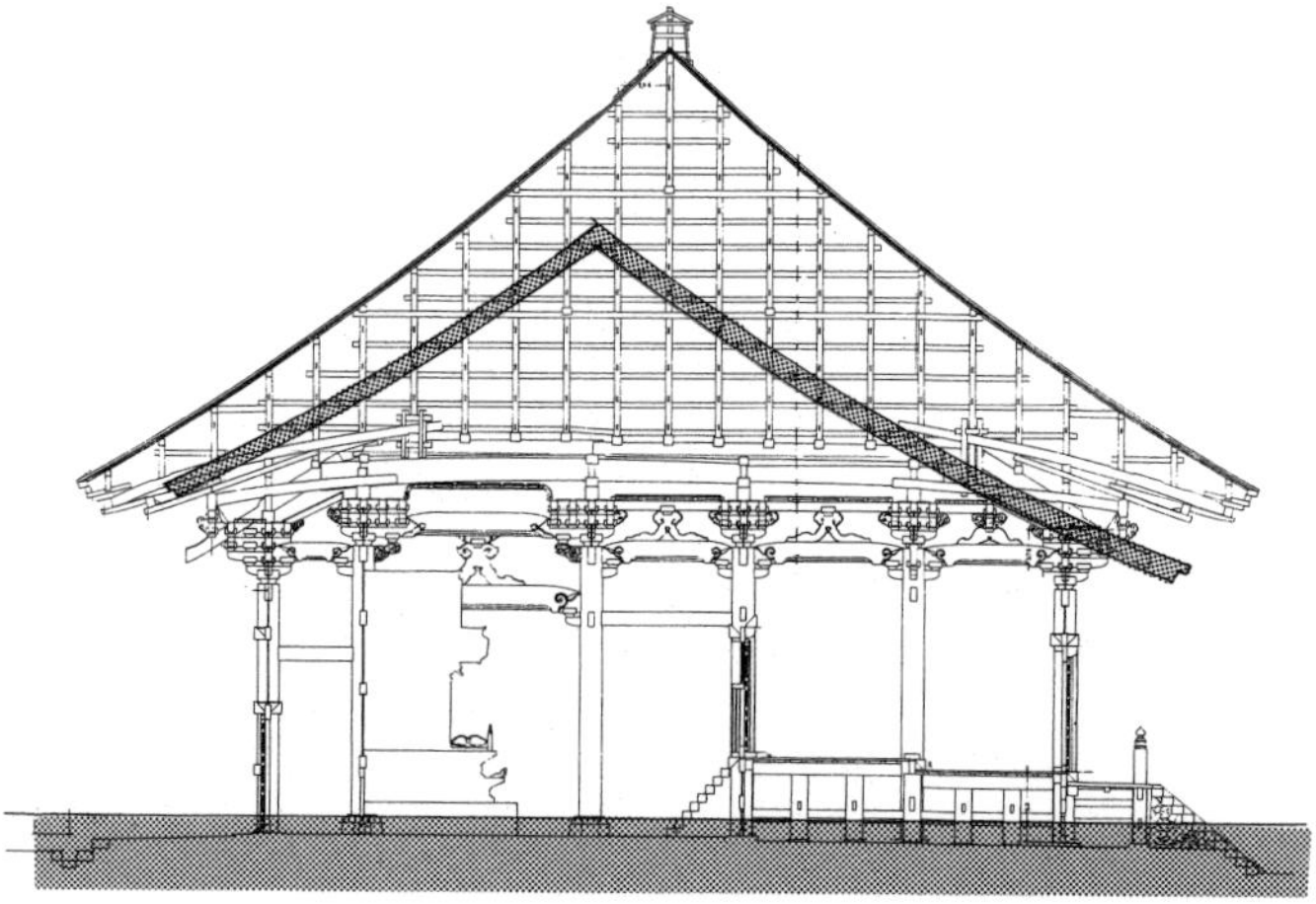

図2−7　根本中堂復原断面図（網かけ部分が復原断面）

化していたのかも知れない〔図2−6、2−7〕。

その後、尊意・良源再興の根本中堂は、文永の指図が描かれるまでの間に大きな改造を受けたことになる。そしてその前提は、中堂東にあった食堂の移転である[31]。

『門葉記』「七仏薬師法一」によれば、長寛二年（一一六五）七月十一日に根本中堂で行われた七仏薬師法修法にあたっての楽人の行路は、三匝行道のあと「入自中門北廻廊沓脱登著本座歟」とあるので、中門の北に廻廊が延びていたことがわかるから、中門は東向き、つまり文永指図と同じであった。したがって食堂が移転あるいは取り壊されたのは永暦二年（一一六一）から長寛二年（一一六五）の間であったことになる[32]。

七　根本中堂の空間構成

（一）平安末期改造以前

文永指図に描かれた中堂が平安末期を遡り得ないとすると、それ以前の中堂の様子を示す史料はきわめてわずかである。以下にそれを列挙する。特に断らない限り、資料はすべて『門葉記』「七仏薬師法」所載のものである。

①礼堂は梁行二間で、内陣寄り一間が「上礼堂」、中庭側一間が「下礼堂」と呼ばれた。（康治元年（一一四二）五月十二日の指図等）

②上・下とは別に「北礼堂」「南礼堂」という分け方もなされ、七仏薬師法は常に北礼堂で修せられ、その上礼堂部分が道場、下礼堂部分が伴僧座とされている。康治元年、同二年の例では、南礼堂の上礼堂部分が鳥羽法皇の御所にあてられている。礼堂の概念としてはこの南・北が優先したのかも知れない。ただし、上下礼堂の間には後述するように床高の違いがあったが、南北礼堂の間には空間構成上の差はない。なお、南礼堂、上礼堂の語の初出は天永四年（一一一三）である。(33)

③康治二年（一一四三）の指図には内陣・礼堂境の北六間にすべて妻戸の記号が描かれており、内陣と礼堂の境、および上礼堂・下礼堂の妻側は妻戸だったと推測される。弘安四年（一二八一）の指図は北端一間を除く北二、三、四間に妻戸の記号が描かれている。したがって南北両端部は壁であった可能性も否定できないが、現在の中堂から類推すればすべて妻戸だったと考えられる。同じく弘安四年の結願の日の「南北上礼堂妻戸」によって上礼堂の妻側が妻戸だったことがわかり、また同日の指図には下礼堂妻側に妻戸の記号が描かれている。

④中門は「三間中門」だった（「根本中堂記」）。

⑤なお、『天台座主記』によれば良真座主の寛治六年（一〇九二）四月に「中堂中門新造之、七年六月、四面回廊併以造畢、」とあるので、寛治六年に中門が、同七年に回廊が建てかえられたようである。

（二）文永指図以降

つぎに文永指図以降の様子を述べる。

①上礼堂と下礼堂には長押一段分の段差があった。文永五年（一二六八）の修法の際には、

一　仮床事、上礼堂長押副、下礼堂北四間仮床四脚立之、広三尺五寸、任勅使床寸法、床高上礼堂長押ニ等也、

とあって、修法の道場となる上礼堂が狭いので、これを拡張するために臨時に、床の低い下礼堂に三尺五寸幅の仮床を張ったことがわかる。この様子は弘安四年（一二八一）四月八日の指図に描かれている。暦仁元年（一二三八）十一月二九日の条によれば、この時の仮板敷きは杉板四枚であった。

②中堂正面十一間はすべて蔀だった。弘安四年（一二八一）四月の「十五日結願、……下礼堂格子、道場四間、南端間二間之外、五間悉上之」によってこれがわかる。

③廻廊は、文永の指図には複廊として描かれている。また「一　楽人行道路／自北廻廊出、経正面大床、自橋下庭上、出中門廻廊外土間、自南北行道三巡之後、自中門入、登北廻廊大床、経経所前、著本座」とあって、複廊の内側は大床を備えた板敷廊、外側は土間であったことがわかる。また弘安四年の「於前唐院前御下輿、自小橋令登大床給」とある小橋は文永の指図に描かれた、上礼堂北の階を指すのだろう。

④中門は指図によれば八脚門である。また『園太暦』康永四年（一三四五）五月一日の条によれば、元暦二年（一一八五）七月九日に大地震があり、山上にも大きな被害をもたらしたが、根本中堂も北に傾き、南廻廊等が転倒したという。

⑤内陣の詳細を示す史料はない。『門葉記』「山務」には、新補の座主の拝堂記が多く載せられているが、それによってわずかに内部の様子がわかるのみである。拝堂次第はほとんど共通しているので、それを略記すると以下のようである。

中堂正面の梯を昇り、大床で草鞋を受け取る→上礼堂正面で礼仏→上礼堂座に着す→正面より内陣に入る（草鞋を用う）→礼盤前で礼仏→大師堂方で礼仏→北行して文殊前で礼仏→着座→誦経・呪願→出御（後戸より南廻廊

を経て巽角で乗輿）

これによれば、内部は土間で、南が大師堂、北が文殊堂、中央が薬師堂の構成であったことがわかる。また後戸の存在も明らかである。文永の指図は内陣の両妻側を壁のように表現しているが、背面は省略されている。これと寛永再建の現存堂の形式を勘案すれば、内陣は背面中央に後戸を開くほかは、壁で閉ざされていたものと思われる。

（三）礼堂の構成と変化

①文永指図の中堂にも現在の中堂にも上礼堂と下礼堂の間には段差がある。これは寝殿造の広庇の床が長押一段分低かったように、下礼堂が孫庇を原形とした、その名残であろう。したがって尊意と良源による再建堂でも同様の構成であったと推測される。

②当麻寺曼荼羅堂の孫庇が庇よりも広かったように、天元三年供養の中堂も同様ではなかったかと思われる。ところが文永指図および鈴木亘氏がほぼこれと同期のものと推定された指図では上礼堂と下礼堂がほぼ同じ梁行柱間で描かれている。そして前述したように、文永五年や弘安四年の修法の際には道場となる上礼堂が狭いので、床の低い下礼堂に三尺五寸の仮床を張って修法の空間を拡張している。これは次第に大がかりとなっていった修法に対応するための措置であったと思われる。現在の中堂は上礼堂の方が広くなっており、この点を考慮したものであろう。文永の指図に描かれた堂は明応八年（一四九九）に焼失するが、その際の再建堂も同様ではなかったかと推測される。

③礼堂の板敷が天元三年供養堂まで遡ることはほぼ間違いない。しかし円珍時代については推測する手がかりがない。

(四)内陣の構成

内陣は現状も、文永指図の堂も土間床である。最澄の創建薬師堂も、当時の通例を勘案すれば土間床であったろう。創建以来の伝統が一貫して守られてきたとみることができる。

八　根本中堂の安置仏

根本中堂に安置された仏像は『阿娑縛抄』、『山門堂舎記』、『叡岳要記』に一括して記載されているので、これらについてまとめてみる。

(一)創建根本薬師堂

根本中堂は「貞観資財帳」に「根本薬師堂一宇」と記すように、元来が薬師堂であった。創建当初は、最澄が虚空蔵尾の自倒木の第一切から造り(34)、義真によって身は金色、衣文には綵色が施されたという五尺五寸の木造薬師仏が本尊であった。

本尊に続いて、伴国道の本願で安恵が自ら刻んだという高五尺の薬師像が安置された(35)。国道が延暦寺の俗別当を務めたのは弘仁十四年(八二三)からであったから、この頃の造立であろう。あるいは最澄の在世中であったかも知れない。安恵は延暦十三年(七九五)の生まれだから、年代的に矛盾はない。

次いで第六代座主・惟首が貞観元年(八五九)に供養した高五尺三寸の薬師仏が安置された(36)。円珍による中堂改築以前のことであり、やはり創建根本薬師堂に安置されたのであろう。創建根本薬師堂の晩期には、以上三体の薬師像が安置されていたことになる。

(二)円珍造替後の薬師堂

中堂安置の、立高二尺の七体薬師（檀像）について、『阿娑縛抄』、『山門堂舎記』、『叡岳要記』とも「右本願主不知誰人」とするが、『叡岳要記』のみが「或記云」として次のように記す。この像は円珍の造立で、もと前唐院にあったものを、円珍座主の時、止観院内陣に移した。そして第十代増命座主の時、最澄本願像と同じ帳中に安置された。

円珍が入滅の前日に自ら書き記したという「遺制」[37]の第一条には「予為天下泰平、所自造七仏薬師立高二尺仏像、奉受法面受慈覚大師、々々悦喜崇為本尊、安置前唐院、其後改本所、奉居中堂内陣、門人必扶持之、長時行法、莫懈怠之耳」と記す。これによれば、円珍自造の七仏薬師を受法面受の師である円仁に奉ったところ、円仁は大いに喜んでそれを本尊となし、前唐院に安置した。その後、理由は不明ながら根本中堂の内陣に移安したとあり、『叡岳要記』の記事と符合する。

また同じく『叡岳要記』は、「西方院座主記云」として「慈恵大僧正云、件七仏薬師御身、以大唐玄法寺法全阿闍梨身（自カ）造三寸七仏薬師霊像、奉納智証大師七仏薬師像中、件日記納中堂内陣畢」と記す。つまり唐の玄法寺法全阿闍梨が刻んだ三寸の七仏薬師を、円珍造の二尺の七仏薬師立像中に籠めたとする。玄法寺法全は長安における円珍の師であり、青龍寺において学法灌頂、伝法灌頂、両部大教の阿闍梨位の灌頂を伝授し、伝法の証拠として灌頂三昧耶五鈷杵一口と五鈷金剛鈴一口を授けているから[38]、この七仏薬師小仏も、あるいは法全が円珍に与えたものだったかも知れない。なお「西方院座主」は院源である。

この像は円珍による改築後の根本中堂に納められたのであろう[39]。ここには前述した三体の薬師像と七仏薬師、計一〇体の薬師像が安置されていたことになる。

（三）尊意による再建堂―十一世紀中期までの薬師堂

忠仁公藤原良房の造立とする立高五尺の梵天・帝釈・四天王像（檀像）について、『九院仏閣抄』は「或是元八部院安置、奉移中堂輦上」として、もと八部院にあったものを、大師（良源か）が中堂に移したとする説を紹介している。移安の時期は明らかでない。良房の没年は貞観十四年（八七二）であるから、造立は九世紀である。なお、『九院仏閣抄』は八部院の項で、「承和年中、藤原太政大臣忠仁公事也、改葺板本堂、更造葺檜皮新堂、別安置梵天・帝釈・四天王像」と記し、承和年中（八三四～四八）に忠仁公良房（この時期は大納言）が八部院に新堂を造り、新たに梵天・帝釈・四天王像を安置したとするから、これらの像のことかも知れない。あるいはこの新堂の退転にともなう移安であろうか。

治安二年（一〇二二）十一月二十四日[40]には前の摂政・藤原道長によって立高三尺五寸の十二神将像（綵色）が、永承七年（一〇五二）十二月二十三日に関白頼通によって立高五尺の日光・月光菩薩（金色）が造立・安置されたという。[41]

居高二尺五寸の文殊聖僧像（肉色）について、『叡岳要記』は、良源の命により千手院西谷阿闍梨昌生が千手院において二体造ったものの一体で、残る一体は横川中堂に安置されたとする。『九院仏閣抄』は「師云」として、もと八部院の仏像であったものを、大師（良源か）が中堂に移したとする説を載せる。

以上によって十一世紀中期までに、中堂内の薬師堂には三体の等身薬師仏、二尺の七仏薬師、六天像、十二神将、日光・月光菩薩像、文殊聖僧像の、計三一体が安置されたことになる。

（四）薬師堂内の仏像の配置

『阿娑縛抄』「薬師」には「中堂図」〔図2－8〕を載せる。この図は、薬師法を修するときの十二神将の配置には諸説があるが、その一例として十二神将の筆頭である宮毘羅の位置を示したものである。これには永承七年（一〇五二）に造立され、御帳前の左右に安置された日光・月光菩薩が描かれておらず、また「治安元年七月九日入道大相国奉造十二神将」とあるので、治安元年（一〇二一）の、道長による十二神将安置の時の図であるらしい。この図には本仏の安置された御帳の左右に二体の薬師が記されている。毛利久氏はこれを惟首および安恵による薬師像とする[42]。ところでこれらの薬師には割註で、北側の像に「山本」、南側の像に「衣河寺」と記されている。また「根本中堂記」は一乗止観院の安置仏について「安置仏三十一体、但加山本・衣川薬師二体、三十三体也」と記す。上記の三体の薬師仏以下、七仏薬師、日光・月光菩薩、十二神将、梵天・帝釈・四天王、文殊を合わせると三一体である。したがって帳外の二体の薬師仏は客仏であったと思われる。惟首・安恵による薬師像は帳内に安置されていたのだろう。「根本中堂記」ではこの二像について「左薬師像山本北苗廉、右薬師像衣川寺南古曽郡」としている。「山本北苗廉」は叡山東麓の苗鹿庄法光寺であろうか。この寺は最澄の開基と伝え、本尊は薬師如来である。「衣川寺南古曽郡」は不明である[43]。

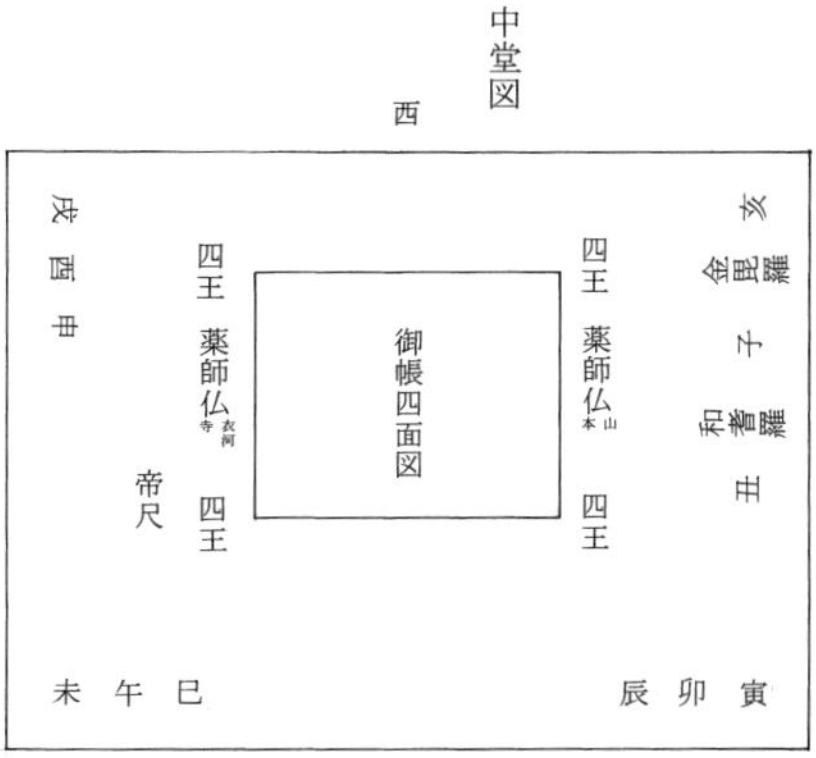

図2－8　中堂図（『阿娑縛抄』）

　永承三年（一〇四八）時点での中堂の諸仏安置状態は『九院仏閣抄』の「中堂壇上是前様」〔図2－9、2－10〕にみられるように、御帳内には三体の薬師仏と七仏薬師を置き、帳外左右に客仏の二体の薬師、その前に梵天・帝釈、帳外四隅に四天王、帳の前方に日光・月光、そして四周に十二神将、というものであったらしい。帳内の三体の薬師

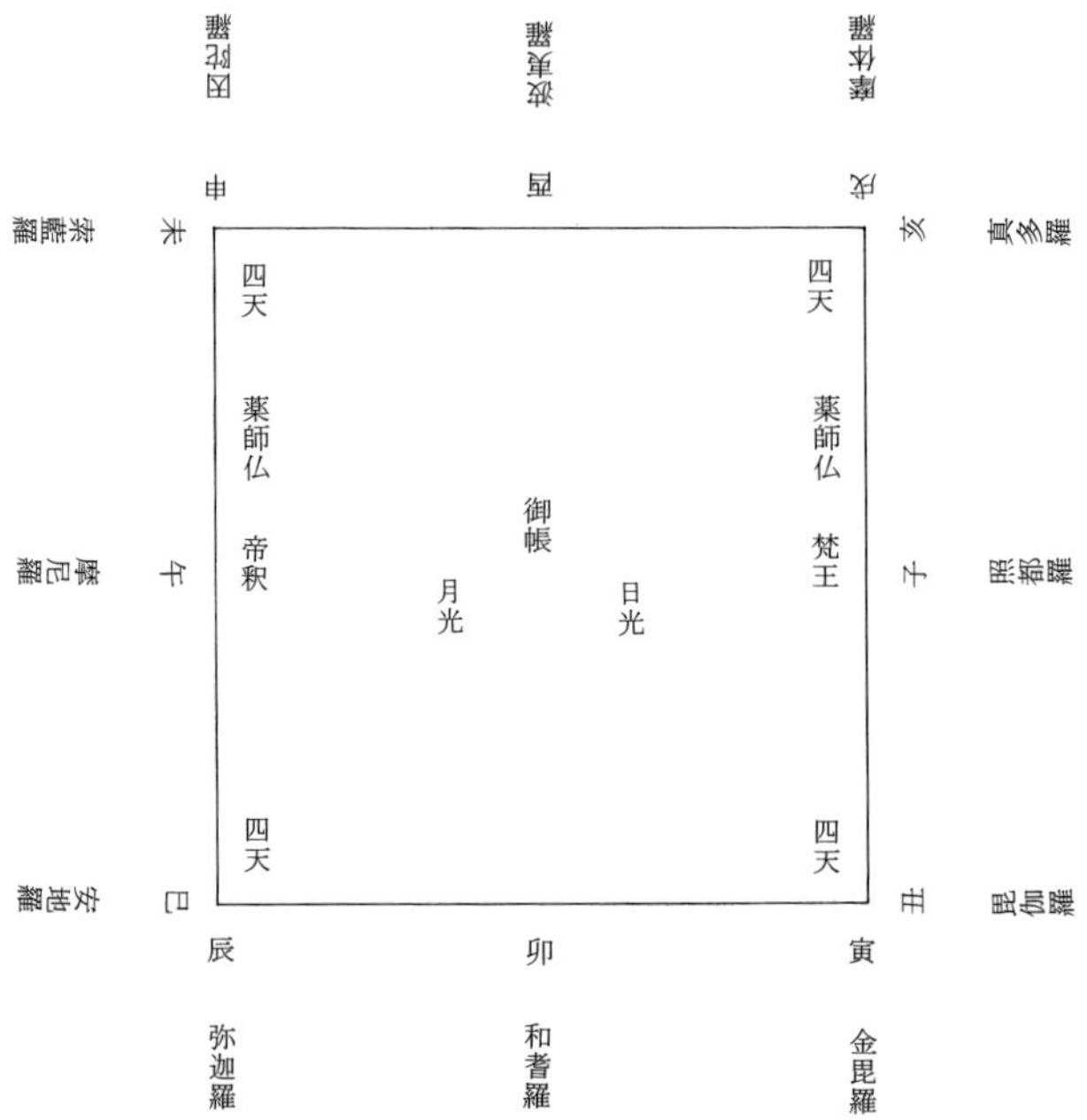

図2－9　中堂薬師堂の諸仏（『九院仏閣抄』）

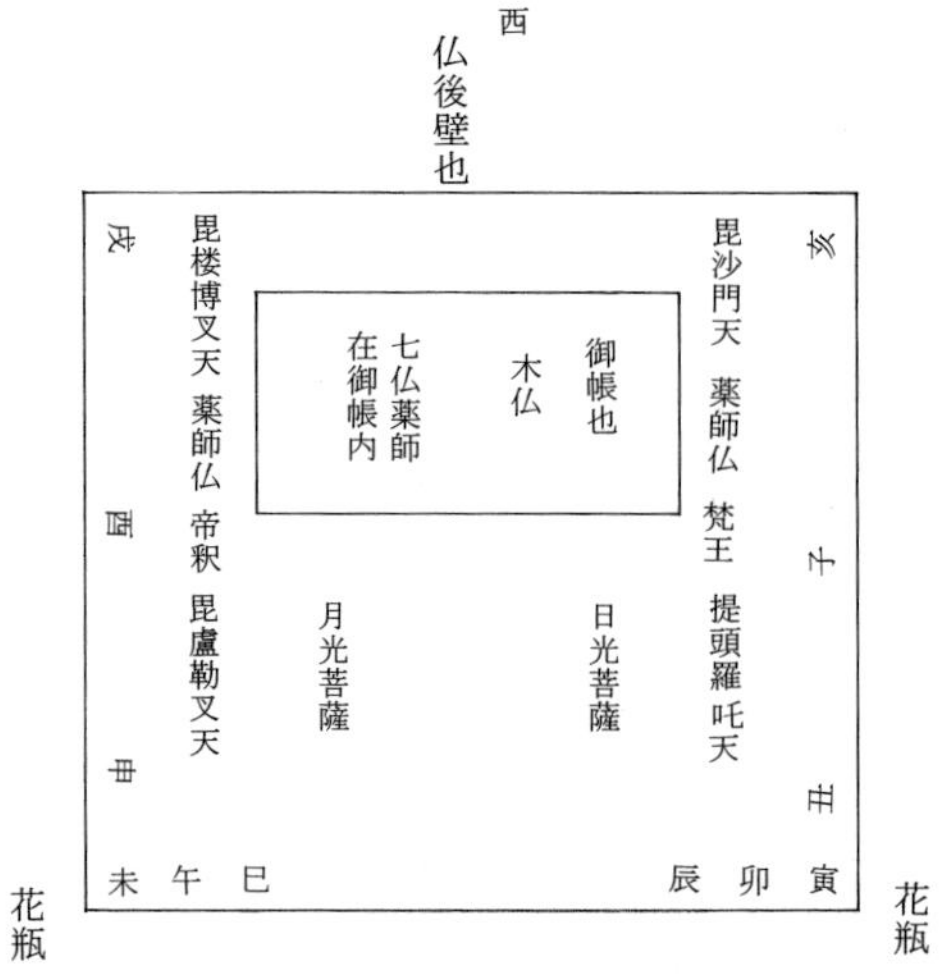

図2－10　中堂薬師堂壇上の諸仏（『九院仏閣抄』）

は、『叡岳要記』によれば、惟首の像は「北方、御帳内」、国道の像は「南方、御帳内」であったから、最澄本願の像を中心に、北に惟首、南に国道本願の像が安置されたようである。(44) 文殊聖僧像は『阿娑縛抄』に割註で「在瑠璃壇下、別坐方床、居二尺五寸、肉色」とあるので、諸仏の安置された瑠璃壇の下に安置されたようである。
以上によって、薬師堂内の仏像安置状況を復原すると〔図2－11〕のようになる。最澄の根本薬師仏は代々の座主や外護者によって、厳重に結界・守護される態勢が整えられたのである。

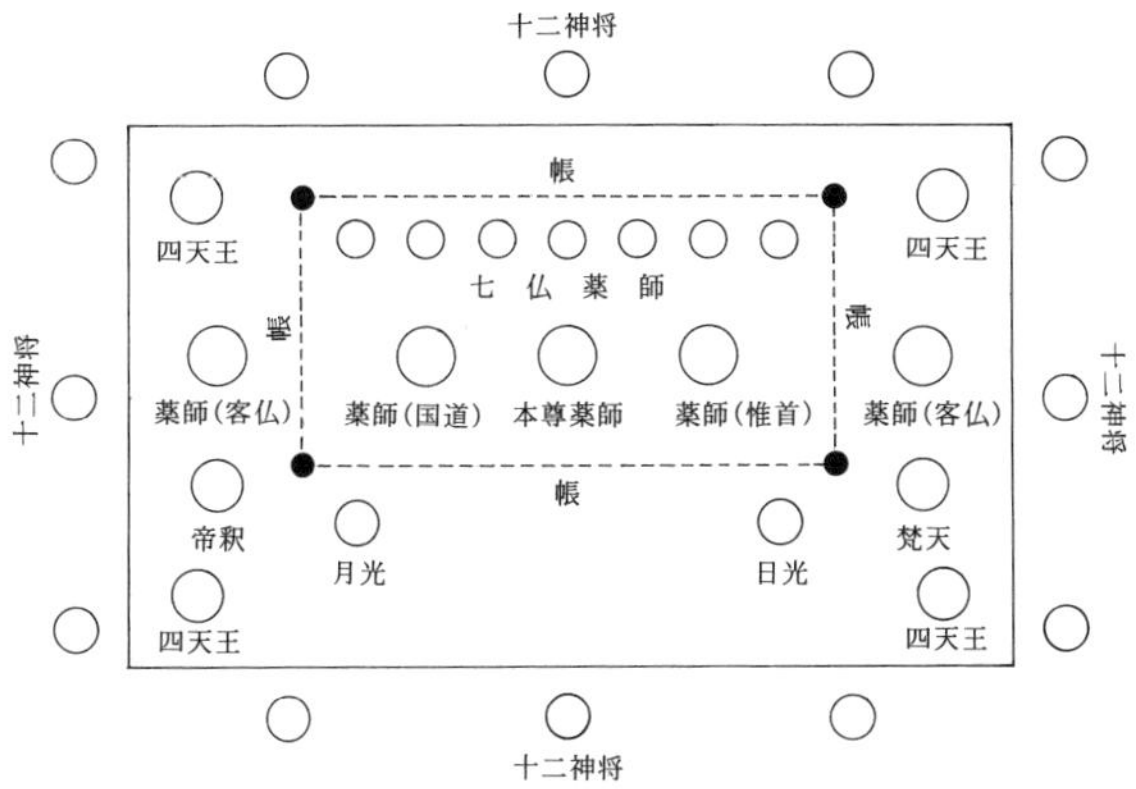

図2－11　中堂薬師堂安置仏復原配置図

（五）文殊堂

文殊堂の文殊・普賢・弥勒についての由緒を記すのは『九院仏閣抄』のみで、「師云、此三仏ノ土像ハ三津首百枝造奉大師云々、已上、各大師本願」(45) とする。最澄の父である三津首百枝によるものとすれば、おそらく叡山最初の仏像ということになろう。土製の仏像であったらしい。『叡岳要記』は光定の『伝述一心戒文』の「桓武天皇……本法華一乗宗、建立日本国一向大乗寺、置文殊為上座」を引いて、文殊本尊の理由を説明する。

この堂にはほかに毘沙門天二体を安置し、のちには毘沙門堂と呼ばれるようになる。一体は最澄の願で、『山門堂舎記』によれば、薬師像と同じく虚空蔵尾の自倒木の第三切から造ったものとする。『九院仏閣抄』によればこの像は「屠半様」の兜跋毘沙門天で、最澄の計画した十六院のひとつである護国院の本尊として造られたが、結局院は建立されず、文殊堂に安置されたという。そうした由緒のある仏像であったため、文殊堂を毘沙門堂とも呼んだようである。もう一体の毘沙門天像も「居半様」で、俗別当・伴国道の願である。前者は東向き、後者は南向きに安置された。なお「根本中堂記」は、静観僧正願の吉祥天女立像ほか三体の眷属像も安置していたとする。

以上のように、創建期の文殊堂の様子は明らかでないが、最澄の父・三津首百枝作の土製の文殊・普賢・弥勒を本尊とし、客仏の形で最澄自作の毘沙門天像が併置され、やや遅れて伴国道本願の毘沙門天像が置かれたようである。この堂が後に毘沙門堂と呼ばれるようになるのは、土製の本尊が次第に破損して、いつしか廃棄されたためかも知れない。

（六）大師堂

大師堂は経蔵の後身である。『阿娑縛抄』、『山門堂舎記』は「伝教大師真影一躯」と「慈恵大師影像一躯」が安置されたとする。また「根本中堂記」は「伝教大師影像一躯等身座像、御入唐時、為記念也、仁忠和尚奉造之、弐云義真和尚御作云々」、「慈覚大師影像一躯絵像、安恵和尚御筆」、「仁忠和尚　絵像」、「慈恵大師影像一躯木造等身坐像、慈鎮和尚御願、証真御印供合之」、つまり最澄・良源の木像と円仁・仁忠の絵像が安置されていたとする。最澄像を刻んだとされる仁忠は、『山家要記浅略』によれば、最澄の教命によって西塔政所の大黒天像を造ったとするから、そうした才に恵まれていたのだろう。大師堂が造られたのは尊意による再建堂においてであったが、最澄の影像を刻んだのが仁忠（最澄の弟子）であったとすれば、最澄示寂直後の造立である。「根本中堂記」によれば、承平五年の火災の際には薬師像とともに大師影像も虚空蔵﨑上堂に移されたから、それ以前から存在していたことは疑いない。あるいは尊意以前は経蔵に安置されていたのかも知れない。

〔註〕

1 『QAUDRATO』第一号所収。一九七八年七月、文化学院。

2 この「建立縁起」の内容がきわめて信憑性が高いことについては「〔付論一〕史料批判」を参照されたい。福山敏男氏はこの縁起を切り捨てた結果、最も古い延暦七年創建説を平安末期の『扶桑略記』と結論づけた。

3 『群書類従』第二十四輯所収。

4 『九院仏閣抄』は「延暦十二年癸酉正月一日壬午」とするが、同日の干支は「庚申」である。正月三日が壬午だから、あるいは誤写か。

5 『重要文化財延暦寺大講堂修理工事報告書』所収。一九五五年。延暦寺編『叡山文庫文書絵図目録』（一九九四年、臨川書店）にある「根本中堂記」がこれであれば、文政九年（一八二六）、豪実の著である。各種の記録を編集したものらしい。

6 註1と同。

7 『大日本仏教全書』寺誌叢書一所収。

8 『大日本仏教全書』寺誌叢書二所収。

9 『大日本仏教全書』寺誌叢書二所収。

10 『平安遺文』古文書編第一巻所収。

11 「草葺僧房壱間土塗」に割註で「南方板葺在庇」とある。母屋が草葺であるのに南面の庇のみが板葺であったために特記したのだろうか。

12 『平安遺文』古文書編第一巻所収。

13 『平安遺文』古文書編第一巻所収。

14 『平安遺文』古文書編第一巻所収。

15 『平安遺文』古文書編第一巻所収。

16 『平安遺文』古文書編第一巻所収。
17 『平安遺文』古文書編第一巻所収。
18 『平安遺文』古文書編第一巻所収。
19 『平安遺文』古文書編第一巻所収。
20 『平安遺文』古文書編第二巻所収。
21 『群書類従』第二四輯釈家部所収。
22 『平安遺文』古文書編第二巻所収。
23 『平安遺文』古文書編第二巻所収。
24 長元二年（一〇二八）の「上野国交替実録帳」（『平安遺文』古文書編第九巻所収）に同文の記事があるので、法林寺は上野国所在の定額寺であったことがわかる。
25 『大日本仏教全書』第二十七巻所収。
26 この文書の筆者を良源とすると、文中に「座主和尚中堂東搆広庇」とあるのがやや不審ではあるものの、焼亡から再建までの、それぞれの局面に関係した僧侶が二〇名弱も登場しており、当事者でなければ書けない内容である。天元三年の中堂供養でこの文は終わるが、良源はその翌年、大僧正に転じており、この時点では「僧正法印大和尚」であった。
27 「嶂」は、『大漢和辞典』によれば「屏障のようにそばだった峯」であるから、「虚空蔵嶂上堂」は切り立った虚空蔵峯の上に建つ堂、という意味であろう。良源の弟子・梵照の記とされる『秘密拾遺伝』によれば、延長三年（九二五）、右大弁和気弘陰は東塔院中に理趣三昧堂を建立した。そして四十余年を経た安和二年に、和尚（良源）が一行三昧院を虚空蔵峯に移すときに、この理趣堂を壊して文殊閣を建てたとする。この理趣三昧堂が「虚空蔵嶂上堂」であったと推測される。

28　鈴木亘氏前掲論文（註1）。
29　鈴木嘉吉「古代建築の構造と技法—法隆寺建築を中心として」（『奈良の寺2—法隆寺東院伽藍と西院諸堂』所収、一九七四年、岩波書店）。
30　『天台座主記』良源の項。
31　『天台座主記』には第三十六代座主良真の寛治四年（一〇九〇）六月に「壊食堂、新造年内造畢」とある。しかし『山門堂舎記』には「座主良真為新造徳功之□、其敷地依高中堂之地、三尺曳窪、年内造立之」とあるので、三尺ほど位置が動いただけであったらしい。
32　前稿「平安時代の延暦寺一乗止観院とその安置仏」（『建築史学』第四十四号、二〇〇五年三月）掲載の復原図では廻廊が食堂の側面に取り付く形を想定した。しかし「天元三年中堂供養願文」に食堂の位置を「東廊之東」とし、また『天台座主記』天治元年の条に「中堂三面之廻廊」とあるように、廻廊は東・北・南の三面にあったことが明らかなので、そのように修正した。
33　『大日本史料』第三篇之十四所収の「七仏薬師法代々日記」。
34　『山門堂舎記』。
35　『叡岳要記』。
36　『叡岳要記』。
37　『余芳編年雑集』所収。この遺言は偽作とみる向きも多いが、ここに示す内容について捏造とみる根拠はない。
38　佐伯有清『円珍』（吉川弘文館、一九九〇年）。『入唐求法巡礼行記』によれば円仁も法全から胎蔵大法を受けているが、さほど深い交渉はなかったようである。
39　毛利久氏は「元亀以前の延暦寺根本中堂と安置仏像」（『国宝根本中堂及重要文化財根本中堂廻廊修理工事報告書』所収、一九五五年）で、この七仏薬師について次のように述べている。「これについては要記に「資財帳云、七体内一体欠左手、一体欠右手也、不知本願主誰人云々」とあるが、ここにいう資財帳とは堂舎記や仏閣抄にみえる貞観元年九月二十五日勘定資財帳であると考えられ、すでにそれは願主不明、像破損のことをしるすのだから、当像の造顕は貞観元年以前のかなり古い頃にあったらしい。おそらく最澄在世中に、すでに造られていたものであろうか。（中略）資財帳のできた貞観元年は智証大師存命中であって、もし大師造立が真実であれば、願主を知らないと記することもないはずだから、智証大師造顕説は全く信をおけない」。しかし「資財帳」は貞観元年のものと限定することはできないし、また最澄時代のものであったらその由緒が忘れられてしまったというのも不自然である。『阿娑縛抄』、『山門堂舎記』には円珍にまつわる事績については極力避けようとする態度がみられるから、「或記」の、智証大師造顕説は簡単に切り捨てていいものではない。

40 『叡岳要記』は治安三年十一月十四日、『山門堂舎記』は治安二年十一月二十四日とするが、『左経記』治安二年十一月二十三日の条には、道長はこの日十二神将供養のため叡山に登り、「明日供養」とあるので治安二年十一月二十四日が正しい。『天台座主記』も「同（十一月）廿四日、以大師供請僧百口供養中堂十二神将」と記す。

41 『山門堂舎記』、『天台座主記』は永承七年十二月二十三日、『阿娑縛抄』、『叡岳要記』は永承三年とする。

42 註5と同。

43 『天台宗全書』第二十四巻所収の『比叡山堂舎僧坊記』（江戸時代の正保本）の西塔南谷の項に「一　那古曽谷　天人影向之處云々」とあるので、あるいはかつてここに存在した寺であったかも知れない。また現在の大津市内にはかつて「衣川村（きぬがわむら）」があった。衣川は比叡山横川を水源とするという。『日本紀略』寛和二年（九八六）二月十六日の条には「今日、禁制、近江国大津以北衣川郷以南漁猟、依延暦寺座主尋禅奏状也」とあるから、衣川郷は延暦寺の領地だったらしい。

44 『九院仏閣抄』は惟首の像を「帳外南方安之」、国道の像を「帳外北方安之」とする。この二像とも帳内に安置されたはずなので、ここでは『叡岳要記』の説を採る。

45　「根本中堂記」は「已上三体土仏像、三津首百枝所造、奉献大師云々」とする。

二　戒壇院と講堂

初期天台宗にとって大乗戒壇の設立は、宗派の独自性を確立するために避けては通れない重大事であった。最澄はその最晩年の弘仁十年（八一九）三月に、戒壇院建立を奏請するが南都の僧綱たちの拒絶にあい、さらに翌年には『顕戒論』三巻を撰述し再度建立の必要性を説く。しかし結局、その生前には認められないまま入寂を迎えることになる。

『叡山大師伝』によれば、叡山に戒壇の建立が勅許されたのは、弘仁十三年（八二二）六月十一日のことであった。最澄示寂の七日後である。しかし授戒を行うための戒壇院が即座に建立されたわけではなく、建立年時については諸説がある。また当初は「戒壇講堂」という性格で計画されたらしい講堂についても、戒壇院同様、建立年時には諸説がある。本節ではこれらを整理して戒壇院および講堂の建立年時を確定するとともに、初期延暦寺における戒壇院および戒壇堂、そして講堂の建築について可能な限り明らかにすることを試みる。

一　戒壇院と講堂の創建年時

最澄の弟子・光定が承和元年（八三四）に著した『伝述一心戒文』に載せる「造戒壇講堂料九万束達天長皇帝下近江国文」には戒壇院および講堂造営に至る経緯が詳細に記述されているので、以下に要約する。

光定は最澄によってその生前に戒壇院知事に任命されていた。しかし最澄の死によって光定は戒壇建立について為す術を失ってしまった。そこで深く最澄に帰依していた中納言・右大将良峯安世が叡山を訪れた際に相談を持ちかけたところ、その尽力によって「戒壇宣旨」が下されることになった。その翌日、光定は参議伴国道の太政官曹司を訪れると、国道は宣旨によって五間堂一宇を造るべきことを伝えた。[1]しかし光定は、戒壇堂のほかに風雨の時の戒和尚の居所としての細殿、勅使のための南北に庇を有する檜皮葺五間屋、そして勅使の従者のための七間板屋が必要であることを述べ、認められた。その後、義真の計によって五間檜皮葺屋と七間板屋をあわせて七間の講堂を造ることにした。こうした施設ができたのはひとえに良峯大納言の大いなる功徳の力によるものであるから、宗の大衆はその尊霊に回向すべきである。そして淳和天皇より、戒壇および講堂の造料として、近江国から稲九万束が支給された。

上記の講堂はのちの大講堂であり、また細殿は看衣堂であろう。これら一連の出来事には年月が記されていない。しかし文中の良峯安世の官職である「中納言」は弘仁十二年から天長五年まで、「右大将」は弘仁十四年から天長七年の薨去までであったし、伴国道が「参議」であったのは弘仁十四年から天長五年の薨去時までであったから、弘仁十四年（八二三）以後、天長五年（八二八）までの間ということになる。

ところで、戒壇堂と講堂の創建については史料の内容が錯綜し、簡単に結論を出すことができない。以下に関係史料とその要点を摘記する。

［戒壇堂］

①「天長二年丁申請当国稲九万束、造立戒壇院一宇、着衣堂一宇、奉造金色釈迦像一体、綵色文殊・弥勒各一体也」（『叡岳要記』）

②「天長二年、依太上天皇嵯峨皇帝、先勅并当代詔勅、従近江国賜正税九万束、造立戒壇院、正堂一宇并講堂細殿一宇也、但未畢功之間者、根本止観院、行受菩薩戒并廻心受大戒之事」（『叡岳要記』所引、年時不詳「建立縁起」）

③「右院者、依太政官去天長四年五月二日、下近江国符旨、所創建立也、天長四年夏蒙詔所司」（『阿娑縛抄』）。
『叡岳要記』『九院仏閣抄』ともほぼ同文）

④「天長四年五月二日、下近江国符旨、所創建立也」（『山門堂舎記』）

⑤「天長四年五月二日、近江国府所創建立戒壇云々」（『一代要記』）

⑥「天長四年五月一日、依下近江国符旨、創建戒壇院、戒壇竝看衣堂、」（『天台座主記』）

⑦「天長五年、有勅、建戒壇院」（『天台座主記』）

⑧「天長五年戊申、今年有勅、建戒壇院、于時別当大師光定云々」（『一代要記』）

［講堂］

⑨「天長元年九月三日、義真和尚供養大講堂、本尊毘盧遮那如来、呪願義真、導師護命僧正南都」（『帝王編年記』）

⑩「天長元年、有勅建立、淳和天皇、大師遷化之後、第三年」（『叡岳要記』）

⑪「天長元年、義真肇造」（『山門堂舎記』）

⑫「右堂建立縁起在本帳、天長元年勅近江国税稲九万束所被肇造也、正躯仏竝弥勒菩薩、為弘仏法護国家、衆僧諸檀越等合力所造、観音像、弘宗王奉為深草先帝発心所造、具在奏状」（『阿娑縛抄』）

⑬「同（天長）五年戊申有勅、建講堂東塔南谷分、同九年九月三日供養、導師護命僧正」（『天台座主記』）

⑭「右講堂者天長之朝廷給稲九万束、所被肇造也」（『朝野群載』所収の天暦四年（九五〇）「延暦寺牒　諸大施主　衙／欲被加随分知識改造講堂一宇状」）

①②は、淳和天皇より造営料として天長二年に稲九万束を賜った、とする。ただし、①の「丁申」という干支はあり得ず、「丁□、申請」とすれば天長四年である。『九院仏閣抄』は「天長二年申請当国稲九万束」とする。

いずれも天長四年の誤写であった可能性がある。

③④⑤⑥は天長四年五月二日（『天台座主記』は一日）創建とし、「稲九万束」には触れない点で共通する。あるいは出典をともにするのかも知れない。

⑦⑧は天長五年に「有勅、建戒壇院」で共通する。

戒壇院の創建年時については以上の三グループに分けられる。このうち、天長四年説は同年五月二日の太政官符に基づくもののようであり、最も信頼性が高い。本書の［付論一　史料批判］で詳述するように、『叡岳要記』所引の年時不詳「建立縁起」は、のちの看衣堂に「細殿」という古い表現を使用するなど史料価値が高いのだが、そこでは「天長二年」としている。誤記あるいは誤写と解釈したい。天長四年に嵯峨上皇および淳和天皇の詔勅によって戒壇堂建設のために、近江国正税九万束を充てる旨、太政官符が下された、ということであろう。その完成が翌天長五年であった、と推測する。

一方、講堂の創建を天長元年とするのは、⑨～⑫である。⑫について、『山門堂舎記』と『叡岳要記』には傍線部の記載はないが、前者は「正躯仏」から「具在奏状」までが『阿娑縛抄』とほぼ同文であり、後者も「右仏像等、為□仏法護持国家、衆僧諸檀越等合力所造也」、「観世音菩薩像　弘宗王奉為深草先帝発心所造、具在奏状」とあって、三書が同一資料によっていることが明らかである。⑫にある「建立縁起」がその共通資料の原本であった可能性が高いが、共通資料では、原本に「天長四年」とあったものを「天長元年」と誤写した可能性が考えられる。そして⑨～⑪の「天長元年」説はすべてこの共通資料に基づいたと推測する。

⑬は、天長五年に講堂建立の詔勅が降り、同九年九月三日に供養があったとする。

天長元年説に従えば、戒壇堂に先立って講堂が建立されたことになる。しかし、最澄の在世中にはついに実現せず、当時の教団にとって焦眉の急であった大乗戒壇設立よりも講堂建立を先行したとは到底考えられない。『伝述一心戒文』が記すように、講堂の建立は戒壇堂建立に付随して決定されたのであり、戒壇堂に優先するものではなかった。そして『叡岳要記』所引の「建立縁起」が、「造立戒壇院、正堂一宇、并講堂・細殿一宇也、」と記すように、その経緯から見て、講堂は当初は戒壇堂付属のもの、という位置づけであったと思われるのである。

また造料としての稲九万束の支給は、『叡岳要記』では戒壇院の項に、『阿娑縛抄』では講堂の項に記されているが、『伝述一心戒文』が記すようにこれは「造戒壇・講堂料」であって、戒壇堂・細殿・講堂を含めた造料であった。

講堂については、戒壇堂の建立許可が天長四年だったことを勘案すれば、『天台座主記』の天長五年に勅が下って講堂を建てたとする記事は、蓋然性が高いといえよう。戒壇堂に比べれば大規模な建築だったから、その供養が四年後の天長九年とするのも不自然ではない。『叡岳要記』は本尊の大日如来について「天長七年、依義真座主勧進、明定造立大日如来」とする。本尊の造立が講堂の建立より大幅に遅れるということは考えにくいから、この記事が正しければ、やはり天長九年説を強化することになる。ここでは講堂の供養は天長九年（八三二）九月三日とする説を採る。

『伝述一心戒文』によれば、戒壇堂・細殿・七間講堂造営の功労者は「上座伝灯満位僧道叡、寺主伝灯満位僧乗天」であった。延暦寺に初めて三綱が置かれたのは天長元年で、上座仁忠・寺主道叡・都維那興善であった。したがって「上座道叡」は天長元年以降である。また、道叡・乗天に伝灯満位が授けられたのは天長九年である。(2)

戒壇堂および講堂造営の功績に対する贈位であったろうか。

二　戒壇堂の内部構成

『阿娑縛抄』、『山門堂舎記』、『叡岳要記』の戒壇院に関する主要な記事は酷似しているので、ここでは『山門堂舎記』を引用する。

　　戒壇院　或名法花戒壇院、在四王院西堺上、
天長五年義真和尚時有勅建立矣、
葺檜皮方五間戒壇堂一宇、堂上有金銅覆鉢、鉢上有宝形、
壇一基、高六尺七寸、長二丈八尺、広二尺、
像壇板敷、長三丈六尺、広三尺、
安置金色釈迦牟尼仏像一躰、居高三尺、綵色比丘像、文殊・弥勒菩薩像各一躰、居高二尺五寸、
葺檜皮五間看衣堂一宇、在後、
同三間昇廊東西各一宇、
同廻廊一廻、東西長十四丈、南北長十二丈、
同三間中門一宇、
天長四年五月二日、下近江国符旨所創建立也、

これによれば、戒壇堂は方五間檜皮葺の宝形堂であった。一方、現存する延暦寺戒壇堂は延宝六年（一六七八）の再興だが、方三間に裳層を巡らして、方五間の平面としている。方三間部分は土間床を二・五尺ほど高くし、四方を階段状にしている。また方三間部分の背面中央方一間は床より三・五尺ほどの石敷の壇としている。そして正面入口左右の裳層部分のコーナーには長床を設ける〔図2－12〕。

『門葉記』「入室出家受戒記補五」に載せる十三世紀初頭の指図(3)〔図2－13〕には戒壇堂の北半部しか描かれていないが、これから推測されるのは総柱の平面で、現状とは大きく異なる。背面中央柱間は出入口で、堂内に入ると正面に階段があり、それによって戒壇上に登る。そして堂の中央に仏壇が設けられ、釈迦・文殊・弥勒が安置される。

『門葉記』「入室出家受戒記補六」には建仁元年（一二〇一）頃の受戒次第を記すが、これによれば「正面戸」の外には戒和上座がしつらえられ、和上・教授・羯磨師等は「東戸」より戒場に入り、戒者は「西戸」より入場したようであるから、堂の四方（おそらくいずれも中央間）に扉口が設けられていたと考えられる。「戒壇院三尊像」（中釈迦・東文殊・西弥勒）前の礼盤が和上座で、唄師二人の座は和上座のうしろに設けられた。そしてその東が羯磨座、西が教授座とされた。

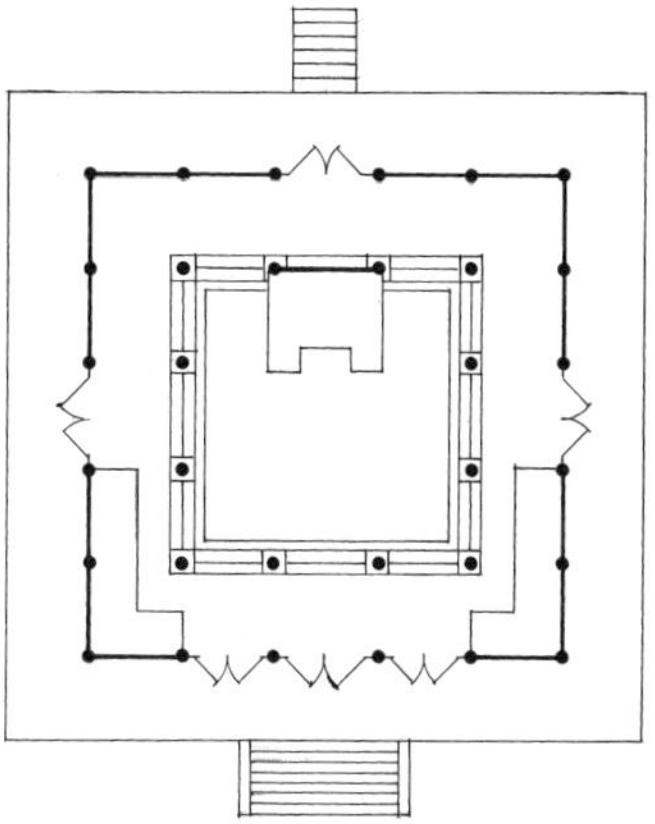

図2－12　戒壇堂平面図

『阿娑縛抄』等が記す戒壇の様子は、数値に若干の出入りがあるのみだから、同一系統の原資料によったのだろう。「壇一基、高六尺七寸、長二丈八尺、広二丈」は諸書に共通する。この戒壇の高さ六尺七寸は、現存する東大寺戒壇の六・八五

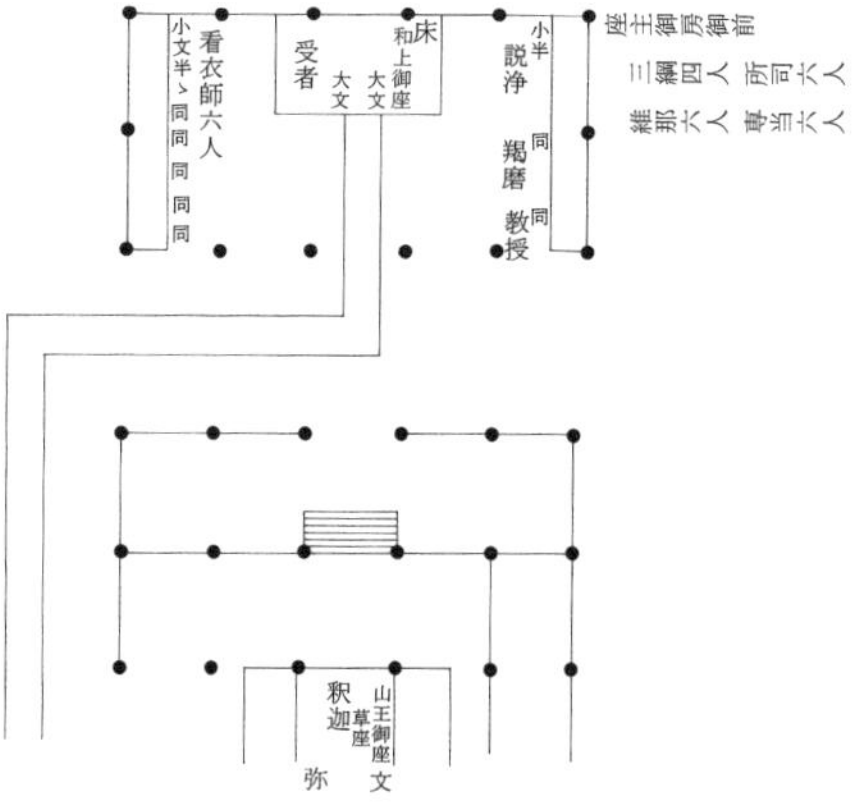

図2－13　入室出家受戒指図（『門葉記』）

尺、唐招提寺戒壇の七・四尺とほぼ同じである。一方、中央方一間部分に三尊像を安置し、戒和上および受者がその前に座を占めるとすると、「長二丈八尺、広二丈」という壇の大きさは不都合である。なぜなら、授戒に先立って戒和上らは右回りに仏像を「三匝」するが、仏壇背面にはその行道路が確保できないからである。〔図2－13〕のように、背面孫庇の中央に階段があり、また前述の「入室出家受戒記」から、東西扉口前にも階段があったことが推測され、また当然正面にもあったであろうから、壇は孫庇を除く方三間部分であったと推測される。「方五間」という形式、現存する戒壇堂、そして東大寺や唐招提寺の戒壇の例を勘案すれば、延暦寺の戒壇も正方形であった蓋然性が高い。したがって福山敏男氏の解釈のように、下壇が方二丈八尺、上壇が方二丈の誤写と考えるのが妥当と思われる。(4)

「縁壇板敷、長三丈六尺、広三尺」(5)（『阿娑縛抄』）は、『山門堂舎記』、『叡岳要記』では「像壇」とするが、「長三丈六尺」は柱間約四間分に相当し、仏壇とは考えがたいから「縁壇」が正しく、現存する戒壇堂の長床を指すのかも知れない。現在の長床の総長（中心で計測）は約三七尺であり、ほぼ一致する。「広三尺」「板敷」も長床の寸法および構造として適当である。

安置仏は中央釈迦像が居高三尺、左右の弥勒・文殊像は居高二尺五寸であった。

以上のような戒壇堂の構成は、十四世紀後期に成立した『弘法大師行状絵詞』巻二に描かれた東大寺戒壇堂にやや類似するものであったと思われる〔図2－14〕。

なお、中国・唐代の僧道宣が撰した「関中創立戒壇図経」(6)は、道宣が乾封二年（六六七）に長安郊外の浄業寺に戒壇を創立した際に、戒壇の基準を明示するために書かれたものであったが、それによれば戒壇の基準は、壇は三重、下壇は方二九・八尺で高さは三尺、中壇は方二三尺で高さは四・五尺、上壇は方七尺で高さは二寸、としている。これは延暦寺戒壇の形式と大きく異なるものではないから、最澄および義真は入唐の際に見聞した中国の戒壇を手本にして延暦寺戒壇を築造したと考えられる。

三　戒壇院の構成

『山門堂舎記』、『阿娑縛抄』、『叡岳要記』に記された戒壇院の諸建築は細部に違いはあるものの、ほぼ一致している。建築の規模・形式のみを摘記すれば以下のようである。

葺檜皮方五間戒壇堂一宇、堂上有金銅覆鉢、鉢上有宝形
葺檜皮五間看衣堂一宇、在後
葺檜皮三間昇廊東西各一宇
葺檜皮廻廊一廻、東西長十四丈、南北長十二丈
葺檜皮三間中門一宇

鎌倉時代中期の作とされる「比叡山東塔絵図」〔図2－15〕は中門・戒壇堂・看衣堂を直線上に配置し周囲を廻廊で囲み、戒壇堂には軒廊の取り付く姿を描いており、前の文の表現に一致している。また

図2－14　東大寺戒壇院（『弘法大師行状絵詞』）

図2－15　延暦寺戒壇院（「比叡山東塔絵図」）

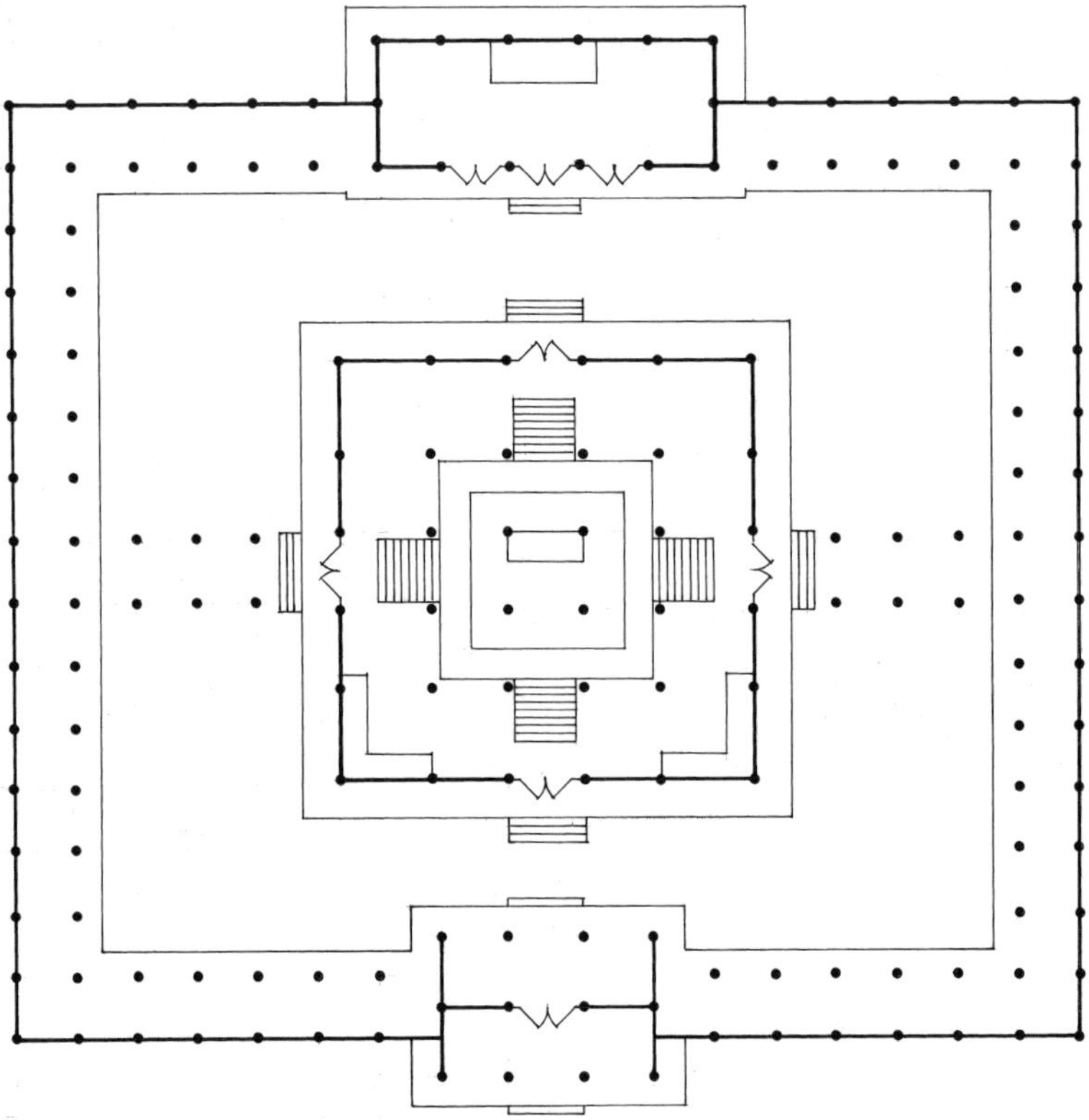

図2－16　戒壇院復原図

前述した『門葉記』「入室出家受戒記補五」に載せる十三世紀初頭の指図〔図2－13〕には、桁行五間の戒壇堂の後方に桁行五間、梁行二間の看衣堂が描かれている。したがって遅くとも平安時代末期にはこうした形式は定着していたようである。

『天台座主記』によれば、戒壇院の「中門・軒廊」が造られたのは貞観十六年（八七四）[7]で、『阿娑縛抄』、『叡岳要記』には「貞観十六年十一月廿九日、別当右大史小槻今雄、蒙上宣、仰木工寮令造中門竝（ママ）行廊」とある。なお、同じく座主記の良真の項には「永保三年十月、戒壇四面回廊新造之」とある。文面通りであるとすれば、回廊が造られたのは永保三年（一〇八三）まで下ることになるが、廻廊がなく軒廊のみの状態は想定しにくいから、貞観十六年には軒廊・中門とともに廻廊も建設されたと考える方が妥当だろう。永保の「回廊新造」は老朽化による建て替えと解釈する。したがって、『山門堂舎記』等の描く戒壇院の姿は貞観十六年までは遡ることになる。

〔図2－16〕に戒壇院と戒壇堂の復原案を示す。『山門堂舎記』等の示す廻廊の「東西長十四丈、南北長十二丈」は、一間を八尺として、南北方向の廻廊は一五間一二〇尺、東西方向の北側廻廊は中央に桁行五間四四尺の看衣堂を挟んで、左右に各六間四八尺とし、南側廻廊は中央に三間二八尺の中門を挟んで左右に各七間五六尺と推定した。戒壇堂は方五間で、六尺七寸の壇に登るための階段は九尺程度の長さが必要と考え、孫庇の柱間を一二尺と広めにとり、他は一〇尺として方五四尺を想定した。「長二十八尺」の戒壇は中央の方三間三〇尺の空間に納まる。戒壇堂と左右廻廊の間は各三間二四尺の軒廊によって結ばれる。

四　講堂の形式と安置仏

『天台座主記』によれば、「天暦四年庚戌改造講堂」「同十一年丁巳五月一日、供養講堂」とあって、天暦四年（九五〇）に創建講堂の改造が始められ、同十一年に供養が行われた。『朝野群載』十七所収の「延暦寺牒　当国衙」など三通にこの間の経緯が詳しい。これらによれば、創建講堂は叡山の湿潤な気候によって破壊が進み、転倒の危険が生じた。そこで寺家の力によって山麓から「大小三千余枝」の材を採り琵琶湖の浜に集積した。それらを山上に曳き上げる労を提供して欲しい、というものである。こうした文言からは「改造」ではなく、おそらく建て替えであったと思われる。創建百二十余年後のことである。

この堂は康保三年（九六六）に焼亡し、天禄三年（九七二）に良源によって再建供養が行われる。講堂の規模・形式について『山門堂舎記』、『阿娑縛抄』は「葺檜皮九間堂一宇、檐下四隅有荘厳丹青箜篌」とする。これに対し『叡岳要記』は表記の仕方が異なり、「大講堂七間」と記す。『天台座主記』「権律師良源」の項は「元是五間四面、今増加二間」と記し、焼亡前は五間四面堂であったとしている。これは『山門堂舎記』等の表記にしたがえば「七間堂」で、「九間堂」ではない。天暦の建てかえ時に、規模を縮小したとは考えにくいから、『山門堂舎記』等の「葺檜皮九間堂一宇」は誤記か、あるいは天禄再建後の形式・規模を記したことになる。

ところで安置仏については三書とも本尊が「居高八尺」の胎蔵大毘盧遮那仏、脇侍は弥勒菩薩と十一面観音とする点で一致している。ところが『慈恵大僧正拾遺伝』は天禄の再建について「即安置新造金色丈六大日如来并観音・弥勒二菩薩、彩色文殊・六天像等」とするから、このときの新造毘盧遮那仏像は八尺ではなく、丈六であったことが明らかである。したがって三書に記す居高八尺の毘盧遮那仏像は天禄再建後ではなく、それ以前、つまり創建時の本尊であったと考えられる。

『山門堂舎記』の「檐下四隅有荘厳丹青箜篌」、つまり風鐸の代わりに箜篌（百済琴）を吊るのは他に例が少なく、叡山では講堂と四王院のみである。四王院の創建は講堂より三十年後の仁寿四年（八五四）で、位置は「講堂西傍」であった。また『聖徳太子伝私記』によれば法隆寺五重塔の下層にも箜篌が吊られ、さらに創建東大寺の大仏殿および七重塔の隅木も同様だったようである(8)〔図2－17〕。この異形の装飾は上代の名残であり、叡山草創期のものと考えた方が良さそうである。したがって『山門堂舎記』等の「九間」は「七間」の誤記か、あるいは堂舎記の撰者が五間四面の旧形式を知らなかったか、どちらかだろう。

以上のように、講堂は良源による再建時に旧来の五間四面堂から七間四面堂（九間堂）に規模が拡大された。そして本尊も八尺から丈六の毘盧遮那仏像に改められた。

平安期における講堂の具体的な構成を示す資料はないが、『門葉記』「山務一」に載せる建久三年（一一九三）の座主拝堂次第によれば、座主は講堂の「礼堂」を経て正面より入御し、後戸より出御しているから、この時点で礼堂の存在が確認される。また『弘安八年大講堂供養記』によれば、「東礼堂」に三綱座が設けられ、貫主は後戸で輿を下り「内陣」の御床に着する。その際「草鞋」を進められているから、内陣は土間床であったと考えられる。このように、平安末期の講堂には礼堂が付属していたこと、また弘安八年（一二八五）の再興時にも内陣は土間であったことが確認される。そして礼堂の東半が東礼堂、西半が西礼堂と呼ばれたようである。

内陣に土間床が残されていることから判断して、創建時の講堂はすべて土間床の五間四面堂であったと推測される。それが土間床の内陣、板敷きの礼堂の形式に改められた時期は明らかでないが、根本中堂や横川中堂の例から推して、良源による天禄二年（九七一）の再興時であった可能性が高い。

前述したように、本尊は居高八尺の胎蔵界毘盧遮那仏で、三書はいずれも、左脇士の弥勒菩薩像とともに「衆徒・諸檀越等合力所造」とするが、『叡岳要記』のみ、これに「天長七年、依義真座主勧進、明定造立大日如来」という記事を併記する。右脇士の十一面観音および左脇士の弥勒菩薩像はいずれも一丈五寸の皆金色立像で、(9) 前者は弘宗王が深草先帝のために造立したとする。なお、弘宗王は『続日本後紀』によれば承和八年（八四一）に長門守に任官

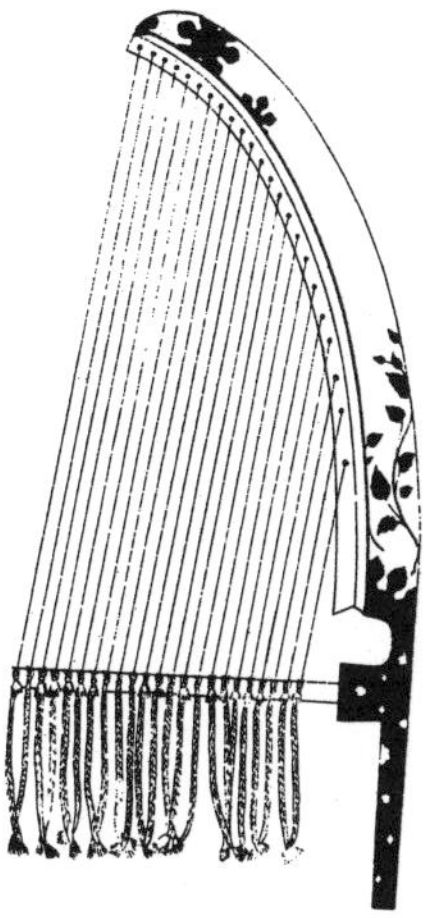

図２−17　箜篌の図
（『工芸百科大図鑑』）

し、『日本文徳天皇実録』には天安元年（八五七）に讃岐国の百姓に訴えられた記事がある。梵天・帝釈・四天王像は綵色で、肉色の文殊師利聖僧像は、『山門堂舎記』によれば長四尺、弘三尺、高一尺四寸の「金塗床」に安置された。

『天台座主記』良真の項によれば、応徳二年（一〇八五）六月七日「大講堂壊始修理、明年十月以前造了」、寛治二年（一〇八八）八月二十九日「供養講堂・四王院・文殊楼等」とある。一年余の予定が三年に延びており、あるいは工事開始後の所見によって建て替えに近い修補が加えられたのであろうか。(10)

〔註〕

1　「五間檜皮葺屋一宇、南北有枇、可作」とある「枇」はビワの木の意だが、これを庇と解釈した。

2　『類聚国史』第一八五による。

3　図中の書き込みに「円融房座主御時也、松殿御子息承円」とある円融房座主承円は、『天台座主記』によれば元久二年（一二〇五）十二月十三日に座主に就任している。

4　「戒壇と土塔」（福山敏男著作集二『寺院建築の研究　中』所収、中央公論美術出版、一九八二年）。

5　『阿娑縛抄』、『山門堂舎記』は三丈六尺、『叡岳要記』は三丈二尺とする。

6　『大正新修大蔵経　第五十四巻』所収。

7　『天台座主記』「一世義真和尚」の項に「貞観十六年十一月廿九日、追仰木工寮令造中門・軒廊」とある。

8　箜篌については筒井英俊著『東大寺論叢』「第六章　仏教音楽と箜篌」（国書刊行会、一九七三年）に詳しい。なお延喜五年（九〇五）の『観世音寺資財帳』にも「瓦葺二層金堂一宇」として「今校……下四角笂子簨指无」とある笂子は箜篌である可能性が高い。

9　十一面観音については『阿娑縛抄』には法量の記載がなく、『山門堂舎記』では「立高一尺五寸」とする。しかし『寺門伝記補録』所引の「山門記」では「一丈五寸」とするので、これにしたがった。
10　『百錬抄』には「二十九日、供養延暦寺講堂、件堂朽損之間、座主良真加修補」とある。

三　四種三昧堂

一　四種三昧と四種三昧堂

最澄がわが国にもたらした天台宗は、天台大師智顗によって開かれた、法華経を根本教典とする仏教で、その教説は教義と実践の二面を兼ね備え、中国仏教史上、ひとつの頂点を極めたとされる。

智顗の教説をまとめたものには『法華玄義』、『法華文句』など多数あるが、その実践の書が『摩訶止観』である。したがって『摩訶止観』には仏道修行の全般的基礎的な実践規範が示されているのみで、法華経に対する直接の注釈や解釈はない。専ら実践と修行の立場から法華経を解釈したもの、とされる。

智顗においては、仏教の諸々の修行法のうち最も肝要なのが坐禅であり、その思想内容を具体的に明白にしたのが「止観」であった。智顗は随の開皇十四年（五九四）四月二十六日から九〇日に渡って、荊州玉泉寺において止観について講説した。それを弟子の灌頂が筆録したのが『摩訶止観』である。

『摩訶止観』巻二には、心をひとつの対象に集中して、正しい智慧を得るための実践行（止観行）として「四種三昧」を説く。常坐三昧・常行三昧・半行半坐三昧・非行非坐三昧である。この四種三昧は、単に法華経の中に説かれている修行法のみでなく、諸々の仏教経典に説かれている各種の修行法を分類し総合したものである。

さて、この四種三昧は最澄の日本天台宗においてはどのように位置づけられていたか。

延暦二十五年（八〇六）正月三日、最澄は年分度者の総数を一二名とし、そのうち二名を天台宗分とすることを桓武天皇に上表し、同月二十六日の太政官符によってこれが制度化された。[1]この制度による年分度者には学業、得度、任用についての具体的な規定が含まれ、天台宗の場合の学業は、一人には『大毘盧遮那経』（大日経）を読ませ、一人には『摩訶止観』を読ませる、というものであった。ここには法華経を学ぶにおいて、その実践の書である『摩訶止観』からはいるべきという、最澄の明確な姿勢をみることができる。

弘仁九年（八一八）五月十三日、最澄は「天台法華宗年分学生式」（六条式）を朝廷に提出した。これは天台宗の新しい僧養成制度の裁可を要請したものである。その第二条は「凡そ大乗の類は、即ち得度の年に仏子戒を授けて菩薩僧と為し、その戒牒には官印を請わん。大戒を受け已らば叡山に住せしめ、一十二年、山門を出でず、両業を修せしめん」と定めている。両業とは止観業と遮那業である。そして第三条では「凡そ止観業の者は、年年毎日、法花・金光・仁王・守護の諸大乗等の、護国の衆経を長転・長講せしめん」、第四条では「凡そ遮那業の者は、歳歳毎日、遮那・孔雀・不空・仏頂の諸真言等の、護国の真言を長念せしめん」と、それぞれ止観業、遮那業の学業内容を規定している。この十二年籠山制度は、最澄の企図に反して、天台宗の年分度者として得度しながら、叡山から離れてしまう者が後を絶たないことに対する対処であった。[2]

六条式制定の約三ヶ月後、最澄はさらに「勧奨天台宗年分学生式」（八条式）を定める。その第四条は止観業における十二年籠山の内容を具体的に規定する。「止観業には具に四種三昧を修習せしめ、遮那業には具に三部の念誦を修習せしめん」とする。ここに初めて止観業年分度者の十二年籠山中に四種三昧を修習せしめることが謳われている。

さらに弘仁十年（八一九）三月十五日、最澄は「天台法華宗年分度者回小向大式」（四条式）を朝廷に提出し、裁可を求めた。その第一条には「今、天台法華宗の年分の学生、並びに回小向大の初修行の者は、一十二年、深山の四種三昧院に住せしめ、得業以後、利他の故に、小律儀を仮受せば、仮に兼行寺に住することを許す」とあって、初めて「四種三昧院」の語が登場する。

弘仁十三年（八二二）六月四日、最澄は五十七歳の生涯を閉じる。その遺言は弟子達への遺戒であった。それには「我が同法等、四種三昧を懈怠すること勿れ」ともあって、最澄の四種三昧重視の強い姿勢をうかがい知ることができる。

四種三昧院については、最澄の『顕戒論』巻上の「四種三昧院の明拠を開示す」に、以下のように簡明に述べられている。

四三昧院とは円観を学する者の住する所の院なり。文殊般若に依りて常坐一行三昧院を建立し、般舟三昧経に依りて常行仏立三昧院を建立し、法華経等に依りて半行半坐三昧院を建立し、大品経等に依りて非行非坐三昧院を建立す。（中略）明らかに知りぬ、四三昧院とは行者の居する所なり。春秋は常行、冬夏は常坐、行者の楽欲に随いて、まさに半行半坐を修し、また非行非坐を修すべし。

また常坐三昧は一行三昧、常行三昧は般舟三昧または仏立三昧、半行半坐三昧は法華三昧、非行非坐三昧は随自意三昧または覚意三昧とも呼ばれた。

『三宝住持集』所載の弘仁九年（八一八）七月二十七日の注文「十六ヵ寺院　別当三綱等」によれば、四種三昧院は一乗止観院の次に記載されており、最澄の山上伽藍構想ともいうべき十六院計画において、重要な位置を占めていたことが推測される。

二　法華三昧堂

東塔法華三昧堂の創建は『叡山大師伝』に「弘仁三年七月上旬、造法華三昧堂、簡浄行衆五六以上、昼夜不絶奉読法華大乗経典」とあることから、弘仁三年（八一二）であったことが明らかである。法華三昧の始修については『叡岳要記』に「大同四年二月十五日於一乗止観院、始修法華三昧」とあり、また『阿娑縛抄』には「弘仁三年初秋七月上旬、土木之功甫就、移行法華長講」、『山門堂舎記』には「弘仁元年春、根本中堂始三部長講之夜」云々とあるように、弘仁元年（八一〇）から根本中堂で行われていた法華長講を、同三年、完成なった法華三昧堂に移行したようである。『叡山大師伝』が「奉読法華大乗経典」と記すように、最澄時代の法華三昧堂は法華三昧のみを修する堂ではなく、広く法華経関係の仏事を行う堂であったらしい。(3)

ところで『叡岳要記』、『阿娑縛抄』ともに、「嘉祥元年春、慈覚大師伝半行半坐三昧行法、毎四季ノ秋期三七日、建普賢道場、懺六根罪障、永期未来際」、「延暦二十四年、入唐求法之日、随天台第七祖師行満和尚、初伝大綱、自後慈覚大師拾其精要、流布叡岳」と記し、慈覚大師円仁によって法華三昧の内容が整備されたとしている。『慈覚大師伝』にはこの記事はないが、「（貞観）二年、以安楽行品、伝法華堂」とあり、また『天台座主記』も「貞観二年庚申、以安楽行品、伝法華三昧」とし、割註で「今懺法是也」と記す。円仁帰朝の翌年である嘉祥元年（八四八）と貞観二年（八六〇）の間にはやや年代差があるが、いずれにせよ円仁によって法華三昧の内容に変更が加えられ、あるいは整備されたことは疑いないであろう。

ところで『山門堂舎記』はこの堂について「葺檜皮方五間半行半坐三昧堂一宇、堂上有金銀如意宝形、堂内有金銀多宝塔一基、高三尺、安置多宝仏像一躯、妙法蓮華経一部、弘仁三年七月上旬、伝教大師建立」と記す。法華堂の本尊とその変化については別項で詳述したが、(4)結論をいえば、堂内に法華経を安置する形式は最澄の時代に比定できそうである。したがって方五間という法華堂の形式も最澄時代まで遡る可能性がある。以後、叡山には多数の宝形造方五間堂が建立されるが、その初例が法華堂であったことになる。

なお、『阿娑縛抄』は「天台、伝教、慈覚、智証四大師御筆経安置之」と記し、創建時の状態ではないものの、後代にも堂内に経典を安置する伝統が守られていたことを示している。

久原文庫所蔵の「東塔法華堂壁画賛」[5]によれば、天慶七年（九四四）十月に叡山に登って出家した橘在列（法名尊敬）は、同九年八月、「東塔法華三昧堂壁画大師賛」を作成した。これは善無畏三蔵に始まって静観僧正に終わる、天台宗を中心とした三十二名の高僧・知識の画賛であった。したがって法華堂内にはこれら壁画が描かれていたことになる。その時期は明らかでないが、静観僧正増命の没年は延長五年（九二七）十二月であるから、このころが上限であろう。増命は延長五年二月に、西塔常行堂の「四面柱」（四面壁の誤りか）に極楽浄土図を描かせているから[6]、法華堂内の壁画もあるいは増命によるものかも知れない。

方五間堂を想定すれば、四面の各中央間は扉口として、残る四間、四面で計一六面の壁に、各二名ずつを描いたと推定される。

この創建堂は康保三年（九六六）十月二十八日に焼亡し、同四年四月に再建された。『天台座主記』は「四月中法華堂造畢、奉移普賢菩薩、勤修三昧行法」とあり、新たに本尊として普賢菩薩が迎えられたようである。正中年中（一三二四〜二六）撰の『山門記』も本尊普賢とする。

三　文殊楼と常坐三昧堂

『入唐求法巡礼行記』によれば、円仁は文殊菩薩化現の霊地である五台山を巡礼する途次、開成五年（八四〇）

七月二日の初夜に、南台の東の空に聖灯の輝くのを見、大衆とともに至心高声に文殊の聖号を唱えたという。『慈覚大師伝』はこれを「巡礼五台山之時、感逢文殊化現獅子聖灯円光」と表現する。円仁はこの聖跡において奇瑞に逢うことができたので、もし故国に帰れたならば文殊閣を建て、昼夜礼拝せん、との誓願をたてた。

帰国後十三年を経過した貞観二年（八六〇）、円仁は文殊楼を造立すべきことを奏上し、許されてその造料が給せられた。長年月を要した惣持院完成の二年前であり、その目処が立った段階での計画であったと思われる。翌三年、五台山から持ち帰った霊石を壇の五方に埋め(7)、楼の造営は開始された(8)。造楼を勾当したのは円仁の弟子・承雲である。

円仁は工事途中の貞観六年一月十四日に没するが、貞観八年六月七日には五台山の香木を胎内に納めた本尊文殊菩薩像が完成し、同年十月二十六日に文殊楼の落慶供養が行われた(9)。

貞観十二年四月十九日、文殊楼は円仁の遺属によって清和天皇に寄進され(10)、同十八年六月十五日には「護王之處」とされた(11)。そして元慶三年（八七九）十月十六日には清和天皇によって、灯分ならびに修理料として近江国浅井郡大浦庄の墾田二八町余が施入され(12)、同五年三月十一日にはその施入料の余分を充てることによってあらたに四口の僧を文殊楼に置き、昼夜の二時、文殊法を修して国家を誓護せしめたという(13)。

なお、文殊楼造立の功労者である承雲は内供奉十禅師(14)、さらに文殊楼検校に任ぜられている。

貞観十八年（八七六）六月十五日付の太政官符は「応以延暦寺文殊影嚮楼為誓護聖朝処事」として、文殊楼について次のように記す。

五間楼一基、高五丈三尺、広五丈三尺、縦三丈八尺、

正体文殊坐像一躯、高四尺八寸、

化現文殊乗師子立像一躯、高八尺、
脇侍文殊立像四躯、高各五尺三寸、
侍者化現文殊童子立像一躯、高五尺三寸、
師子御者化現文殊丈夫立像一躯、高五尺三寸、

文殊楼の規模を示す「高五丈三尺」は「長五丈三尺」の誤記と思われる。桁行梁行ともに五丈三尺の方五間、楼造の堂であっただろう。「縦三丈八尺」を上層柱頂部までの高さとすると、東大寺中門（楼門）の三〇尺を凌駕する。「二重之高楼」と表現するように、叡山ではひときわ高く聳える、特異な仏堂であった。四尺八寸の坐像と、獅子に乗る高八尺の文殊菩薩像を中心に、四体の脇侍がその周囲を囲み、侍者童子と御者を従えるという仏像構成であった。この太政官符は文殊堂供養の十年後に書かれたものであるから、そこに描かれた文殊堂は当然創建当初のものとみて間違いない。

なお『日本三代実録』元慶五年（八八一）三月十一日の条には「永施捨延暦寺文殊楼七躯大聖文殊并五仏燃灯修理等料」とあるので、この時までに文殊のほか「五仏」も安置されたようである。

五台山には多くの文殊堂が建立され、五台（東台・西台・南台・北台・中台）の台頂にもそれぞれ文殊を安置する仏堂が建立されていた。南台近くの金閣寺を訪れ、青色の獅子に乗った文殊の聖像を拝した円仁は「金色の顔貌は端厳にして比喩すべからず」と記している。(15) この金閣寺の文殊堂は三層で、第一層には文殊像、第二層には金剛頂瑜伽の五仏像（大日・阿閦・宝生・無量寿・不空成就）、第三層には頂輪王瑜伽会の五仏を安置していた。叡山の文殊楼もこれにならい、初層に文殊、第二層に密教系の五仏を安置したものと思われる。

『慈覚大師伝』によれば、貞観六年に円仁は「入唐求法にあたって、天神地祇のために金光明経千部を書写す

ることを誓願したが果たさなかった。もし写経ができたならば文殊楼に安置するように」と弟子達に遺戒した。そして延喜十五年（九一五）にはその千部金光明経の供養が行われたという。文殊楼の二階はこの金光明経を安置するための場でもあったのだろう。

ところで、文殊楼の安置仏およびその記載順は、この太政官符と『山門堂舎記』以下の三書は大略同じである。しかし文殊楼の形式は、三書は「葺檜皮五間二重楼」という、太政官符の「五間楼」よりもやや詳細な表現をしている。したがって三書のもとになったのはこの太政官符以外のものであったとも考えられる。建物の実寸を表記するのはこの時代の資財帳に共通するものであったから、あるいは三書の成立時まで資財帳の原本または写本が伝えられており、それによったのかも知れない。

創建文殊楼は康保三年（九六六）十月二十八日に講堂などとともに焼亡する。そして安和二年（九六九）、良源によって場所を虚空蔵峯に移し、再建される。良源の弟子・梵照の記とされる『拾遺秘密伝』(16)によれば、延長三年（九二五）、右大弁和気弘陰は東塔院中に理趣三昧堂を建立した。そして四十余年を経た安和二年に和尚（良源）が一行三昧院を虚空蔵峯に移すとき、この理趣堂を壊して文殊閣を建てた、とする。これによれば文殊楼は一行三昧院とも呼ばれていたことになる。また『叡岳要記』の「十六院」では、一行三昧院の別当は円仁、知院事法雄としている。一行三昧は四種三昧のひとつである常坐三昧の別称で、文殊般若経の説くところとされる。なお『叡岳要記』は文殊楼院について割註で「名一行三昧院、又名常坐三昧院、出東塔縁起」と記し、これを裏付ける。

これらを勘案すれば、文殊楼は本来の常坐三昧堂（一行三昧堂）で、最澄の存命中には造られなかったが、最澄によってその別当に任じられていた円仁により、文殊を本尊とする堂として供養された、ということになろう。

このように文殊楼は最澄発願の十六院のひとつである常坐三昧堂を継承しつつ、円仁の文殊信仰をより強く反映させ、さらに密教修法の仏堂を兼ねるという、天台法華と天台密教の両者を包含した仏堂として形成されたのである。

康保三年の文殊楼焼失によって、円仁が楼建立にあたって埋めた五台山の霊石も焼土と化し、弁別ができなくなってしまった。『慈恵大僧正伝』によれば、

雖造獅子、無足下土、在々諸徳皆長太息、和尚開一篋、中出一裹物、其上銘五台獅子跡土也、是又大師入唐之時、所取得也、如旧以其土置獅子足下、芳縁之至、見者嘉歎、

とあって、場所は不明ながら円仁将来の五台の土が発見され、もとのように文殊獅子像の足下に埋めたという。この土については『僧円仁将来目録』[17]に、

五台山土石廿丸、土石各十丸、（中略）然土石等者、是大聖文殊師利菩薩十処之物、円仁等因巡礼五頂取得、縁是聖地之物列之於経教之後、願令見聞随喜者同結縁、皆為大聖文殊師利眷属也、

とあって、その存在が確認される。

創建文殊堂の位置は『慈恵大僧正拾遺伝』に「元立講堂場内、以其甍宇相連、非常可畏、故別占勝地、所建立」とあるように、講堂と甍を接していたようである。良源は類焼をおそれて旧地を捨て、虚空蔵峯に再建の地を求めたようである。

なお、『山門堂舎記』、『叡岳要記』の常行三昧堂の項には、

此堂四種三昧之其一也、伝教大師弘仁九年七月廿七日、分諸弟子配四種三昧、令慈覚大師経始常坐三昧堂、同年九月土木功畢、自入三昧、六年修行、大師承和五年入唐、同十五年帰山、新建立常行三昧堂、

とあって、弘仁九年に常坐三昧堂が建立されたかのようである。しかし、わずか二ヶ月足らずで工事が終了したとは考えられないし、ほぼ同様の記事を載せる『阿娑縛抄』では、「令慈覚大師始常坐三昧」とし、「同年九月土木功畢」の記事はない。こちらを信ずべきであろう。七月二十七日は、貞観十六年（八七四）円豊等撰の『延暦寺故内供奉和尚行状』によれば、四種三昧院を含む十六院の院司が定められた日である。

四　常行三昧院

『叡岳要記』によれば、昔、中国の法道和尚は生きたまま極楽に往生し、そこで親しく聞いた念仏を五台山に広めた。円仁も五台山でその音曲を学び、叡岳に伝えたという。『慈覚大師伝』はこれを「仁寿元年、移念仏三昧之法、伝授諸弟子等、始修常行三昧」と記す。これによって円仁は最澄が伝えた本来の常行三昧とは異なる、「念仏三昧法」をもって常行三昧としたことがわかる。始修の年は仁寿元年（八五一）であったが、始修の場所に関する記載はない。『山門堂舎記』等の「大師承和五年入唐、十五年帰山、新建立常行三昧堂、仁寿元年移五台山念仏三昧之法、伝授諸弟子等、永期未来際、始修弥陀念仏」という記載を信ずれば、円仁は帰山後に、新たに常行堂を建立したことになる。その場合、常行三昧を始修した仁寿元年（八五一）をその年にあてるのが妥当だろう。

ところで常行堂の本尊は『叡岳要記』の「或記云、胎蔵弥陀五仏像、依相応和尚勧進、東大寺会理阿闍梨所造」という記載によれば、相応の時代に造られたことになる。円仁の常行堂に本尊がなかったとは考えがたいから、創建常行堂は早い時期に回禄したか、あるいは実際には建立されず他の仏堂で念仏三昧を行っていたか、いずれかであったことになる。

『慈覚大師伝』は、惣持院や文殊楼に関してはその建立の経緯についてかなり詳しく記述しているが、常行堂については全く記されていない。したがって上記の事実等を勘案すれば、円仁の時代には本格的な常行堂は造られず、他の仏堂を兼用していたとみるのが妥当だろう。円仁が念仏三昧法を修し始めた仁寿元年は、円仁にとって最大の事業であった惣持院の建設に取りかかったばかりの時期であり、平行して常行堂の造営を進めることは到底無理であったろう。

『慈覚大師伝』は「貞観七年八月十一日、初行大師本願不断念仏」と記し、『叡岳要記』はさらに詳しく「七年八月十一日、相応和尚依大師遺言、始修本願不断念仏」と記す。貞観七年（八六五）は円仁示寂の翌年である。相応は円仁の遺言にしたがってこれまでの念仏三昧を「不断念仏」という形式に整え、この年に始修したのであろう。

『一代要記』は「（貞観）七年乙酉、山常行三昧堂建立」とし、『伊呂波字類抄』も「貞観七ー叡山常行三昧堂建立、是常行堂先虚空蔵尾立、相応和尚承大師遺命此処移云々」とするのを信ずれば、相応は円仁の遺命にしたがって不断念仏を始修した貞観七年（八六五）八月十一日に、おそらく仮の仏堂を虚空蔵尾に建立したということであろう[18]。

『相応和尚伝』には「其年造立常行堂、先是常行堂在於虚空蔵尾、和尚承大師遺命、改造之、中女御令施入幡蓋・宝物・資材・田園等、目録在別記」とあり、相応が円仁の遺命にしたがい、「女御」の助力を得て、元慶七年（八八三）に虚空蔵尾から講堂の北に移転・改築したことが判明する。『叡岳要記』には『相応和尚伝』の同箇所を引くが、助援者を「西三条女御」と記す。和尚伝によれば、相応は「西三条大納言」[19]藤原良相（藤原良房の弟）の篤い帰依を受けており、その妹で文徳天皇の女御であった西三条女御藤原多賀幾子の二度にわたる病気平癒の加持祈祷を行っているから、その縁による造立支援であったろう。

弟子相応によって初めて、本格的な専用堂が講堂の北の地に造られたとみるのが妥当ではないだろうか。『相応和尚伝』に「同年（元慶六年）、和尚上表奏聞、申置中堂長講師并常行堂堂童子等料度者各一人、其年始得度中堂長講基延法師・常行堂童子基命法師也」とあるのも、翌年の創建常行堂供養に向けての準備であったと思われる。

相応による常行堂は康保三年（九六六）に、大講堂・文殊楼等とともに焼失する。そしてその翌年、良源によって再興される。『慈恵大僧正拾遺伝』に「同年改作東塔常行堂、以本堂移作八部堂地」とあるのによれば、良源座主の代の天元四年（九八一）には再び建て直され、旧堂は八部院の旧地に移築されたようである。

『山門堂舎記』等は常行堂について次のように記す。

　葺檜皮方五間堂一宇、西在孫庇、堂上有金銅如意宝珠形、四方壁図九品浄土并大師等影像、

　安置金色阿弥陀坐像一躯、同四摂菩薩像各一体、

この平面形は『門葉記』「寺院一」に載せる横川常行堂の図に一致する。

五　随自意堂

随自意堂は四種三昧のひとつ非行非坐三昧を行うための堂で、最澄の十六院計画では覚意三昧院としている。この堂については史料が極端に少ない。

三書ともほぼ同じ内容なので、ここには『阿娑縛抄』を引く。

　在法華堂北、亦名非行非坐三昧堂、

葺檜皮五間堂一宇、長五丈、広二丈二尺、高一丈一尺、

安置五尺五寸十一面観音立像一体、

右、伝教大師始置四種三昧之其一也、大師手自造立観音像、未結構梵宇、貞観皇帝龍潜之時、発願祈念観音願力、有感、冥応掲焉、而握乾之日、下詔所司、造立堂舎、安置尊像、貞観聖朝之御願、

これによれば、貞観皇帝、つまり清和天皇が皇太子時代に、その即位を最澄自造の観音像に祈念したところ効験があったので、即位後、御願寺として造立し、尊像を安置したというのであるから、最澄の時代にはまだ仏堂はなかったことになる。建立は天安二年（八五八）から貞観十八年（八七六）の間、円仁座主の時期であろう。ただし、清和天皇の即位はわずか九歳の時で、その背後には外祖父・藤原良房の意向が大きく働いていたから、実質的には良房またはその娘で清和天皇の母・明子（染殿后）による建立と考えられる。なお、祈祷を行った僧は、清和天皇の誕生から即位の後に至るまで、その「祈祷守護之師」[20]であった恵亮（円仁の弟子）であろう。

仏堂については実寸を記しており、創建時の規模を示すと思われる。『叡岳要記』は続いて次のように記す。

明達律師日記云、又請仏師造観音像一躯、安置随自意堂也、

延喜十三年五月、仏聖灯油并五僧供官符下近江国、

天慶九年十二月廿六日、五僧官符下、

検校大法師良ｌ奏状云、若有五僧欠、以堂司并光定大法師門徒解、将出寺家、但堂司以故円豊大法師門徒之僧、相伝補任、

新たに観音像一躯を造り随自意堂に安置した年時は明らかでないが、明達律師の没年は天暦九年（九五五）であるから、十世紀の前半であろうか。延喜十三年（九一三）に仏聖灯油と五僧供の官符が近江国に下され、また天慶九年（九四六）にも五僧官符が下されたというのは創立過程と矛盾がある。錯簡であろうか。

また『山門堂舎記』の記事末尾の「建暦三年月日、転倒」とあるのを信ずれば、少なくとも建暦三年（一二一三）までは存続していたことになる。

おわりに

四種三昧堂の創建年時および創建者、堂の形式等をまとめれば以下のようになる。

法華三昧堂　弘仁三年（八一二）　最澄　葺檜皮方五間
常坐三昧堂　貞観八年（八六六）　円仁　葺檜皮方五間（方五丈三尺）、楼造
常行三昧堂　元慶七年（八八三）　相応　葺檜皮方五間
非行非坐三昧堂　天安二～貞観十八（八五八～八七六）　清和天皇　葺檜皮五間（長五丈、広二丈二尺）

最澄が重要視した四種三昧ではあったが、その専用堂がすべて揃うまでには最澄没後六十年あまりを要している。その間に戒壇院、西塔法華堂、西塔釈迦堂、西塔宝幢院、惣持院、食堂、四王院、定心院、首楞厳院などが次々と創建されており、四種三昧堂建立の優先順位が必ずしも高くなかったことを示している。これは最澄、義真のあとを襲った第三代座主円仁が、必ずしも最澄流の四種三昧を踏襲しなかったことにも因があるように思える。すでに述べたように、法華三昧も常行三昧も、『摩訶止観』に説く本来のもの、つまり最澄が意図したものと、円仁が新たに導入したものの間には明らかな内容の違いがあったのである。そして常坐三昧堂も、三昧堂と

してよりも叡山における一般的な文殊信仰の中心としての意味あいの方が強かったようである。
結局、天台法華の中心仏堂としての法華堂と、平安浄土教の淵源となる常行堂以外の二堂は、最澄没後はさほど重視されることがなかった、ということができよう。

〔註〕

1 『類聚三代格』巻二、『類聚国史』第一七九所収の太政官符。

2 田村晃祐『最澄』（一九八八年、吉川弘文館）「第五　天台宗の公認」、「第九　天台僧養成制度設立の運動」参照。

3 『叡岳要記』は法華三昧堂の創建を弘仁二年（実は三年）、最澄の入唐を延暦二十三年（実は二十四年）とする。したがって大同四年も実は翌年の弘仁元年であった可能性が強い。これは『山門堂舎記』の記述と一致する。

4 「法華堂について」（『日本建築学会論文報告集』第二〇八号所収、一九七三年六月。のちに『平安時代仏教建築史の研究』第四部第三章「法華堂と懺法堂」に再録）。

5 『大日本史料』第一編之八、天慶九年年末雑載。

6 『日本高僧伝要文抄』第一（『大日本仏教全書』一〇一所載）所引の「静観僧正伝」。

7 『平安遺文』補遺ノ一、四四五五号文書「僧円仁将来目録」には「五台山土石廿丸、土石各十丸」として、これは円仁が五台山の五頂を巡礼して得たものとしている。後述するが、康保三年の文殊楼焼失によって楼下に埋められた霊石は他と弁じがたくなってしまうが、再建にあたって良源が発見したという土石はこれであろう。

8 『慈覚大師伝』、『天台座主記』、『叡岳要記』。

9 『天台座主記』。『慈覚大師伝』は該当する年が不明瞭である。

10 『類聚三代格』巻二所載の元慶五年三月十一日付太政官符。

11 『類聚三代格』巻二所載の貞観十八年六月十五日付太政官符。
12 『日本三代実録』元慶五年三月十一日の条、『慈覚大師伝』、および註10と同。
13 『慈覚大師伝』、および註10と同。
14 註11と同。
15 円仁『入唐求法巡礼行記』開成五年七月二日の条。
16 『近江輿地志略』所引の『山家要略記』。
17 『平安遺文』補遺ノ一、四四五五号文書。
18 拙稿「初期延暦寺における四種三昧堂」(『建築史学』第四十二号、二〇〇四年三月)では『一代要記』の貞観七年建立説を、不断念仏始修の年と取り違えたと判断したが、『伊呂波字類抄』も同年建立とすることが判明したため、本稿では改めた。
19 『尊卑分脈』によれば、良相の女で女御となったのは文徳天皇女御多賀幾子と清和天皇女御多美子である。和尚伝には「文徳天皇天安二年西三条女御嬰重病、殆及死門」とあるので、ここにいう西三条女御は前者であったことがわかる。
20 『叡岳要記』「釈迦堂」の項に引く解状に「恵亮大法師者、是則貞観先帝自降誕初至即位後、祈祷守護之師也、皇帝平安登位長久、御宇尤在祈祷之力」とある。

四　食　堂

『阿娑縛抄』、『山門堂舎記』、『叡岳要記』とも天長年中(八二四〜三四)の創建とする。「在中堂東」で、「葺檜皮十一間堂一宇、葺板五間二面大衆屋一宇、安置文殊聖僧像一体」であった。しかし天長年中は先に見た講堂の創建された時期であり、こうした大規模な建築が平行して造営されたとは考えがたい。

続いて、「仁寿四年十一月廿四日、慈覚大師依国清寺風、始修天台大師供」と記す。この記事が天台大師供、つまり霜月会が食堂で行われたことを意味するならば、遅くとも仁寿四年（八五四）までには完成していたことになる。

『慈恵大僧正拾遺伝』には、天元三年（九八〇）に「造九間四面食堂、七間二面雑舎、行大師供内論議」とあり、この食堂の規模は前述の「十一間堂」と同じである。また『天元三年中堂供養願文』には「又食堂焼於先年、……起久廃不営之食堂、以待老少満山之僧宝於東廊之東」とあるから、これより以前に食堂が焼失し、久しく再営されなかったが、良源によって中堂の東に再建されたことがわかる。したがって食堂の創建は天元以前に遡るが、葺檜皮十一間の形式は天元三年が年代的な下限で、それ以前については不明といわざるを得ない。一乗止観院の項で述べたように、回廊で囲まれた中庭を挟んで、根本中堂と向かい合っていた可能性が高い。『山門堂舎記』には「寛治四年六月日、座主良真為新造徳功之《(ママ)》□、其敷地依高於中堂之地、三尺曳窪、年内造立之、依宣旨、近江守為家朝臣施作料」とあって、中堂よりも食堂の地が高く不都合であったという事実から推しても、中堂と食堂が一連の建築であったことが窺える。なお『天台座主記』には「同（寛治）四年六月、壊食堂新造、年内造畢」とあって、座主良真による寛治四年（一〇九〇）の食堂作事は「新造」であったことがわかる。

五　八部院

『阿娑縛抄』、『山門堂舎記』ともほぼ同文なので、ここには後者を引用する。

　八部院、在法花三昧堂西尾上、

　葺檜皮方三間堂一宇

安置妙見菩薩像一躯、居高一尺五寸、

梵天帝釈四天王立像各一体、立高一尺五寸、

伝教大師所建立矣、承和年中、藤原太政大臣改葺板本堂、更造葺檜皮新堂、別安置梵天帝釈四天王像、大師本願八部尊像同所安置也、

創建は『叡岳要記』のみ延暦九年（七九〇）とするが、これは根本薬師堂建立の二年後、文殊堂建立の三年前であり、この時期に八部院を建てる余裕があったとは考え難い。

「藤原太政大臣」は、『九院仏閣抄』では割註で「忠仁公事也」とし、忠仁公藤原良房であったとする。これらをまとめれば、まず八部院の創建は宗祖最澄で、位置は「法華三昧堂西尾上」。「葺檜皮方三間堂一宇」には居高一尺五寸の妙見菩薩像一躯と、立高一尺五寸の梵天・帝釈・四天王像各一体が安置されていた。そして承和年中（八三四〜四八）に忠仁公藤原良房が本堂を葺き改め、さらに檜皮葺の新堂を造って梵天帝釈四天王像（『叡岳要記』によれば「立高六尺」）と、大師本願の八部尊像を安置した。

しかしこれらの記述にはいくつかの不自然な点がある。まず、承和年中に藤原良房によって、本堂より後に造られたはずの「新堂」について、その形式が記されないことである。そして「八部院」でありながら、八部尊像が安置されたのは創建後の承和年中で、しかも「新堂」であった、というのも辻褄が合わない。

こうした点を斟酌しながら無理なく解釈すれば次のようになろう。最澄の在世中に妙見菩薩を本尊とする妙見堂がまず建立された。この堂は板葺の、おそらくきわめて簡素なものだったのだろう、創建からさほど時間を経ない承和年中に藤原良房によってこの堂は改造され、さらに新堂が造られて、最澄本願の八部尊像と良房本願の六天像が安置された。その時、「八部院」の院号も定まった。その後、いずれかの堂が失われ、一堂にすべての

像が安置された。いずれの書も「方三間堂」の一宇しか記さず、また『叡岳要記』だけが安置仏として全像を列記するのはそうした事情によると思われる。

なお、ほかに「八部院」の名称が確認できるのは『延暦寺故内供奉和上行状』に「天安二年八月十日、当寺八部院坊帰寂、時春秋八十」とあるのが最初である。天安二年（八五八）に光定が八部院で示寂したことを伝える記事である。

この院のその後については明らかでないが、『阿娑縛抄』「妙見」には、仁平三年（一一五三）に鳥羽上皇が眼病治癒のため平等院僧房で妙見菩薩供を修した帰り、「山上（叡山）に妙見の霊地はあるか。また他所にも何処かあるか」と問うたのに対し、阿闍梨聖昭は、東塔北谷の妙見堂、鎌倉の生源寺は根本大師が妙見を安置した所である、と返答している。ここで語られた「妙見堂」が八部院の本堂を指すことは疑いない。本堂の本尊は宗祖自造の妙見菩薩像と信じられていたようであるし、創建当初もあるいは妙見堂と呼ばれていたのかも知れない。『九院仏閣抄』は「八部院、又名妙見堂」と記している。

なお、『九院仏閣抄』によれば、根本中堂に安置されていた忠仁公良房造立の「立高五尺」の梵天・帝釈・四天王像について、「或是元八部院安置、奉移中堂、并彼四天王内一体、先立入中堂、而間悉被移之」とある。これによれば良房造立の八部院六天像（立高五尺、『叡岳要記』では立高六尺）は、良源によって根本中堂に移安されたようである。ひとつの仏堂に二堂分の仏像が安置され、しかも六天像は二組あったから、その内の一組を根本中堂に移した、ということなのであろう。でであれば、『阿娑縛抄』等の八部院についての記述内容は良源以後ということになる。

現在の妙見堂は根本中堂の北約五〇ｍにある。『山門堂舎記』、『阿娑縛抄』、『叡岳要記』とも八部院の位置は

「在法華三昧堂西尾上」とし、法華堂は、『叡岳要記』では「在止観院西塚上」とする。また、江戸期の文書には八部院の位置を「根本中堂より二町四間五尺北西」とある。したがって現妙見堂は旧地を踏襲していない。

〔註〕

1 「鎌倉」は、あるいは後代の誤写で、最澄生誕の地と伝える東坂本の生源寺であるかも知れない。

六　浄土院と中道院

最澄は弘仁十三年（八二二）に入滅する。『叡山大師伝』によれば、

弘仁十三年歳次壬寅六月四日辰時、於比叡山中道院、右脇而入寂滅、春秋五十六也、

とあり、入寂の地は「比叡山中道院」であったとする。ところでこの中道院について、『山門堂舎記』は浄土院の項で「大師於中道院東坂本生源寺、遷化之後、其遺骸瘞彼廟堂」と述べ、中道院は東坂本の生源寺にあったとする。

しかし最澄が病に臥して叙した詩に、嵯峨天皇が和した御製の詩には「聞公雲峯裡、臥病欲契真（聞くならく公が雲峯の裡、病に臥して真を契らんとすと）」とあり、また巨勢識人の詩には「吾師山上寺、託疾臥雲煙（吾が師山上の寺、病に託せて雲煙に臥す）(1)」とあるように、最澄の入寂は山上においてであった。また『伝述一心戒文』巻中の「年分二度者不寄義真・円澄両大徳、寄中堂薬師仏并比叡大神文」の中に「先師之命親承、中道院二人年分可許七大寺諸宗大徳等者、是伝法由、令聞良峯右大弁」とあることから、根本中堂を指すのではないかという解釈がなされた(2)。しかし最澄が根本中堂内で入寂したとは考えがたい。『天台座主記』最澄の項の頭注には「中道院」として「延暦寺由緒書云、中堂坊在中堂御供所下、開山大師棲身之旧地也、私云中道院者即是歟」とあって、最澄の住房

として中堂坊の存在を記している。最澄の住房について記したものは他にないが、根本中堂付属の中堂坊あるいは中道院が最澄の住房であったと思われる。

『天台霞標』第三編巻之三所収の、天正十二年の「浄土院縁起」には「比叡山極楽浄土院、伝教大師廟堂、弥陀如来道場、謂其地之景趣、東西両塔之処中、故号中道院」とあって、中道院が浄土院の前身であったとしている。最澄の住房を死後の廟堂とすることは十分考えられることである。

以上によって、最澄はその住房である中道院（中堂坊）において示寂し、死後はこの坊が最澄の廟堂・浄土院に改められた、と推測する。

浄土院についての記載は『阿娑縛抄』、『山門堂舎記』、『叡岳要記』ともほぼ同文なので、ここには『山門堂舎記』を引く。

　葺檜皮方丈廟堂一宇、四面有孫庇、
　葺板三間浄土堂一宇、
　葺板五間礼拝堂一宇、
　葺板五間一面雑舎一宇、
　伝教大師所定置矣、弘仁十三年六月四日辰剋、大師於中道院、東坂本生源寺、遷化之後、以其遺骸瘞彼廟堂、
　斉衡元年七月十六日、慈覚大師、于時座主、移大唐五台山竹林寺之風、始修浄土院廟供、以蜜瓜為供具、

最澄の遺骸を安置した廟堂は「方丈」に「四面孫庇」という解しがたい形式である。寛文元年（一六六一）頃の建築と考えられている現在の廟堂は方三間堂だが、四天柱間を固く閉ざして周囲に縁・高欄を巡らし、堂中堂の観がある。宗祖の廟という、宗派にとって最も神聖な施設であり、当初形式の墨守は十分に考えられる。した

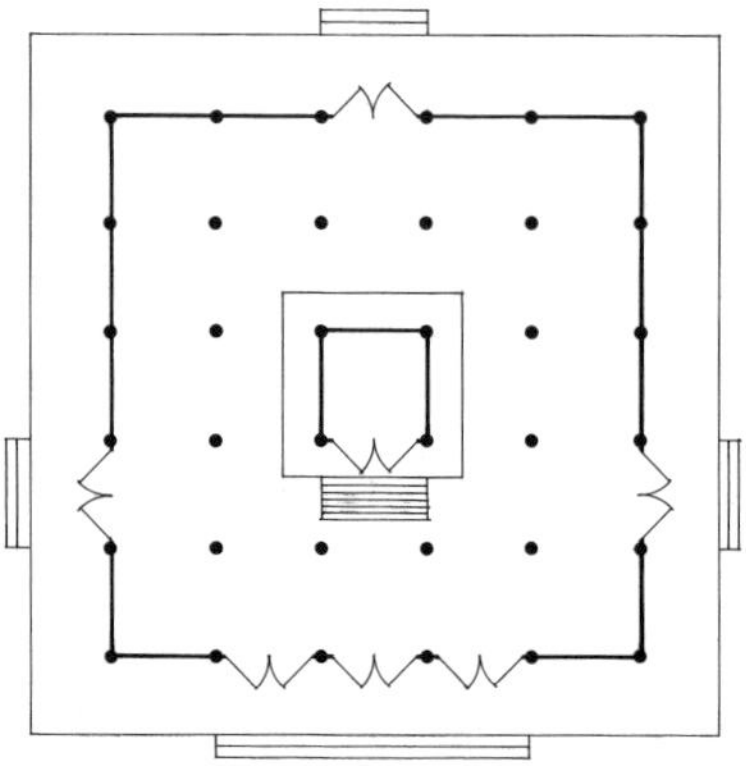

図2－18　浄土院廟堂復原図

がって現状の姿を参考に「方丈、四面孫庇」を解釈すれば、叡山独得の方五間堂（一間四面、四面孫庇）で、母屋の方一間分（「方丈」）を固く閉ざし、その周囲に縁・高欄をめぐらした形式が想定される（図2－18）。

「五間礼拝堂」も現状と同じだが「三間浄土堂」は現在の浄土院にはない。『叡岳要記』が「伝教大師建立等身阿弥陀座像、金色、御廟北堂是也」と記す「北堂」がこれにあたるとすれば、廟堂の北（背後）に位置する阿弥陀堂であったことになる。『叡岳要記』の記事をそのまま信じれば、最澄時代の中道院に阿弥陀堂が付属していたということになろうか。

最澄の没後、ただちに中道院が浄土院に改められ、廟が建立されたわけではないだろう。光定の『伝述一心戒文』巻上に、

以弘仁十三年六月四日、終於中道院、営寅岳北雄、

とある「営寅岳北雄」には何らかの誤脱があると思われ意味が通じないが、山中のいずれかに埋葬されたということだろう。すべてにおいて質素を旨とした最澄であったから、死後の廟建設などは論外であったと思われる。あるいは円仁が五台山竹林寺の風をもって浄土院廟供を始修したとされる斉衡元年（八五四）七月十六日が、浄土院廟堂そのものの供養の日であったのかも知れない。[3]『山門記』[4]は浄土院について、「伝教大師御廟、文徳天皇御代慈覚大師建立」とする。

〔註〕

1　いずれも『文華秀麗集』「梵門」所載。

2　佐伯有清『伝教大師伝の研究』一九九二年、吉川弘文館。

3　『山門堂舎記』、『叡岳要記』は斉衡元年（仁寿四年）、『阿娑縛抄』は天安二年（八五八）とするが、『慈覚大師伝』および『天台座主記』は斉衡三年とするので、後者を採る。

4　『天台宗全書』第二十四巻所収。正中年間（一三二四～二六）の撰。

七　定心院

定心院は、仁明天皇によって承和十三年（八四六）八月十七日に創建・供養された。叡山では初の勅願寺である。『続日本後紀』同日の条に引く勅によれば、天皇は隠棲後の居所として定心院を計画したようである。しかし嘉祥三年（八四八）三月、在位のまま四十一年の生涯を閉じた。

承和十三年十二月二十九日には勅により「三宝并梵王帝釈」供養料として「毎日白米壱斗伍升伍合」、僧十人料として「毎日白米陸斗肆升」、灯分油として「毎日貳合」が支弁され、[1] 翌年二月二十五日には初めて「定心院十禅師」が置かれることとなった。[2]

三千院本『慈覚大師伝』には嘉祥元年（八四八）六月十五日の「太政官牒」を載せるが、そこに引く「円仁奏状」には定心院の創建について以下のように記す。

我今皇帝陛下建立華宇、安置清確之僧、宝殿侵霄而高聳、光彩満空而耀日、軒廊匝地而虚廓、金像啓容而儼

然、転経礼念、夙夜連声、視聴之人、咸蒙薫福、諸余盛事、多不具陳、

美辞麗句も混じっていようが、宝殿は空に向かって高く聳え、光彩は空に満ちて日に耀き、そして軒廊を廻らすという、当時の叡山においてはひときわ異彩を放つ、壮麗なものであったことを伝えている。

定心院についての『阿娑縛抄』、『山門堂舎記』、『九院仏閣抄』の記事は同一原史料によったらしく、内容が類似している。ここには『阿娑縛抄』を引く（括弧内は『山門堂舎記』）。

有文殊楼東南下
葺檜皮七間堂一宇、懸魚并瑠以金銀鏤、桁梁丹青厳飾、
安置丈六釈迦牟尼像一躯、十一面観音一丈立像、金剛蔵菩薩一丈立像、已上金色、
梵天・帝釈・四天王像各一躯、已上壇上（壇下）、文殊聖僧像一躯、別在壇下坐方床、
三間軒廊、東西各一宇、
二間鐘堂一宇、在食堂北、
五間夏堂一宇、在鐘堂北、
三間経蔵一宇、在夏堂東（北）、
十五間僧房一宇、
（方丈）宝蔵一宇、在夏堂西（北）、
五間廊（一宇）、
七間大衆屋（一宇）、已上檜皮葺、在道北、
依承和天皇御願、自承和五年至同十三年、九ヶ年中、慈覚大師所建立矣、八月十日供養矣、

右件院者深草天皇御願也、

定心院内の建物の配置は『阿娑縛抄』等の記載によってある程度推定できるが、資料相互間に食い違いもあるので整理してみたい。まず鐘堂について『阿娑縛抄』、『山門堂舎記』は割註で「食堂北」、『九院仏閣抄』は「金堂北」と記す。院家内に食堂の存在は想定しにくいから、あるいは中心仏堂の釈迦堂をあえて「金堂」と記したのだろうか。それぞれの建物の位置関係が示されるなかで、釈迦堂のみそれがないこともこの推測を助ける。

ここではひとまず「食堂」または「金堂」を釈迦堂と仮定すると、鐘堂は「食堂北」で共通するから、釈迦堂の北に鐘堂があったことになる。そして夏堂は「鐘堂北」で共通する。したがって南から順に釈迦堂・鐘堂・夏堂が並んでいたことになる。宝蔵と経蔵は『阿娑縛抄』、『九院仏閣抄』が前者を「夏堂西」、後者を「夏堂東」とするのに対し、『山門堂舎記』は両者とも「夏堂北」とする。これらを勘案すれば、宝蔵と経蔵は夏堂の東西、北寄りに配置されていたことになろうか〔図2－19〕。十五間僧房、五間廊、

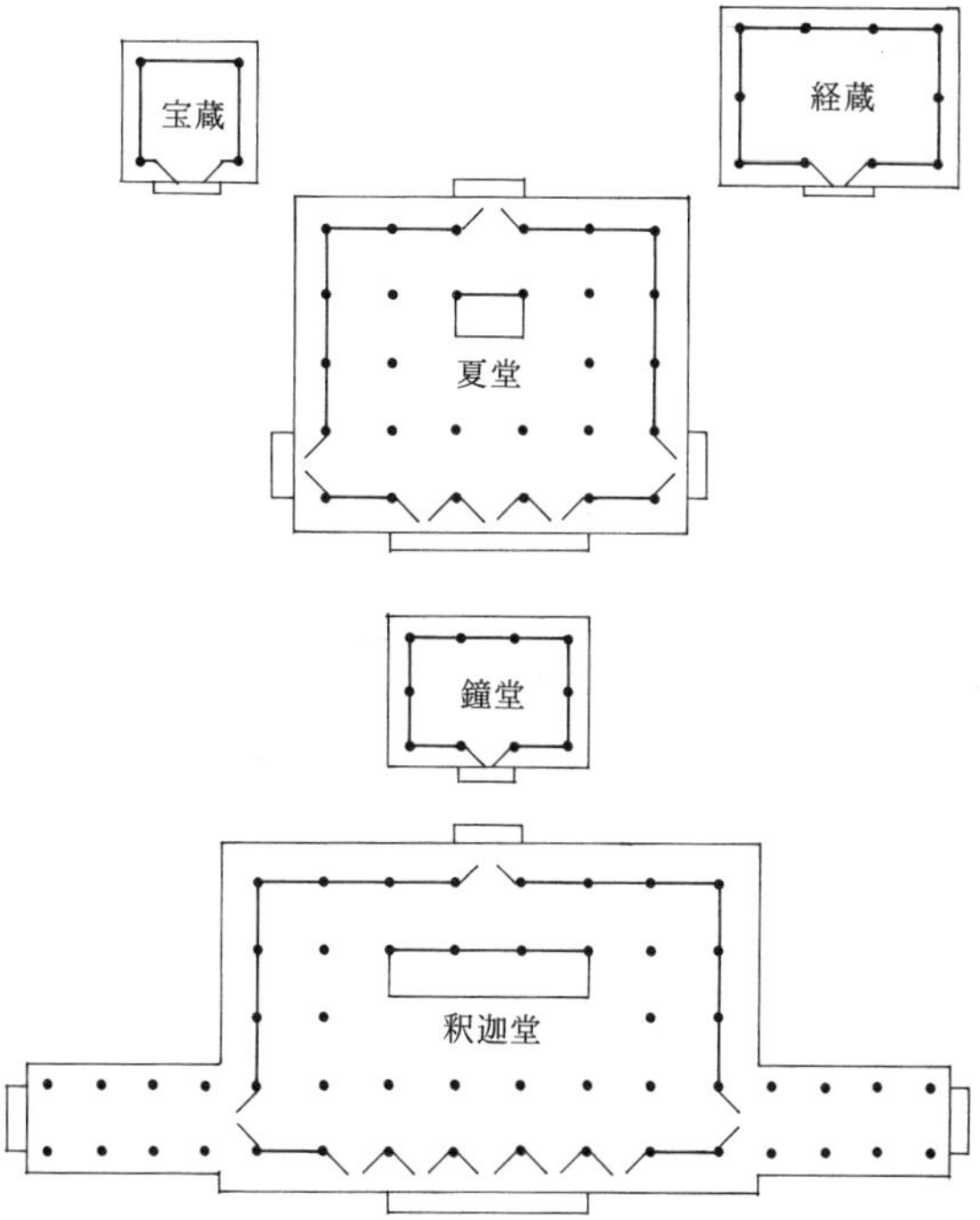

図2－19　定心院復原配置図

七間大衆屋はさらにその北側にあったと思われる。なお、最後に記載された大衆屋の割註に「巳上在路北」とあり、定心院は東西路をはさんで南にもその敷地が広がっていたらしい。あるいは後述する政所や客房等はこの南部分に所在していたのだろうか。

中心の仏堂は「定心院釈迦堂」と呼ばれ[3]、叡山では珍しく丈六の大像が安置された。そして勅願寺にふさわしく、懸魚や垂木金物には金銀をちりばめ、木部には鮮やかな彩色が施されていたようである。釈迦堂には東西に三間の軒廊がつき、背後に鐘楼、さらにその北には夏堂が配置され、西に宝蔵、東に経蔵を置くという、たいへん整った院家であった。夏堂は夏期の九十日間を限って行われた、夏安居のための仏堂であったろう。ほかに十禅師の坊と思われる十五間僧房、大衆屋などが付設された。

延暦寺の諸院で、軒廊の存在が確認できるのは戒壇院と惣持院、定心院の三院のみで、その地位の高さが推察される。『天台南山無動寺建立和尚伝』に「況至于定心院、是天台最重之処也」と記すのもこれを裏付ける。天安二年（八五八）に唐より帰朝した円珍は、翌年一月に帰山するが、『行歴抄』には、

廿日、衝雨入寺山、至定心院玄契禅和房、

廿一日、院衆各設飯於客房、共食、

とあって、定心院には個人の房のほかに「客房」が備わっていたことがわかる。

また、『平安遺文』題跋編所収の「弥勒上生経宗要」の奥書には「元慶二年七月十日、定心院政所交了、釈円敏」とあり、定心院政所の存在がわかる。

以上のように、定心院は叡山の中では最も整った院家のひとつであったことは疑いない。

なお、『小右記』万寿二年（一〇二五）十月二十八日の条には「去夜、天台定心院并廊、悉焼亡者」とあるが、

これが定心院焼亡の文献上の初出である。[4] したがって『阿娑縛抄』等の示す定心院は創建時の姿に近いものと考えられる。

定心院の位置は「在文殊楼東南下」とあり、現在の延暦寺書院の位置に一致する。

〔註〕

1 『続日本後紀』同日の条。

2 『続日本後紀』は日付を付さないが、『九院仏閣抄』には承和十四年二月二十五日の「太政官牒延暦寺」を載せる。これには十禅師として徳善・興勝・安恵・円珍・南寂・恵亮・円真・叡均・慈叡・承雲の名が記されている。また『元亨釈書』には「承和十三年初常於台山建定心院、至此以近州祖三万束充仏僧之供」という記事を載せる。

3 『山門堂舎記』楞厳三昧院の項に引く、康保五年（九六八）の太政官符に「依定心院釈迦堂例、充之」とある。

4 『天台座主記』院源の項では「治安二年乙丑十月十七日、定心院焼亡」とするが、治安二年は「壬戌」であり、万寿二年が「乙丑」である。

八　四王院

貞観十六年（八七四）の奥書のある『延暦寺故内供奉和上行状』（光定の伝記）に「仁寿四年、有勅、任当寺僧別当、同年奉　制、専知　御願、起四王院事」とあるので、仁寿四年（八五四）に文徳天皇の勅を奉じ、別当光定が創建したことが明らかである。[1] そして天安二年（八五八）三月二十八日には「三宝并四王及梵天帝釈」供養料として「毎日白米二斗四升八合」と「灯油毎日二合」が支弁されることになった。同年八月十三日、座主円仁を四王院検校に、大法師恵亮を別当に任ずる官符が下され、翌三年正月二十七日には七禅師が任命された。[2] これによって定心院に次ぐ勅願寺が叡山上に誕生し、その組織も定心院の十禅師に匹敵する七禅師が置かれるという整ったものであった。

享禄本『類聚三代格』には貞観十四年（八七二）十一月一日付けの「太政官宣」を載せるが、これには「定心・総持・四王三箇院、是代々聖朝深発御願、所建立也」とあり、四王院が定心院、物持院と並ぶ重要な院家であったことを示している。

『山門堂舎記』は以下のように記す。

在講堂西傍

葺檜皮方五間堂一宇、檐下四隅有厳飾丹青箜篌、

安置金銅四天王像、高六尺五寸、

天長五年、文徳天皇御願、為鎮護国家、所鋳造也、別当内供奉光定、

奉制専知造院事、

天長五年（八二八）は文徳天皇ではなく淳和天皇の治世であり、前述した仁寿四年創建が正しい。『阿娑縛抄』もほぼ同文だが、「天長五年、文徳天皇御願」「別当内供奉光定」の文がなく、かわりに「右、文徳天皇殊発弘願力」とある。

方五間の求心堂であったから、四方に四天王を配置する形式だったと思われる。また軒の四隅に箜篌（百済琴）を吊すという仏堂の形式は、講堂とともに叡山では特異な存在であった。

保元四年（一一五九）正月二十七日の極楽寺阿闍梨某の記(3)には以下のようにある。

現在堂三間四面也、見堂為体、非可懸箜篌造、何恐炎上以後及漸末、陵遅時改造歟、皆是為備廃忘記、

これによれば、この時点で四王院は方五間ではなく「三間四面」という形態に改められ、箜篌を懸けるような造りにはなっていなかった。「炎上以後」は、承平五年（九三五）三月六日の根本中堂以下四十余宇が焼失した大火を指すのであろう。『天台座主記』などは一々の焼失した堂宇名は記さないが、『門葉記』「勤行法補二」（四天王法）にはこの時四王院も焼失したことが記されている。あるいは、承平五年（九三五）火災以後の再建時に、すでに「方五間」の形式は失われていたのかも知れない。

また安置仏について、前にみた天安二年（八五八）の太政官牒に「三宝并四王及梵天帝釈」とあるように、この時点まで四王院の名のごとく四天王がその中心仏であった。しかし前述した保元四年（一一五九）の阿闍梨某の記によれば、この時には木造の釈迦像が中心に安置されていたという。また、明達律師がその師より四王院を引き継いだ時、座主より「早可修治四王院、兼造釈迦仏等五尊御座」と要請され、明達はそれに応え、その年に「五尊御座」を「造改」したという。[(4)] これによれば、四王院にはすでに釈迦仏が安置されていたことになる。その時期は不分明だが、天慶三年（九四〇）以前のことと思われる。

〔註〕

1 創建年時を、『叡岳要記』と青蓮院本『天台座主記』、『九院仏閣抄』は「承和五年戊午正月三日」、『一代要記』は「承和三年丙辰」とする。

2 以上は『九院仏閣抄』による。

3 『門葉記』「勤行法補二」。

4 『門葉記』「勤行法補二」。

九　惣持院と東塔

惣持院の創建

『慈覚大師伝』および『日本三代実録』によれば、円仁は嘉祥三年（八五〇）に即位した文徳天皇におよそ次のような内容の上奏をした。

除災致福のためには熾盛光法が最も優れている。ゆえに唐朝の道場では恒にこの法を修している。そして街東街西の僧侶は互いに番をくみ、宝祚を祈り奉っている。また唐・長安の青龍寺には皇帝本命道場を建て、真言秘法を勤修せしめている。今、持念道場護摩壇を建立し、陛下のおんためにその法を修すべきである。建立の場所は昔、先師・最澄がすでに點定している。

これに対して天皇は詔を発し、叡山に惣持院を建立することが決せられた。以下、惣持院完成までの主な項目を列記する。


承和十四年（八四七）九月　円仁、唐より帰朝。

嘉祥二年（八四九）五月　円仁、延暦寺において灌頂を始修する。

嘉祥三年（八五〇）　円仁、文徳天皇に上奏し、惣持院創建の勅許を得る。

嘉祥三年（八五〇）九月十四日　恵亮以下、惣持院十四僧を定める（『叡岳要記』所引「太政官牒延暦寺」）。

嘉祥三年（八五〇）九月十六日　十四僧供料を定心院十四禅師に準ずる（『九院仏閣抄』所引「太政官牒延暦寺」）。

仁寿四年（八五四）十一月十四日　安恵・恵亮を伝法灌頂僧とする（『叡岳要記』所引「左弁官下延暦寺」）。

斉衡三年（八五六）三月　文徳天皇、円仁より両部灌頂を受ける（『日本三代実録』）。

貞観二年（八六〇）閏十月十三日　慈叡以下、伝法灌頂僧四口を置く（同右）。
貞観四年（八六二）九月十日　惣持院完成（『一代要記』）。
貞観六年（八六四）十月十五日　惣持院修理料として近江国出挙七百石をあてる（『九院仏閣抄』所引「太政官牒延暦寺」）。

次に、惣持院の構成について記す。『山門堂舎記』、『阿娑縛抄』、『叡岳要記』ともほぼ同様の内容なので、ここには最も記載の整った『阿娑縛抄』を引用する。

葺檜皮多宝塔壱基、安置胎蔵金色五仏坐像一躯、
葺檜皮方五間堂一宇、俗曰灌頂堂、有塔東、安置胎蔵金剛両部大曼荼羅一楨、
葺檜皮方五間堂一宇、在東西、(1)曰真言堂、安置熾盛光仏頂大曼荼羅一楨、
葺檜皮三間昇廊東西各一宇、
葺檜皮廻廊□間、
葺檜皮三間近廊左右各一宇、
葺檜皮五間二階門楼、在前左右石橋等、
舞台一基、在塔前、
葺檜皮七間灌頂阿闍梨房一宇、在西南、
葺檜皮七間僧房二宇、在院西、

以上によって判明する惣持院の姿は次のようであろう。まず二階門楼を入ると正面には巨大な多宝塔が聳える。その左右には東西対称の位置に、東に灌頂堂、西に真言堂を配し、その間を三間の昇廊で結ぶ。両堂とも他の方

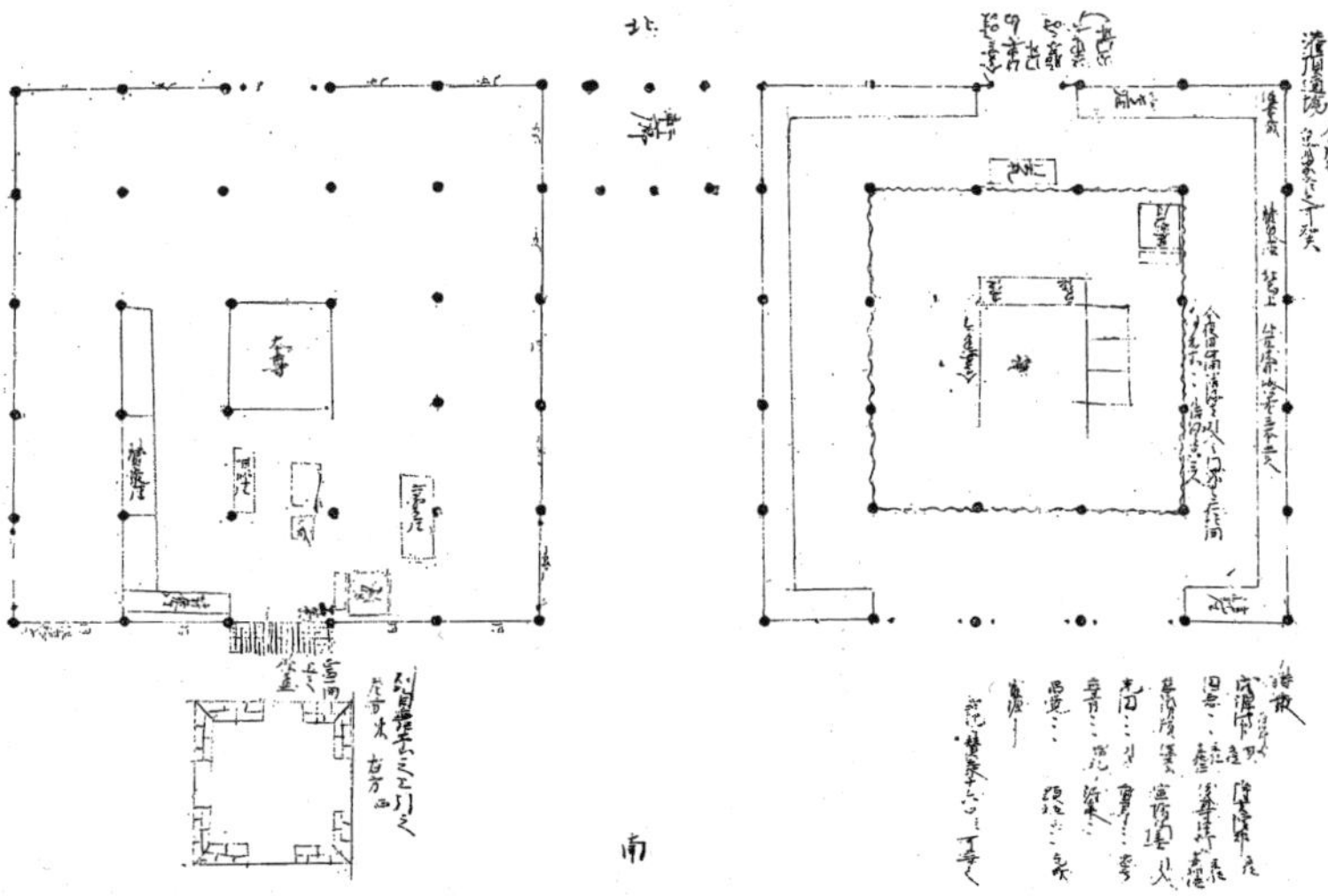

図2－20　「物持院灌頂指図」（『葛川明王院史料』）

五間堂同様、宝形造であっただろう。そして真言堂の東と灌頂堂の西には各三間の軒廊がとりつく。多宝塔の正面には舞台が設けられ、また門の前には左右二本の石橋が架けられていた。周囲は廻廊によって結界されていたのであろう。院の西、おそらく廻廊の外には二宇の僧房、さらにその南には灌頂阿闍梨房が置かれた。

ずっと後代のものであるが、『葛川明王院史料』所収の寛喜元年（一二二九）「物持院灌頂指図」には多宝塔と真言堂の平面が描かれている〔図2－20〕。多宝塔は総柱の方五間堂の形式で、中央方一間に本尊を安置する。千部法華経は上層に安置されたのであろう。多宝塔の前面には舞台も描かれている。そして灌頂堂は方三間の母屋に四面庇の付く方五間堂であり、多宝塔と同大に描く。塔と灌頂堂の間は軒廊で結ばれる。真言堂は灌頂儀式には使用されなかったため描かれていないが、おそらく灌頂堂と同形同大であったと思われる。平面だけを見れば、方五間の三連堂であった。

なお、灌頂堂の方三間の母屋は、創建時には構造的に困難であったと思われる。前述した戒壇堂が総柱の方五間堂から、現状は方三間に裳層をめぐらして方五間堂の平面に改変されているように、灌頂堂も当初は総柱の方五間堂ではなかったかと推測される。

鎌倉時代の『比叡山東塔絵図』は、塔をいわゆる多宝塔ではなく方形平面の二重塔に描き、また灌頂・真言両堂を塔より小さい三間堂として屋根も寄棟造に描くなど、創建時の惣持院と大きく異なってはいるが、左右対称の形式や舞台の存在など、惣持院の基本的な配置を知るうえでは役に立つ〔図2－21〕。『阿娑縛抄』は「仏壇堂塔及坊等、構造美麗、多超古今、見者発心、拝者致信」と記し、相当華麗な寺院であったことを示している。

図2－21　惣持院（『比叡山東塔絵図』）

このように、惣持院はきわめて整った伽藍を構成していたことが明らかだが、『阿娑縛抄』の示す姿がいつの時代であるか不明だし、また一挙にこうした伽藍が形成されたのか、あるいは徐々に整えられていったのかも明らかにされていない。ここではその形成過程について推論を試みたい。

円仁の入唐の目的は、いうまでもなく、天台宗における密教の充実にあった。密教におけるもっとも基本的な儀式は灌頂であるが、最澄の時代に専用の灌頂堂が建立された形跡はない。円仁は帰朝の翌々年、嘉祥二年（八四九）五月に延暦寺において初めて灌頂を修している。この間に叡山には専用の灌頂堂が建立されたのではないかと推測される。

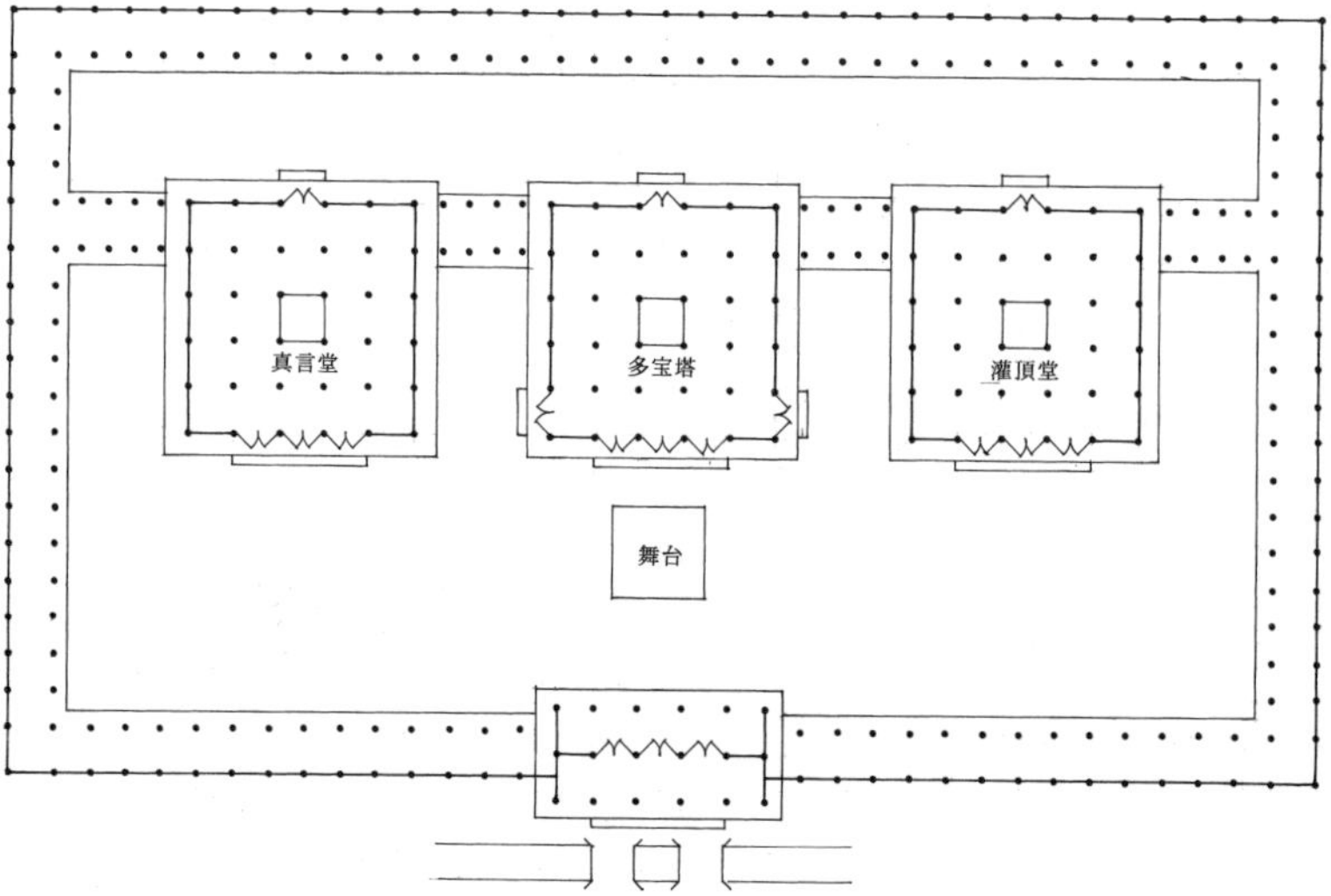

図2－22　惣持院復原図

次に、翌嘉祥三年には惣持院創建の勅許を得るが、惣持院建立の当初の目的は、天子本命の道場として熾盛光法を修する真言堂の建設にあったことは明白である。したがってまず最初に真言堂の建立に着手したであろうことが予想される。

『華頂要略』は「同（嘉祥）三庚午年、依文徳天皇御願、創建惣持院真言堂、是乃模大唐青龍寺云々、為天皇本命道場、勤修真言之秘法熾盛光法之霊場也、九月十四日賜太政官牒定十四口僧、熾盛光例時始行、仁寿元辛未年十二月十四日、天子本命道場真言堂供養、導師安恵和尚、同月三十日、惣持院供養」と記す。(2) これによれば真言堂は嘉祥三年（八五〇）に文徳天皇が御願を発し、仁寿元年（八五一）にはすでに完成していたことになる。同年中の「惣持院供養」は、真言堂とその付属施設が完成した段階で、ひとまず供養を済ませた、と解することができよう。

最後に完成したのが多宝塔であろう。後代の例を見ると、惣持院における灌頂儀式は多宝塔の初層を三昧耶戒場とするのが通例であるが、『阿娑縛抄』に引く貞観元年（八五九）九月十一日の「延暦寺灌頂行事」は三昧耶戒場を「塔」ではなく、単に「堂」と記すから、この時点ではまだ多宝塔が未完成であった可能性が強い。

さて、『山門堂舎記』等には惣持院について「始自仁寿三年、至貞観四年、惣十箇年所造立也」とあり、これを惣持院の着工が仁寿三年（八五三）と解釈すると上記の真言堂の供養時期と矛盾することになる。しかしこれを多宝塔の工期を示したものと解釈すれば矛盾は生じない。それまでに前例のない、全く新しい形式の壮大な塔であったから、着工から竣工まで十年を要しても奇とするにはあたらないであろう。貞観四年（八九二）は多宝塔が完成し、惣持院の総供養が行われた年、と解釈される。

円仁は貞観六年（八六四）に示寂するが、その遺戒に「先師有書六千部法華経之誓、我欲写千部安置惣持院、若有書写、不出今年、必当供養之」と記したように、惣持院多宝塔に安置すべき千部法華経は、この時点ではまだ未完成であった。そしてこの「惣持院千部法華経」の供養が行われたのは貞観八年（八六六）七月十四日のことであり、ここに名実ともに惣持院は完成したのである。(3)

惣持院内で最も早く建立されたと思われる灌頂堂は、当然、円仁の惣持院構想に含まれていたのであろう。

さて、最澄が企図した六処宝塔院のうち、最澄の生前に完成したのは上野・下野・豊前の宝塔院のみで、六処宝塔院の中心となるべき近江宝塔院（東塔）と山城宝塔院（西塔）はついに未完のままであった。近江宝塔院は六処宝塔院の中心であったから、最澄の時代に建立の計画が立てられたであろうことは疑いない。この間の事情について、『叡山大師伝』は簡略に記す。それによれば、東国の巡錫が終わって帰山の途中、最澄は美濃国高野山寺に立ち寄った。そこの院主・賢栄禅師は大師の大願に預かり、多宝塔を建立して千部法華経を安置することを誓願した。そこで仏子好堅を叡山に遣わし、塔の造立にあたらせた。今、叡岳の東塔と呼ぶものはこれである、とする。なお、好堅については『九院仏閣抄』に載せる弘仁九年の十六院司のなかに、惣持院の「上座妙堅」とあるのが該当しよう。最澄の東国巡錫は弘仁八年（八一七）と推定されている。[4]

光定の『伝述一心戒文』に載せる「鴻鐘東塔成弁文」はさらに詳しい。

好堅は一身を捧げて造塔に励んだが、工事ははかばかしく進まず多くの日が過ぎてしまった。そこで弘仁十三年（八二二）、光定は内侍藤原美都子[5]を通じてその夫・藤原冬嗣を動かし、米四百斛の造営料が朝廷より与えられることになった。好堅は功によって年分度者に預かり、僧籍に列して天照と名乗った。しかしこれによっても塔は完成しなかったらしく、光定は「雖然、未成於彼此塔之調度、自此之後、宗後賢人等、必可成此塔」と記している。『伝述一心戒文』が著されたのは承和元年（八三四）であったから、最澄が没して十二年を経て、未だ東塔完成の目処が立たない、という状況であった。なお、造営料を賜った時期は『叡山大師伝』によって弘仁十四年（八二三）三月であったことが明らかである。

『天台霞標』に引く「比叡山東塔縁起」（「最澄謹言」の奥書がある）は少し異なる経緯を記す。

弘仁十二年（八二一）七月十七日、比叡山東嶺に桓武天皇のおんため多宝塔一基を建立した。六処塔のひとつである。延暦二十五年（八〇六）二月下旬、唐より将来した新来の一宗のため、桓武天皇は勅によって叡山に方各五丈の「壇堂」を建立せんとし、近江少掾安倍朝臣真虎（真序とも）と造宮長上工一人、少工二十人を遣わした。しかし天皇は同年三月十七日には登天し、宝殿の建設は中断してしまった。これによって新宗の学生等は志をひとつにして、一基の宝塔を造立することを発願した。今日をもって塔の心柱を建てる。

これによって最澄示寂の前年に、東塔の立柱が行われたことが明らかである。そして弘仁十四年（八二三）には造営料として四百斛が施されて工事が継続された、ということになろう。

ところでこの東塔について『阿娑縛抄』は「今惣持院在之中」、『叡岳要記』は「或記云、東塔院者在惣持院中云々」と記し、東塔が惣持院に包摂されてしまった可能性を示している。『阿娑縛抄』は「東塔院」について次のように記す。

　葺檜皮多宝塔一基、

　安置胎蔵界毘盧舎那仏金色像一躯、居高一尺八寸、

　　宝幢仏像一躯、華開敷仏像一躯、無量寿仏像一躯、天鼓雷音仏像一躯、已上並金色、居高一尺二寸、

　　妙法蓮華経一千部、

右、伝教大師之草創也、大師述縁起云、維弘仁十二年歳次辛丑秋七月朔乙未十七日辛亥、大日本国近江州比叡山東嶺北、奉為桓武皇帝御霊建立多宝塔一基、斯乃六処塔中其一塔也、六千部中其一千部也、

多宝塔形式の東塔に安置されたのは胎蔵界の五仏と千部法華経であり、これは明らかに円仁による天台宗の密教強化以後の姿である。そして安置仏は惣持院多宝塔と同じであるから、両者は同一物と考えるのが自然だろう。つまり最澄によって構想された東塔は、立柱から四十一年を経て、惣持院に組み込まれる形で完成を見たと解釈される。四十一年にわたって工事が継続していたと考えるよりは、円仁によって新たに計画・建立されたと見る方が妥当であろう。『叡岳要記』は最澄が計画した十六院の位置を記しているが、東塔院について「今定心院艮地、是有夢移惣持院」とする。これが正しければ、当初計画の東塔院は伽藍の東端部に位置し、近江側からはるかに仰ぎ見ることができるという、絶好のロケーションを占めていたことになる。

円仁は天台密教の中心施設として惣持院を計画したとき、天台法華のシンボルともいうべき千部法華経塔をそこに組み入れ、惣持院を天台法華と天台密教双方の根本道場として位置づけたのである。惣持院多宝塔の胎蔵界

五仏と千部法華経の組み合わせはそれを如実に示していよう。
なお、ここに見える「弘仁十二年」は先に引用した「比叡山東塔縁起」の東塔立柱の年に合致する。

物持院と舎利会

『入唐求法巡礼行記』によれば、当時の長安では寺々で盛んに舎利会が行われ、薦福寺では「おのおの発願、布施して仏牙会を荘厳にし、仏牙楼に向かいて銭を散ずること雨のごとし」であったという。円仁はこの会に臨み、「随喜して仏牙楼上に登り、親しく仏牙を見て頂戴、礼拝」したという。円仁は帰朝後の貞観二年（八六〇）、延暦寺において初めて舎利会を行った。『天台霞標』所収の「山門四分略起」所引、貞観二年二月十日付「修舎利会状」は以下のように記す。

円仁は在唐の日に伝法和尚から仏舎利を付授された。またこれとは別に先師最澄が得るところの舎利もある。円仁は親しく大唐で盛んに舎利会が修されるのを見てきた。叡山においても彼の法を修したい。これらの舎利は蔵中に収置するのではなく、時にしたがって礼供すべきである。そこで舎利を「御願塔中」に安置し、「惣持塔下」において舎利会をこの年より始める。

そして「別伝」によれば、貞観二年四月に開始された舎利会は以後絶えることがなく、期日を定めずに「花の時」に行われたという。

以上のように、延暦寺最初の舎利会は、物持院の塔中に舎利を安置して行われた。物持院の塔は最澄感得の舎利および円仁将来の舎利を安置する、長安の寺院における「仏牙楼」としての機能をも併せ持たされたと推測されるのである。

なお『日本三代実録』貞観八年六月二十一日の条によれば、このころすでに舎利会に関する規制がゆるんだらしく、「四条式」を定め、その一条に職掌僧が無断で舎利会を欠席することを厳しく禁ずる旨を記している。

その後の舎利会がどこで行われたか、直接的に示す史料は少ないが、「慈恵大僧正拾遺伝」の次に示す事例によって、惣持院宝塔をその会場としていたことが確認できる。

康保三年（九六六）十月二十八日夜、定心院十禅師増快の住房から出た火は東塔の五堂一楼、つまり惣持院・大講堂・四王院・延命院・常行堂・法華堂そして文殊楼を焼き尽くした。座主良源は直ちに再建に着手し、康保四年には法華堂と常行堂、安和二年（九六九）には文殊楼が竣工した。そして再建中の惣持院が再び天禄元年（九七〇）四月二十日に焼亡してしまう。良源は大講堂の工事を中断して、まず宝塔と門楼を再建し、明年四月の恒例舎利会に間に合わせた。万人がこれに感歎したという。次いで灌頂堂・真言堂・四面廊・舞台・橋等が造営された。(6)

なお、延暦寺における著名な舎利会として、寛弘六年（一〇〇九）五月十七日の藤原道長によるもの、長元六年（一〇三三）五月二十五日の藤原頼通によるもの、応徳三年（一〇八六）十月十三日の藤原師実によるものなどがある。

余談ながら、良源は舎利会には深い思い入れがあったらしく、神楽岳の西、吉田社の北に重閣の講堂を中心とする吉田寺を建立し、「往日の宿念を遂げんがため」に、貞元二年（九七七）四月二十日、ここにおいて「悉く山の儀式のごとく」舎利会を修した。これは叡山に登ることのできない女人等のためであったという。この舎利会のために良源は二基の七宝塔と輦を作らせたが、これは最澄感得の舎利と円仁将来の舎利をそれぞれ納置し、山上より吉田寺へ運ぶためのものだったろう。

以上のように円仁によって建立された惣持院宝塔は肉舎利と法舎利（千部法華経）、そして胎蔵五仏を安置する、顕密を総合した一大モニュメントであった。

〔註〕

1 『叡岳要記』『九院仏閣抄』は「真言堂也、塔西」とする。これが正しい。

2 『叡岳要記』も「初度惣持院供養、文徳天皇御宇仁寿元年辛未十二月三十日」「同院真言堂供養、同年十二月十四日」と記す。

3 『慈覚大師伝』。『九院仏閣抄』はこの時を惣持院供養にあてる。

4 佐伯有清『伝教大師伝の研究』（吉川弘文館、一九九二年）。

5 東塔造営の支援をした「藤原内侍専」が藤原冬嗣の妻で、初代延暦寺俗別当となった藤原三守の姉でもある藤原美都子であったことは、佐伯有清氏の綿密な考証による。

6 時代は降るが、応徳三年（一〇八六）十月十三日に行われた舎利会も、会場は惣持院であったことが『後二条師通記』によって確認できる。

一〇　鐘　台

『山門堂舎記』は次のように記す（『叡岳要記』もほぼ同じ）。

鐘台

葺檜皮二間鐘台一宇、繋銅鐘一口、高八尺、口四尺五寸、

弘仁九年、伝教大師鋳鐘建堂、天長四年、別当内供奉光定、奉制鋳鐘、前丹波守従五位下浄野朝臣夏野作鐘

銘、太上天皇振宸筆書之、

ここには弘仁九年（八一八）に最澄が鐘楼を建て鐘を鋳たこと、天長四年（八二七）に光定が鐘を鋳たこと、を併記していて意味が通じにくい。

『伝述一心戒文』には、鐘を鋳るにあたって最澄が草した文が載せられている。(1) これによれば、まず苦しみを癒すためには鐘の音が最も勝れている、という趣旨を述べ、聖主以下に、「息苦鐘」を鋳るための喜捨を求めている。年紀は弘仁十年（八一九）四月である。

同じく『伝述一心戒文』の「鴻鐘東塔成弁文」には次のような内容を記す。弘仁十年三月に、光定は「鴻鐘様」（鴻鐘の図面であろう）を良峯左大弁（安世）に持参したところ、左大弁は「宗事」が成るまでは鐘を作るべきでない、という意見であった。弘仁年中に「宗事」は成ったが、「寺家之内、有聊事」によって、鐘を鋳ることはできなかった。その後、「天長太皇」（淳和天皇）による金剛般若経一万巻転読の布施を売却して四五百貫の銅を得たので、これによって鐘を鋳ることになった。

『叡岳要記』所引の「（延暦寺）建立縁起」には、

同（天長）四年歳次丁未五月中、十禅師義真、十禅師円澄、上座寺主道叡、都維那承天、僧光定・興善・円仁等、為遂先師本願、語別当正三位行刑部卿藤原朝臣三守・参議右大弁従四位上兼武蔵守勲六等大伴宿祢国道・正八位下赤麻呂・大初位上櫟井福丸・高階姥弥丸・答他乙継等、鋳作鐘一口、高八尺、口径四尺六寸五分、口厚四寸五分、用熟銅大六千七百斤也、

と、きわめて具体的に記す。この縁起の信憑性については本書の［付論一　史料批判］に詳述した。これらの史料を併せ考えると次のようになろう。最澄は弘仁十年（八一九）に鴻鐘の鋳成を発願し、この意を受けた光定が比

叡山寺の俗別当であった良峯安世を訪ね鴻鐘の図面を示した。しかし安世は、「宗事」が成るまで鐘は作るべきでない、として許可しなかった。この「宗事」は、おそらく最澄が同年五月に『山家学生式』を制定し、朝廷に提出して勅許申請を行った大乗菩薩戒壇院の設立を指しているのであろう。良峯安世は戒壇設立に反対する南都の僧綱を刺激することを避けるため、鴻鐘の鋳成を見送らせたのであろう。弘仁十三年に戒壇設置は許可されたが、宗内のいざこざによって鐘の鋳成はなかなか実現しなかった。そして年紀は不明ながらおそらくは天長初年に、金剛般若経一万巻転読に対する淳和天皇の布施を換金することによって必要な銅を入手でき、天長四年（八二七）に至って、ようやく鴻鐘を鋳成することができた。この鐘に要した銅は六、七〇〇斤（約四、〇二〇kg）、高さ八尺、口径四尺六寸五分は、かなり大型の鐘で、現存する鎌倉・円覚寺の梵鐘とほぼ同大である。

『山門堂舎記』の記事はこの間の経緯をすべて省略したため、意味の通じないものになってしまったらしい。なお、『伝述一心戒文』の「冷然太上天皇御書鐘銘文」によれば、冷然太上天皇つまり嵯峨上皇が鐘銘を書したのが天長四年、そして鐘銘を撰したのは「前丹後守従五位下浄野朝臣夏嗣」であった。(2)

〔註〕

1　『天台霞標』にはこれを「作鴻鐘募疏」として載せている。

2　『叡山大師伝』の、藤原冬嗣を筆頭とする二七名の「高位崇名」の外護檀越の、十三番目にある「朝散大夫浄丹州刺史夏」が浄野夏嗣である。

一一　前唐院と経蔵

円仁は貞観六年（八七四）一月十四日に示寂するが、『天台座主記』の「内供円仁和尚」に引く、貞観六年正月十三日付の「叡山沙門謹言／請以先師竝円仁所求真言法門及図画曼荼羅等、安置惣持院、令門徒阿闍梨検校伝弘事」によれば、これまで最澄将来の真言法門は顕教法門に入り混じった状態で寺家経蔵（最澄建立の「根本経蔵」であろう）に納められており、また円仁将来の真言法門・曼荼羅道具等は「秘経蔵」に置かれていた。そこで円仁は、示寂前日、今後は真言の法門道具は惣持院に、顕教のそれは寺家経蔵に納めるべきことを奏上した。円仁の奏上は翌々日に許可され、付法弟子安恵を検校となし、その検知のもとに真言法門は惣持院に納められた。[1]その官宣旨に「応勘知故座主円仁大法師房中秘密書竝雑物等事」とあるように、この「秘経蔵」は円仁の住房内であったことが明らかである。この房がのちに前唐院と呼ばれるようになる。『山門記』は前唐院について「仁寿二年九月十八日建」とあるのを信ずれば、仁寿二年（八五二）の創建である。座主就任の二年前である。[2]そして円珍座主の貞観十一年五月一日、円珍ほか四人の僧によって惣持院経蔵に検封が施され、紛失防止の措置がとられた。[3]

また『阿娑縛抄』によれば、円仁の遺弟たちは延喜十六年（九一六）に、円仁が唐から持ち帰った白檀および瑪瑙の経軸を使って円仁本願の阿弥陀仏像と法利因語の四摂菩薩像を造り、金光明経・般若心経を書写して前唐院に安置した。『慈覚大師伝』は「五月十五日、於大師本房安置供養」と記すから、このころはまだ「前唐院」の名はなかったのかも知れない。この名は円珍将来の経典類を所蔵した「後唐院」ができて後の命名であろう。

その後の前唐院については明らかでないが、『天台座主記』によれば、良源座主の天元三年（九八〇）、「今年先造前唐院」とある。おそらく荒廃していた前唐院を円仁派の良源が再興したものと思われる。そして円仁の遺命によって惣持院に納められた密教系の法門・道具および円仁ゆかりの宝物は再び故円仁の禅房・前唐院に移されたようである。また、座主良真の時代の永保三年（一〇八三）、「前唐院経蔵改為土室」とあるから、この時経蔵は土蔵のような構造に改められたのかも知れない。(4)

天仁二年（一一〇九）七月の座主賢暹による「僧綱申文」には「方今前唐院者慈覚大師之廟也、大師遺物暫《ママ》然猶存、不補検封之司、恐有紛失之疑」とあるように、前唐院は円仁の廟と位置づけられていた。そして前唐院経蔵守護のため、代々「検封阿闍梨」が任じられたようである(5)

保延四年（一一三八）には白河上皇が訪れ、「前唐院大師宝物」をご覧になり(6)、また、久安三年（一一四七）には鳥羽法皇と崇徳上皇が前唐院の伝教大師等影および慈覚大師真影（木像）を礼している(7)。

『山門堂舎記』、『阿娑縛抄』、『叡岳要記』ともに前唐院について「葺檜皮五間三面屋一宇」と記す。そして「安置慈覚大師新従唐所渡真言秘教曼荼羅道具并天台教迹戒律……」という状況は、これらの法門道具等が良源によって惣持院経蔵から復興なった前唐院に移された後のものである。したがって「葺檜皮五間三面」の形式も良源以降のものであろう。ただ、経蔵そのものは良真によって土蔵形式に改められているから、これはそれ以前、つまり良源時代の経蔵なのか、あるいは円仁の住房址であったのかは判然としない。

〔註〕

1 『叡岳要記』前唐院の項。

2 『天台座主記』は「仁和四年戊申、建前唐院」、『扶桑略記』は「同年（仁和四年）、於延暦寺建禅唐院」とするが、この仁和四年は『慈覚大師伝』に「仁和四年、建立大師本願禅院」とある「赤山禅院」の建立と混同した可能性が強い。

3 『余芳編年雑集』所収の「応検封故円仁法師真言法文之官符」（貞観十一年五月一日）による。検封を司ったのは円珍・

遍照・慈叡・承雲・性海である。

4 『天台座主記』良真の項。

5 『朝野群載』十六に載せる康平六年(一〇六三)十月二十三日付の「太政官牒　延暦寺前唐院」によれば、死亡した慶範・頼賢の代わりに仁暹・勝範の両名を「前唐院検封阿闍梨」に任ずることが許可されている。

6 『天台座主記』忠尋の項。

7 『台記』久安三年六月十九日の条。

一二　延命院と新延命院

この院の創建に至る経緯については、座主尊意による「請延命院灯油供料表」(1)に詳しいので、その内容を摘記する。

尊意は「仰旨《ママ》」を蒙り、醍醐天皇中宮穏子の懐妊から皇子(後の朱雀天皇)誕生の延長元年(九二三)、玉体安穏・聖算久長を祈った。そしてその後「御願により」て金剛寿命経・梵天帝釈像を造り、一堂を結構して諸尊を安置し、延命堂と号した。朱雀天皇即位後はいよいよ至誠を尽くし宝祚を祈ること昼夜怠ることなく、すでに十六年が過ぎた。しかし未だに日を送るための資は与えられない。願わくは諸院御願の例に準じ、仏聖灯油ならびに七僧日供を充てられたい。ただし、件の僧に欠がある場合は定心院・惣持院・四王院などの例に準じて、顕密秀抜・戒乗具足の輩を撰定し、その替に申補したい。

奥書は承平八年(九三八)三月五日である。延命堂建立の時期は示されていないが、『山門堂舎記』、『阿娑縛抄』は、延命院は朱雀天皇の御願で、承平六年(九三六)に座主尊意が勅によって造作したとする。『叡岳要記』

はさらに詳しく、天慶元年（九三八）に土木の功を終え、同十月二十一日に延命像を安置し、七箇日を限り、金剛寿命菩薩秘法を修したとする。『貞信公記抄』同年十月二十二日の条に「内御修法、山御願堂行之、座主為闍梨、伴僧十四口」とあるのがこれにあたろう。

「尊意贈僧正伝」(2)によれば天慶元年五月二十五日には三尊供灯料および七僧日供料を賜り、同八月七日に「七禅師官符」を賜った。(3)前に見た尊意の請が認められ、独立した組織としての院がこのとき発足したことになる。

安置仏については『山門堂舎記』等はいずれも居高三尺の延命像（『阿娑縛抄』によれば「二十臂」）と綵色梵天帝釈像（『山門堂舎記』はこれに四天王を加える）とする。「三尊供灯料」とあることからも、延命院の本尊は二十臂の普賢延命像と梵天帝釈であったことがわかる。

なお、仏堂の形式について『阿娑縛抄』および『叡岳要記』は「葺檜皮五間堂一宇」とのみ記す。延命院は康保三年（九六六）の大火によって惣持院、大講堂などとともに焼失する。『慈恵大僧正拾遺伝』によれば天禄三年（九七二）二月五日に、四王院とともに作事が開始され、三月下旬には功を終えた。『御堂関白記』長和元年（一〇一二）五月二十三日の条によれば、この日道長は息男顕信受戒のため叡山に登るが、「諸僧、延命院礼堂」とあるので、良源による再建延命院本堂には礼堂の付属していたことが明らかである。

新延命院は『阿娑縛抄』等によれば「朱雀太上天皇」の御願で、「葺檜皮方五間堂」に普賢延命像と梵天帝釈四天王像を安置していたとする。『阿娑縛抄』と『叡岳要記』は天慶年中に所司に詔を下して造立し、昇霞の後、三僧を置いたとする。『叡岳要記』によれば、それは天暦八年（九五四）四月二十四日であった。朱雀院の崩御は天暦六年で、年代的に齟齬はない。

朱雀天皇は譲位の翌年、天暦元年（九四七）に、承平天慶の大乱による戦没者追悼のため、叡山に法会を開いている。新延命院の建立も、こうした天下騒憂のあとで、鎮魂と鎮国の祈願を込めたものであったのかも知れない。

延命院も新延命院も、ともに普賢延命像および梵天帝釈像を安置しており、なぜ朱雀天皇が同内容の二院を建立したか、その理由は明らかでない。延命院の基は朱雀天皇誕生以前の、父の醍醐天皇による安産祈願にあったようであり、また院としての正式な認知が天慶元年、つまり朱雀天皇弱冠十五歳の年であったから、これは当人の意志ではなかったとも考えられる。その後ろ盾となったのは母穏子の兄で、朱雀天皇の摂政・関白となった藤原忠平ではなかったか。摂政関白としての威をふるうためには、まずは朱雀天皇の玉体安穏が緊要であったから、それを延命像に祈願したのではなかっただろうか。『貞信公記抄』延長三年（九二五）九月二日の条には「立願奉造延命菩薩并大智七部、是為救法界衆生命辰、増長寿命、遂令得如来無尽之寿也」とあり、忠平には延命菩薩への篤い信仰があったことは確かである。この像がのちの延命院の本尊となったことも、考えられなくはない。そうであれば、朱雀天皇にとっては新延命院こそが自身の御願寺であるという思いが強かったであろう。

〔註〕

1　『天台霞標』三編巻之一所収。

2　『続群書類従』第八輯下、所収。

3　忠平の日記である『貞信公記抄』天慶元年五月十二日の条に「山座主（尊意）来、示御願堂僧供七人料、可給美濃国事」とあり、これを裏付ける。

一三　山王院と千手院

山王院の由緒については明らかでない。『阿娑縛抄』は「本伝教大師所造也」、『山門堂舎記』は「伝教大師所立置也」とするが、最澄の時代に建立されたという確証はない。当時の事情を考えれば、むしろ最澄の時代には実現されなかったと考える方が妥当であろう。存在が確認できるのは円仁座主以降である。「山王」は最澄が天台山求法の折り、天台山の地主神・護法神をもって山王と称していたことに倣ったとされる。『叡岳要記』は「件山王院縁起云、伝教大師勧請三輪明神為鎮守云々」として、「山王院縁起」の存在を示すが、その内容は明らかでない。

いずれにせよ、天台の護法神は日吉大社東本宮の大山咋神、西本宮の大己貴神をはじめとする山王諸神であり、法儀に先だってこれらの護法神をその場に勧請することが一般に行われていた。そうした神々に因む施設が山王院であったと思われる。したがって山王院はいわゆる仏堂ではなく、仏像は安置されなかったものと推測される。『山門記』によれば山王院には拝殿があったから、やはり神社的なものであったことを裏付ける。

ところで、山王院についての諸書の記述はきわめて簡略かつ疎漏で、例えば『阿娑縛抄』は次のように記す。

山王院

葺檜皮五間堂一宇、

安置千手観音像一躯、（立高五尺、）聖観音像一躯、

右院、伝教大師所造也、仁寿年中、堀河院改本葺板堂、更造葺檜皮、

『山門堂舎記』もほぼ同文で、「更造葺檜皮」に続いて「新堂矣」とあるのと、この文のあとに開創についての説

話を載せるのが異なるだけである。これによれば、山王院の本尊は千手観音像と聖観音像であったことになり、先ほどの推測と矛盾する。

ところで、山王院には「千手堂」と呼ばれる仏堂があった。『朝野群載』十七所収の年時不詳「山王院千手堂住僧等躍謹言　請殊蒙十方施主恩改造三間四面檜皮葺堂一宇状」はこの堂の縁起について、次のような説話を記す。

昔、近江にひとりの老婆がおり、常に千手観音を造ることを願っていた。ある日、この山に光を放つ樹をみつけ、訪ねると老檜であった。これを伐って霊像を造ろうとすると老顔の居士が現れ、「我は造仏の匠である」として、老婆の願いのとおりたちまち千手観音像を造り、叡山の勝地を求めて堂を構え、この像を安置した。円珍は入唐求法より帰朝後、この堂において灌頂を修した。これより初めて「山王院千手堂」と称したという(1)。

千手観音を安置した堂の位置はおそらく山王院の近傍であったのだろう。この堂は円珍によって山王院の一堂とされ、山王院千手堂と呼ばれるようになったという。これにしたがえば、千手堂の創建は円珍の帰朝以前、つまり天安二年（八五八）以前である。

三善為康編の『朝野群載』の成立は永久四年（一一一六）である。また上述の「謹言」には「智証大師」の語があるから大師号宣下の延長五年（九二七）以降であり、また後述するように千手院の房舎が円仁派の僧徒によって破壊され、円珍門徒が離山する正暦四年（九九三）以前である。仏堂の記載に間面記法が使用されていることからも、十世紀後半以降であることが窺える。したがって「謹言」は十世紀後半のものと推定できる。上記の説話では千手院の正確な由来は明らかにならないが、円珍との強い結びつきは確認できる。

『叡岳要記』には橘在列の「尊敬記」を引く。これによれば、養老六年に稽首勲が千手観音像を造ったが、天平宝字元年にこの像は空中高く飛びあがり丑寅の高峯に落ちた。延暦四年に、最澄が叡山に登って草庵を結び、この千手観音像を安置して山王院と号したという。橘在列は天慶七年（九四四）に出家しているから、このころすでに、山王院の本尊が千手観音と認識されていたことがわかる。つまり、千手堂が山王院の中心仏堂としての地位を得ていたということであろう。

なお、山王院千手堂の存在を示す最も古い文献は「園城寺文書」所収の次の公文[2]である。

一、公文

山王院請文二通、（一、寛平七年　一、延喜十七年）

千手堂判文一通

芹掘院寄文一通

　已上四本、且納公験御厨子、

以前略勘如件、

　延長三年四月廿八日

年記は延長三年（九二五）である。このころはまだ、千手堂は山王院に属する一仏堂に過ぎなかったようである。[3]

千手堂から千手院へ

正暦四年（九九三）八月、慈覚門徒と智証門徒との間に大きな争乱があり、智証門徒一千余人は叡山を下りて大雲寺や観音院などの別所に移るという事件が起こった。『扶桑略記』は次のように記す。

慈覚大師門徒等、斫焼於千手院房舎、并門人一千余人僧侶、追出山門已畢、焼亡房舎四所、権少僧都勝算、故阿闍梨満高房、阿闍梨明肇房、僧連代房也、斫壊房舎千手院卌余宇、蓮華院、冷泉院之御願、仏眼院、故式部卿是忠親王建立、故座主良勇房、……此外房舎粗有其数、不能具記、其後智証大師門人等、各占別処不住叡山、

ここでは、智証門徒の拠点は山王院ではなく、千手院であり、しかも四〇を超える房舎をともなっていた。山王院に付属しつつ、千手院としてなかば独立した院家を営むに至ったものと推測される。これより先、天元五年（九八二）一月九日の『扶桑略記』は次のように伝えている。

蔵人掃部助平恒昌は勅によって叡山に登り千手院に留宿した。ところが千手院には一人の住僧もなく、智証大師の経蔵法文は紛失の疑いがある。三綱はこれを守護すべきである。また座主良源が千手院経蔵ならびに観音院、一乗寺を焼き払い、余慶以下五僧を殺害するという噂がある。

正暦四年の千手院焼き討ちの伏線が、すでにこの時にみられたことを示している。

安置仏―千手観音と聖観音

前に見たように、『山門堂舎記』等は山王院の本尊を千手観音と聖観音とする。このうち、千手観音は千手堂の本尊と考えられるが、聖観音はどこに安置されたのだろうか。

『阿娑縛抄』は山王院について「右院、伝教大師所造也、仁寿年中、堀河院改本葺板堂、更造葺檜皮」と記し、『山門堂舎記』はほぼ同文ながら「更造葺檜皮」を「更造葺檜皮新堂」とする。また『九院仏閣抄』は「堀河院」を「昭宣公」とし、「更造葺檜皮新堂矣」のあとに「安置聖観音像也」が続く。「昭宣公」は藤原基経であり、彼は「堀河太政大臣」と称されたから、「堀河院」は「堀河太政大臣」の誤写であろう。ただし基経の生年は承和二年（八三五）であり、「仁寿年中」にはまだ十代であったから問題なしとしない。あるいは「仁和年中」（八八

五～八八九）の誤記であろうか。基経は仁和三年に、宇多天皇の関白に就任している。

これらを勘案すれば、千手堂よりも遅れて、藤原基経によって山王院内に檜皮葺の仏堂が建立され、聖観音像が安置された、ということになろうか。その後、何らかの理由でこの堂は退転し、本尊は千手院に移安されたのであろう。

なお、鎌倉時代に描かれた「比叡山東塔絵図」には山王院と並んで「千手□」が描かれている。山王院は板葺の住房と思われる五間の建物と、経蔵らしい建物を含む小規模な檜皮葺三棟から成り、千手堂は檜皮葺五間堂として描かれているから、千手堂が山王院の本堂であったらしい。現在の山王院は千手院または千手堂とも呼ばれ、千手観音を本尊としている。そして、『山門堂舎記』等が記す山王院の姿もこれと同じ状況を示していると考えられる。

円珍と山王院

円珍は後に「山王院大師」と呼ばれたし、諸書から円珍が山王院を生前の住房としていたことは疑いない。偽書とされる円珍の遺書ではあるが、「以我死骨造影像、可安置山王院」とあるように、山王院は円珍の叡山における活動の拠点であった。また『元亨釈書』巻第三には「釈円珍……珍叡山房有山王明神座、或曰、山王受戒時坐、此故人呼珍房曰山王院」とあり、山王院と円珍の住房との関係が逆転してはいるものの、円珍が山王明神に深く帰依していたことがわかる。さらに延喜二年（九〇二）に三善清行が撰した『天台宗延暦寺座主円珍伝』には、嘉祥三年春、円珍の夢に山王明神が現れ、円珍の入唐求法を強く勧め、更に翌年春にも同様のことがあって、円珍がようやく決意した経緯が記されている。また円珍撰の「行歴抄」によれば、帰朝後の天安三年正月二十日に円珍は初めて叡山に登るが、その前日に「大比叡大神宮」に参詣して幣帛を奉り、「入唐初後之事」を謝している。

次の一事も円珍の強い山王信仰を示している。『日本三代実録』仁和三年（八八七）三月十四日の条によれば、この日、勅によって年分度者二名が試度された。円珍の上表により、一名は大毘盧遮那業で「為大比叡神分」、一名は一字頂輪王経業で「為小比叡神分」とされた。この時までに年分度僧は八人であったが、うち一名は「賀茂明神分」、一名は「春日明神分」であるのに、この山の主神に年分度僧がないのは礼を欠くものである、という理由を挙げている。

円珍が唐より将来した経典類は円珍入寂の直後まで山王院の経蔵に蔵されていた。「山王蔵」と呼ばれ、「山王院経蔵勾当」「山王院経蔵司」「山王院経蔵専当」などが置かれていた。(4) 前述した千手院経蔵と同じものである。後に園城寺にも千手院が造られ、経蔵の経巻類も園城寺唐房（後の唐院）に移されたものと思われる。その時期は円仁派と円珍派の対立が決定的となった十世紀末であろう。

園城寺の千手院

正暦四年（九九三）の慈覚門徒の焼き討ちによって、千手院の僧坊四〇余宇が破壊された。智証門徒は叡山を離れ、園城寺や大雲寺にその拠点を移す。そして山上における拠点であった千手院も、別に園城寺内に建立されたようである。『阿娑縛抄』、『山門堂舎記』は円珍に関係の深い千手院についてふれることがないが、『叡岳要記』は山王院とは別に「千手院」の項を設け、「今之千手堂是也、今在園城寺」とする。千手院の「葺檜皮五間、本願伝教大師、安置千手観音、聖観音像一体」という内容は山王院と全く同じであり、先述の推論を裏付ける。

ところで『僧綱補任』は、年毎に新たに補任された僧綱の属する宗派と寺院名を記す。天台宗の場合ならある時期まですべて「天台宗　延暦寺」で統一されている。ところが寛弘八年（一〇一一）に初めて「天台宗　千手院」と「天台宗　檀那院」が現れる。そして以後は「延暦寺」と「千手院」がほぼ同数を数えるようになる。この時期には千手院が園城寺の中心的な院として機能していたことを示していよう。

〔註〕

1　本尊について、『阿娑縛抄』は次のような縁起を載せる（『叡岳要記』も略同）。
昔、叡山がまだ開かれず、寺塔も建てられていないころ、近江国に一人の信女がおり、六道衆生を利益せんがために六体観音を造る願を立てた。すると比良山に光を放つ木があったので、尋ねて伐採したところ、一老人が現れ、汝の所願の像を造ってあげよう、という。そして材を江頭に曳き、不日にして月を写したような相好の像を造り上げた。これが六観音の一である。
これは同じ所伝の変形であろう。『元亨釈書』巻第二十八も、次のような記事がある。「叡山山王院千手観音像者、伝教大師之所安也、昔近州有浄信女、欲造観音像求良材、于時比良山有一木、時時放光、女聞之伐其木為材、而未有巧工、偶一老翁、語女曰、我蘊薄伎能成汝願、女悦奉材、像成翁不見、其長五尺、感応無比、教得像安此院、智証大師後居於此、所謂山王院大師者也」。

2　『大日本史料』第一編之五。延長三年雑載。

3　『僧綱補任』によれば、延喜六年（九〇六）に天台座主に任じられた円珍系の増命は「千手院座主」と称されたようだから、あるいは早くから千手堂は「千手院」とも呼ばれていたのかも知れない。

4　佐藤英哲「山王院蔵書目録に就いて」（『叡山学報』第十三号所載）、一九三七年。

一四　東塔の諸院

五仏院

『山門堂舎記』および『阿娑縛抄』によれば承雲の草創である。『山門記』(1)に、五仏院について「慈覚大師嫡弟承雲和尚草創也」とあるように、承雲は円仁の弟子で、文殊楼の造営を円仁に託されている。したがって九世紀後半の草創ということになる。永承二年（一〇四七）に上東門院彰子の奏によって後冷泉天皇の御願所となった。後冷泉天皇は後朱雀天皇の子で、上東門院彰子の孫にあたる。永承二年は後冷泉天皇の即位三年目で、彰子五十九歳の年である。孫の息災を祈念したものであろうか。

　葺檜皮方五間堂一宇、

　安置金色丈六弥陀像一体、同金剛界五仏像各一体、居高一尺、

叡山特有の方五間堂で、丈六阿弥陀と居高一尺の金剛界五仏を安置していた。(2)『天台座主記』最雲の項には、永暦元年（一一六〇）には阿闍梨三口が置かれたことを記す。『叡岳要記』によれば、位置は東塔南谷である。

仏眼院

『日本紀略』延喜七年（九〇七）七月七日の条に「式部卿是忠親王、供養天台仏眼院」とあるのが、仏眼院創建を記す唯一の資料である。『一代要記』によれば、是忠親王は光孝天皇の皇子で、貞観十二年（八七〇）に源姓を賜い、延喜二十二年に薨じている。

正暦四年（九九三）に千手院をはじめとする円珍系の堂院が破壊、焼き討ちに遭うが、その破壊された房舎のひとつに「仏眼院、故式部卿是忠親王建立」とある。その後については詳かでないが、約百年後の康和二年（一一〇〇）八月十日に、再び仏眼院の供養が行われたことが『中右記』目録や『百錬抄』、『天台座主記』[3]によって確認できる。しかし「元亨四年具注暦裏書」[4]には「（康和二年）八月十日庚申、今日山御願供養也、座主在任当時、在藩之時、被奉造尊勝マタラ像、即建立一堂、以今日所被供養也、……即被寄阿闍梨五口、座主有勧賞」とあるように、この院は座主覚仁が新たに創建したのか、あるいはすでに姿を消してしまった仏眼院の名跡を再興したものなのか明らかでない。

創建仏眼院について、『山門堂舎記』および『阿娑縛抄』に記事がないのは、この院が円珍系のもので、かつ正暦四年の焼失後、これらの資料の原本作成時までには再建されなかったためかも知れない。

善学院

『山門堂舎記』によれば金色七仏薬師を安置する葺檜皮三間堂で、中納言平時望が承平年中（九三一～九三八）に創建した。永祚元年（九八九）に所司三人、供僧一〇人が置かれた。『叡岳要記』は「仁親律師房也、賀静贈僧正受法弟子」とする。仁親については不明だが、賀静は康保三年（九六六）に七十九歳で権律師に任じられている。時望は桓武平氏で、高棟王の孫であった。『叡岳要記』によれば、所在は東塔北谷である。

安楽院

陽成院の御願である。陽成天皇は元慶元年（八七七）に六歳で即位し、同八年（八八四）に十五歳で退位、天暦三年（九四九）に崩じている。十五歳の退位、そして安楽院という名称からして創建は譲位後の晩年と推測されるから、九四〇年ころであろうか。

この院の建築について『山門堂舎記』および『阿娑縛抄』には以下のようにある。

葺檜皮五間堂一宇、安置阿弥陀三尊、

葺檜皮六間御在所一宇、

葺檜皮七間僧房一宇、

葺檜皮六間大衆屋一宇、

「御在所」は天皇の居所であろうから、後の御室の先蹤であるかも知れない。『山門堂舎記』によれば、位置は八部院の北である。

蓮花院

冷泉院が皇太子（憲平親王）の時期、五大尊を造立して自らの即位を律師明達に祈願させ、天暦七年（九五三）にその房を御祈願所としたものである。践祚ののちに、五口の供僧を賜ったという。『扶桑略記』正暦四年（九九三）八月十日の条には「蓮華院」として割註で「冷泉院之御願」と記す。明達の寂年は天暦九年（九五五）、冷泉天皇の即位は康保四年（九六七）であったから、御願寺となったのは明達没後のことである。『本朝高僧伝』によれば、明達は「蓮華院」と号した。

この院の建築について『山門堂舎記』および『阿娑縛抄』[5]には以下のように記す。

葺檜皮五間堂一宇、安置五大尊像各一体、居高五尺、

葺檜皮九間僧房一宇、

『叡岳要記』によれば、所在は東塔北谷である。

『扶桑略記』によれば、正暦四年（九九三）八月十日の千手院襲撃に際し、房舎を破壊された。

護念院

『阿娑縛抄』によれば「延喜天暦二代之御願処」、つまり醍醐、村上二代の御願所であった。またこの堂の地は故仁観律師の房で、入室弟子・律師賀静に付属したとする。そして円融天皇の天延元年（九七三）に、近江守人江斉光の奏によって五僧所司の官符が下された。斉光は賀静の甥である。院の別当については賀静門徒が相伝したという。また「遮那業血脈譜裏書」(6)によれば、天元二年（九七九）に度者二人を賜った。創建の時期は明確でないが、賀静は康保二年（九六五）に七十九歳で律師に叙任されており、度者を賜ったのが天延元年（九七三）であるから、この間のことであろう。

この院の建築について『山門堂舎記』および『阿娑縛抄』は以下のように記す。

葺檜皮五間堂一宇、安置可尋之、

葺檜皮回廊(7)一宇、

葺檜皮五間大衆屋一宇、

位置は不明である。回廊をめぐらす院は珍しい。

五智院

康保四年（九六七）の創建で、建立者について『山門堂舎記』は典侍藤原護子、『阿娑縛抄』は藤原灌子とするが、この人については不明である。

この院の建築について、『山門堂舎記』および『阿娑縛抄』は「葺檜皮三間四面堂一宇」と、間面記法で記す。安置仏についての記述はない。院名から推量すれば五智如来であろうか。

『叡岳要記』によれば、位置は東塔東谷である。

静慮院

『阿娑縛抄』および『山門堂舎記』によれば花山法皇の御願で、寛和元年（九八五）四月に供養が行われた。(8)花山天皇はこの年八月に出家しているから、あるいは遁世の場であったのだろうか。『阿娑縛抄』は「山上貴跡」のひとつに数え、「覚仁僧都房也、花山流也」とするが、覚仁については不明である。また『小右記』長和二年（一〇一三）四月八日の条には「阿闍梨遍救来云、……去二日未剋許四十余人許帯弓箭者……壊華山院静慮院」とある。これらによれば、この院は覚仁の房を花山院が御願所としたもののようである。『山門堂舎記』および『阿娑縛抄』は以下のように記す。

葺檜皮五間堂一宇、

安置金色大日如意輪、彩色不動尊、梵天、帝釈、四天王像、

「大日如意輪」は「大日如来」の誤りであろう。この院の位置は、『叡岳要記』によれば東塔西谷である。

常楽院

『山門堂舎記』および『阿娑縛抄』によれば永観年中（九八三〜九八五）の創建で、「伝灯大法師□理造立也」とあるのみで詳細は明らかでない。「葺檜皮五間堂一宇」で安置仏は不明である。「在講堂南下谷」で、東塔南谷に位置した。

檀那院

『阿娑縛抄』によれば建立の経緯は以下のようである。

この院は律師興良の房である。天元元年（九七八）八月十日から三五日の間、興良がこの房で如意秘法を修したところ、天元三年（九八〇）三月一日に懐仁親王（のちの一条天皇）が誕生した。そこでこの堂を御願所として久しく宝祚を祈り、一〇口の僧の交名も進上することとした。

『比叡山諸堂建立記』(9)に「東塔東谷檀那院、亦名聖尊院、寛和三年三月八日為御願所、置十禅師」とあるように「十口僧交名」は十禅師のことのようである。

興良は良源の弟子で、寛和二年（九八六）に七十五歳で権律師に任ぜられた。御願寺となったのは寛和三年（九八七）三月六日(10)で、一条天皇即位の翌年であったから、これは上記の因縁によるものだろう。

一条天皇の母は当時の右大臣藤原兼家の女・詮子であったから、修法の実際の願主は外祖父の地位をねらう兼家であったろう。

『山門堂舎記』および『阿娑縛抄』によれば、この院の構成は以下のとおりである。

葺檜皮三間四面堂一宇、安置一尺五寸釈迦、弥陀、薬師、如意輪、五大尊、毘沙門等像、

葺檜皮三間四面堂一宇、法花堂、安置普賢乗白象像、
八間四面庇板敷僧房一宇、
五間一面大衆屋一宇、
六間三面納殿一宇、

中心仏堂の安置仏が多様なのは、修法に用いられたものをそのまま本尊としたためであろうか。

『僧綱申文』「第三　凡僧申僧綱」(11)によれば、檀那院は康和元年（一〇九九）十一月十八日に失火によって焼失した。仏像は他所に移し無事だったという。「阿闍梨伝灯大法師位某」は栄爵一級により、私力を加えて再建し、仏像三体も同じく造立したので、権律師に補任せられたいというもので、日付は康和三年（一一〇一）十二月である。

普賢院

『山門堂舎記』および『阿娑縛抄』によれば、関白藤原道隆の建立である。

「葺檜皮方三間堂一宇、安置普賢乗白象像一体、同七間曲廊一宇(12)」とあるから、仏堂は法華堂だったようである。建立年時は示されないが、道隆は長徳元年（九九五）に四十三歳で薨じているから、それより少し前のことであろう。

尊法院

『山門堂舎記』によれば「葺檜皮三間四面堂一宇」で、贈大僧都賀秀の「持念堂」であったとする。安置仏は

不明である。『天台座主記』によれば、賀秀は慶命の師で、慶命は万寿元年（一〇二四）に六十四歳で座主に就任しているから、この院は十一世紀初めころであろう。

賢聖院

『山門堂舎記』および『阿娑縛抄』には「葺檜皮七間堂一宇、安置数体仏像、座主大僧正慶命房也」とあるのみで、詳細は不明である。慶命は無動寺に住し、長暦二年（一〇三八）に七十四歳で寂している。十一世紀半ばごろの創建であろうか。

尊徳院

『阿娑縛抄』にはなく、『山門堂舎記』に「無動寺座主前大僧正慶命草創也」とある。また『天台座主記』慶命の項には「長元八年乙亥、有勅、建尊徳院、十月二日申置阿闍梨五人」とあるので、慶命によって長元八年（一〇三五）に創建されたことが明らかである。堂舎および安置仏は不明である。

実相院

後冷泉天皇の御願で、座主明快がその住房である浄□院を破却し、勅を奉じて建立したものである。康平五年（一〇六二）十月七日に奉勅、同六年（一〇六三）十月二十九日に供養が行われた。同年十二月二十九日に阿闍梨五口が置かれ、同七年九月十一日には供僧十口、三昧僧十二口、院司等の官符が下された(13)。『阿娑縛抄』によれば、院の構成は以下のとおりである。

葺檜皮方五間堂一宇、安置金色薬師仏像一体、居高四尺、同如意輪、文殊像各一体、

葺檜皮五間堂一宇、安置多宝塔、納銀字法花経、

葺檜皮七間三面僧房一宇、

薬師を安置した中心仏堂は、『山門堂舎記』は「五間堂」とし、『扶桑略記』は「三間四面檜皮葺堂」とする。「三間四面」は、『山門堂舎記』等では「五間」と記すのが通例だから、これは方五間ではなく三間四面の五間堂であったろう。安置仏も『扶桑略記』では「金色半丈六薬師如来、同如意輪観世音菩薩、同文殊師利菩薩像各一躯」とする。また多宝塔を安置した仏堂についても、『扶桑略記』は「一間四面三昧堂一宇、安置七宝塔婆一基、中奉納金泥妙法蓮華経一部」とする。「始従今日修法華三昧」とあるようにこの堂は法華三昧堂であったから、一間四面、つまり方三間であった可能性が高い。

『朝野群載』巻二十七所収の「主計寮解　申返抄事」によれば、応徳三年（一〇八六）十二月二十九日には法成寺新御堂（具体的な仏堂名は不詳）および延暦寺実相院に加挙が与えられているが、前者の仏僧供料米三六斛余に対して後者は仏聖供料米四二斛と上まわっており、この院の地位の高さを示している。寛治四年（一〇九〇）五月七日に藤原師実が叡山に登った折には「実相院廊」をその御所とし、[14] また天仁三年（一一一〇）五月十二日に仁豪が座主に任じられた際にはやはり「実相院廊」において宣命および印鎰を請けている。[15]

この院には故座主良真の木像が安置されていた。「如生者」であったという。[16] 良真は明快の弟子である。『叡岳要記』によれば、位置は東塔南谷であった。

金剛寿院

後三条天皇の御願で、供養は承保三年（一〇七六）六月十三日である。この院建立の経緯については『阿娑縛抄』に詳しいのでこれを摘記する。

後三条天皇の護持僧であった法性寺座主覚尋[17]は宣旨を蒙り、私房をもって御祈願所とした。そして料を賜って造営する間に天皇は崩じられた。その後、新帝（白河天皇）は重ねて宣旨を下され、造営料を賜った。そして覚尋を導師として供養を行った。

『山門堂舎記』によれば、院家の建物は「葺檜皮三間堂一宇、廻廊在南北、中門在南、僧房在北」とある。『阿娑縛抄』には脱漏があるらしく、廻廊、中門、僧房についてはほぼ同じ記述だが、「葺檜皮三間堂」の記載がない。また『叡岳要記』の記載はきわめて簡略で、「三間四面堂、後三条院御願也」とあるだけだが、院の格式からして、仏堂の規模はおそらく「三間堂」ではなく、三間四面堂が正しいと思われる。

『江都督納言願文集』にこの院の供養願文を載せるので一部を抜粋する。

夫延暦寺金剛寿院者先帝之所草創也、地勢幽奇風流勝絶、東望即有煙波之渺々、湖水浮真如月、西顧亦有雲峯之峨々、……即奉安置金色八尺大日如来像・大安楽不空尊・観自在如意輪各一体、仏閣・僧房・軒廊・中門、一寺荘厳皆以具足、

『阿娑縛抄』等によれば、安置仏は八尺の大日如来座像、等身の如意輪観音と延命菩薩だった。

なお、金剛寿院は二十五代座主明救を開基とする浄土寺の山上本坊だったようである。[18]『叡岳要記』によれば、位置は東塔東谷だった。

持明院

『扶桑略記』によれば、この院の白河天皇の御願寺で、供養は承暦四年（一〇八〇）十月十五日である。『阿娑縛抄』によれば院の構成は以下のとおりである。

葺檜皮五間四面堂一宇、

南北廻廊并御所等、南面有中門、

安置仏は金色丈六薬師如来像一体と、等身薬師如来六体、綵色梵天・帝釈像各一体であったから、いわゆる七仏薬師堂だった。

寛治二年（一〇八八）十一月二十八日に白河上皇が登山の折には、この院の「南廊」を御所としている。『中右記目録』大治三年（一一二八）十一月六日の条には「山持明院焼亡」とある。『叡岳要記』によれば、位置は東塔北谷である。

青蓮院

『門葉記』寺院二によれば、この院は勝豪法印が久寿大僧正に譲進したもので、この代に美福門院の御祈願所となった。以後、青蓮院門跡の本坊となったとする。また「奏状云」として、「以青蓮坊為美福門院御祈願所、置阿闍梨五口状」とあり、その年紀は久安六年（一一五〇）十月である。ここには「青蓮坊」とあり、青蓮院となったのはこれより後であったことがわかる。位置は東塔南谷である。『阿娑縛抄』等にはこの院についての記載はない。

浄行院

『叡岳要記』の巻末に「後白川院御願、三間葺檜皮、組入天井、奉行朝方朝臣、薬師坐像、六間板葺、平天井」という簡単な記載があるのみで創建年時は不明である。後白河天皇の御願で、薬師座像を安置する檜皮葺三間仏堂と、板葺の六間屋からなっていた。

位置は東塔北谷である。

〔註〕

1 『天台宗全書』第二十四巻所収。正中年中（一三二四～二六）、覚恩和尚の撰。
2 『叡岳要記』には「大法師明達愛宕寺迎丈六之像定朝作」とあり、愛宕寺にあった定朝作の丈六阿弥陀像を移して本尊とした、ということのようであるが、明達は天暦九年（九五五）にすでに没しており、年代に齟齬がある。
3 『天台座主記』は八月朔日とする。
4 『大日本史料』第三編之五所収。
5 『阿娑縛抄』は「立高」とする。
6 『大日本史料』第一編之一七所収。
7 『山門堂舎記』は「廊一宇」とする。
8 『叡岳要記』は寛和二年とする。
9 『大日本史料』第二編之一所収。
10 「三月六日」は『山門堂舎記』および『阿娑縛抄』による。
11 『大日本史料』第三編之五所収。

12 『阿娑縛抄』では「方三間堂一宇」を「三間堂一宇」とし、また「曲廊」を「回廊」としている。
13 以上は『阿娑縛抄』、『山門堂舎記』、『天台座主記』明快の項、『扶桑略記』による。
14 『大日本史料』第三編之一所収の『為房卿記』。
15 『天台座主記』仁豪の項。
16 『台記』久安三年六月十九日の条。
17 『阿娑縛抄』では「覚深」とするが、『華頂要略』第三上「山上御本坊并御管領所」にはほぼ同じ内容の記事があって、ここでは「覚尋」とする。これが正しい。
18 『華頂要略』第三二「脇門跡第二　浄土寺并金剛寿院」。

第三章　西　塔

一　西塔の開発

相輪樘の建立

いわゆる西塔地区内に、最澄が自ら手がけた唯一の仏教施設は相輪樘であった。建立は最澄最晩年の弘仁十一年（八二〇）である。形式については福山敏男氏の詳しい研究があるので、(1) ここでは概略のみを記す。相輪樘は、『阿娑縛抄』が「宝幢一基」と表現するように、基本的には幢の形式で、直径一・八尺ほどの木製の円柱上に相輪（九輪）状の金物を置いたものである。相輪基部の伏鉢に相当する部分（『阿娑縛抄』は「金銅桶」と表現）には、法華経・毘盧遮那経等の経巻五十八巻が安置された。

最澄が作成した銘文には「亦塔亦幢、延寿安身、惟経惟呪、護国済人」とあり、これによって人々の寿を延ばし身を安んじ、国を護り人を救うことを目的としたものであったから、あるいは最澄の在世中には実現の見通しの立たなかった山城宝塔院（西塔）に代える意味があったのかも知れない。信憑性に疑問はあるものの、『四大寺伝記』「延暦寺」(2) はこの宝幢について「山城以西三道、并北陸諸州結縁幢、令建山城比叡峯西塔院北辺」、あるいは「建六処之中、斯一処之幢」と記し、まさしく六処宝塔のひとつである山城宝塔院的な位置づけをしている。

承和十四年（八四七）の「僧円仁請来目録」(3)および天安元年（八五七）の「円珍求法目録」(4)には「梵字相輪橖中陀羅尼一本」、「梵字置相輪橖中及塔四周以呪王法置於塔内真言一本」が載せられている。筆者の専門外のことでありその内容までは知り得ないものの、「相輪橖」という、他に例をみない特異な名称はあるいはこれらの陀羅尼から採ったものかも知れない。後述する貞観二年（八六〇）の恵亮による宝幢改立の際には、「相輪橖中陀羅尼」が幢内に納入されている。

法華堂の造営

西塔で最初に造立された仏堂は法華堂で、天長二年（八二五）のことである。この時期、最澄が天台宗における仏道修行の方法として最重要視した四種三昧、つまり常坐三昧・常行三昧・半行半坐三昧（法華三昧）・非行非坐三昧を行うためのそれぞれの堂のうち、すでに完成していたのは弘仁三年（八一二）創建の東塔法華三昧堂（法華堂）のみであった。西塔法華堂の造立によって、他の三種の三昧堂が建てられる前に、叡山上には二棟の法華三昧堂が揃ったことになる。最澄が四種三昧のなかでも特に法華三昧を重視したことがこれによっても明らかである。

『山門堂舎記』は「延秀并寂光大師合力建立」と記し、義真についで第二代座主となる寂光大師円澄と、延秀の建立とする。また『阿娑縛抄』(5)では「寂光大師与延秀菩薩、天長二年十一月三日造立之」と記す。円澄は仁和二年（八八六）の太政官符に「座主伝灯大法師位円澄受先師之付属、専西塔之仏事、篤励学徒、興隆遺跡」とあるように、師・最澄から西塔の開発を付属されたようである。また延秀の経歴は明らかでないが、十六院中の「東塔法華三昧院」の別当とされており、また『叡山大師伝』には最澄の遺言に「信心仏子数十人」として具体的な名前を挙げられた十四人の中に、円仁らと並んで延秀の名が見える。また、延暦二十四年（八〇五）九月一日に、初めて最澄が高雄山寺において修した灌頂の、八名の受法者の一人として延秀の名がある。[6] そして「行歴抄」によれば、天安二年（八五八）に唐より帰朝した円珍が、翌三年正月二十三日に比叡山内を巡ったなかに「言謝秀和上霊巳」とある「秀和上」は延秀ではなかったかと思われる。円珍にとっても師の一人だったのだろう。延秀は沙弥のまま生涯を終えたようであるが、後述するように山内の信望を集めた僧だったらしい。次の項で述べる、西塔の精神的な中心仏堂となる釈迦堂も、その創建は延秀に帰せられるようだから、法華堂の場合も、その実質的な創建者は延秀で、円澄は名目的な責任者にすぎなかったのではないかと推測される。

東塔法華三昧堂の場合の安置仏は、『山門堂舎記』によれば高三尺の多宝塔・多宝仏像・法華経一部、である。堂内に法華経を安置する形式は最澄の時代に比定できそうである。[7] これに対し、西塔の場合は、『山門堂舎記』は「伝教大師御筆経、淳和金銅阿弥陀・普賢安置之」とし、『阿娑縛抄』は「安置普賢菩薩像、伝教大師御筆経」、『叡岳要記』は「安置普賢菩薩像、伝教大師御筆法華経一部」とする。これらのうち「伝教大師御筆経」について、『叡岳要記』は割註で「喜慶座主依法験所賜、天暦聖主、勅使懐中少将」と記し、また本文に「伝云、康保二年二月日、於仁寿殿、村上天皇御悩孔雀経法賞、御経納銀筺」とあって、座主喜慶が康保二年（九六五）に村上天皇より拝領したものとする。これは『天台座主記』喜慶の項に「康保二年二月日、於仁寿殿、以座主喜慶、被修孔雀経法、依法験、天皇御悩平復、依以勅使少将懐忠、賜伝教大師御筆法華経一部、件経納録匣（銀筺カ・筆者注）云々、被経安置西塔法華堂云々」とあるのによって裏付けられる。これによって最澄の自筆経は康保二年以降に安置されたことになる。したがって本来の安置仏は普賢菩薩と淳和天皇（在位八二三～八三三）御願の阿弥陀仏であったことになる。

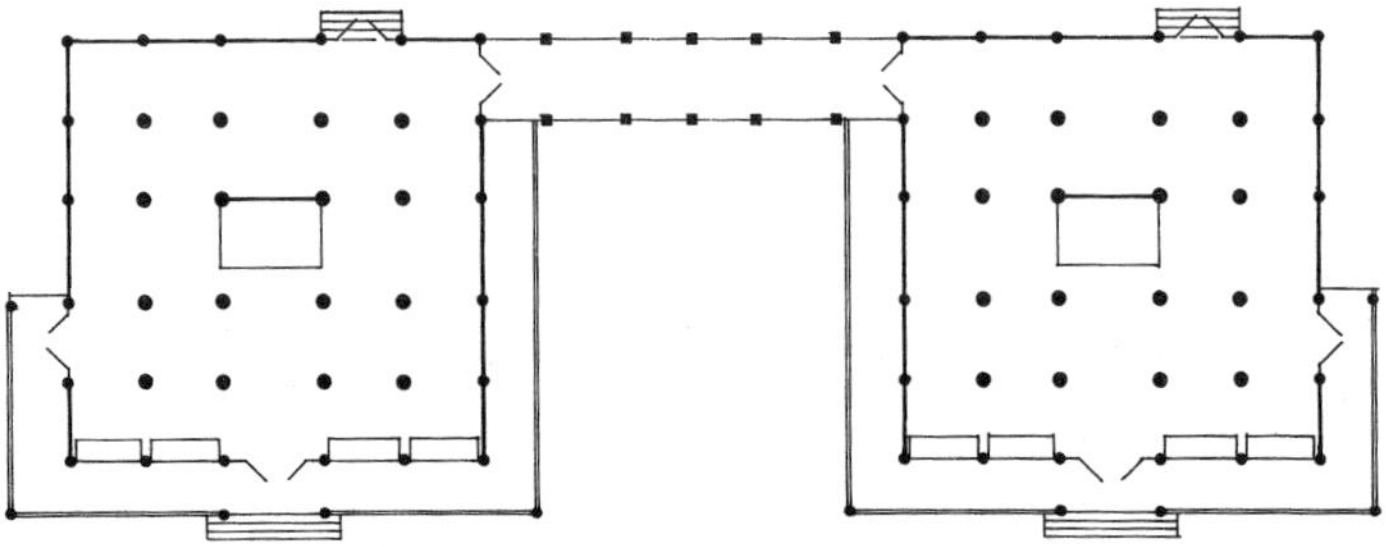

図3－1　西塔常行堂・法華堂

ところで『叡岳要記』、『阿娑縛抄』ともに、「嘉祥元年春、慈覚大師伝半行半坐三昧行法、毎四季ノ秋期三七日、建普賢道場、懺六根罪障、永期未来際」「延暦二十四年、入唐求法之日、随天台第七祖師行満和尚、初伝大綱、自後慈覚大師拾其精要、流布叡岳」と記し、慈覚大師円仁によって法華三昧の内容が整備されたとしている。そして円仁による法華三昧堂は「普賢道場」であったから、おそらく本尊は普賢菩薩であったと思われる。そして以後、十一世紀半ば頃までは、法華堂の本尊は普賢菩薩像にほぼ統一される。したがって、西塔法華堂の本尊普賢は嘉祥元年（八四八）以降に対応するものと考えられる。すると創建の天長二年（八二五）に対応するのは淳和天皇御願の阿弥陀仏のみになる。阿弥陀本尊は他に例がなく、異色の存在である。

仏堂の形式を示す史料はないが、先行する東塔の法華三昧堂の形式を踏襲したと考えて大過ないように思われる。現存する西塔法華三昧堂は桃山時代の再建だが、求心系の宝形造檜皮葺方五間堂で、『山門堂舎記』等が記す東塔法華堂の「葺檜皮方五間半行半坐三昧堂一宇、堂上有金銀如意宝形」の形式に合致する〔図3－1〕。

釈迦堂の創建と整備・充実

（一）釈迦堂の創建

『山門堂舎記』は釈迦堂の安置仏について、

安置釈迦如来像一躯、座高三尺三寸、半金色

件像者、伝教大師伐虚空蔵尾倒木、以第一伐奉彫刻根本中堂薬師像、其第二切奉造此釈迦像、以第三切奉造毘沙門天、安置根本中堂是也、

として、最澄自刻の釈迦像であったとする。しかし、こうした由緒を持つ仏堂でありながら、『山門堂舎記』も『叡岳要記』もその創建の由来を明確に示さず、わずかに『阿娑縛抄』が「元延寿建立三間板屋、後大衆改造五間東屋」と記し、粗末な仏堂から始まったらしいことを示唆するのみである。ただ、『叡岳要記』は十世紀半ば頃のものと思われる長文の「解状」を掲載しており、これに草創期の釈迦堂をめぐる確執が詳しく記されている(8)。この解状が示すのは、西塔開創の基となった釈迦堂の創建者を円澄とする一派と、延秀とする一派の確執である。西塔開創についての円澄派の言い分をまず叙述し、次いで「伏撿案内」としてこれに対する延秀派の見解を記す。文意の通じにくい点が多いが、大要は以下のようであろうか。

伝教大師は東塔法華三昧堂を建立し、六人の修侶を置いたが、延秀はその一人である。大師は別行によって延秀に他所を占せしめた（その理由は「而第一三昧法常終別」とあって意味不明）。その後、円澄が最澄の付属を受け、西塔の地に釈迦堂を建立しようとした。ところが延秀が誤って大師點定の中心の地に居していたため、その草庵を破却し、初めて釈迦堂を建立した。延秀は住堂を東の地に移し、これが今の一心房である。延秀が釈迦堂を創建したという証拠はない。

これに続いて「伏撿案内」として、上記の経緯を否定する。

延秀は仏法を守らんとする志や誠が他にぬきんでていたので、大師は延秀を法華三昧別当に任じ西塔點地を任

せたのである。そこでのちに屋を構え、仏像を安置した。今の政所がこれである。その後さらに北の地に小堂を造立し、後、南庭を黙して仏像を移した。これが釈迦堂である。年月を経て、夢中の告により、たちまち釈迦堂の東の地を點して寄宿の草庵を建立した。だからもとより延秀は「中心」に住していたのではない。円澄はなぜ草庵を破却せしめたのか。

釈迦堂の創建が延秀であったのか円澄であったのかが解状の争点であるが、どちらの言い分が正しかったのか。円澄と同期の人である光定の『伝述一心戒文』は「大法師円澄功能」として次のように記す。

奉守国家、為守於天下、写三千部法華、諸国在之、雖登耳順年、為継先師跡修学真言大道、三密之戒契、一一指陳、受於空海大僧都、為守国家、西塔之院、建於三昧堂、修念法華三昧、長講三部大乗、

つまり、円澄が西塔に法華三昧堂を建立したことは記すものの、西塔の重要施設である釈迦堂については触れていないのである。

『阿娑縛抄』は釈迦堂について「元延寿建立三間板屋、後大衆改造五間東屋」と記す。そして割註で「已前二度、非延最之所造」とわざわざ記す。この延寿は延秀の誤りとすれば、釈迦堂を創建したのは延秀ということになる。そして板葺の三間堂を寄棟造五間堂に改造したのは延最ではなく「大衆」であった。この時の責任者が円澄であったのかも知れない。

承和元年（八三四）三月三十日を、『天台座主記』円澄和尚の項は「西塔院供養」の日とし、『帝王編年記』は「西塔院釈迦堂供養」の日とする。しかし両書とも導師を護命僧正、呪願を空海大僧都と記すが、護命はこの翌年に八十五歳の高齢で寂しているから、叡山に赴いたとは信じがたい。同様に空海も翌年示寂している。したがってこの記事自体の信憑性には疑問が残る(9)。ただ、円澄は承和三年（八三六）に示寂しているから、延秀の三間

堂を破却し、新たに五間堂を建立して、この日供養を行ったと考えてよいであろう。

以上のことから、西塔釈迦堂は延秀によって創建された、と考えるのが妥当だろう。『天台座主記』などの書は、第二代座主となった円澄の側に立つ叙述をするのは当然で、前述の解状は西塔開創の功績を座主円澄のものにしようとする座主派と、身分的には沙弥に過ぎなかったが多くの事績を残し、大衆の信望も厚かった延秀派との確執を伝えるのであろう。解状の後段は西塔における鴻鐘の鋳造をめぐる争論であるが、これは円澄・延最の系統と延秀・恵亮（ここでは延秀を恵亮の「私師」とする）の系統の確執である。そして訴訟者側は「延秀受先師之付属、則為西塔住持之元初」との立場を堅持している。

（二）延最による整備・充実

『阿娑縛抄』によれば、円澄の弟子・延最は釈迦堂が狭小であることを嘆き、その改造に着手した。「仁和先帝御本院之間」その助力によって多くの施物を賜い、堂宇の荘厳は往古に倍した。元慶二年（八七八）のことである。(10)今の「御願大堂」がこれで、即位後は御願寺となり、灯油・仏聖供および定額僧が置かれた。西塔の興隆は延最に始まる、とする。そして仁和二年（八八六）の「太政官符」(11)によれば、この年七月二十七日、延最の請によって「西塔院釈迦堂五僧」が置かれ、定心院に準じて五僧に欠ける者がある場合は寺家と官に申請して補すことが許可されたから、このとき初めて釈迦堂は定心院・惣持院・宝幢院などと並ぶ寺内の有力組織として認知されたことになる。

なお、延最を援助した天皇は、「仁和先帝」とあり、また『三代実録』仁和二年七月五日の条には「先是、院主伝灯大法師位延最奏言……師座主伝灯大法師位円澄受先師付属、掌西塔之仏事、延最謬以非器忝継末塵、幸従聖主龍潜之時、特辱恩慈、賜令延侍、修搆仏殿」とあるので、光孝天皇であろう。釈迦堂は光孝天皇の皇太子時代の、祈願寺的性格を持っていたと推測される。

（三）釈迦堂の形式

延秀による創建釈迦堂が板葺三間仏堂という、おそらく簡素な切妻造仏堂で、それを承和元年（八三四）三月三十日に、座主に就任したばかりの円澄が寄棟造五間堂に改築した。そして元慶二年（八七八）には延最が、それまで「狭小」であったこの堂を改造し、「堂宇之荘厳、多倍於古時、今御願大堂是也」[12]と表現される、檜皮葺の壮麗な仏堂に生まれ変わった。ただ、具体的な規模・形式は明らかでない。『阿娑縛抄』には「葺檜皮□□□□□」[13]とあって、延最以後の形式を記したようだが、残念ながら規模は不明である。後述する礼堂はこの時に設けられたと推測されるが、『天台座主記』の良源の項には天元二年（九七九）に「今年……又作釈迦堂礼堂・掾・橋等」とあるので、あるいはこの時まで降るのかもしれない。

時代は降るが、『阿娑縛抄』には文治四年（一一八八）の「西塔釈迦堂造改日記」を載せる。同年八月二十四日に本尊釈迦像を丈六堂に移し、同二十七日「上棟」、十二月十六日には本尊を本堂に戻しているから、建て替えではなく、改造であったと思われる。規模は明らかにできないが、文中に「西上礼堂」、「西下礼堂」、「東下礼堂」という語が見られるから、礼堂は上礼堂と下礼堂からなる、根本中堂と同様の形式であったことがわかる。おそらく、内陣は土間床であったろう。礼堂の正面は格子（蔀）で、側面に妻戸が設けられていた。「此時、礼堂妻戸并格子未改之」[14]とあるから、改造以前から礼堂の正面は格子であった。

（四）釈迦堂の安置仏

前述したように釈迦堂の本尊は最澄手刻と伝える三尺三寸の釈迦像である。『阿娑縛抄』によれば、その後、仁和年中（八八五～八八九）に金色普賢・文殊各一体（明林願）が安置され、延喜年中（九〇一～九二三）には第七代院主仁照によって破損した釈迦像の蓮華座の改造が行われた。そして新たに天蓋一具が作られ、五尺の綵色梵天帝釈天（仁意願）も安置された。[15]また延喜四年（九〇四）には清和天皇の第七皇子貞頼親王の御息所が七尺四天王像を造り、釈迦堂に安置した。天慶年中（九三八〜九四七）には木造文殊像が安置されている。こうして釈迦三尊を梵天・帝釈天と四天王が守護する構成ができあがった。

仁和二年（八八六）には勅によって「西塔院釈迦仏」に長明灯油料として「毎日二合、但正月十四日□箇日、毎日一升」、および「僧五口供料」として「毎日白米各四升六合」が宛入され、[16]さらに延喜十二年（九一二）には、貞頼親王家より四天王像の灯油料として近江国蒲生郡津田庄が西塔院に施入された。[17]

このように、九世紀末から十世紀はじめにかけて、釈迦堂は朝野の庇護を受け、名実ともに西塔の中心としての地歩を築いていった。

（五）釈迦堂と根本法華院

釈迦堂は最澄自刻の釈迦如来像を本尊とする、きわめて格式高い仏堂でありながら、九院にも十六院にもその名がない。ところで、九院は、その時期は前後するものの、すべてが実現しているのに対し、十六院はその内の五院が後の記録に表れず、四院は建設されなかったことが確実である。実現したのは一乗止観院・法華三昧院・一行三昧院（常坐三昧院。文殊楼として実現）・般舟三昧院（常行三昧院）・覚意三昧院（非行非坐三昧院。随自意堂として実現）・東塔院・惣持院（東塔院と惣持院は惣持院に統一されて実現）・西塔院・宝幢院・菩薩戒壇院・浄土院である。一方、後の記録に表れないのは護国院・根本法華院・禅林院・脱俗院・向真院である。このうち護国院は最澄が自ら刻んだとされる毘沙門天像を本尊とする予定であったが、結局建てられず、根本中堂内の文殊堂に安置されたようである。そのため文殊堂は毘沙門堂とも呼ばれている。禅林院・脱俗院・向真院は実現しなかったとみて間違いない。問題は根本法華院である。

十六院にはそれぞれ役僧が置かれる計画で、多くは別当と知院事が責任者であった。そうしたなかで、一乗止観院と根本法華院のみに大別当・小別当・三綱（上座・寺主・都維那）という、厳格な体制が用意された(18)。そして一乗止観院の大別当には初代天台座主となる義真、根本法華院の大別当には第二代座主となる円澄が予定されていた。根本法華院は一乗止観院に次ぐ、きわめて重要な院として位置づけられていたのである。

円澄が最澄より西塔の開発を付属されていたことは前述した。そして釈迦堂の改築を行ったらしいことも述べた。さらに、釈迦如来は法華経の教主である。根本法華院の本尊としてこれ以上にふさわしいものはないであろう。

釈迦堂と根本法華院との関係は次のように推測される。最澄は根本法華院の本尊として自ら刻んだ釈迦像を用意した。しかし、当時の状況から根本法華院の造営は難しく、本尊は延秀に預けられた。そして延秀は後に西塔と呼ばれる地に仮堂を建立し、釈迦像を安置した。「釈迦堂」の創まりである。西塔の地の開発を最澄から付属された円澄と、それ以前に西塔に仏堂を構えた延秀との間に確執が生じたのはこれによったものと想像される。

一方、根本法華院の予定地は西塔地区ではなかったらしい。『九院仏閣抄』は「口決云」としてまず「根本法華院并清浄禅林院者、雖點霊地無本尊……根本法華院地者、天元四年慈恵大師建立常行三昧堂、常行三昧堂者、虚空蔵峯有文殊閣前地」と記すから、東塔の虚空蔵峯に敷地は選定されていたものの実現しなかった、ということであるらしい。円澄は根本法華院の大別当に予定され、恐らくその建立の責任者でもあったと思われるが、諸々の事情により早期の実現は困難だったのだろう。そこで、延秀の開創した仮堂的な西塔釈迦堂を改築し、根本釈迦像の恒久的な住まいにふさわしい仏堂として供養を行ったのが承和元年（八三四）であったと思われる。

そしてその二年後の承和三年に円澄は示寂する。
円澄のあとを受けて第三代座主に補任された円仁のもとで、天台宗は宗祖最澄の法華中心の仏教から、密教重視へと重心を大きく移してゆく。そうした状況のなかで、最澄による法華中心の造寺の計画も大きく変更されたものと思われる。計画されながら実現しなかった院があったのはその現れだし、実現しても、当初の計画とは内容の異なるものも多かった。惣持院がその典型で、円仁の意図は、惣持院を天台密教の根本道場とすることにあった。円仁は惣持院の建設に心血を注ぎ、勅許から十二年の貞観四年（八六二）、惣持院はその華麗な姿を見せる。

天台宗の密教化の進むなかで、そして天台法華の根本道場である一乗止観院がすでに存在するなかで、それに次ぐ根本法華院は必要性が薄れ、建立計画は破棄されるに至ったものと思われる。その結果、最澄手刻の釈迦像は西塔に居続けることになり、円澄没後の五十年後、円澄の弟子・延最によって釈迦堂は壮麗な仏堂として整備され、釈迦如来像の終の棲家とされたのであろう。

なお、その安置仏によって「釈迦堂」と通称されてきたが、『山門堂舎記』はこれを「講堂」とし、割註で「俗西塔中堂是也、今呼釈迦堂」と記す。また転法輪堂とも呼ばれてきた。(19)『園城寺文書』第一巻所載の「徳円付属円珍印信」に、

大日本承和九年五月十五日、梵釈寺鎮国道場、十禅師比叡山延暦寺天台法華宗沙門伝灯法師位徳円、即於西塔院転法輪鎮国道場本師釈迦如来像前、付三部三昧耶、牒弟子僧円珍、

とある、承和九年（八四二）に徳円から円珍に三種悉地の印信が与えられた「転法輪鎮国道場」もこの釈迦堂であろう。円澄が承和元年に供養を終えた釈迦堂である。「転法輪」は、仏の教法を説くことであるから、転法輪堂は講堂の別名と考えられる。このように、釈迦堂は西塔における講堂としての役割も担っていた。

宝幢院の創建と整備・充実

（一）宝幢院の創建

弘仁九年（八一八）の最澄による十六院のなかには宝幢院の名がある。そして弘仁十一年に最澄は相輪橖を建立している。これは『阿娑縛抄』が「一名浄菩提心無垢浄光摩尼幢相輪幢」と記すように幢（宝幢）の一種であったから、最澄はこれをもって宝幢院の基としたと考えられる。しかし基幹的な施設の整備さえままならなかった当時の状況からは、院としての建築的施設の整備までは到底期しがたく、次代に委ねられたのであろう。これを担ったのは円仁の弟子・恵亮であった。宝幢院の創建は嘉祥年中（八四八〜八五一）のことである。

『阿娑縛抄』は宝幢院について次のように記す。

亦名法華延命宝幢院、十六院之一、是伝教大師點定地、即便此院内建立、貞観先帝御願堂也、恵亮嘉祥年中創建立也、又云、恵亮大法師為遂大師結縁宝幢大願、一名浄菩提心无垢浄光摩尼幢相輪幢、其峯号中山頂、造立宝幢院、安置観音像、便於霊像前、奉祈貞観先帝御即位事、仍有勅建立御願、於此院庭置手分於観音前也、

これによれば、最澄の建立した宝幢つまり相輪橖は「中山頂」と号する峯に立てられた。恐らく位置的には現在と変わらないものと思われる。『天台座主記』良源の項の頭注には「宝幢院、旧跡在相輪橖東」とあるから、宝幢院は相輪橖の東の、中山の頂にそびえ立つ相輪橖を仰ぎ見る位置に造営されたものと推測される。蛇足ながら、宝幢院は現在は失われてしまっている。

また上記から、本尊の観音像に貞観先帝つまり清和天皇の即位を祈願して成就したこと、清和天皇の御願堂であること、などがわかる。しかしその先後関係、つまり、先に恵亮が宝幢院を建立して観音像を安置し、その像に即位を祈って成就したため清和天皇の御願寺となったのか、あるいは惟仁親王（後の清和天皇）の御願寺とし

て宝幢院が造られ、これを恵亮に託して即位を祈願させたのか、は明らかでない。

『山門堂舎記』、『叡岳要記』によれば、宝幢院本尊の観音は等身の千手観音であったが、『日吉社神道秘密記』は「千手堂」について「染殿后御願所御建立事」として次のように記す。

文徳天皇の皇子惟喬親王と惟仁親王（後の清和天皇）が皇位を争ったとき、恵亮が脳を砕いてその脳髄で護摩を焚き、その結果惟仁親王即位の御願が果たされた。千手堂がその堂である。

『平家物語』にも同様の逸話が載せられている。染殿后は藤原良房の娘・明子で文徳天皇の女御、惟仁親王の母である。恵亮が惟仁親王の降誕から即位の後に至るまで「祈祷守護之師」であったことは佐伯有清氏によって明らかにされており[20]、藤原明子がその祈祷の場として千手堂を用意したことはあながち否定できないだろう。なお、惟仁親王が立太子し、次期天皇への道が用意されたのは嘉祥三年であったから、宝幢院の創建はそれ以前、嘉祥元年（八四八）ころであろうか。

（二）その後の整備・充実

貞観元年（八五九）八月二十八日、恵亮の上表によって延暦寺に新たに二名の年分度者が与えられた。当日付の「太政官符」[21]は次のように記す。

恵亮以去嘉祥三年八月五日陛下御東宮之日、上啓所願已畢、頃年殊垂恩感、毎降誕日、臨時得度、于今八箇年、伏冀　天慈幸降恩勅、不改素願、毎年三月下旬於比叡山西塔宝幢院、将試度之、

これによれば、恵亮は嘉祥三年（八五〇）の惟仁親王立太子の日に「所願を上啓」（度者の申請であろう）し、それより八カ年にわたって皇子の誕生日ごとに臨時の度者を賜った。そして貞観元年よりは毎年三月下旬に、西塔宝幢院において年分度者二名を試度することを請うて許可されたのである。年分度者の内一名は「奉為賀茂明神可

令読大安楽経一部卅八巻」、一名は「奉為春日明神可令読唯摩詰所経説一部三巻」であった。この時期までの延暦寺の年分度者数はわずか六名であったから、宝幢院の二名は大きな意味を持った。なお、八箇年にわたる臨時度者といい、二名の年分度者といい、惟仁立太子そして即位に対する、恵亮への恩賞であったことは疑いない。

貞観十八年（八七六）三月十四日の太政官符「応置延暦寺西塔院八僧事」に引く常済（恵亮の弟子）申状は次のように記す。

先師恵亮大法師、起自去嘉祥三年三月、与件八僧等、不憚寒熱、不倦日夜、奉為聖主、丁寧勤修、而今上即位之後、接堂度僧、自内蔵寮宛行仏灯僧供、但有禅師之号、未賜公家之験、此僧等皆有憂慮、望請、下牒寺家、令励住山之徒、若有其闕、准定心・惣持等院、撰定智行、申官補之、謹請　官裁者、

これによれば、恵亮と「件八僧」らは立太子直前の嘉祥三年三月から即位後のこの時点まで、清和天皇の玉体安穏を祈り続けたようである。その功に対して内蔵寮より灯油料や僧供料を宛行され、さらに即位後「接堂」とあるのは天皇の力添えによって院内の施設の充実してきたことを示すのだろう。そしてこの年「西塔院八僧」が認められ、闕があれば官に申請してこれを補す、東塔の定心院や惣持院に準ずる師資相承の体制が公に認可されたのである。時間的な齟齬はあるものの、「件八僧」は恵亮が臨時得度として得た宝幢院の八名の僧であったと思われる。

『山門堂舎記』に引く年不詳の太政官牒は「以正税宛行彼寺諸院年料灯油仏供米事」の「宝幢院分」として灯油二石六斗四升（月別二斗二升）、黒米四三石二斗（月別三石六斗）のほかに、「僧八口料」として黒米六九石一斗二升（月別五石七斗六升）を充てている。

仁和三年（八八七）三月二十一日の太政官符「応令延暦寺宝幢院別当定行試西塔院年分度者雑事吏[22]」によれば、

貞観元年、宝幢院に二人の年分度者が認められ、さらに元慶七年（八八三）十月十一日には宝幢院に別当職が置かれ、院内の諸事は別当が執行することになったようである。

（三）相輪橖の修理

貞観二年（八六〇）、恵亮は最澄の建立した相輪橖の修理を行う。『近江輿地志略』は「貞観二年八月廿七日、幢を改め立つ」として「縁起」を引用する。その全文は以下のようである。

縁起曰、惟相輪橖建立以来四十一年、其中間改換男柱一度、方今輪橖朽損、基構傾斜、因慈供奉大法師恵亮作備件橖、諮聞太政閣下、伝奏貞観皇帝既訖、右大臣正二位藤原朝臣良相奉勅、与太政大臣従一位藤原朝臣良房、為荘先師大願、賜金銅並妙工等、塗冶輪橖、新鋳造男柱頭銅相輪、無垢浄光陀羅尼八百七十一巻、仏頂尊勝陀羅尼四十二本、安置橖中、以貞観二年歳次庚辰八月二十七日修理建立、散位従七位高向珍高、散位従五位下高向朝臣公輔、大炊頭従五位下丸子、木工権允従六位上志紀県主貞盛厳造、妙工左兵衛少属、

相輪橖は建立以来四十一年を経て、その間に一度、男柱を立て替えたが、このたびは輪橖が朽損し、幢柱が傾いてしまった。そこで恵亮は太政大臣藤原良房・右大臣藤原良相の助力を得て金銅および妙工等を賜い、相輪を鋳直して無垢浄光陀羅尼八百七十一巻、仏頂尊勝陀羅尼四十二本を橖中に安置、貞観二年八月二十七日に供養したという。

『渓嵐拾葉集』によれば、この時の無垢浄光根本真言七十四本は清和天皇の御願、無垢浄光相輪橖中陀羅尼三巻は藤原良相の願で、仏頂尊勝陀羅尼二十一本は中宮殿下の奉為、同真言二十一本は藤原良房の奉為であったという。

工事の内容は、修理というよりはむしろ新造であった。その助援者は宝幢院建立と同じく清和天皇の外祖父藤

原良房とその弟良相であった。清和天皇の即位祈願を通じて、恵亮と良房一派とはきわめて強い絆で結ばれていたようである。

なお、貞観十六年（八七四）五月五日の奥書を持つ『延暦寺故内供奉和上行状』によれば、弘仁九年（八一八）「七月廿七日、大師定山家十六院司、任戒壇院知事及宝幢院別当」とあって、この日最澄によって十六院司が定められ、光定は戒壇院知事と宝幢院別当に任じられた。これは『九院仏閣抄』に載せる十六院の役僧の、光定分に一致する。しかし根本法華院の大別当に任じられた円澄同様、光定も宝幢院の建立に奔走した形跡はない。

常行堂の建立

『阿娑縛抄』は常行堂についてまず「静観僧正之建立、顕祚大徳之荘厳、寛平五年堂舎自然成」と記し、次いで寛平年中の静観僧正増命による常行三昧堂建立の時、顕祚法師が有縁の檀越八千人を寄せ、私室の庭中に三間堂を造立して千手観音像を安置した、とする。増命はこれに感悦し、顕祚を堂の預とした。そしてこの堂を移築して現在の地に構え、檀越八千人の願である千手観音像を安置したのが、今ある常行堂である、とする。一方、『山門堂舎記』は、「別記云」として、寛平五年（八九三）、慈覚大師の行法である三世常住大念仏の始行を宇多天皇に奏上し、翌六年八月から不断念仏が開始されたとする。

『叡岳要記』はこれらをまとめるように「寛平五年、静観僧正・顕祚大徳建立、同七年始念仏、同年之比、八千人願、安置千手観音、廿八講・五時講、毎年始之」と簡潔に記す。[23]

以上によれば、千手観音像を安置する三間堂がまず顕祚によって造られた。これを増命が現在の地に移築・改築したものが西塔常行堂の創始であった、と解釈される。その年を寛平五年にあててよいであろう。そして翌寛平六年には円仁将来の五台山不断念仏法が始行された。『静観僧正伝』[24]によれば、延長五年（九二七）二月、増命は四面壁に極楽浄土図を描かせたという。[25]

創建時の本尊については『叡岳要記』のみが「安置阿弥陀仏」とし、他書には記載がない。『山門堂舎記』によればこの堂は久寿元年（一一五四）十一月十日の夜に焼失する。[26]そして「別記云、当常行堂五尊、依火下不能奉取出、焼失畢」とある。これが創建時の本尊であったか否かは明らかでないが、時代的にみて密教系の阿弥陀五尊であったと考えてよいのではないだろうか。

なお、先行する東塔常行堂の安置仏も、密教系の阿弥陀五仏であったが、五仏の内容は明確でない。元暦元年（一一八四）の「摂津勝尾寺資財帳」[27]によれば、この寺の常行堂の安置仏は「西塔流」の阿弥陀五仏であったという。西塔の阿弥陀五仏は、東塔とは別系統のものだったようである。顕祚ゆかりの千手観音像は堂内に併置されたのであろう。

この堂についても、規模、形態を示す史料はないが、創建東塔常行堂および現存する桃山時代再建の西塔常行堂と同じく、総柱の求心形方五間堂と考えて間違いないだろう。

法華堂に遅れること六十八年にして創建された西塔常行堂であるが、現在のような担い堂の形式がいつまで遡るかは明らかでない。『近江輿地志略』に引く『吾妻鏡』には「常行堂法華堂、右二堂相並、中間有渡廊云々」とあるので鎌倉時代中期までは確認できる。また『天台座主記』は「仁平四年十月十日夜、西塔常行堂・法華堂等焼亡、常行三昧造仮堂勤之、法華三昧移丈六堂勤之、明年念仏已前両堂造畢」とあるので、両者が同時に焼失し、かつ一対の仏堂として扱われているから、互いに接近して建てられていたと想像される。あるいは現行の担い堂の形式は常行堂創建時まで遡るのかも知れない。

西塔—山城宝塔院の建立

『静観僧正伝』によれば元慶のはじめ（おそらく元慶二年—八七八）に「故院主内供奉十禅師」延最が西塔の造営を計ったが、露盤も未造の状態であったので、静観僧正増命がこれを引き継ぎ、露盤を鋳、荘厳を終えて斎会を設け、その本願を果たしたとする。「西塔千部法華会」の修せられたのが延長二年（九二四）四月五日であったから、このときをもって叡山西塔の完成とみてよいであろう。この間の事情を『叡岳要記』、『九院仏閣抄』によって補えば次のようである。[28]

延喜五年（九〇五）四月十四日、増命を戒師として受戒・灌頂のために叡山を訪れた宇多上皇はこの塔のいまだ半作にも及ばないのをみて、砂金・生絹・贖芳官等を与え、援助を行った。これによって延長元年（九二三）には五仏中台の毘盧遮那仏の綵色荘厳を終えた。上皇は会日斎の儲けとして米五十斛を充てた、という。こうして最澄によって企図された六処宝塔院の一である山城宝塔院（西塔）の多宝塔はその没後百二年にしてはじめて実現をみたのである。[29]

増命は宇多法皇の絶対的な帰依を受けていたから、法皇の西塔造営、ひいては延暦寺に対する諸々の助力は、増命と宇多法皇との個人的なつながりが大きく作用していたと解釈される。

のちに第十代座主となる増命は第四代西塔院主であり、延最の弟子であったから、延最・増命の師弟によって西塔はその興隆期を迎えたことになる。

西塔の安置仏は『叡岳要記』によれば毘盧舎那仏を中尊とする五仏であったが、恐らくこれは東塔を内包する形で実現した惣持院塔と同じく、胎蔵界五仏であったと推測される。また西塔の規模や形式を示す史料はないが、これも先行する東塔（惣持院塔）と同形式でやや小型の、いわゆる多宝塔であったと推測される。[30]

おわりに

弘仁九年（八一八）の、最澄による九院計画にある「西塔院」は、叡山上の東に立地する近江宝塔院である「東塔」に対して、山城宝塔院は西に立地するため「西塔」と呼ばれ、その塔を中心とする院であったために「西塔院」と命名されたのであろう。この段階では、後世のように組織的、そして地域的なまとまりとしての東塔・西塔の概念はなかったであろう。「西塔院」が延暦寺内の一組織でありながら、ある程度の自立性を獲得するのは、恵亮の上表によって新たに年分度者二名が置かれ、宝幢院において試度することが認められた貞観元年（八五九）と推測される。この年に恵亮は初代の西塔院主（宝幢院検校）に任ぜられている。

『日本三代実録』貞観五年七月二十七日の条もこれを裏づけよう。この日、勅によって新銭一千貫文が諸大寺に修理料として施入されたが、このなかで、「延暦寺」には銭三〇貫・鉄三〇延が与えられたのに対し、「比叡西塔院」には東寺・西寺とともに銭一五貫・鉄一五延が与えられている。つまり、独立した寺院としての扱いを受けているのである。

西塔院自立の直接の功労者は恵亮であったが、当然その背後には、当時の座主であった円仁の力があったはずである。円仁は長年にわたる難事業であった惣持院の建立を貞観四年に完成させ、続いて文殊楼の建立に取りかかるなど、自らは東塔の整備に手一杯であった。祖師最澄の残した西塔相輪橖に関わる宝幢院の整備は、弟子恵亮に委ねたのであろう。恵亮は、清和天皇とその母藤原明子、外祖父藤原良房の後援を受けて宝幢院を完成させ、年分度者二名を獲得して、西塔自立の基を築いたのである。

一方、西塔の開発を最澄より付属された円澄は、東塔法華堂の別当であった延秀とともに西塔法華堂を創建し、最澄自刻の釈迦像を安置する釈迦堂の整備を行う。そして円澄の弟子・延最は光孝天皇の助力を得て、釈迦堂を往古に倍する壮麗な堂に改める。さらに、延最の弟子・増命は常行堂および西塔（山城宝塔院）を建立し、西塔伽藍はその内容を充実させることになる。増命は宇多・醍醐両天皇の護持僧的存在で、西塔の造営には宇多天皇より多大の援助を得ている。このように、西塔の開発は延秀・恵亮の系統と、円澄・延最・増命の系統が確執を含みながら、また時の天皇や権門と結びつきながら行われていったのである。

〔註〕

1 福山敏男「伝教大師時代の延暦寺の建築」（『仏教芸術』第六一号所収、一九六六年。のちに『日本建築史研究　続編』に再録。墨水書房、一九七一年）。

2 『古事類苑』宗教部六十三延暦寺、所収。

3 『平安遺文』古文書編第八巻「補遺一」所収。

4 『平安遺文』古文書編第九巻「補遺二」所収。

5 『類聚三代格』所収。

6 『叡山大師伝』は、受法の僧名を「道証、修円、勤操、正能、正秀、広円等」とするが、『元亨釈書』第一「延暦寺最澄」では「正秀」がなく「延秀」とある。

7 法華堂の本尊については拙稿「法華堂について」（『日本建築学会論文報告集』第二〇八号、一九七三年三月）および『平安時代仏教建築史の研究』（中央公論美術出版、一九九二年）参照。

8 この文中では円珍を「智証大師」と記すから、大師号宣下のあった延長五年（九二七）以降である。また「仁昭大法師等是恵亮之玄孫也、而漫吐无実之麁言、強誹謗高祖逝魂、可謂戴天而不知其高」として批判されている仁昭は第七代西塔院主仁照と同一人物と思われる。仁照の院主在任は延喜二十年（九二〇）から十二年間である。またこの解状の一部は『阿娑縛抄』にも引用されている。

9　『帝王編年記』は天長二年（八二五）十一月三日の条に「円澄和尚共延秀菩薩建立西塔釈迦堂」と記すが、この日は西塔法華堂供養の日である。

10　『阿娑縛抄』は「元慶年中」とするが、『扶桑略記』は「元慶二年戊戌、建天台山釈迦堂、安置五僧、月日可尋」とあるので、これを採る。

11　『類聚三代格』所収。

12　『阿娑縛抄』による。

13　『阿娑縛抄』に「元慶年中、延最歎此狭少、相催大衆、将改造件堂、至葺檜皮事、仁和先帝御本院之間、為助延最雅意、施給多許之噺物」とあるから、この堂は檜皮葺だったことがわかる。

14　この項については、特に断りのない限り『阿娑縛抄』による。

15　『阿娑縛抄』は「元慶年中」、『叡岳要記』は「延喜年中」とするが、『四大寺伝記』（『大日本史料』第一編之三、所収）は「此四天像者、延喜四年甲子八月、清和天皇第十御子貞頼親王御願、寛昌大法師依夢想造之」とあるので、これを採る。

16　『日本三代実録』仁和二年七月五日の条。

17　『叡岳要記』所引の施入状。

18　『三宝住持集』による。『叡岳要記』は西塔院も一乗止観院・根本法華院と同様の構成とする。

19　『帝王編年記』天長二年十一月三日の条に「円澄和尚共延秀菩薩建立西塔釈迦堂、又号転法輪堂」、『大日本史料』第一編之三所収の『四大寺伝記』「延暦寺上」に「一　釈迦堂名転法輪堂事」とある。

20　佐伯有清『智証大師伝の研究』「第八章　円仁書状の史的背景」（一九八九年十一月、吉川弘文館）。

21　『類聚三代格』所収。

22　『類聚三代格』所収。
23　この廿八講については『山門堂舎記』西法華堂の項の「或記云、（仁平四年）十月三日亥時、廿八講始行、件香火付仏壇、法花堂常行堂焼失」とある記事によって存続が確認される。
24　『日本高僧伝要文抄』所引。
25　『山門堂舎記』にも同様の記事があるが「四面壁」ではなく「四面柱」とする。誤写であろう。
26　『天台座主記』は仁平四年十月十日とする。仁平四年は十月二十八日に久寿に改元。
27　「『平安遺文』」古文書編第十一巻所収、補四二〇文書。
28　『叡岳要記』には「至于元慶二年、遠構塔婆於本誓地」とある。
29　『叡岳要記』は「延長初」とするが、『九院仏閣抄』は「延長元年」とするのでこれを採る。
30　清水擴「多宝塔についての史的考察」（『建築史学』第一号、一九八三年十月）および『平安時代仏教建築史の研究』において、惣持院塔の形態について考察している。

二　西塔の諸堂院

千光院

『平松文書』(1)所収の長保三年（一〇〇一）三月十八日の「太政官牒千光院」は千光院について次のように記す。

千光院者、法橋上人位延最仁和聖主在藩之時、新造仏像、構堂舎、専修御祈□處也、其後寛平法皇伝被遺誡為師、延最弟子静観僧正造立御室、受伝法灌頂、法皇遷化之後、延喜先帝同以静観僧正為護持師了、依件院奉書一切経、安置法皇御室、

これによれば、千光院は円澄の弟子・延最の住房で、光孝天皇の時代に新たに堂を構え仏像を安置して天皇の息

災を祈願した。その後、宇多天皇も光孝天皇の遺誡により延最を師とした。そして延最の弟子・増命（静観僧正）は御室を建立し、天皇に伝法灌頂を授けた。宇多法皇の没後、醍醐天皇も増命を護持僧とした。よってこの院の奉書一切経は法皇の御室に安置された。

『扶桑略記』によれば、延喜四年（九〇四）、宇多法皇は叡山に登り、増命を師として菩薩戒を受けた。増命は叡旨によって千光院に御室を建立した。法皇は幼時に叡山に登遊したおり、この山で出家することを心中に発願したが、十有余年を経てやっと本意を適えることができたという。

このように西塔院主であった延最とその弟子増命は、光孝、宇多、醍醐の、三代の天皇の帰依を受け、延最の住房・千光院は法皇の御室を擁し、御願の一切経を蔵する重要な院家として発展した。『扶桑略記』延喜五年（九〇五）十月十七日の条によれば、この日増命は天台座主に任じられた。宇多法皇は増命に施物を与え、かつ叡山に御幸して座主和尚を賀し、蘇悉地法を受けたという。「千光院繁昌比也」と記す。

前に見た太政官牒は次のように続く。

去正暦四年山上騒動之後四百余日、住僧悉以離散、顕密法門御願一切経、或交塵間、或為灰燼、

正暦四年（九九三）には円仁派の僧侶によって東塔の千手院が破却され、円珍派の門徒千余人が山を下りている。千光院も円珍派の拠点であったから、千手院同様円仁派によって襲撃されたのであろう。長保三年（一〇〇一）の太政官牒は、長徳二年（九九六）に園城寺長吏となった観修が千光院再興のために、同院に五人の阿闍梨を置くことを奏上し認められたものであった。そして『百錬抄』寛弘八年（一〇一一）三月十八日の条には「公家於南殿供養一切経、件御経可被納天台千光院云々」とあるので、再興は実現したことがわかる。

本覚院

『華頂要略』第三上には本覚院について「当院者、承平年中、理仙大徳開基」とある。理仙は良源の師で開基は承平年中（九三一～八）であった。『慈恵大僧正御遺告』によれば「西塔本覚房」は本尊は薬師・千手観音・聖天像等で、もと板屋三宇からなっていた。そのうちの南の一宇が師・理仙の房であった。残りの二宇は平等房（平等房座主延昌の房）が領する南房と交換し、新たに檜皮葺三間四面一面孫庇付の、堂を兼ねた宿房を建立したいが、もし自身の存命中にできなければ暹賀阿闍梨と静安阿闍梨が合力して造作するよう遺言する、というものである。

この房も良源在世中は「本覚房」と呼ばれていたものが、いつの日か「本覚院」と呼称が変わったようである。位置は西塔東谷である。

大日院

『天台座主記』延昌の項によれば、西塔大日院の建立は天暦二年（九四八）である。『阿娑縛抄』は「村上天皇御願、平等房座主被申達也」とする。平等房座主は延昌である。

『貞信公記抄』天暦元年三月四日の条には、

中使等来云、御祈事一向奉仕状、宜仰遣山座主、御願一院可造立所将定申、

とあり、村上天皇の御願として一院を造るべき事を山座主延昌に申達している。これが大日院であろう。続いて七月一日の条には、

中使俊朝臣将来天台普門院地、故景詮弟子等貢進御願堂所文、

とあって、新たに建立する大日院は、普門院の跡地であったことがわかる。そして九月二日の条には、

　頭朝臣依仰将来台山御願堂等図、

とあって、この日天皇の仰せによって大日院の図面が忠平に示された。そして翌天暦二年に建立されたのであろう。供養日の詳細は不明である。

なお『扶桑略記』天慶六年（九四三）の条に「同年、建延暦寺大日院、置十禅師、月日可尋」とあり、十禅師が置かれたことがわかる。年時は誤りであろう。

この院の内容についてはほとんど手がかりがない。ただ、『天台座主記』延昌の項によれば、延昌は「天徳四年正月六日、始自今日於天台大日院、修熾盛光・不動両壇之法、又令転読大般若教、並限七箇日、為消天変也」とあり、また同年中に三度、応和三年（九六三）にも一度、[2]同院に熾盛光法を修している。また応和元年（九六一）閏三月十七日には権律師喜慶が、大日院に五壇法を修している。[3]したがってこの院の安置仏は熾盛光曼荼羅および五大明王であった可能性が強い。

『日本紀略』によれば、安和元年（九六八）五月二十五日には大日院において村上天皇の一周忌の法事が行われている。

大乗院・勝蓮華院と東陽房

『親信卿記』天延二年（九七四）五月十三日の条によれば、円融天皇が皇太子のころ、山上に一院を建て、十禅師を置くべく御願を立てた。[4]これが大乗院である。しかし御願を修したのみで院は建てられなかった。ただ、「故阿闍梨」はその地として中山と長寿尾の二所を用意していた。この日、右大将兼家は検非違使平親信を派遣

し、御願寺大乗院を建つべき地としてこの二所を點定させることにした。翌十四日の早旦に京を出発した親信が中山に到ると、律師長勇と「大乗院別当清胤」が出迎えたという。しかし施設としての大乗院がいつ建立されたかは明らかでない。

勝蓮華院は、一条天皇の時代の長徳二年(九九六)ころに、大僧正覚慶が奏聞を経て「公家御祈願所」とし、阿闍梨五口を置かれたのが始まりという。[5]

長保三年(一〇〇一)四月二十六日、座主覚慶の奏によって阿闍梨五口が置かれた。[6]

長保五年(一〇〇三)五月二十日、勝蓮華院の別当院源は修理属の任料をもって勝蓮華院造仏料に充てられんことを請うた。その前年までに金色等身の七仏薬師と六観音像はすでにできており、五大尊もこの年造られた。しかし梵天・帝釈・四天王像は未作であったので、修理属の任料によってこれを造ろうというものであった。[7]

これによって勝蓮華院の安置仏は七仏薬師・六観音・五大尊・六天であったこと、および創建七年にしてようやくその実体が整ったことがわかる。

『天台座主記』覚尋の項には「承保四年四月十五日、西塔北谷勝蓮華院焼亡」とあり、承保四年(一〇七七)の勝蓮華院焼亡が明らかである。『百錬抄』同日の条も「天台勝蓮華院焼亡」と記す。一方、『門葉記』によれば、[8]覚慶による勝蓮華院・大乗院建立を記したあとで、「承暦年中両院回禄之後、四代検校不能営作」として、この年に勝蓮華院とともに大乗院も焼失したことを示している。両院は近接していたのだろう。また前に見た『天台座主記』や『百錬抄』が勝蓮華院のみの焼亡を記すのによれば、あるいは大乗院はその当時実体が失われていたのかも知れない。

両院は焼亡後五十年あまり放置されていたが、座主忠尋の時代に再興された。[9]在任中とすれば大治五年(一一三〇）から保延四年（一一三八）の間のことになる。

『御堂関白記』寛弘元年八月十七日の条には、道長が延暦寺の不断念仏に詣でたついでに「見勝蓮華院」とあるから、あるいは内容的には大乗院よりも勝蓮華院が勝っていたのかも知れない。

さて、東陽房は覚慶の本坊であった。『門葉記』に「当坊在于西塔北谷、是覚慶座主本坊也、於此地建立両堂、勝蓮華院・大乗院是也、一条院御願、覚慶座主奏請也」とあるように、覚慶はその本坊に両院を建立したようである。したがって東陽房が両院を管領していたのであろう。長承三年（一一三四）八月二十五日付の、顕仁に東陽房を譲与することを記した「譲与　東陽房事」[10]には、東陽房の施設として、

檜皮葺漆間弐面又庇屋一宇、
同参間参面経蔵一宇、在後三間仮庇、
同中門壱宇、
板葺五間参面屋一宇、
同陸間弐面雑舎一宇、
同参間壱面庁屋一宇、

とあり、東陽房の全容が明らかである。

なお、『門葉記』所収の久安四年五月二十九日「太政官牒　勝蓮花院」には「件両寺者円融院・一条院之御願也、依覚慶座主奏所被建立也」と記し、大乗院は円融天皇の、勝蓮花院は一条天皇の御願寺であるとしている。「三院記」[11]は「大乗院、円融院御願、勝蓮花院、後一条院御願」としているが「後一条」は「一条」の誤りであろう。

真言院

『阿娑縛抄』に以下のような記事がある。

横川真言堂ニ胎蔵五仏在、五箇国ノ封戸ヲ具、是華山院御願云々、奥院宮西塔ニ御坐ケルニ、飯室尋禅僧正、此仏ヲ封戸ニ相副テ奉渡、西塔宮御住山、便奉宛給也、仍云真言院、花山院ノ御子也、

これによれば、花山院の御願として横川真言堂の胎蔵五仏に封戸が寄せられたが、尋禅がこの封戸に胎蔵五仏を副えて、西塔に住した奥院宮に進上した。これを安置したのが西塔の真言院であるという。奥院宮または西塔宮（両者が同一人なのか別人なのか不明）は花山院の皇子であるとする。

『慈忍和尚御遺言帳』(12)によれば、横川真言堂は尋禅の父・九条師輔の御願であったが、完成を見ずして他界したため、常灯料・仏供料・修理料等は定められないままであった。年月が推移し、修理を加えるものの破損は進むばかりであった。そうした時に花山天皇がその御願寺とする官符が下されたので悦んでいたところ、料物を宛て置かないまま出家してしまった。そこで尋禅は親恩に酬いんがため、仏供料・常灯料・供僧三口料・修理料を定め置くことにした、とする。

封戸については前記と矛盾するが、花山法皇をこころよく思わない尋禅が、父・師輔の創建した横川真言院から花山法皇の痕跡を抹消するために、御願である胎蔵五仏を花山院の皇子に進上してしまったと考えれば筋が通る。

なお、西塔真言院の存在を示すのは『阿娑縛抄』の記事のみであり、実態は明らかでない。あるいは花山院皇子の単なる住房であったのかも知れない。

観音堂

『阿娑縛抄』に「西塔観音堂」として「昭宣公基経建立、為醍醐皇后御懐妊也」とある。また「昭宣公御願、安六観音」ともあるので、昭宣公藤原基経がその女で醍醐天皇の皇后となった穏子の懐妊を祈願して、六観音を本尊として造営した、ということになる。

基経は寛平三年（八九一）に没するが、この時穏子は六歳で、まだ入内していない。そして穏子所生の朱雀天皇の誕生は延長元年（九二三）であった。したがって上記には何らかの錯簡がある。

『僧綱補任』裏書には「（保安元年）五月廿日、長者　宣、忠尋律師為西塔観音堂別当」とある。「長者」は当時の藤原氏の氏長者藤原忠実で、その宣によって観音堂別当が任じられているから、藤原氏の所管する院家だったようである。『為房卿記』嘉保二年（一〇九五）七月二十六日の条に「依召早旦参関白殿、西塔観音堂事、可沙汰由被仰下云々」とあるのもこれを裏付ける。したがって基経による創建は事実であったろう。[13]

丈六堂（勧学堂・勧学院堂）

この堂の創建については明らかでない。『叡岳要記』は、「義海座主本伝」として以下のような内容を記す。天暦元年（九四七）二月のころ、弟子が告げて云うには、西塔釈迦堂の上方に一旧堂があり、その中に昔稽文会の造った丈六阿弥陀像があるが、御身は転倒し、座光も失われているという。そこで予は所持するところの千両の砂金をもって所願のごとく修覆を終えた。汝は釈迦堂の上を改め、この像を勧学堂に安置すべきである。[14]

同書によれば、この砂金千両は承平六年（九三六）、朱雀天皇の御悩が義海の祈請によって平癒した、その賞であるという。また義海は天慶九年（九四六）にすでに没しているから、天暦元年は天慶元年（九三八）の誤記であろう。

これによれば、天慶元年ごろにはすでに荒廃し、名称も明らかでない一仏堂が釈迦堂の上方にあって、そこには稽文会作の阿弥陀丈六像が安置されていた。義海はこれを修復し、既存の勧学堂に安置した。丈六堂と呼ばれるようになったのは、叡山諸堂の仏像は概して法量が小さく、そうしたなかで丈六の阿弥陀仏像は珍しかったためであろう。

また同書は『尊敬記』を引き、「古老来語云」として以下のように記す。

西塔院丈六堂の阿弥陀丈六は昔稽文会が夢に極楽浄土へ往き、阿弥陀如来を拝見した。そしてその真の仏の相好を移し、手ずから造ったのがこの仏像である。

尊敬(俗名橘在列)は天慶七年(九四四)十月に叡山に登り出家しているから、この記事は前掲の義海座主本伝とほぼ同時期のものである。

『山門堂舎記』は「勧学院堂、又号丈六堂」として、この院は後一条院の御願所で、本尊の御首は稽文会の作、御身は定朝の作であるとする。後代の修理については前記に一致するものの、定朝では時代が降りすぎる。のちに後一条天皇の御願所となったのであろうか。また「丈六阿弥陀、釈迦霊像、十大弟子、希代手作、雖鏤七宝、不可并会霊作也、文永七年四月十五日寅刻、為梟徒没灰燼畢、悲哉、吾山霊仏重宝、悉如斯矣」とあって、この堂には丈六阿弥陀の他に釈迦像と十大弟子像が安置されていたことがわかる。あるいは釈迦像と十大弟子像がこの堂の本来の安置仏であったのかも知れない。

なお、『台記』康治元年(一一四二)三月十六日の条には「今夜、三井寺法師五六十人、叡山焼丈六堂及五六房」とあって、平安時代末にも「丈六堂」と呼ばれていたことがわかる。この焼亡の際には本尊は焼失を免れたが、文永七年（一二七〇）に至ってついに失われてしまったようである。

『阿娑縛抄』には「勧学堂」として、西方院座主院源が、たびたびの説法の布施として封戸を賜い、これをもって住山の修学者の料とし、一堂を造って申し寄せた、と記す。院源の座主就任は寛仁四年（一〇二〇）であったから、これはまた別の堂であろう。

瑠璃堂

『叡岳要記』に「北谷瑠璃堂」として「本仏薬師」とある。詳細は不明である。『僧綱補任』裏書[15]に「会胤　或本、長和四年十二月廿五日叙、……住所西塔瑠璃堂」とあるので長和四年（一〇一五）以前の創建である。この堂は西塔北谷に伝存する。

〔註〕

1 『大日本史料』第二編之四所収。
2 『天台座主記』および『日本紀略』。
3 『扶桑略記』。
4 『阿娑縛抄』宝幢院の項によれば、相輪橖が立てられた峯は「中山頂」と号したというから、この近辺であろう。
5 『門葉記』巻第百四十「雑決一」所収「十楽院門跡領目録」による。
6 『華頂要略』百二十一所収の『天台座主記』および『大日本史料』第二編之四所収の「平松文書」による。
7 『除目大成抄』八、京官三、料による。『大日本史料』第二編之四所収。
8 同書寺院二、東陽房の項。

9　『門葉記』寺院二、東陽房の項。

10　『門葉記』寺院二、東陽房の項。

11　『大日本史料』第二編之八所収。

12　『大日本史料』第二編之一、正暦元年二月十四日の条に引く『門葉記』。

13　『大日本史料』第三編之二四所収。

14　『山門堂舎記』では「如所願今既修復畢、汝改釈迦堂上可移置勧学堂」とあって意味がとりにくいが、『大日本史料』第一編之八、天慶九年五月十日の条に引く「四箇大寺古今伝記」には「天暦二年春、義海座主修補之、奉移入此堂、以為本尊」とあるのでこれによった。

15　『大日本史料』第二編之十所収。

第四章　横　川

一　円仁による横川の開創

延暦寺は南北に連なる比叡峯の山上に、南から順に東塔・西塔・横川の、いわゆる三塔を中心に構成されている。その中心は東塔で、最澄時代の延暦寺はほぼこの地域に限定されていた。続いて西塔が開発されるが、東塔の北方約六キロの横川の地が開発されるのは円仁の時代になってからである。本章では円仁による横川の開発がどのような計画のもとになされたか、そしてその実態がいかなるものであったかについて論究する。そして、円仁没後の横川は次第に荒廃し、その復興は良源によって行われる。その実態についても論究する。

円仁の横川籠山

円仁の横川籠山について、現行本『慈覚大師伝』(1)は以下のように記す。

比年及四十、身羸眼暗、知命不久、於是、尋此山北澗幽閑之処、結草為庵、絶跡待終、今之首楞厳院是也、俗曰横川矣、蟄居三年、練行弥新、夜夢、従天得薬、其形似瓜、喫之半斤、其味如蜜、傍有人語曰、此是三十三不死妙薬也、喫畢、夢覚、口有余気、大師心恠自恃焉、其後疲身更健、暗眼還明、於是、以石墨草筆、

手自書写法華経一部、修行四種三昧、即以彼経、納於小塔、安置堂中、後号此堂曰如法堂、

これによれば、円仁が四十歳の時、体が弱り眼も視力が衰えてきたので、横川に草庵を結んで臨終を待った。蟄居すること三年、天から不死の妙薬を賜って健康を取り戻した円仁は石墨草筆をもって法華経一部を書写し、四種三昧を修行し、彼の経を小塔に納めて堂中に安置した。のちにこの堂は如法堂と呼ばれた、という。

円仁が横川に籠もったのは四十歳の年とすると天長十年（八三四）にあたるが、貞観九年（八六七）一月十四日の奥書のある『沙門壱道記』(2)はこれとはやや異なる経緯を記す。まず円仁が横川の椙（いわゆる根本杉）の中に草庵を結んで籠もったのは天長六年（八二九）、円仁三十六歳の年とする。円仁はここで三年間、天台法華懺法を読誦し、坐禅を修し、四種三昧を練行した。そして三年目の天長八年初秋、手ずから草をもって筆となし、石をもって墨となし、禅定智水・一字三礼をもって妙法蓮華経を書写した。そして同年九月十五日には座主義真を屈請して、書写した法華経（如法経）の十種供養を遂げた。天皇も随喜して聴聞のため楞厳院に臨幸された。円仁は横川における練行の間に、身は弱り眼も光を失って命の久しくないことを知った。しかし天人が来下して天の甘露を与え、これを服すると身は健やかに、眼は明るさを取り戻した、とする。

『慈覚大師伝』と『沙門壱道記』とでは、まず円仁が横川に籠もった時期が異なっており、またその動機を前者は健康を害したためとし、後者は練行のための山ごもりで、その間に一時健康を害したとする点で大きく異なる。

円仁が横川に籠もったのはいつ、どのような目的によるものだったのだろうか。

『慈覚大師伝』によれば、円仁は最澄の没した弘仁十三年（八二二）の翌年から、最澄の示した十二年籠山の実践に入る。しかし山内の僧侶たちの強い要請によって天長五年（八二八）にこれを中断し、山外への布教に取り

組むことになる。同年夏には法隆寺において法華経を講じ、翌六年には四天王寺で「一夏」（四月十五日から七月十四日まで）のあいだ法華経と仁王経を講じている。続いて「自後遙向北土、弘暢妙典、更帰叡岳」とあるのによれば天長六年から七年にかけて東北巡錫に旅立ったことになる。すると『壱道記』の天長六年説は成り立ちにくい。一方、同じく『慈覚大師伝』によれば円仁が入唐請益僧に選ばれたのは承和二年（八三五）であったから、天長十年（八三三）から三年間の蟄居であったとするとその間の決定ということになり、しかも病を得ていたかあるいは治癒した直後の時期であったから、心身の充実を必要とする入唐請益の勅命は不自然の感を免れない。そして翌年春にあわただしく出発したことになる。

ところで佐伯有清氏の綿密な考証によって、現行本『慈覚大師伝』の原本のひとつと推測され、貞観六年（八六四）正月の円仁没後間もない貞観年中に成立したとされる三千院本『慈覚大師伝』には、円仁が四十歳で横川に蟄居し、入唐請益僧として渡唐するまでの経緯が現行本よりやや詳しく書かれている。これによれば、円仁が山大衆の懇願によって逡巡しながらも請益僧としての渡唐を決心した後、夢に先師（最澄）が現れて旅中の装束について暗示するが、その時期を三千院本は「経於両年、夢裏大師告云」と記し、渡唐決定より二年後のこととしている。そしてその年の冬、再び先師が夢に現れ、唐において学ぶべきことを教示する。円仁が渡唐のため難波離宮に到着するのが承和三年（八四〇）春であったから、これは承和二年の冬であったことになる。したがって円仁が渡唐の決心をしたのはその二年前の天長十年（八三七）でなければならない。これは同じ『慈覚大師伝』の天長十年横川籠山説と矛盾する。なお、現行本『慈覚大師伝』には「経於両年」の記載がなく、承和二年の山僧の懇願、請益の勅命に続いて、装束についての先師の夢が書かれている。原本である三千院本の時間的な矛盾を回避したのではないかと思われる。

東北地方には円仁開創と伝える寺院が多くあるが、例えば宮城県の瑞巌寺は天長五年（八二八）、岩手県平泉の中尊寺は嘉祥三年（八五〇）、山形県の立石寺は貞観二年（八六〇）など、年代に幅があり、これらによって円仁の東北巡錫の時期を推測することはできない。そして伝承による中尊寺、立石寺創建年時は上記の天長六年よりもあとである。開創を実際より早めることはあっても、遅らせることは通常考えがたい。『慈覚大師伝』には「自後遙向北土、弘暢妙典、更帰叡岳」とあってその年時を明記していない。

以上のように『慈覚大師伝』のこの間の叙述については疑問が持たれるのであり、あるいは何らかの作為があったのかも知れない。

『沙門壱道記』の筆者である壱道は円仁の弟子であり、『本朝法華験記』には円仁臨終の日に、唐院から流れる微細な音楽を聴く僧侶として登場する。『壱道記』が偽書でなければ、同時代資料として信憑性はきわめて高いと考えざるをえず、年紀の誤りも考えにくい。ところで「身羸眼暗、知命不久」という表現は『慈覚大師伝』『壱道記』両者にみられ、「身更健、暗眼還明」（『慈覚大師伝』）と「身健、眼還弥明」（『壱道記』）もよく似た表現である。あるいは『壱道記』も『慈覚大師伝』の原本の一つであった可能性がある。

『壱道記』の天長六年籠居説を採れば、『叡岳要記』および『天台座主記』の「天長六年九月十九日慈覚大師始造楞厳院」は円仁が横川に籠もった年をもって楞厳院の創始としたとの解釈が成り立つ。『叡岳要記』によれば天延三年（九七五）に良源は根本観音堂（横川中堂）を改造し、等身不動明王像の開眼供養を行うが、これについて「自天長六年至天延三、都百四十六年」と記すのも同断である。また同書の末尾に載せる慈覚大師略伝に「天長八年建楞厳院」とあり、同じく『一代要記』の天長八年の条に「円仁建楞厳院并如法経行之」とあるのは、円仁の籠居を天長六年から三年間とすれば、この籠居を終えて、後述する如法経を供養し堂中に安置した、まさにその年にあたる。

籠居の目的についても、『慈覚大師伝』は病を得たためという消極的な理由を挙げる。しかし『壱道記』が「三箇年、昼夜三時、読誦天台法華懺法、修坐禅練行四種三昧」と記すように、四種三昧の激しい練行の結果として如法法華経を感得するのであり、籠居の目的はまさにそのことにあったと考える方が自然であろう。前述したように、弘仁十四年（八二三）に最澄の定めおいた十二年籠山に入った円仁は、山僧らの要請によって天長五年（八二八）にこれを中断しているから、その欠を補う意味があったのかも知れない。『壱道記』に「三箇年、昼夜三時、読誦天台法華懺法、修坐禅練行四種三昧」とある内容は最澄の定めた十二年籠山の内容に合致している。

以上のように、円仁の横川籠居は天長六年、如法経の供養は天長八年九月十五日とする『壱道記』の記事を是としたい。天長六年をもって叡山横川の新しい歴史が始まることになる。

根本如法堂

根本如法堂についてはかつて詳述したことがあるが、(3) 横川の開創にとって大きな意味を持つのでここにその概要を再説する。

（一）如法堂の創建

『沙門壱道記』によれば、天長六年、三十六歳の年に円仁はひとり未開の横川に籠もって止観業に励み、四種三昧の厳しい行を修しながら、一字三礼の儀則にのっとって法華経一部を書写した。これを如法経と名づけ、天長八年（八三一）九月十五日に十種供養によって供養した、とする。『慈覚大師伝』によってこれを補えば、如法経は小塔中に納められ、「一堂中」に安置した。この堂はのちに如法堂と呼ばれるようになった。

ところで、三年の籠居明けに際して、如法経を安置するための仏堂がすでに用意されていたとは考えにくい。しばらくはいずれかに仮安置されたと考えるのが妥当だろう。

如法堂の建立年時についてだが、長元四年（一〇三一）八月七日の、都率僧都覚超撰『五通記』[4]には、

嘉祥皇帝依慈覚大師奏状、給作料造立、安置如法一乗妙法蓮華経并数体仏菩薩像、置二口僧、給半供、

とあり、如法堂建立には仁明天皇から作料を賜ったことを示す。また、

嘉祥元年　月　日、左大臣藤原朝臣造立葺檜皮五間堂一宇、奉安置如法々華経、

とあるのを如法堂の建立と解釈すれば、建立時期は円仁帰朝後の嘉祥元年（八四八）まで降ることになる。後述するように、円仁が入唐の旅に出る直前の承和三年（八三六）に、弟子達に書き残した「首楞厳院宛行諸院預事」には十三の院が記されているが、これに如法堂は含まれていない。あるいはこの時にはまだ如法堂はなく、根本如法経は円仁の住房である安禅房に安置されていたのかも知れない。そして嘉祥元年に、仁明天皇と藤原良房の助力を得て如法堂が完成したのではないかと思われる[5]。この時の堂は檜皮葺の五間堂であったことがわかる。

如法経を安置した小塔は、覚超の『如法塔銅筒記』では「轆轤塔」としているから、木製百万塔のように木をくりぬいて作ったものであったと思われる。また前に引いた『五通記』に「安置一乗妙法蓮華并数体仏菩薩像」とあるように仏像も併置された。この仏像については延長四年（九二六）の「前唐院禁制」[6]に「右、慈覚大師為法界衆生、為鎮護国家、為住持仏法、為証成菩提、別造如法之観音像、繕写如法之法花経、安置此堂」とあるように、観音像であったと思われる。

（二）その後の如法堂

『沙門壱道記』によれば、円仁は如法経守護のために伊勢大明神以下、国内有勢有徳の神々十二柱を勧請せん

としたが、ついに生前には果たせなかったという。いわゆる十二番神である。同記では、これがさらに三十番神の構想に発展し、円仁滅後、高僧の出現によって結番の実現されることを期待した、としている。そして延久五年（一〇七三）、阿闍梨良正によって諸国から三十の名神が勧請され、ここに如法堂三十番神が実現したのである（延久五年一月十日『三十神勧請記』）。こうして円仁書写の根本如法経は三十柱の神々によって守護されるという、前代未聞の体制が確立したのである。

永延二年（九八八）の奥書を持つ『新造堂塔記』によれば、円仁創建の堂はその後破損し、鎮朝和尚が座主の時（康保元年―九六四）に村上天皇の勅命によって修理が施された。(7) しかしまた次第に荒廃したので、恵心僧都源信は檀越である摂津守大江為基とはかってこの堂を修理した。あるいは新たに建てかえられたのであろう。『国司補任』によれば、大江為基が摂津守であったのは永延二年から永祚元年（九八八〜九八九）であったから、この間のことである。この時、本願経を納めた小塔を入れるための銅製多宝塔が新たに造られており、如法経守護はさらに厳重になった。同時に釈迦・多宝と、普賢・文殊・観音・弥勒の各像も造立されて堂内に安置された。(8) そして時の座主・尋禅は、永らくこの堂に余僧余経が交錯し、あるいは諸人雑人が闖入するを遏めたという。如法経守護に対する、時の座主の決然たる姿勢をみることができる。

前述した『五通記』に、

　根本如法堂事

根本如法堂、

　葺檜皮方五間堂一宇、

安置多宝塔一基、高五尺、

又旧白木小塔、奉納如法経、

塔右安置金色釈迦像一体、

塔左安置多宝仏像一体、

四角安置普賢・文殊・観音・弥勒像各一体、

とあるのは、おそらくこの時の状態を示したものであろう。叡山に特徴的な建築である「方五間堂」で、円仁創建堂の形式を踏襲した可能性が強い。「旧白木小塔」は円仁造立の轆轤塔、「多宝塔」は源信らによって造られた銅製塔で、円仁の本願塔を内部に蔵し、如法堂に安置されたものであろう。

さて、このような求心形平面の中央に多宝塔と釈迦・多宝の二仏を安置し、それらを囲繞する形で四隅に普賢・文殊・観音・弥勒を置くのは法華曼荼羅の第一重内院に対応するように思える（図4－1）。同曼荼羅では釈迦・多宝二仏並座の宝塔を中央に描き、周囲の八葉上には弥勒・文殊・薬王・妙音・常精進・無尽意・観音・普賢の八大菩薩を描くのであるが、如法堂では八大菩薩を特に法華経と縁の深い四菩薩に限定し、簡略化したのではないかと思われる。『新造堂塔記』の「即築二重壇、々上置白蓮華、々上起新塔」という記述も、これが曼荼羅であったことを裏づけよう。ちなみに法華曼荼羅をわが国に初めてもたらしたのは円仁であった。

長元四年（一〇三一）の奥書のある覚超の『如法堂銅筒記』(9)には次のようなことが書かれている。覚超らは円仁の如法経を、己の命を護るがごとくして守護してきたが、仏法の住世には限りがある。将来、堂塔が破損し、修理する人がなければこの妙文は泥土に混じってしまう。そこで諸僧が僉議した結果、銅筒を鋳造して堂内に置き、末世に至ればその時の住僧をしてこの経を筒内に移さしめ、地中に埋めて慈尊の出世（弥勒出世）を待たしめようということになった。

図4－1　法華曼荼羅（『図像抄』巻第3　経）

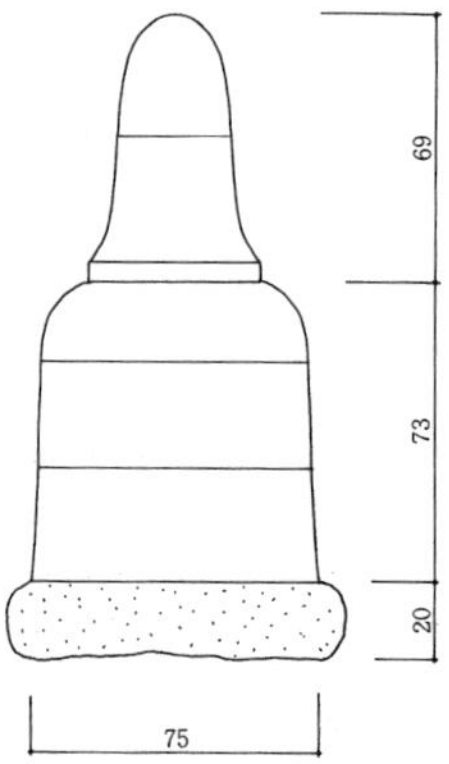

図4－2　如法堂跡出土の銅筒
（単位 cm）

このようにして如法経の保護策が講じられ、そのための資金は、如法々華経を書写し、この堂に安置して大師本願経に結縁した、上東門院彰子の助力によって得られることになった。そしてしばらくの間は銅筒内に彰子の写経を納め、筒は堂内西北角の浅い坑内に置き、法滅の時に及べば筒に本願の轆轤塔（内部に如法経を収納）と経筥（彰子の写経を納む）を入れて、堂の中心に深い坑を穿ってこれを埋めることにしたという。

こうして末法に至って法が滅び、如法堂が破壊してもなおこの経を守護し、弥勒出世の時まで伝えるための万全の策が施されたのである。同じく長元四年の奥書を持つ、座主慶命の発した「前唐院牒楞厳院、可奉守護如法経状」[10]はほぼ同様の内容を載せるが、その冒頭に「右件経須一門相共昼夜守護也」と記して、如法経守護が天台一門にとっての重要課題であったことを示している。

なお、この銅筒は大正十二年に如法堂跡から発掘された[11]〔図4－2〕。轆轤塔はその残片を残すのみであったが、筒の形から判断すると宝塔形式ではなかったかと推測される。またこの銅筒とともに出土した鍍金製の経筥は、上東門院の如法経を納め、轆轤塔と一緒に埋納されたものであろう。

この発掘で明らかにされたように、覚超らの申し伝えは確実に実行され、根本如法経は銅筒に納められて地中深く埋納された。その時期を示す確かな資料はないが、『叡岳要記』によれば、

私伝聞云、承安年中之比、楞厳院長吏法印円良大法師、如法経奉埋大地之底畢、如大師記文而已、可秘之可秘之、

とあるので、承安年中（一一七一～七五）であったのかも知れない。また、

慈胤法印返状云、大師御経奉納之様、横川中堂炎上之剋、最秘事之間、口伝許也、不能記録、円光坊日記中、一切不見云也、三尊并御経奉納之様、如口秘説、密伝云々、

とあり、埋納は盗掘を恐れて秘密裡に行われたらしく、したがってその時の様子は記録として残されなかったようである。なお、如法堂とは縁の深い横川中堂が、創建後初めて火災にあって焼亡するのが嘉応元年（一一六九）二月五日、円仁がその洞穴中に草庵を結んで如法経を書写したと伝える横川の根本杉が風で吹き倒されるのが承安五年（一一七五）九月十二日であり、このような横川にとって不吉な出来事が続いたことが埋納の契機となったと考えるならば、その時期は承安五年またはその直後ということになるだろう。

（三）如法堂の形式

嘉祥元年（八四八）に創建された根本如法堂は檜皮葺五間堂であったらしいことは前述した。具体的形態については明らかでない。「長元四年八月七日　前少僧都覚超」の奥書のある『如法堂文書五通』のうちの『如法堂霊異記』には、浄蔵法師（三善清行の子―八九一～九六四）にちなむ逸話に「於礼堂」という語があるから、この時の如法堂は内陣と礼堂に分かれていたようである。時期的には鎮朝が修営する康保元年（九六四）以前、つまり創建堂であった可能性がある。また時代は降るが、『叡岳要記』は『如法堂霊異記』に続いて「私伝聞云、承安年中之比、楞厳院長吏法印円良大法師、如法経奉埋大地之底畢、……如法経（堂カ）内陣妻戸調木上……」とあるのによれば、平安末期の如法堂は内陣と礼堂が妻戸によって結界されていたことがわかる。

したがって上記二時期の中間にあたる、永延二年（九八八）頃の、源信の時代の形式と推測される『五通記』の「葺檜皮方五間堂」もあるいは同様に内部が内陣と礼堂に分かれていたと考えられる。前述したように、この

堂は多宝塔を中心に四方四仏を配置する求心的な仏堂構成であったから、方五間の中心に多宝塔が置かれたと考えるのが自然であろう。これらを勘案すれば、この堂は叡山特有の、求心性の強い方五間堂の前面に庇を付し、この部分を礼堂とした形式が想定されよう〔図4－3〕。

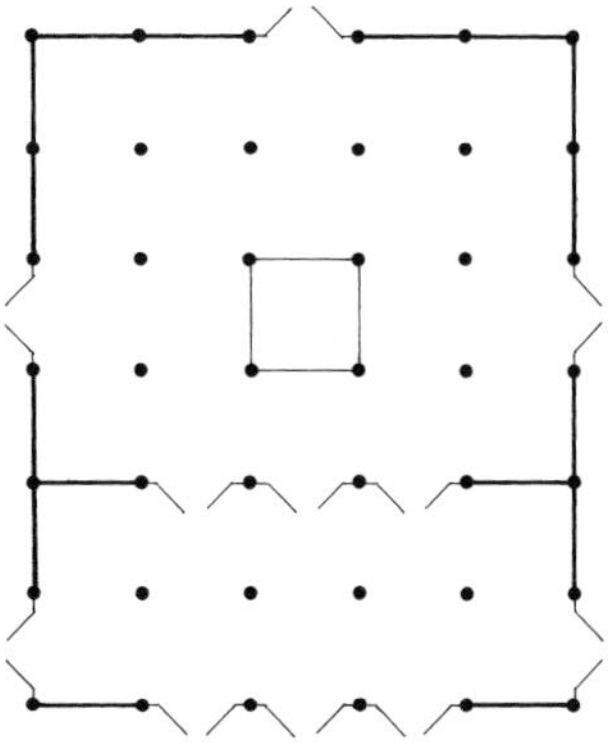

図4−3　根本如法堂復原図

円仁の横川構想

『慈覚大師伝』に次のように記す。

（承和）三年四月、於楞厳院制九条式、其旨、令寄住者遠離六塵、修学者専闡一乗也、又置六波羅蜜三徳之九峯及兜率等四院・安禅房舎、各定検校等、令住持之、

これによれば円仁は入唐の前年にあたる承和三年（八三六）四月、首楞厳院九条式を定め、また、九峯・四院・安禅房の検校を定めた。

「首稜（ママ）厳院式合九条」は『天台霞標』に載せられており、その内容は例えば、「一　依先師遺誡、山門内、不得入女人」「一　凡院内一衆、至童子、不得飲酒、若飲酒、不得交僧」など、首楞厳院の僧が守るべきことを列挙したものである。日付は承和三年四月二日である。

同じく『天台霞標』には「山家要略」から引いた「首楞厳院宛行諸院預事」を載せる。

檀那峯　亦名法華三昧院　預鏡円禅師
持戒峯　亦名護国院、亦名法華堂院　預徳安
忍辱峯　亦名非行非坐三昧院　預南忠

精進峯　亦名常行三昧院　　　　　　　　預真与
禅定峯　亦名常坐三昧院　　　　　　　　預常誓
智恵峯　亦名釈尊院　　　　　　　　　　預恵溢
法身峯　亦名毘盧遮那率都婆院　　　　　預性暁
解脱峯　亦名除障院　　　　　　　　　　預本性行者
都率峯　亦名妙法院　　　　　　　　　　預慶亮
砂碓峯　是院号此山神別所也　　　　　　預恵観
蘇陀峯　亦名除病院　　　　　　　　　　預寂勢
宝幢峯　亦名延命院　　　　　　　　　　預戒徳行者
安禅房　　　　　　　　　　　　　　　　　留守慈叡
　総検校　安恵禅師
右件諸院預等、至于還帰日、各加芳心、将住持、仍宛行如右、
　　　承和三年四月二日　　　　　　　　法師円仁

『阿娑縛抄』は「首楞厳院」に続いて、上記の「預」を除いた各峯・院・房名を列挙する。これによれば法身峯のあとに「般若峯　亦名仏頂尊勝率都婆院」が加わり、解脱峯は「亦名　無垢浄光率都婆院」とある。また砂碓峯・蘇陀峯・宝幢峯・安禅房はそれぞれ砂碓院・蘇陀院・宝幢院・安禅院となっている。これらを勘案すれば、前述の『慈覚大師伝』の「九峯」に対応するのが檀那峯から解脱峯（般若峯を含む）まで、「兜率等四院」が都率院から宝幢院までであることが明らかである。

以上によって円仁による「首楞厳院宛行諸院預事」を復原すれば次のようになる。

檀那峯　亦名法華三昧院　預鏡円禅師
持戒峯　亦名護国院、亦名法華堂院　預徳安
忍辱峯　亦名非行非坐三昧院　預南忠
精進峯　亦名常行三昧院　預真与
禅定峯　亦名常坐三昧院　預常誓
智慧峯　亦名釈尊院　預恵溢
法身峯　亦名毘盧遮那率都婆院　預性暁
般若峯　亦名仏頂尊勝率都婆院　（預は不明）
解脱峯　亦名除障院、亦名無垢浄光率都婆院　預本性行者
都率院　亦名妙法院　預慶亮
砂碓院　是院号此山神別所也　預恵観
蘇陀院　亦名除病院　預寂勢
宝幢院　亦名延命院　預戒徳行者
安禅房　留守慈叡
総検校　安恵禅師
右件諸院預等、至于還帰日、各加芳心、将住持、仍宛行如右、
承和三年四月二日　法師円仁

『慈覚大師伝』にある「六波羅蜜三徳之九峯」は、檀那峯（檀那波羅蜜）から智慧峯（智慧波羅蜜）までが六波羅蜜、法身峯（法身）から解脱峯（解脱）までが三徳にあたる。

「九峯」は四種三昧院（法華三昧院・常行三昧院・常坐三昧院・非行非坐三昧院）と三基の塔婆（毘盧遮那・仏頂尊勝・無垢浄光）、そして釈尊院・護国院からなる。釈尊院は天台法華の主尊である釈迦を本尊とする院で、最澄による十六院計画の「根本法華院」に相当しよう。護国院も最澄の十六院計画に含まれる。

「四院」の砂碓院は「是院号此山神別所也」とあるのによれば、「山王院」の別所ということであろうか。『山門堂舎記』は砂碓堂について「無像、院内勧進」とあり、仏堂ではなかったことを裏づける。宝幢院（延命院）は、最澄の十六院計画の「宝幢院　亦名法華延命宝幢院」に対応する。安禅房は「留守慈叡」とあり、円仁入唐中の留守を慈叡に託すというのであるから、円仁の横川における住房であったと思われる。

以上のように、円仁による九峯四院計画は、四種三昧堂を中心とする天台法華に基づくもので、密教的要素はさほど強くは見られない。いずれにせよ、祖師最澄の九院または十六院計画に倣うものであったろう。

「首楞厳院九条式」や「首楞厳院宛行諸院預事」から明らかなように、首楞厳院は円仁が横川の地に構想した伽藍全体の名称であった。この名称は「首楞厳三昧経」に由来すると思われる。この経は仏が堅慧菩薩の請によって、菩提を速やかに得るための法として首楞厳三昧を説き、あらゆる三昧はこの三昧よりおこる、とするものである。首楞厳三昧とは「堅固にして諸法を摂する三昧の意」[12]である。三昧とは、修行によって心の散り乱れるのをとどめ、安らかで静かな状態をいい、この状態に達したとき正しい智慧が起こって真理を悟るとされる。最澄が重視し、また円仁が横川籠居中に実践した四種三昧も三昧の一種である。したがって首楞厳院の命名には広い意味での修行の場としての意が籠められていたものと思われる。そして前述したように、円仁の構想になる首楞厳院は天台法華思想に基づく四種三昧院を中心とするものであった。

なお、円仁は総検校に直弟子の安恵を任命し、各院には「預」を任命してそれぞれを検校させ、円仁の帰朝まで住持することを命じている。しかし、承和三年は円仁の横川籠居明けからわずか五年しか経ておらず、十三もの院が完成していたとは到底考えられない。あるいは諸院の充実を弟子達への努力目標として与えたものであったろうか。入唐を目前にしての緊急の措置であったのかも知れない。

ところで上記十三院のうち、存在が確認できるのは法華三昧堂・常行三昧堂・般若堂・砂碓堂・兜率堂の五堂である。法華三昧堂・常行三昧堂の存在が確認できるのは良源の時代以降であるが、天台法華における中心的仏堂であったから、あるいは一度退転したものを良源が復興したものかも知れない。他の三堂についても完成の時期は不明である。砂碓堂はいくつかの文献に登場するが、般若堂・兜率堂は天禄三年（九七二）の「請割分仏聖例僧状」[13]と『阿娑縛抄』の横川の目次に見えるのみである。しかし、良源の事績は諸資料によってかなり明らかにできるが、その中にこれらの堂は含まれないから、あるいは円仁の時代にすでに創建されていたのではないかと思われる。

横川中堂の創建と砂碓堂

『山門堂舎記』、『叡岳要記』および『阿娑縛抄』は首楞厳院の項で、根本観音堂（横川中堂）建立の経緯についてほぼ次のような内容を記す。

円仁は承和五年（八三八）に入唐する。求法の旅を終え、帰途につくがその船上で悪風にあう。そこで円仁が観音力を念ずると毘沙門天が現れ、これを図絵せしむると颪が止み、着岸することができた。無事帰山した円仁は一堂を建立し、聖観音像とともに毘沙門天絵像およびそれを木像に移しかえた像を安置した。これが根本観音堂、後の横川中堂で、建立は嘉祥元年（八四八）九月である。『叡岳要記』は、天長六年九月十九日に慈覚大師が三十六歳で楞厳院を造ってから、嘉祥元年まで二十年である、と記す。前述したように、この年には根本如法堂も装いを新たにした可能性があり、そうであれば首楞厳院の中核となる二堂がこの年に供養を迎えたことになる。

根本観音堂の創建については、なぜか『慈覚大師伝』にも記事がなく、これ以上のことは不明である。

ところで、『山家要記浅略』(14)は根本観音堂の本尊について、「匡房卿記云」として、前記とは異なる由緒を紹介している。概略は以下のようである。

清和天皇の外祖父となる忠仁公藤原良房は大師（円仁）に「何仏在速疾頓成之誓願」と尋ねたところ、大師は「観音悲願甚深也」と答えた。良房は重ねて「六観音何最乎」と問うと「不空羂索第一也」と答えた。そこで良房は嘉祥三年（八五〇）の四月初旬に一搩手半の銀製の像を造った。これはひとえに皇子（惟仁親王、後の清和天皇、この年三月二十五日に誕生）の宝祚を祈らしめんがためである。そして不空羂索観音を心から念ずると同年十一月二十五日に惟仁親王は立太子した（生後わずか八ヶ月）。良房は、さらに観音の霊像を造って東宮の治天を祈りたいと大師に話すと、嘉祥四年（八五一）に円仁は自ら聖観音像一躯を造った。そして東宮は天安二年（八五八）十一月七日に九歳で即位した。円仁の念力に報いんがため、件の像を大師に献じ、創建の横川中堂の本尊とした。この堂および本尊は焼失し、法界坊（円仁の住房）の本尊である十一面観音を本尊とした。これもまた焼失したので、今の本尊は十一面観音である。

これによれば、横川中堂の創建には藤原良房が関わっていたことが推測される。『慈覚大師伝』がこれを記さないのは、あるいは政界の生臭い争いに、間接的ながら加担した円仁のイメージ低下を避ける意味があったのかも知れない。

創建年時は不明ながら、前述した円仁の「九峯四院安禅房舎」には「砂碓院」が含まれていた。「是院号此山神別所也」とする。『山門堂舎記』が「無像、院内勧進也」と記すのも本来は仏堂ではなかったことを示すのだろう。同じく嘉応元年（一一六九）の横川中堂再建の記事中に「於砂碓堂二尊御前、不動護摩長日始修之」「砂碓堂之上礼堂烈《ママ》置之、自砂碓堂至中堂敷莚道矣」とあるのによればこの時点では堂内に仏像が安置されていたことがわかる。また「上礼堂」の語は「下礼堂」の存在を示唆する。叡山特有の堂形式であったと推測される。本尊は不動明王であろうか。『山門堂舎記』には横川中堂について「在砂碓堂西」、楞厳三昧院について「在砂碓堂東北地上」とあるから、砂碓堂の西に横川中堂、東北に楞厳三昧院があったことがわかる。

おわりに

横川の開創は、当時はまったく未開の地であった横川に円仁が籠もり、先師最澄によって制度化された四種三昧の厳しい修行の末に如法経を感得したことに始まる。円仁はその横川の地に九峯四院の構想を打ち立て、弟子達にその充実を言い置いて入唐求法の旅に出発する。この構想はその内容から見て最澄の九院あるいは十六院計画を規範とするものであったろう。

円仁が横川に新たな修行の場を求めたのは、おそらく当時の教団内の規律の乱れ等があったものと思われる。「楞厳院九条式」の制定もそうしたことに起因していよう。先師の定めた十二年籠山制を厳しく守り、修行に打ち込む場として、新たな地を求めたといえよう。「首楞厳院」の命名がそれを示す。

帰朝後、円仁はのちに横川の中心堂宇となる根本観音堂（横川中堂）を建立する。しかし座主就任後の円仁には、根本の地である東塔の充実、および円仁に期待された密教の強化とそのための諸施設の建設など、多くの課題があった。なかでも惣持院の創建は最重要課題であった。この院は中央に方五間の平面を持つ大規模な多宝塔を置き、その左右に密教の根本儀式である灌頂を行うための灌頂堂と、台密最高の修法である熾盛光法の道場としての真言堂を配置し、周囲に回廊をめぐらす。多宝塔は、下層には胎蔵界五仏を安置し、上層には千部法華経を安置して、最澄の時代には未完であった、六処宝塔の要である近江宝塔院を兼ねるものであった。このように惣持院は叡山における天台法華と天台密教の中心施設であったし、その形態も類のないものであった。完成までに十年を要したのもその規模の大きさと質の高さゆえであったろう。『阿娑縛抄』の「仏壇堂塔及坊等、構造美麗、多超古今、見者発心、拝者致信」という表現もこれを裏づける。ほかに四種三昧堂のひとつである、方五間楼造の常坐三昧堂（文殊楼）も建立している。

このように、第二代座主円澄の没後十八年の空白ののち第三代座主に就任した円仁は、山内の内紛を抱えながら宗の立て直しを図り、東塔伽藍の充実に取り組まざるを得なかったのであり、横川の経営にまで力を振り向けることは実質的に困難であったのだろう。円仁の死後、横川は次第に衰退し、その復興は約百年後の、第十八代座主「円仁派良源」の登場を待たねばならない。

〔註〕

1 『続群書類従』第八輯下、および『改定史籍集覧』第十二冊所収。成立は延長五年（九二七）以後、天慶二年（九三九）以前である（佐伯有清『慈覚大師伝の研究』、一九八六年、吉川弘文館）。

2 『門葉記』巻第七十九「如法経一」所収。『叡岳要記』如法堂の項にもほぼ同文を載せるが、その奥書は前者が貞観九年正月十四日、後者が貞観六年正月十四日である。貞観六年正月十四日は円仁の命日であり不自然である。また文中に「慈覚大師」とあるが、慈覚大師の諡号が贈られたのは貞観八年である。
3 拙著『平安時代仏教建築史の研究』中央公論美術出版、一九九二年。
4 『門葉記』巻第七十九「如法経一」所収。
5 嘉祥元年当時の左大臣は源常、右大臣は藤原良房であったから、「左大臣藤原朝臣」は「右大臣藤原朝臣」の誤写と判断した。
6 『門葉記』巻第七十九「如法経一」所収。
7 『門葉記』如法経一所収の「新造堂塔記」に「故座主鎮朝和尚為院家検校之時、忽奉 天綸、修営壊宇」とある。鎮朝が座主だったのは康保元年のみであり、この時の天皇は村上天皇である。
8 「僧明善造普賢、僧厳久・僧聖全等造弥勒、源信造余尊、但観音本所安置、今加金色之餝」とあるので、観音像は円仁造立の旧像であったらしい。
9 『門葉記』巻第七十九「如法経一」所収。
10 『門葉記』巻第七十九「如法経一」所収。
11 発掘の状況については『考古学雑誌』第十四巻五号（大正十二年）に詳しい。この銅筒は昭和十七年夏、雷火によって焼失した。
12 『望月仏教大辞典』による。
13 『天台霞標』四編巻之三所収。
14 『続群書類従』第二十七輯下所収。

二　良源による横川の再興

円仁は座主就任十一年目の貞観六年（八六四）に没する。第四代座主には円仁の弟子・安恵が就任するが、『日本三代実録』によればその貞観八年六月三日には、次のような内容の官符が発せられている。

最澄は止観・真言の両業をもって国を守ろうとした。ところが近年、山上の僧らは先師の誓いに違い、互いに偏執の心を成して余風を扇揚し旧業を興隆しようとしない。今後は両業に通達した者を座主となすべきである。

これは円仁の死後、山内に確執のあったことを示している。この時期、天安二年（八五八）に入唐求法から帰った円珍が山内および政界にその影響力を強めつつあったから、この確執は円仁門徒と円珍門徒との間のものと理解できる。

そして貞観十年に円珍が第五代天台座主に就任して以来、第六代惟首以降、第九代の長意を除いて七代猷憲、八代康済、十代増命、十一代良勇まで円珍派の座主が続く。中間派の十二代玄鑑、十三代尊意、十四代義海を挟んで、十五代延昌にいたってやっと円仁派に座主のポストがめぐってくる。以後、十六代鎮朝、十七代喜慶、そして十八代良源と、円仁派の時代となる。

このように、円仁没後の約八十年間は円仁派にとって不遇の、あるいは雌伏の時期であったから、円仁によって開かれた横川も顧みられることが少なかったであろうことは容易に想像できる。

前に引いた承和三年（八四〇）の「首楞厳院宛行諸院預事」によれば、入唐に先立って円仁は弟子の安恵を首楞厳院の「総検校」に任命した。初代の横川長吏である。二代には同じく円仁門徒の慈叡が任命される。そして三代鎮朝の長吏就任時は明らかでないが、彼は応和四年（九六四）には天台座主となっているので、この間実に百年もの間、長吏不在であったことになる。横川の衰亡を示す一事であろう。

この間に横川の名が登場するのは、承平五年（九三五）に始まったいわゆる承平・天慶の乱にあたって、天慶三年（九四〇）に延暦寺の僧浄蔵が、叡山首楞厳院に籠もって大威徳法を修し、朝敵降伏を祈ったという記事である。これは横川が秘密の修法を行うのに格好の地と認識されるほどに荒廃していたことを示すのかも知れない。「慈覚大師入滅之後、彼院住僧纔一両輩」[1]という表現はややオーバーとしても、実態に近かったであろう。

横川の復興は第十八代座主に就任する良源と、彼の庇護者であった藤原師輔とその一統によって行われる。良源と藤原摂関家との直接的な結びつきは、藤原忠平との出会いから始まる。良源の優れた力量を認めた忠平は、良源に彼の後世を託す。そして天暦三年（九四九）に忠平が七十歳で没すると、良源は横川の楞厳院に籠もり、三百日間に渡る大護摩を修して忠平の冥福を祈った。これが良源と横川との関わりの始まりでもあった。

翌天暦四年には、村上天皇の皇子・憲平親王（のちの冷泉天皇）が誕生する。母は忠平の次子師輔の女・安子である。良源は横川での大護摩において、忠平の冥福を祈ると同時に、師輔の依頼によって皇子誕生とその健やかな成長の祈祷をも行っていた。そして同年の憲平親王立太子にともない、良源はその護持僧となる。三十九歳という若さであった。

天徳二年（九五八）には師輔の十男・尋禅を弟子として受け入れ、これを厚遇することによって良源と師輔一統の結びつきはきわめて緊密なものとなる。尋禅は良源に続いて第十九代天台座主となっている。師輔の息男伊尹・兼通・兼家との関係は以後の各節の中で明らかとなる。

以下に、良源時代の横川の再興と充実の実態を探る。

藤原師輔・伊尹・兼家と冷泉天皇による楞厳三昧院の創建

横川の中興は右大臣藤原師輔による法華堂の建立に始まる。師輔の日記『九暦』によれば、天暦八年（九五四）十月十八日、師輔は叡山横川で法華三昧を修せしめた。この時の様子を「予、打火、一度打着、見聞者感歎」と簡潔に記すが、『阿娑縛抄』は次のように詳述する。師輔は三昧の力によって一門から国王・国母・皇子が輩出し、また一門の者が極位に登ることを祈念して、灯明に点火した。その時、燧を打つこと三度以内に着火すれば効験があるだろうと思ったところ一度で着火したので、衆人ことごとく歓喜した。そして本願のとおり、師輔の一門は以後繁栄した、とする。

ところで『山門堂舎記』などの諸書は楞厳三昧院の仏堂として薬師・普賢延命・五大尊を安置する講堂と、法華堂、常行堂の三宇を記載する。このうちの法華堂の建立をこの天暦八年にあてるが、『九暦』同日の条には「未作堂、仍搆立仮屋所行也」とあり、この時点では堂はまだ完成しておらず、仮屋を造って法華三昧を修したことがわかる。師輔は天徳四年（九六〇）に没するが、師輔の財力を考えればそれまでには完成していたものと考えるのが妥当だろう。

応和二年（九六二）五月四日の太政官符(2)によれば、それまで法華三昧堂の運営には「割菜邑之資」、つまり九条家の私財を充てていたが、師輔の息・伊尹の奏によって法華三昧料として稲八千束（近江・美濃各四千束）が民部省より給されることになったことがわかるから、遅くともこの時までには完成していたろう。「念願雖旧、土木猶新」という表現によれば、あるいは建築工事は延々と続いていたのかも知れない。なお『山門堂舎記』に、師輔の故事に続いて「灯油三斗六升、月別三升、白米拾四石四斗、月別一石二斗、僧二口料、」とあるのが、師輔が私的に法華三昧堂に支給していた料であろう。

楞厳三昧院の充実が計られるのは師輔の外孫である冷泉天皇によってであった。その間の経緯について、少し詳しくみてみることにする。

『門葉記』に引く冷泉院御製の「長講法華経先分発願文(3)」によれば、天皇は皇太子時代の応和三年（九六三）に

「十種願」を発願し、その願旨を村上天皇に奏した。その中には①「楞厳院下」に新たに一院を建立し、②十禅師を定め置き、③両三昧（常行・法華）を修したい、という三箇条の願も含まれていたという。そして法華三昧は「大臣堂」、つまり師輔の法華堂に、旧来の六口の僧に新たに六口を加えて十二口とし、これを十二時に充てて修し、常行三昧のために新たな堂宇を建立したい旨を述べる。その五年後の康保五年二月二十九日には願いが叶い、法華長講の開白が行われた。これに先立って同年一月二十八日には以下についての決定があった(4)。

①楞厳三昧院に十禅師と年分度者三口を置く。
②その供料として毎日白米五斗八合（仏聖二座料として毎日白米四升八合、定額僧十口料として毎日白米四斗六升）、灯油三合を支給する。
③楞厳三昧院常行堂に十四口の僧を置く。
④その供料として白米一〇六石五斗、黒米二〇石、灯油七斗一升を支給する。
⑤楞厳三昧院法華堂に、旧来の六口の僧に新たに六口を加えて十二僧とする。
⑥その供料として白米一三〇石九斗、黒米四五石一斗六升、灯油一斗六升五合を支給する。

そして二月二十七日には楞厳三昧院の院司として、検校に座主良源、別当に聖救、勾当に静安が補任された。さらに「雑事五箇条事」として、知院事一人、預二人を置くこと、十禅師・法華三昧僧・常行三昧僧に任ぜられるべき僧侶の資格、年分度者たるべき者の資格が定められた。

このように楞厳三昧院の態勢は一挙に整えられたが、一方で「然則堂未造了之間、於例御願所、始従件日」という状態でもあった。この「未造了」の堂と「例御願所」がいずれの堂を指すのか明瞭でない。ただ、十禅師が法華経・仁王般若経等を転読し、各種真言を転ずる堂として常行・法華の両堂は必ずしもふさわしくないから、

「未造了」の堂は講堂を指しているものと推測される。そして「例御願所」はこの時までに冷泉天皇の願によって完成した常行堂を指すものと思われる[5]。

　楞厳三昧院の中心堂宇である講堂は未完成であったが、楞厳三昧院の寺院としての態勢はこの時にできあがったとみてよいだろう。そして以上の大半は冷泉天皇の「十種御願」から発したものであった。さらに「楞厳三昧院」という院号自体、これ以前には確認されないから、康保五年をもって楞厳三昧院は発足した、と考えられる。前に見た冷泉天皇御製の「長講法華経先分発願文」中の「此楞厳院下、新建立一院」はこのことを指していよう。この時まで、師輔の法華堂は横川・首楞厳院の一仏堂に過ぎなかったのである。

　ところで、この時点で「未造了」であった講堂の完成は永観元年（九八三）であったと思われる[6]。『日本紀略』同年十月二十五日の条に「今日、右大臣天台横川建立薬師堂、供養之」とあるのがそれであろう。前に見たように講堂の本尊は薬師であり、他に薬師堂の存在は確認できない。こうして楞厳三昧院の中心仏堂も完成し、講堂・法華堂・常行堂の三堂からなる同院の骨格ができあがったのである。講堂を完成させた右大臣兼家は師輔の子であり、安和二年（九六九）に退位した冷泉天皇の意志を継いだものであろう。後述するように兼家はこの年、横川に恵心院も建立・供養している。このように叡山横川は藤原師輔とその子伊尹・兼家、外孫冷泉天皇の、良源への帰依によって大いに充実したものと見ることができる。

　横川は天禄三年（九七二）に西塔に準じ、別季帳を立てて東塔から独立するが、その請願文は「楞厳三昧院」を頭書とし、「方今此院住僧漸満二百口」として、楞厳三昧院の独立を願う形になっており、横川は実質的に楞厳三昧院が代表する態勢になっていたことがわかる[7]。

　この院について『山門堂舎記』、『阿娑縛抄』、『叡岳要記』は次のように記す。

在砂碓堂東北地上
葺檜皮七間講堂一宇、堂上置金銅如意珠形、安置金色薬師像一躯、同普賢延命像一躯、綵色五大尊像各一躯、
葺檜皮方五間堂一宇、法華堂、安置普賢菩薩乗白象一躯、康保五年二月廿九日行始之、同年正月如下近江国官符之、
葺檜皮方五間堂一宇、常行堂、安置同観音・勢至・地蔵・龍樹菩薩等像各一躯、行法開白同法華堂、
右、天暦八年九条右丞相所建立也、見応和二年太政官符民部省之状、

これは師輔一統と良源による、完成時の楞厳三昧院の姿であることは明らかである。

なお『門葉記』「寺院二」には楞厳三昧院の講堂と法華堂、常行堂の図が載せられている〔図4－4〜4－6〕。講堂は桁行七間、梁行六間で、内陣は土間、外陣は板敷である。外陣は梁行二間だが根本中堂のように上礼堂・下礼堂には分かれていない。また内外陣の結界は格子戸引違で、中世の密教本堂形式に近い。礼堂前面は蔀である。おそらく平安時代末期以降の様子であろう。この堂の前方に南向きの四脚門が書き込まれているから、南面する堂であった。また階が正面ではなく東側にあるから、あるいは懸造だったのかも知れない。

常行堂、法華堂はともに正面五間、側面六間である。方五間の背面に孫庇が付いた形であろう。『山門堂舎記』によれば東塔常行堂は「葺檜皮方五間堂一宇、西在孫庇」であったから、同様の形式であった。孫庇部分は準備や物を置くための副次的な空間だったと思われる。法華堂の「スヒツ」は炭櫃、つまり囲炉裏である。常行堂は求心形を保っているが、法華堂は内部が間仕切りされて本来の平面形を失っている。蔀を多用しており、やはり平安時代末期以降の姿であろう。

講堂と常行・法華両堂の位置関係は明らかでない。前述したように講堂の前には四脚門があったから、鶴林寺のように講堂の前方左右に両堂が配置される形ではなかった。

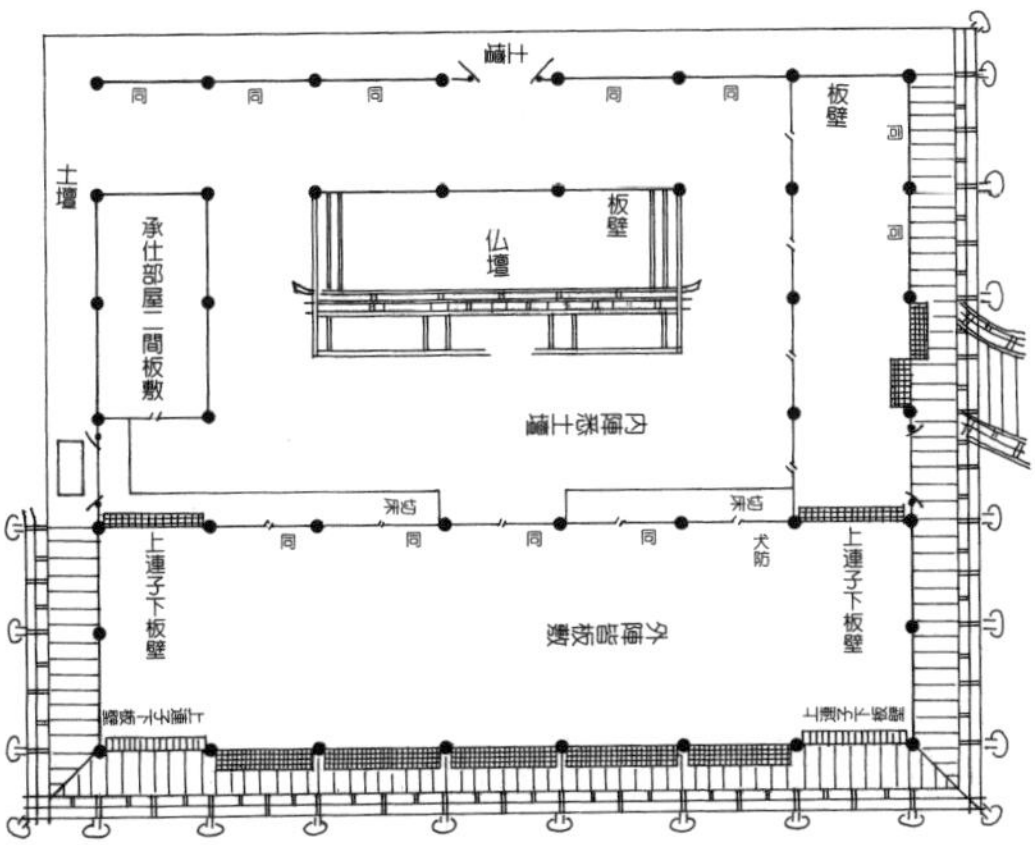

図4－4　楞厳三昧院講堂指図
（『門葉記』）

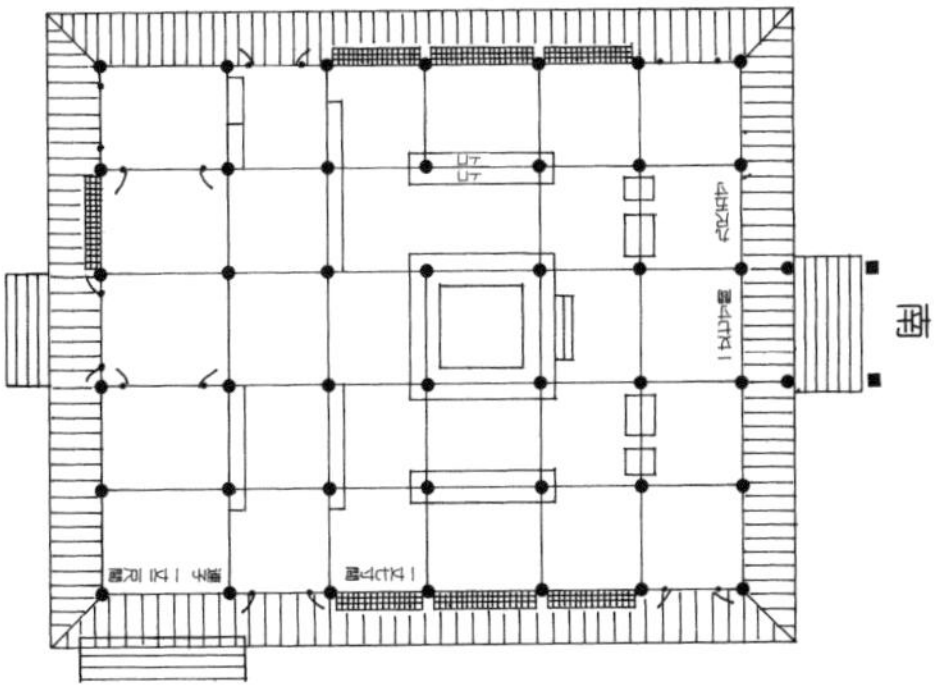

図4－5　楞厳三昧院常行堂指図
（『門葉記』）

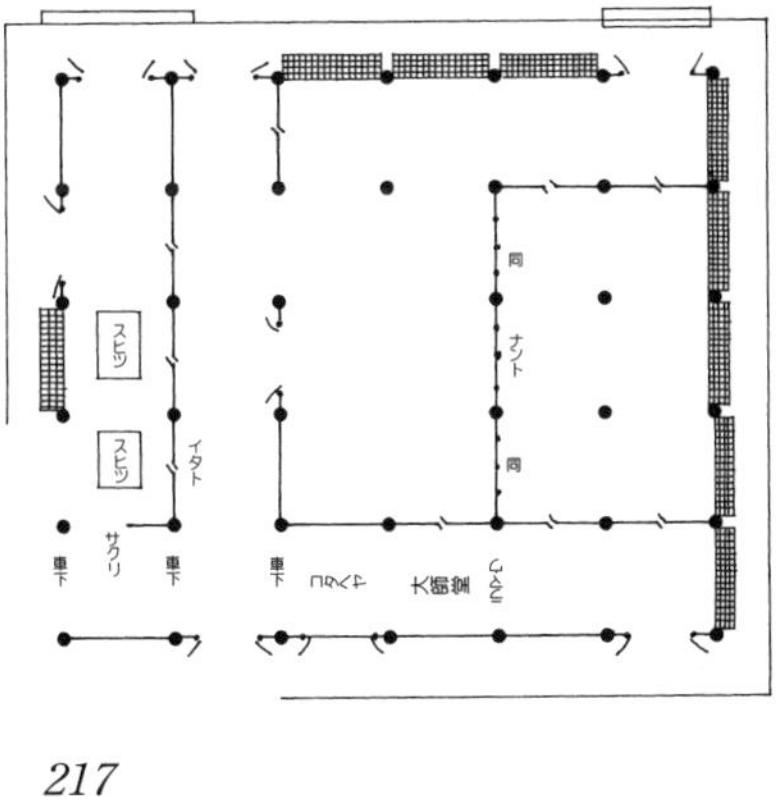

図4－6　楞厳三昧院法華堂指図
（『門葉記』）

師輔と良源による真言堂の建立

真言堂建立の経緯については天禄三年（九七二）に良源がしたためた遺告（『慈恵大僧正御遺告』[8]）にやや詳しい。この堂は右大臣師輔の指示によって、良源が建立のための材木を準備中に師輔は薨じてしまった。この由を前の中宮安子（村上天皇中宮、師輔の女）に啓し、造立した。材木料物の半分は師輔在世中に用意し、中宮からも作料として米百石ばかりを賜ったが、それ以外の材木および作料は良源が私に用意した。師輔御願の両部曼荼羅および本尊、中宮安子御願の極楽浄土をこの堂に安置している、とする。また「是則為合御周忌所奔営也」とあるから、師輔の一周忌にあたる天徳五年（九六一）五月には完成していたのかも知れない。

『慈恵大僧正拾遺伝』[9]によれば、師輔は生前に、出家後は首楞厳院に住したいのでその房舎を造るよう良源に命じた。良源はこれにしたがって準備を進めたが、師輔は完成を待たず薨じてしまった。「依中宮令旨、安置先師本尊、被修周忌法事、号真言堂、」とあるのによれば、師輔の死去によって房舎の建立を仏堂に変更し、真言堂としたようである。以後、代々の藤氏長者は毎年の遠忌法事の八講および両部曼荼羅供をこの堂に行ったという。したがってこの堂は師輔の追善供養堂的な存在だったようである。

永延二年（九八八）二月十三日の『慈忍和尚御遺言帳』[10]は「一　真言堂事」として次のような内容を記す。この堂は九条殿師輔の御願であったが、完成をみず他界したため、常灯料・仏供料・修理料等は定められないままであった。年月が推移し、修理を加えるものの破損は進むばかりであった。そうした時に花山天皇がその御願寺とする官符が下されたので悦んでいたところ、料物を宛て置かないまま出家してしまった。そこで尋禅は親恩に酬いんがため、仏供料・常灯料・供僧三口供養料・修理料を定め置くことにした。これは偏に殿下（父師輔）菩提のためである。供僧については住山の僧の中から謹慎・道心の者を選び、九条殿の子孫中の氏長者が宣旨によって補任すべきである。

なお、『阿娑縛抄』真言堂の項には「右、九条右大臣建立也、寛和元年十月七日官符下、可為御願寺」とあり、花山天皇の御願寺となったのは良源没後九ヶ月の、寛和元年（九八五）十月七日であったことがわかる。花山天皇は永観二年（九八四）八月に即位し、寛和二年（九八六）六月に退位している。

これらによって、真言堂が師輔一統の差配下に置かれたことが明らかである。

安置仏については前述した『慈恵大僧正御遺告』に「故殿御願両部曼荼羅并御本尊等、中宮御願極楽浄土、皆安置件堂」とあるように師輔本願の両部曼荼羅および本尊、中宮安子御願の極楽浄土を安置していた。ここに言う「御本尊」については、『阿娑縛抄』の西塔真言堂の項に「横川真言堂ニ胎蔵五仏在、五箇国ノ封戸ヲ具、是花山院御願云々、奥院宮西塔ニ御坐ケルニ、飯室尋禅僧正、此仏ヲ封戸ニ相副テ奉渡、西塔宮御住山、便奉宛給也、仍云真言院、花山院ノ御子也」とあって、花山院御願の胎蔵五仏であったことがわかる。しかし尋禅が封戸もろとも、花山院皇子・西塔宮（奥院宮）に進上してしまったようである。尋禅にすれば、この院は花山天皇の御願寺とはいっても名目的なものであり、父・師輔の追善供養堂としての性格を明確にするためにも、花山天皇の胎蔵五仏はむしろ荷厄介な存在だったのだろう。

以上をまとめれば次のようになる。

まず当初の目的は師輔の隠棲の場としての院の計画であったが、完成を見ずして師輔は他界する。師輔の遺志を継いだ良源は師輔の女・中宮安子の助力を得ながら、これを師輔の追善供養堂として完成させた。良源の没後は師輔の子・尋禅がこれを引き継ぎ、供料および供僧の態勢を整え、その後代々の藤氏長者はこの堂に師輔の追善八講および両界曼荼羅供を修するなど、藤氏結束の拠点のひとつとなったようである。

この堂の位置および規模形式について『阿娑縛抄』は「在楞厳三昧院東北下、葺檜皮五間堂一宇」とするが、『慈恵大僧正御遺告』では「五間、四面庇、二面孫庇」である。のちに規模が縮小されたのであろうか。当初の規模は五間四面、つまり桁行七間の堂の前面および背面に孫庇の付く大規模な仏堂で、あるいは横川中堂のように内部が内外陣に別れる構成だったかも知れない。

藤原兼家の恵心院

この院の創建の経緯については『延暦寺護国縁起』巻中に引く寛和二年十月二十日の太政官牒に詳しい[11]。これによれば、天元年中、兼家は叡山に登って良源に会い、その大望を吐露、父師輔にならって一院を建立したい旨を語った。これに対し良源は、昔慈覚大師が山中の勝地を卜し、諸院の佳名を定めたなかに「恵心」がある。この地に早速創建すべきであると進言し、実現したのが恵心院である、とする。供養は永観元年（九八三）十一月二十七日で、阿闍梨五口が置かれた[12]。寛和二年（九八六）十月二十日には法性寺に準じて定額寺に列せられ、年分度者三人が置かれた[13]。そしてこの年、大望かなって兼家は一条天皇の摂政に任じられたのである。

『阿娑縛抄』はこの院について次のように記す。

在楞厳三昧院南、

右丞相兼家公本願、葺檜皮五間四面堂一宇、南有孫庇、

安置金色大日如来像一体、同六観音像、綵色文殊聖僧像、

葺檜皮五間四面堂一宇、安置綵色五大尊像一体、

永観元年十一月廿七日戊寅供養、導師大僧都余慶、呪願少僧都陽生、

中心堂は檜皮葺の五間四面堂で、南に孫庇を有するという、横川中堂に通ずる形式であった。安置仏については、前述の太政官牒では「彫造六大観音、安置二天梵釈仏像、堂舎供養」とあるので、永観元年の供養時には六観音が本尊だったようであるから、『阿娑縛抄』にある「金色大日如来像」と「綵色文殊聖僧像」は後に安置されたものであろうか。

なお『叡岳要記』に「山中抄云、天元二年、入道大相国継先公之旧意、崇大師徳行、詣楞厳院、建恵心院云々」とあるのを信ずれば、兼家が叡山に登り、良源に会ったのは天元二年（九七九）であったことになる。(14)『小右記』永延元年（九八七）二月十九日の条には「掃部允源奉職、皇后宮臨時給、左兵衛尉同頼信・藤原師頼、恵心院造堂料、(15)件三人叙位」とあるが、すでに恵心院供養を四年も経過しているから、あるいは恵心院のもう一つの仏堂である五大堂がこの年建立されたのかも知れない。檜皮葺五間四面堂であった。

釈迦堂とその塔婆―藤原兼通の息・朝光と兼通室の造営

『慈恵大僧正拾遺伝』に以下のような内容の記事がある。

貞元二年（九七七）、大相国藤原兼通が薨じた。嫡子の権大納言朝光は先公のおんために仏堂を草創せんとし、良源もこれに響応した。そして明春より始めて「五間四面二棟堂」一宇を営作、金色丈六観音像を安置して、本意のとおり、この堂において一周忌法事を修し、丈六大日如来像を造った。その後、円融法皇の御願となり、等身金色釈迦如来像一体と彩色地蔵菩薩六体を造って安置し、釈迦堂と号した。兼通の室は造仏造塔の願を発し、良源は堂と塔を一場に並べんがために定心房を壊避し、その跡にその塔婆を建立した。日ならずして功は成り、九尊像を安置した。「壊避」は、あるいは移築の意であろうか。

藤原兼通は師輔の次男で、貞元二年十一月八日に没している。そして『日本紀略』天元元年（九七八）十一月一日の条には「今日於天台楞厳院、被修故太政大臣周忌法事」とあるのが上記の釈迦堂であろう。この堂は良源の住房であった定心房に近接していたらしく、釈迦堂に並んで造られた兼通室の塔婆はその定心房を壊して建てられたという。

兼通は天禄元年（九七〇）十二月二十八日には延暦寺検校となり、同二年四月二十五日の惣持院塔供養に参向し、貞元元年三月二十三日には首楞厳院において師輔のための法会を修するなど、延暦寺とは深い関係にあった。なお、「二棟堂」は正堂の前に別棟の礼堂が付く、いわゆる双堂であったと思われる。延暦寺の礼堂付き仏堂は根本中堂に代表されるように孫庇の付加によるものが主であったから、これは異例の存在ということになる。この釈迦堂については他に記事がなく、早い段階で退転したのかも知れない。

定心院―良源の定心房と四季講堂

天禄三年（九七二）五月三日の『慈恵大僧正御遺告』には「横川定心房」として、

檜皮葺屋一宇、母屋五間、庇四面、孫庇三面、孫々庇一面、
西板屋一宇、母屋十三間、庇四面、
東板屋二宇、
右、永付属妙香房、且加修理、且令遺弟等得便宜、殊加恩顧、令遂住山志了、法師等一向随順奉仕、不可奉違逆、若有不順此教者、永放一門耳、

と記す。この遺告が書かれたのは良源が没する十三年前のことである。この段階では定心房には仏堂はなく、寝

殿に相当する建物と、弟子僧たちの住房と思われる一三間の長大な建物、その他二宇からなっていたことがわかる。この房は、良源没後は妙香房、つまり尋禅に譲ることが示されている。

永祚二年（九八八）二月十三日の『慈忍和尚御遺言帳』[16]によれば四季講は良源によって、勧学のために始行された。『山門記』[17]によれば康保四年（九六七）夏に始まり、春季は三月三日から五日間、華厳経を講じ、夏季は四月八日から五日間、涅槃経を講じ、秋季は九月九日から七日間、法華経を講じ、冬季は十月十日から五日間、大集経と大品経を隔年に講ずるというものであった。また『阿娑縛抄』に引く『恵心僧都伝』によれば、衆に優れたものを選んで互いに講匠・聴衆としたという。そして源信が良源より引き継ぎ、潤色を加え、紹隆に導いたとする。

四季講は、のちには「四季講堂」で行われるようになるが、良源の遺告にも尋禅の遺言帳にもこの名はない。『源信僧都伝』も同様で、「就定心房弥勒前、毎年講演」とあるのみである。したがって初期の四季講は定心房の良源住房内の弥勒仏像前で行われていたと考えられる。この住房が良源の没後に仏堂に改められ、「四季講堂」と呼ばれるようになったのであろう。『華頂要略』は「同（楞厳三昧院、筆者註）四季講堂、亦名定心院」として「当所者慈恵大師御住房也、或号龍華院、本尊弥勒画像・観音・不動以下安置之」とあってこれを裏づけると同時に、龍華院とも呼ばれていたことを示す。画像の弥勒は住房内の本尊としてふさわしい。『山門記』にも「四季講堂・経蔵・食堂、三宇、慈恵大師所住之定心房是也、講堂安置弥勒仏、号龍華院」とある。この経蔵については『慈忍和尚御遺言帳』に「一　定心房竝経蔵事」として「右定心房、故大僧正永所被付属也、今立加経蔵、為流通所依衆議定置蔵司」とあるように、尋禅によって建立されたものである。食堂については『山門記』に「食堂者、四季共饗膳辨備之座、号後座」とある。

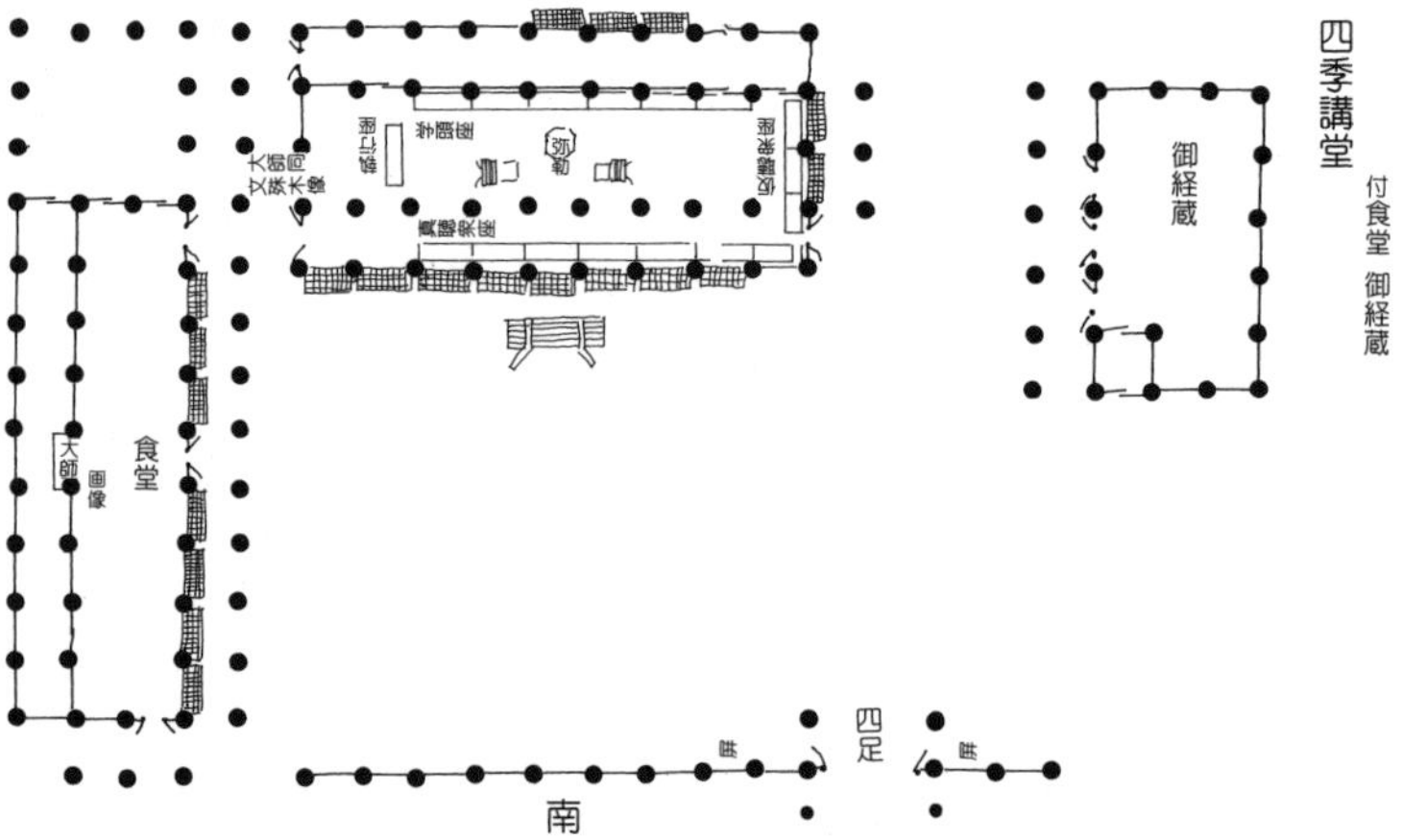

図4−7　定心房指図（『門葉記』）

青蓮院本『門葉記』「寺院三」の「四季講堂」には、「山家要略記云」として「金色等身坐像弥勒」とあるので、ある時期に本尊は絵像から彫像に変わったようである。また堂の西際には文殊像を安置し、また慈恵大師木像も安置されていた。弥勒仏像は南向き、文殊と大師像は東向きだったとする。堂の西の食堂には東向きに慈恵大師真影画像が安置されていた。この像は世に「食座大師」と称され、顔が赤く、勧盃の時の形貌であるとする。堂の東には経蔵があり、一切経を安置していた。

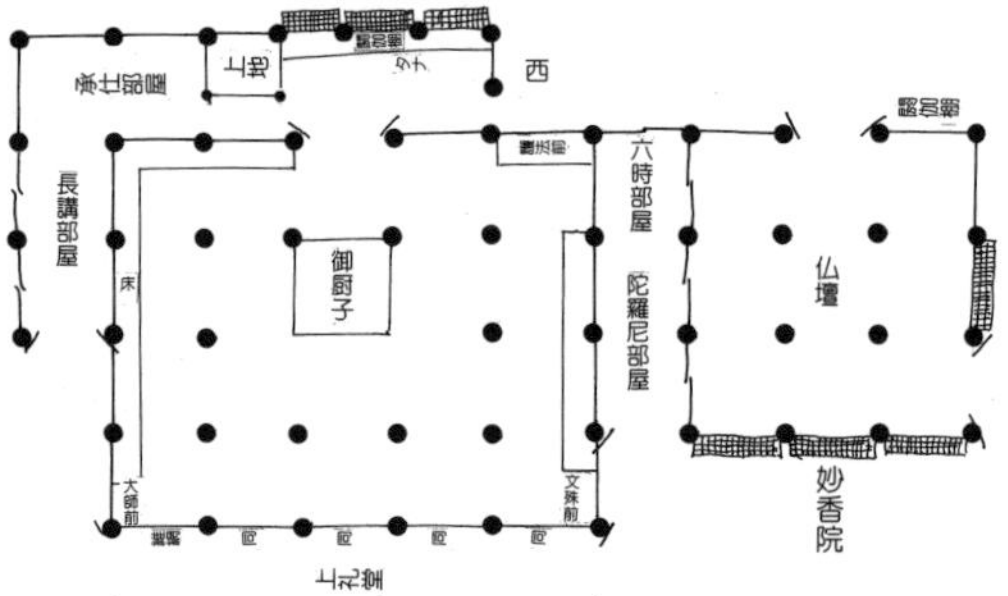

図4−8　飯室不動堂および妙香院指図（『門葉記』）

『門葉記』「寺院一」には年時不詳ながら定心房の指図が載せら

れている〔図4－7〕。中央に南面する桁行九間の講堂、西に桁行一三間の食堂、東に桁行五間の経蔵が描かれている。桁行規模に関しては『慈恵大僧正御遺告』の、中心建物（母屋五間、庇四面、孫庇三面、孫々庇一面）と「西板屋」（母屋十三間、庇四面）にほぼ一致するから、基本的には良源時代の定心房の構成を引き継いだのだろう。

なお、『慈恵大僧正御遺告』の中心建物の、一面に孫々庇を持つ形式は、『門葉記』「寺院一」に載せる飯室不動堂に見ることができる〔図4－8〕。

飯室院―飯室不動堂と尋禅の妙香院

天台座主・妙香院検校・権僧正尋禅は永祚二年（九九〇）二月十七日に入滅する。『門葉記』にはその三日前の二月十四日付けの、延暦寺妙香院を御願寺とし年分度者二口を置く旨を記した太政官牒、および尋禅の封戸百烟を妙香院に寄せる旨を記した太政官牒を載せる。また『山門堂舎記』に引く「飯室院中雑事」によれば、やはり同日付で尋禅は飯室不動堂・法華堂・妙香院・院家所領についての諸事を定めている。死期を悟った尋禅の、一連の仕置きであろう。

前述の太政官牒は永祚二年正月二十六日の尋禅奏聞状を引く。それによれば、尋禅は長年の厳しい山上生活で病を得てしまったので、台岳の東北、横川近隣の楞厳院別所に寄住してきた。そこに鎮護国家のため仏堂を造立し、御願寺の申請をなすつもりであったがその奏聞におよぶ前に、去年の秋頃から宿病を発し、病悩はいよいよ重く命も尽きようとしている。願わくは多くの例に準じ、この院を御願寺として欲しい、というものである。これが妙香院で、『華頂要略』第三上には「妙香院、在飯室谷本堂之北」とある。飯室は東坂本の里に近く、病を養うための好地であったのだろう。前述の、尋禅の記した「飯室院中雑事」に、不動堂・法華堂・妙香院が含まれているから、これらを全体を飯室院と称していたようである。前に引いた『華頂要略』第三上「妙香院」には「為当院門主之人、横川一谷管領流例也、仍以当院為横川本坊云々」とあるから、妙香院はある時期から横川の本坊となったようである。

妙香院には六人の院司（検校、別当、勾当、知院と二名の預）と七禅師が置かれたが、このうち検校の尋光（三十九歳）は藤原為光の子（師輔の孫）、七禅師の尋円（十八歳）は藤原義懐の子（伊尹の孫、師輔の曾孫）、同じく如源（十七歳）は藤原公季の子（師輔の孫）、同じく道命（十七歳）は藤原道綱の子（兼家の孫、師輔の曾孫）であった。このように妙香院は九条師輔の子孫によってその要職が占められていた。妙香院の最高位は検校であったが、前の「飯室院中雑事」によれば尋円が成人した日には検校職を尋光から尋円に譲るべき事が示されている。そして実際に、事はそのように運ばれた。尋円は師輔、伊尹の嫡流でありそれへの配慮であったのだろう。彼は大僧正にまで昇りつめる。またその父義懐は『尊卑分脈』には「飯室入道」とあるから、出家して飯室に隠棲したのであろう。

さて、飯室谷には不動堂があったが、これについて尋禅の「飯室院中雑事」には「一　不動堂之事」として[18]、

此堂本仏故大僧正相伝、有験之持尊也、小僧多年蒙此尊証利、仍所憑生々加護也、又祈公家御願、祈入室相承之由、大處庄有小材木・檜皮、便以此庄可致其修理也、灯油日別壱升弐合、仏聖如元参升宛置之、

とあるから、良源によって開かれたものと思われる。

また法華堂について、「飯室院中雑事」には、

於此堂、所祈自他法界、無差平等、滅罪生善、往生浄土也、仏聖灯油・六僧日供・修理等、皆施主平惟仲朝臣所置其料田也、具旨在彼文書帳、

とある。施主の平惟仲は『尊卑分脈』によれば中納言を最後に、寛弘二年（一〇〇五）に六十二歳で没している。したがって法華堂も良源時代の建立と考えてよいだろう。

これらによれば、飯室谷一帯の堂舎群は飯室院と総称され、良源創建の不動堂がその本堂であった。そしてほかに法華堂があり、飯室院を管領したのが尋禅創始の妙香院ということになろう。

尋禅時代の妙香院の堂舎については、永祚二年（九九〇）二月十四日の太政官牒に次のように記されている。

応以妙香院為御願、補院司・供僧、竝置年分度者事、

一　建立壱堂院、

五間四面檜皮葺堂一宇、

安置釈迦如来像一体、普賢菩薩像一体、文殊師利菩薩像一体、

十五間一面檜皮葺廊二宇、

十一間二面僧房一宇、

十一間二面政所屋一宇、

五間湯屋一宇、

十一間二面人宿屋一宇、

長大な房舎を多く有し、のちに横川の本坊となるにふさわしい大規模な院家であった。

なお『門葉記』には年紀不詳の飯室不動堂および妙香院と法華堂の指図を載せるが、妙香院としては不動堂に付属するように一間四面堂一宇が描かれるのみであり、寺勢の衰えた時代のものであろう〔図4－8〕。

『慈恵大師伝』には「昔在飯櫃童子化老仙、献供於慈覚之地也、故寺曰宝満、谷号飯室、師愛其地之如掌、創

一字、名妙香」とあり、妙香院の前身である妙香房を開いたのは良源であったことがわかる。飯室不動堂と妙香房が対になっていたのであろう。

源信流弥陀念仏の道場―飯室北谷の安楽院

長徳二年（九九六）八月二十六日の、僧範好等の連署起請文[19]には以下のようにある。

寛和元年歳次乙酉十月潤初、卜飯室北谷、号為安楽、同二年夏比、横川源信供奉被来坐之次、彼此道心者集会、相共議定、初企結縁行法畢、即以延久所領屋、施入念誦堂料、相催道心僧俗、合力令修造件堂并僧房等、緇素同心、不日成功、同年十月日、始修行法等、子細在縁起、

これによれば、寛和元年（九八五）に僧範好・延久等は飯室北谷に寺地を求めて安楽と号し、翌二年には源信を迎えて結縁行法を企てた。そして念誦堂および僧房を修造して、同年十月から行法を始修したという。おそらく弥陀念仏行法であろう。

この文は首部を欠くが「判、諸賢起請、為一向求菩提也、院内住人守此旨、不可依違、若有濫越之輩、重可制止」とあるので、飯室北谷安楽院に係るものと推測される。

時代は降るが、天正十五年の年紀のある「高野山二十五菩薩来迎図」には「叡岳別所安楽谷大阿弥陀二十五菩薩、同山越三尊化仏等、已上三十三体、恵心僧都真筆也」とあるように、安楽院は源信流の弥陀念仏の道場であった。

恵心僧都源信の華台院と霊山院

と妙空とする説がある。[20]華台院と霊山院はともに恵心僧都源信ゆかりの寺である。華台院は首楞厳院の東南で、創建者は源信とする説

『叡岳要記』華台院の項によれば、妙空大徳が極楽往生の方法について源信に問うたところ、丈六阿弥陀仏像を造ることを勧められた。今の華台院の仏がこれである、とする。[21]華台院の創建時は示さないが、妙空が永祚元年（九八九）に三十八歳で示寂したと記し、また「仍発願造丈六阿弥陀仏像、欲為結縁念仏本尊、其功未畢、其命早尽」とあるので、妙空の在世中には本尊は完成しなかったようである。

一方、『源信僧都伝』[22]は「楞厳院東南建立精舎、安置金色丈六阿弥陀、号之花台院、便就其地勢、勤修来迎行者之講、菩薩聖衆左右囲繞、伎楽供養、歌詠讃嘆、已為年事矣、緇素貴賤結縁之者、僉然以為即身往詣極楽国矣」とし、華台院は源信の建立とする。前述の『叡岳要記』の記事を勘案すれば、妙空の発願になる丈六阿弥陀仏はその生前には完成せず、源信がその遺志を引き継ぎ、華台院を建立してその本尊とした、ということになろう。あるいは花山法皇の助力があったのかも知れない。

建立年時については、『山門堂舎記』は「長保三年恵心院僧都建立」とし、『叡岳要記』は『山中抄』の「永観元年妙空上人建立華台院云々」という記事を引用する。永観元年（九八三）には、妙空はまだ存命であったから、ここでは長保三年（一〇〇一）建立説を採る。[23]以後、華台院は廿五三昧衆の、叡山における拠点となったものと思われる。なお、『古事談』によれば、妙空は源信の創始した廿五三昧の結衆であった。

前引の『源信僧都伝』によって、この院ではいわゆる迎講が行われていたことを知る。あるいは源信が妙空のために始修したのかも知れない。安置仏は、『山門堂舎記』によれば丈六阿弥陀三体で、中尊は妙空の建立で仏師は康尚。南仏は花山法皇の御願で仏師は朝覚。北仏は源信が迎講のため「被奉張云々」と記す。迎講用の張り

ぼての像であったと思われる。上記から東向きの仏堂であったことが知れる。規模は三間四面であろうか。

霊山院は、『山門堂舎記』に引く延久四年（一〇七二）九月六日の僧忍妙の「請蒙院内諸院恩修理霊山院状」に「右件堂、以正暦年中、故恵心僧都勧賢祐上人、所造立也」とあるのによれば、正暦年中（九九〇〜九九五）に賢祐上人が源信の勧めにしたがって建立したものである。また『山門堂舎記』に「仏像者恵心僧都願、令僧賢祐□知識、所建立也」とあるのによれば、賢祐が源信の指示に従って寄進を募り、建立したということであろうか。そして『源信僧都伝』には、華台院の創建に続いて「又其南起一区堂」とあり、この堂の創建も源信とする。これらを勘案すれば、霊山院の願主は源信だったが、勧進の責任者として実質的な建設を担ったのは賢祐ということになろうか。この堂は康尚作の等身釈迦如来座像一体を安置し、四面の壁には十大弟子が描かれていた。そして毎月晦日には法華経を講じ、その義理を談じ、院内ではこれを霊山釈迦講と号したという[24]。位置は華台院の南であったと思われる。

仏堂の形式については『阿娑縛抄』等に「葺檜皮堂一宇」とある。また『来迎院文書』には、寛弘四年（一〇〇七）に定められた「霊山院式」五箇条に続いて、霊山院について「一間四面堂一宇、安置五尺釈迦座像」「一条院御願所、額ハ後京極摂政殿手跡云々」と記す。後京極摂政は藤原良経であるから、この文が書かれたのは鎌倉初期であるが、一間四面という小規模な形式は、求道者源信の仏堂としてふさわしい、といえるのかも知れない。

なお創建年時については『日本紀略』寛弘元年（一〇〇四）三月十八日の条に「霊山堂供養」とある霊山堂は霊山院である可能性がある。『恵心僧都伝』には建立年時を示さないが、記載順は華台院に続いて霊山院の建立を記す。したがって、華台院の創建が長保三年（一〇〇一）であれば、霊山院はそれよりあとの、寛弘元年（一〇〇四）が妥当となる。霊山院式の制定が寛弘四年であるから、正暦創建とするとその間に十年内外の歳月が経過しており、不自然である。ここでは正暦年中に建立のための勧進が開始され、寛弘元年に建立供養があったと解釈したい。

華台院と霊山院は、源信の弥陀信仰と釈迦信仰（法華信仰）を集約的に示したものであった。

横川中堂の改造

（一）良源による改造

『叡岳要記』によれば、天延三年（九七五）正月一日、慈恵大師良源は横川中堂を改造し、等身不動明王像の開眼供養を行った。仏師は明定であった。「自天長六年至天延三、都一百四十六年」と記す。円仁建立堂の老朽化による建て替えであったと思われる。『慈恵大僧正伝』によれば、円仁入滅後の横川は「慈覚大師入滅之後、彼院住僧纔一両輩」という状態であったらしいから、横川中堂も相当に傷んでいたであろう。

『山門堂舎記』は根本観音堂について次のように記す。

首楞厳院（在大寺北、相去八九里）

根本観音堂、（俗曰横川中堂、在砂碓堂西、）嘉祥元年九月建立矣、

葺檜皮七間堂一宇、（前在孫庇、）

安置聖観音像一体、不動・毘沙門像各一体、（此不動像者仏師明定所造也、苗鹿栢木造之、）

そして前述した根本観音堂の由来を述べたあとに、次の記事を載せる。

一　可置根本堂仏具灯油事、（参河国五百戸、内字□用件料、）

一　可置法界房正月十四日大師供料事、美乃国村戸内、
一　以少僧都聖救為検校永執行院務事、

首楞厳院の検校とされた聖救は良源の弟子であり、また安置仏には良源発願の、仏師明定による不動明王像が記されているから、これらは良源以後の根本観音堂の様子である。一方、後述する嘉応元年（一一六九）に新たに安置された文殊は書かれていない。したがってここまでの記事は良源による横川中堂改築の際に書かれたものと考えてよい。記載された仏堂の規模・形式もこの時のものと推測される。

（二）嘉応元年の再建堂

円仁が創建し、良源が改築した横川中堂は仁安四年（一一六九）二月五日に焼亡する。『山門堂舎記』所載の仁安四年二月十三日の「延暦寺満山大衆法師等誠惶誠恐謹言、請殊蒙天恩横川中堂安居以前造立状」によれば、聖観音・毘沙門天・不動尊の三尊はかろうじて取り出したが、精舎は灰燼に帰した。そして慈覚大師はこの堂において安居を修せしめていたので、安居以前に造立することを庶幾う、と記す。『叡岳要記』によれば再建は公家の手によって行われ、嘉応二年（一一七〇）二月十日の宣旨によって、左兵衛尉藤原行貞の左衛門尉成功により、「横川中堂金堂用途料」として「絹四万二千八百十五匹」が進納された。

『山門堂舎記』にはこの時の再建の経緯が詳細に記されている[25]。以下に摘記する。

①大師（円仁）が創建したとき、内陣柱の一本は苗鹿明神が奉加したものであったから、今回もその先例に倣い、内陣柱四本は苗鹿樹林から撰出すべきである。そして杣工等が三本の栢木（柏）を伐り、不足の一本は飯室の気焼（欅）を充てた。

②この堂は「四面共懸造」であるため、「下殿」の「大物材木」は横川内の仏領・人領を論ぜず、寸法が叶う木

は調達する。ただし欅のみとする。杣工は仰木の和爾の工とする。中堂「下殿」の番匠は百二〇人で、その食料は公家の沙汰とする。

③二月二十二日、事始め。同二十七日、仮上棟。三月十三日、上棟。同二十七日、仏具・堂荘厳具等を調える。

④十月十二日、本尊を渡す。

『叡岳要記』には「嘉応元年十月十三日造畢」とあるので、遷座の翌日に落慶供養が行われたようである。以上のほか、仏堂の構成については遷座儀式の記述によって次の事が判明する。

⑤本尊等は「後戸」から入御し、その後「後戸妻戸」は閉じられた。

⑥次いで「内陣」の西に不動尊、東に毘沙門天、中央に観音が安置された。ほかに慈覚大師作とされる「恵心院文殊」も安置されたが位置は不明である。

⑦讃衆は内陣を三匝し、「正面妻戸」より出て「上礼堂東」に列座した。

以上によって、嘉応元年再建の横川中堂は以下のような構成であったことがわかる。

①内陣には中央に観音、東に毘沙門天、西に不動尊が安置された。

②特に選定された四本の内陣柱は三間の来迎壁に対応するのであろう。したがって内陣桁行は五間であったと推定される。

③「上礼堂」は「下礼堂」の存在を推測させる。根本中堂同様、礼堂は内陣側の上礼堂とその南の下礼堂によって構成されていた。

④内陣と礼堂の結界は妻戸であった。そして内陣には後戸が開いていた。

⑤「四面懸造」であったため、長大な材木を必要とした。「下殿」は懸造となる庇部分のことであろうか。

これによって、嘉応の再建堂は桁行七間で、上礼堂と下礼堂を設ける形式であったと推定されるが、これは良源の改築に係る「葺檜皮七間堂一宇、前有孫庇」にも合致する。五間四面で南庇を上礼堂、南孫庇を下礼堂とする形式であり、基本は根本中堂に共通する。

(三) その後の横川中堂

前述した『山門堂舎記』の「遷座儀式」の記事に続いて、次のような記載がある。

今度焼亡、本尊等悉焼失之間、観音者請如法堂五仏之中之観音、安置之、毘沙門者□□□□□、不動者奉請海上堂不動、安置、慈覚大師御建立也、文殊者恵心院文殊也、慈恵大師像者、去建仁三年冬、三塔中堂衆等追罰、其後時々有襲来之告、仍為鎮其難、元久年、慈恵大師像三塔各一体造立之時、当院分所造立安置也、当時長吏法印公円造立之、

これによれば本尊は難を免れたとする記事と矛盾する。しかし前述の『山門堂舎記』の記事には座主明雲が回禄の聖跡を拝し、「詣砂碓堂、中堂内本尊安之」とあるので、本尊が焼けなかったことは明らかであるから、「今度」は仁安四年以後の、再度の焼亡を指していると考えられる。「元久年」（一二〇四～六）に造立・安置した慈恵大師像も、この時の火災で焼けた、ということであるらしいから、十三世紀に入ってのことである。

ところで『山家要記浅略』は、『匡房卿記』を引いて円仁造立の横川中堂本尊の由来を述べたあとで、(26)「爰件堂并本尊共以煙滅、次度以法界坊本尊、千手観音、覚大師御作、又灰燼畢、今世十一面、同御作、安置之、出所口決、」と記す。これによれば横川中堂は『山家要記浅略』の撰述された応永十六年（一四〇九）(27)までに、少なくとも二度の焼亡があり、本尊も焼失した。

上記の両記事を勘案すれば、本尊の「初度」焼亡は十三世紀の初頭で、如法堂五仏のうちの観音が新たな本尊

として迎えられ、「次度」は時期不明だが本尊は法界坊本尊の千手観音、三度目も同じく時期不明で本尊は十一面観音、ということになろうか。なお仁安四年から応永十六年までの間で、横川中堂の火災が確認されるのは正和元年（一三一二）のみである。[28] これが「初度」にあたるのであろう。

　織田信長による叡山焼き討ち後の天正十二年（一五八四）に再建された横川中堂〔図4－9、昭和十七年焼失〕は、桁行七間梁行九間の入母屋造で、正面を懸造としていた。土間床の内陣を方五間とするのは、叡山特有の方五間堂を内包するものとして興味深い。内陣を柱列によって前後に分けるのは、良源時代の叡山上の他の仏堂と比較して新しい要素といえるのかも知れない。また外陣は上礼堂と下礼堂に分かれおり、これも叡山の主要堂に共通する形式である。そして下礼堂は縋破風とするから、これはかつての孫庇の名残であろう。外陣と同規模の後陣が付くのは、この堂へのアプローチが側面であることから、側面を左右対称にするための工夫で、後世の創意によるものであろう。規模を拡大しながらも、基本的には良源時代の「五間四面、前面孫庇」の形式を内包するものと評価できよう。

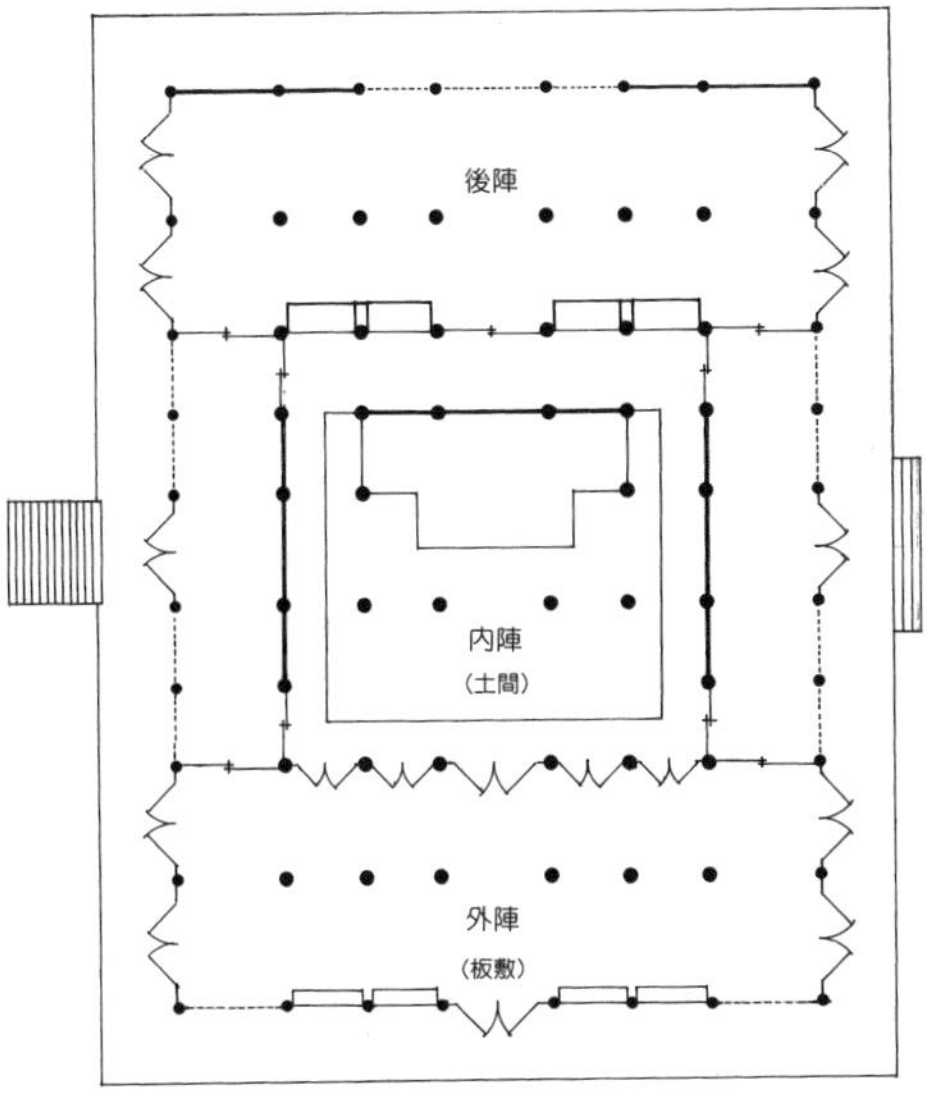

図4－9　横川中堂平面図（昭和17年焼失）

おわりに

　横川における象徴的な中心は円仁によって創建された根本如法堂と、東塔における根本中堂的な位置を占める横川中堂であったが、実質的には良源と師輔一統によって創建された楞厳三昧院が横川を代表していたことは先に述べた。そして楞厳三昧院は法華三昧堂と常行三昧堂、そして講堂からなっていた。これらの堂は天台法華に欠かせないものであった。したがって横川における良源の営為の主眼は、永らく続いた円珍派治山時代の密教中心の体制から、宗祖最澄時代の天台法華復興にあったことが読み取れる。すでに開発と充実の進んだ東塔や西塔では実現が困難であった良源の理想を、彼の崇拝する円仁の故地、そして当時は荒廃の進んでいた横川に求めたのであろう。もちろんその背景には、平林盛得氏が指摘するように[29]、教団内に有力な師を持たなかった良源が、既成の東塔や西塔では一派を形成することが難しかったという実情もあったろう。いずれにせよ、東塔、西塔に次ぐ第三の拠点が、良源によって構築されたのである。

良源の活動は横川にとどまることはなく、治山中の康保三年（九六六）に焼失した惣持院・大講堂・文殊楼・常行堂・法華堂・延命院・四王院の再建、そして根本中堂の改築など、叡山の伽藍は彼によって面目を一新したと言っても過言ではない。

〔註〕

1 「慈恵大僧正伝」。

2 『大日本史料』第一編之十一所収の『門葉記』寺院三「太政官符　民部省／応混合正税加挙永充天台楞厳院法華三昧料稲八千束事」。

3 青蓮院本『門葉記』所収。

4 青蓮院本『門葉記』「寺院三」および『山門堂舎記』所収の、七通の太政官符および太政官牒による。

5 同日の「太政官牒延暦寺」「応始修楞厳三昧院両三昧事」では「従来二月廿九日、可始修件三昧、法花三昧者、於前右

大臣建立三昧堂、彼修僧六口之外、更加六口」と記したあとに脱文があり、続いて「於例御願所修之」とある。この脱文は文脈から推して「常行三昧者」と思われる。つまり常行三昧を行う「例御願所」は冷泉天皇御願の常行堂ということになろう。

6　『百錬抄』にも「同日、右大臣供養横川薬師堂」とある。

7　『大日本史料』第一編之十三所収「真門孝雄氏所蔵文書」。

8　『群書類従』釈家部所収。

9　『大日本史料』第一編之二十二所収。長元五年（一〇三二）に良源の弟子・梵照が著したもの。

10　『大日本史料』第二編之一、正暦元年二月十四日の条に引く『門葉記』。

11　「慈恵大僧正伝」にもほぼ同文が引用されている。

12　『阿娑縛抄』は供養会の様子を描いたあとに、「阿闍梨五口被寄之」と記す。

13　『延暦寺護国縁起』巻中の「一　恵心院」に引く寛和二年の太政官牒。

14　『延暦寺護国縁起』巻中の「一　恵心院」に引く寛和二年の太政官牒では「天元年中」とする。

15　『大日本古記録』の『小右記』による。『大日本史料』第二編之一補遺（第二編之九所収）では「恵心院造営料」とする。

16　『大日本史料』第二編之一、正暦元年二月十四日の条に引く『門葉記』。

17　『大日本史料』第一編之十二、「康保四年是夏」所引。

18　青蓮院本『門葉記』「寺院三」の「飯室谷」によって文を補訂した。

19　『大日本史料』第一編之二十四「寛和元年雑載」所収の「高山寺古文書」。『平安遺文』「補遺二」四五七六文書は「僧範好等連署起請文」。

20　『山門堂舎記』は「妙雲」とする。妙空については明らかでないが、「二十五三昧根本結縁衆過去帳」には「恵心院前権少僧都源信」と並んで「妙空大徳」の名がある。

21 『三外往生伝』にもほぼ同様の記事を載せる。

22 『大日本史料』第二編之十一、寛仁元年六月十日の項。

23 華台院の創建について、宮崎圓遵氏は『山門堂舎記』に「長保三年恵心院僧都建立、恵心僧都去年五月依弟子厳久譲、補権少僧都、今年辞其職、隠居密所、建立華台院也」とある記事に対し、「権少僧都の辞任は、上記の如く寛弘二年で長保三年ではない。従ってそれはこの寛弘二年に係くべきは云ふ迄もない。」として寛弘二年をその創建とされている(日本名僧論第四巻『源信』「三　源信和尚年譜」)。「源信僧都伝」にも「長保三年恵心院僧都建立」を除くほぼ同文があり、文脈からすれば権少僧都辞退後に隠棲のために華台院を建立したようにとれるが、すでに完成していた華台院に隠棲したと解釈することも十分に可能であろう。

24 「源信僧都伝」および『山門堂舎記』。

25 苗鹿神社は横川北麓、苗鹿村の式内社。

26 これによれば、清和天皇の外祖父である藤原良房が、速やかに願いを叶えてくれるのは何仏かを円仁に尋ねたところ、六観音、特に不空羂索観音であると答えた。そこで良房は嘉祥三年(八五〇)の夏、不空羂索観音を造ったところ、願いが叶って惟仁親王立太子の運びとなった。さらに親王の天皇即位を祈願して、良房の要請によって円仁自らが聖観音を造ったところ、天安二年(八五八)に九歳で即位して清和天皇となった。横川中堂の本尊はこれであるとする。

27 奥書には「于時応永六年己丑二月十一日甲申」とあるが、「己丑」は応永十六年である。また応永十六年の二月十一日が「甲申」である。

28 『天台座主記』「無品覚雲親王」の項。

29 『良源』(吉川弘文館、一九七六年)。

三　その他の堂院

ここでは、上記以外の、横川に建立された堂院について述べる。

香積寺

『山門堂舎記』によれば、「明達律師伝云」として以下のように記す。

寛平四年、大師遊観之所、在本神宮寺山之北洞、有三間板葺小堂、等身霊像虚空蔵菩薩一体安置、厥後昌泰元年改造檜皮葺三間三面堂、名号香積寺、置時明達所為也、又伝云、天慶四年四月、奉造等身綵色四天王四体、安置香積寺、奉供□了云々、

文意がとおりにくいが、寛平四年（八九二）に「大師」が遊観の折に、神宮寺山の北の深い谷で虚空蔵菩薩像を安置した三間の板葺小堂を見いだした。そして昌泰元年（八九八）には明達律師がこれを檜皮葺三間三面堂に改造し、香積寺と号した。そして天慶四年（九四一）には等身綵色の四天王像を安置したという。『本朝高僧伝』によれば、明達は天慶三年に、勅によって平将門調伏のため四天王法を修して験があり、内供奉十禅師に任ぜられている。また藤原純友調伏にあたっては毘沙門の法を修したというから、四天王法の修法に長じていたことがわかる。

文中の「大師」は智証大師円珍を指すと思われるが、すでに寛平三年に没しているから何らかの錯簡があるのだろう。また明達は天暦九年（九五五）に七十九歳で示寂しているから、昌泰元年には弱冠二十二歳であった。疑問の残るところではある。

勝楽院

『阿娑縛抄』には以下の記載がある。

葺檜皮三間四面堂一宇、一間四面阿弥陀堂一宇、

応徳二年二月廿六日供養、導師大僧正良真、讃衆三十人、阿闍梨三口、

応徳二年二月宣下、大僧都仁覚奏、

また『百錬抄』応徳二年（一〇八五）二月二十六日の条には「公家供養天台勝楽院」、『一代要記』同日の条には「供養天台勝楽院、上卿権中納言源師忠」とあるから、天皇家による造営であったことがわかる。

葺檜皮三間四面堂が本堂であったと思われるが、本尊の記載はない。位置は飯室谷である。

第五章　叡山の周辺部

赤山禅院

この院については『慈覚大師伝』貞観六年（八六四）正月十三日の「召諸弟子、遺戒云」に詳しい。

我昔入唐求法之日、有為天衆地祇書写金光明経千部又為赤山神造禅院之願、是為令求法之事無有障礙也、若写彼経者、可安置文殊楼、唯至禅院庶幾道心同志者、遂此宿願、

ここに言う「赤山神」は、『入唐求法巡礼行記』によれば、円仁が入唐求法の折に八ヶ月あまりを過ごした赤山法華院に祭られた、道教の泰山府君神であったらしい。

『天台霞標』初編巻之一には、

別伝七云、大師登登州赤山法華院、送過冬月、明年春、大師祈願、海会諸尊、当所山神、必施冥助、令遂本願、若適帰本国、当建立禅院、弘伝法門、資益山神、此山盛伝禅法、故発此願、

とある。「別伝」は『慈覚大師伝』の一本であろう。円仁は赤山神の冥助によって求法が障礙なく行われれば、帰国後この神のために禅院を建立をし、法門を弘伝し、この神を資益しよう。この山では盛んに禅法が伝えられている、というものである。しかしその生前には実現せず、弟子達に後事を託したのである。なお、赤山法華院は円仁と同時代の新羅の将・張宝高によって創建された寺院である。

『天台座主記』「四世阿闍梨内供安恵和上」には、「貞観十戊子年二月始有　勅、以近江国所当被造赤山大明神々殿、同三月五日申叙正四位、申加年分度者六人、是皆依大師慈覚遺誡座主申請也、」とあり、貞観十年に座主安恵の申請により、赤山大明神のために年分度者六口が置かれ、神殿造立の勅命が降りた。しかし実際の造立はこれより遅れたようである。『慈覚大師伝』によれば、仁和四年（八八八）に、大衆の合力によって銭二百貫をもって西坂本の大納言南淵年名の山庄を買い取り、大師本願の赤山禅院を建立したという。

『慈覚大師伝』に「寛平二年、太政大臣越前公施入年給一分一人、其状云」とある「其状」は、『天台霞標』初編巻之一に全文を載せる「太政大臣書」で、太政大臣基経のものである。その概要は以下のとおりである。

伝え聞くところによると、大師は大唐にある時、禅院建立を発願した。しかし生前には実現せずこれを諸弟子に託した。弟子達はこのことを一日たりとも忘れることはなかったが、経済的な力はなく今に至ってしまった。近年、満山の衆はようやく南淵大納言の北山の宅を買って、件の院を建立しようとしているらしい。このことを聞いて懐を感じ、いささかでも役に立てばと年給を施入するところである。

この文に続く「再賜手書」には以下のように記す。

参内して慈覚大師本願の禅院建立のことを奏聞したところ、天皇は感動され、直ちに勅を降されて内給一分一人を施入されることになった。

年紀はいずれも寛平二年（八九〇）である。年給、内給は売官による公卿、天皇の所得で、「一分一人」は諸官司や諸国の四等官の任料一人分の意である。これによれば、用地は取得したものの、なかなか禅院建立までには至らなかったのであろう。

無動寺と息障明王院

無動寺は円仁の弟子で、異能の呪力を持った相応によって開かれた寺である。相応の事績および無動寺に関しては『天台南山無動寺建立和尚伝』[1]（以下「和尚伝」と略称）が唯一のまとまった史料である。相応没年の延喜十八年（九一八）から延長元年（九二三）の間の成立とされ[2]、その内容は信憑性が高い。以下、断りのない限り、同伝による。

相応は承和十二年（八四五）、十五歳の年に鎮操大徳に随って叡山に登った。受学の途中、法華経常不軽菩薩品に至って大菩提心を発し、不軽の行を修せんと欲した。しかし師に事えるにいとまなく、この願いを深く胸に蔵した。斉衡三年（八五六）、西三条大納言藤原良相が、彼の代身としてその息災を謀り、かつ生涯の師となすべき僧を求めたとき、円仁は信心堅固な相応を良相に推薦した。これによって相応は得度・受戒して正式な僧となった。得度ののち、定めによって十二年の籠山修行に入ったが、その八年目に、円仁より不動明王法と別尊儀軌護摩法等を伝授された。相応と不動明王との出会いである。そして「蒙医王之示現、占叡嶺之南岫、聊搆草庵、苦修錬行」とあるのは、現在の無動寺の地に草庵を構えたことを示すのだろう。

天安二年（八五八）には右大臣良相の女で文徳天皇の女御となった多賀幾子（西三条女御）を呪によって病悩から救い、また貞観三年（八六一）には清和天皇および西三条女御、同七年には染殿皇后明子（藤原良房の女で文徳天皇女御）の病悩を救うなど、数々の呪験を発揮した。

貞観五年（八六三）には等身不動明王像（仏師仁筭）を造顕し、同七年にはこの明王像を中台に安置した伽藍を建立し、無動寺と号した。

元慶五年（八八一）、示現によって一搩手半の金銅毘盧遮那仏像と不動尊像各一体を造り、また鴻鐘を鋳た。

『華頂要略』第三に「無動寺　本堂明王院、安置不動三躯、俗称不動堂」として、「当堂中西所安者染殿皇后御願、其東所安者村上天皇御願云々」とある染殿皇后御願の不動像が、あるいは元慶五年のものであろうか。

元慶六年（八八二）、堀河太政大臣良房の奏によって無動寺は天台別院となった。

延喜三年（九〇三）、五条女御（基経の女・穏子、醍醐天皇后で朱雀・村上両天皇の母）は産月に邪気に悩まされたが、堀河左大臣時平（基経の長男）の請によって相応が不動法を修すると、平安なお産を迎え皇子が誕生した。「是則儲君宮也」とする。醍醐天皇皇子保明親王である。

延喜十年（九一〇）、六道衆生を引摂せんがため阿弥陀仏および六観音を造り、また鎮護天下国土のため半出五大尊および般若菩薩像を造った。

延喜十五年（九一五）、枇杷大納言藤原仲平は等身明王像を造り、三間仏堂を建立して無動寺に付属させた。「今大堂是也」とする。

以上のように、相応が無動寺谷に草庵を築いた年時は不明だが、貞観七年（八六五）には仏堂を造立して不動明王像を安置し、無動寺と号した。『帝王編年記』、『華頂要略』第一「無動寺検校次第」、『門葉記』「寺院二」、『叡岳要記』はいずれも無動寺供養を貞観九年九月三日とする。正式な供養は建立二年後に行われたということであろうか。「和尚伝」は貞観八年（八六六）から元慶四年（八八〇）までの十五年間の記事が欠落しており、これによっては確認できない。

『門葉記』「寺院二」には「無動寺本堂」として、

壇上安置五大尊、中尊、帳内、二童子、帳外左右、余四大尊安帳外四隅、降三世東南、大威徳西北、軍荼利西南、金剛夜叉東北、東第一間安文殊・毘沙門、第二間安山王・大師、

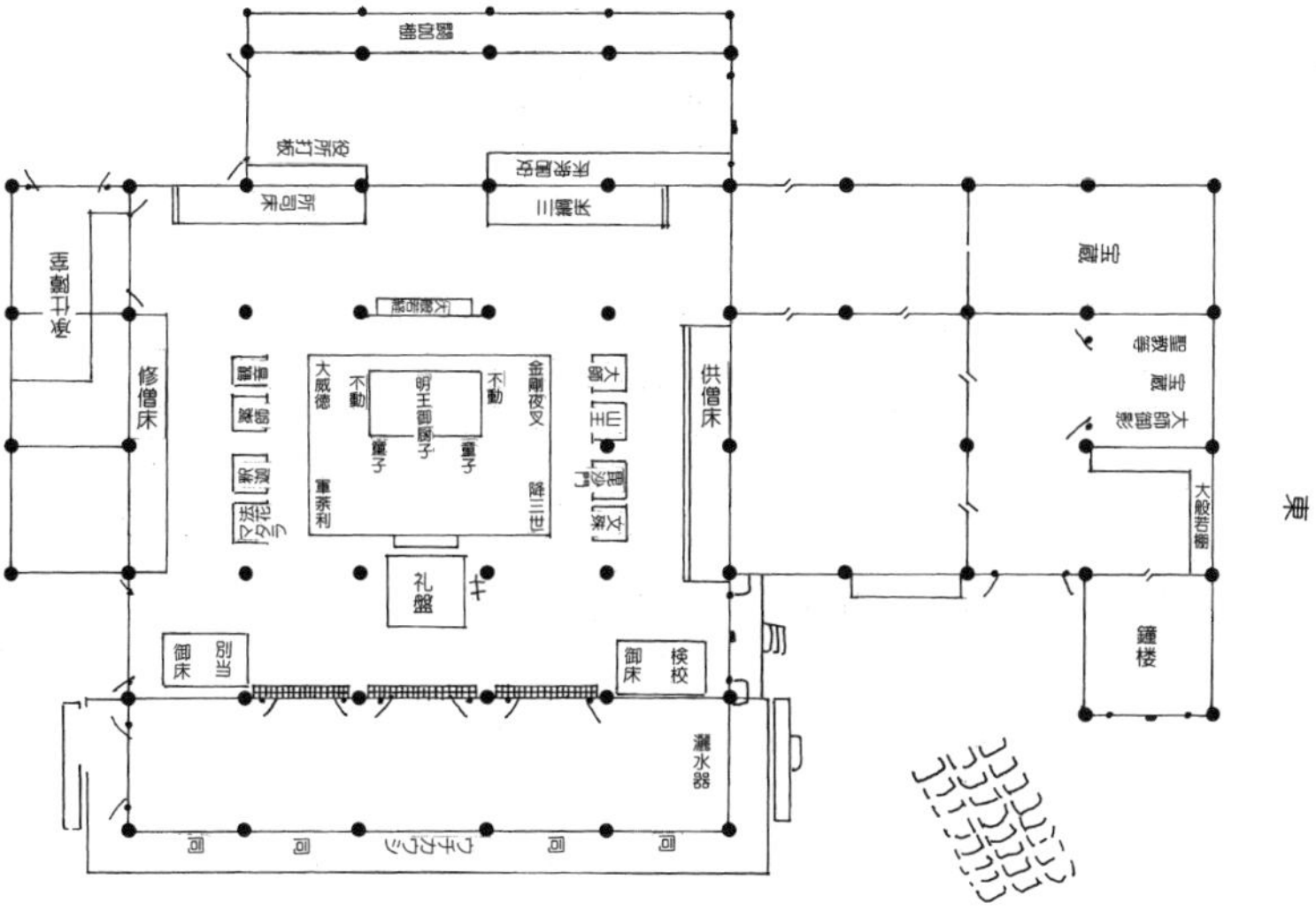

図5－1　無動寺本堂指図（『門葉記』）

西第一間安法花曼荼羅并釈迦像、第二間安薬師・観音、仏後安置大般若経、志全内供批記有之云々

と記す。また無動寺本堂の指図を載せるが、安置仏の記入は前記に一致する〔図5－1〕。張内に安置された不動は貞観五年に相応が造立したもの、帳外西の像は染殿后明子、東の像は村上天皇の御願による像である。元慶五年に不動尊像とともに造顕された一搩手半の金銅毘盧遮那仏像は描かれていない。仏堂の基本的な形式は三間四面で南に孫庇を付して外陣とし、内外陣境は扉と格子を併用する。外陣南面は内開きの蔀とするから、平安時代中期を遡るものではあるまい。

延喜十五年に枇杷大納言藤原仲平が造立して等身不動明王を安置し、「無動寺大堂」と呼ばれた三間仏堂は、その後の消息が不明である。なお、「三間仏堂」が「大堂」と呼ばれるのは違和感があり、あるいは五間ないし七間の誤りであろうか。

以上のように相応は彼自身の意図とは無関係に、その呪力によって当時の政界の実力者であった藤原良房・良相の兄弟、そして基経、時平、仲平、染殿后明子などの支援を受け、叡山における不動明王信仰の中心であり、また後には回峰行者の拠点となる無動寺の伽藍を築き上げたのである。

無動寺の本坊は南山坊で、相応の御本坊であったという。本堂の南に位置した(3)。なお、正暦年中（九九〇～九九五）には一条天皇の御願による法華堂が草創された(4)。

叡山上の寺院ではないが、同じく相応ゆかりの寺で、のちに回峯業の拠点となる息障明王院（葛川明王院）についで略記する。

『葛川縁起(5)』によれば、相応は貞観元年（八五九）、二十九歳の年に年来の宿願であった生身不動明王の色身を拝せんがため高い嶺や深い谷を歩渉し、比良山西の阿都河（安曇川）の源流に至った。その滝中に不動明王の姿を認め、滝に飛びいって取り上げたのが不動の等身像であった。これを「清石」上に安置し、奉拝した。その後「負持現形本尊、還住本山南岫」とあるのは、この不動明王像を無動寺に移したことを示すのだろうか。「縁起」は息障明王院の創建については何も触れていない。

前に見た「和尚伝」には以下のような記事がある。

貞観元年（八五九）には大願を発し、三箇年を限って粒飡を絶って蕨類を食し、比良山西の阿都河（安曇川）の滝に智慧を祈請したところ、夢に普賢菩薩が現れ、智慧種子を得た。これによって以後は苦学することなく聖教の旨を悟ることができたという。ここには「不動明王」の記載はなく、「縁起」の内容とは食い違っている。「縁起」は潤色が多く、「和尚伝」を信ずべきだろう。なお、「和尚伝」は貞観八年（八六六）から元慶四年（八八〇）までの十五年間の記事が欠落しており、この間の息障明王院関係の記事は全く見ることができない。

『華頂要略』「根本伝第四　相応」の項には、

貞観七乙酉年、依清和天皇御願、建立息障明王院、
同九年丁亥年九月三日、息障明王院供養、導師安恵阿闍梨、

とある。しかし前に見たように、無動寺の建立が貞観七年、供養が同九年九月三日で、両者は全く合致するから、何らかの錯簡があったのだろう。結局、明王院の創建年は不明といわざるを得ない。「和尚伝」は相応示寂の延喜十八年までを編年体風に叙述するが、明王院の創建には触れていない。したがって創建は相応示寂後か、あるいは和尚伝の記事の欠落した貞観八年から元慶四年の間ということになる。「縁起」を信ずれば、延喜十九年には相応の弟子・遍斅が法華八講を始行しているから、このときにはすでに寺はあったと解釈される(6)。とすれば、創建は貞観八年から元慶四年の間ということになろう。

苗鹿院

苗鹿は良源の出生地である。苗鹿院の由緒については明らかでないが、『慈恵大僧正御遺告』にはこの院の構成について詳細な記述があるので、これを引用する。

苗鹿院一処
檜皮屋一宇、五間、三面庇、在東近廊、
板葺大炊屋一宇、四間、二面庇、
右、年来源漸之母堂被宿住也、小僧他世後、母子共無頼歟、病間思之、落涙難禁、諸同法共加相訪令得便宜、彼老尼非常之後、源漸領掌、若山上無住所之便宜者、壊上造立可寄住之、
政所屋一宇、板葺十一間、二面庇、

右、可為御願所別院、々司并妙香房共可知之、
木屋一宇在北極、七間、二面庇、
右屋、焼亡後、行事安真竭力所造立也、仍安真可領掌之、若院家可有要者、計其料物充行耳、
校屋二宇、可立政所屋西、
其直物充暹賀了、早計納材木造立、可充院家別納所耳、
九間二面屋材木一具、鞆結庄所進、
件材木来納了、山上及彼院間、随要可造立之、又寝殿料材可採進之由、仰鞆結庄了、病身没後、不為事歟、三綱并暹賀知其旨相催了、又七間屋材木可採進之由、仰岡屋庄了、早可検納之、件両屋材木、為構立彼院所仰也、随宜左右耳、

五間三面庇の「檜皮屋」は唯一の檜皮葺建築で軒廊を有しており、この院の中心の、いわば本堂であったと思われる。「大炊屋」は後の庫裡に相当するものであろうか。十一間という長大な「政所屋」は寺務所と僧房を兼ねたものであろう。「木屋」は材木や燃料を貯蔵する施設で、敷地の北端にあった。二宇の「校屋」は政所に付属する倉であろう。

〔註〕

1 『群書類従』第五巻所収。
2 『群書解題』による。
3 『門葉記』「寺院二」による。
4 『門葉記』「寺院二」による。

5　『続群書類従』釈家部九十八。

6　遍斅は『僧綱補任抄出』によれば、天延二年（九七四）に少僧都に任じられている。『門葉記』「寺院二」南山房の項には「遍斅僧都相続止住、仍号南山房僧都也」とある。また『尊卑分脈』によれば、延喜十五年（九一五）に、無動寺に三間仏堂を建立した枇杷大納言藤原仲平の息で、「無動寺　南山房　相応内供奉資」とある。ただ、仲平は天慶八年（九四五）に七十一歳で薨じているから、貞観十七年（八七五）の生まれであり、遍斅は天延二年には七十歳を超えていたと思われ、貴顕出身の僧としては、少し出世が遅すぎるように思える。しかも補任の理由は太政大臣兼通の病気平癒に対する賞であった。また法華八講を始行した延喜十九年にはまだ十代か二十代の前半であったことになる。したがって遍斅の法華八講始行については判断を保留する必要があるかも知れない。なお、『本朝高僧伝』では遍斅とほぼ同時期の遍救を、仲平の息としている。彼は大僧都まで昇進している。

第六章　延暦寺の組織と構成

支配組織の確立

天台宗の開立は大同元年（八〇六）で、この年より年分度者二名が置かれることになった。しかし初期延暦寺の寺院組織がどのようなものであったかは不明である。最澄自身の教団内での地位を表す呼称も不明である。

弘仁十四年（八二三）二月二十六日にはそれまでの比叡山寺を改め、延暦寺と号することが勅許された。わが国最初の元号を冠する寺院の誕生である。そして同年三月三日には勅によって中納言藤原三守、右中弁大伴国道の二人が延暦寺俗別当に任ぜられた。これより以後は左大臣をもって検校とし、左大弁・左大史をもって別当となすことになったという(1)。検校については、時代は降るが左大臣藤原忠平が延暦寺の検校であったことが確認できる(2)。

翌天長元年（八二四）六月二十二日には義真が初代天台座主に就任する。座主は僧綱から独立して一山の支配を行えるもので、ここに天台宗は僧綱支配から離れた、真に自立した教団となった。そして七月十三日には始めて三綱が置かれ、上座には仁忠、寺主には道叡、都維那には興善が任じられた。これによって天台宗の、組織としての体制が整ったことになる。

なお、「別当大師」と称された光定が、勅によって寺家別当に任ぜられたのは仁寿四年（八五四）四月三日、七十六歳の年であった。俗別当の任命より三十一年も後のことだが、それ以前には別当任命は確認されないし、光定の経歴から見てもおそらく初代別当であったろう。これによって延暦寺における座主・別当・三綱の制度が確立したことになる。

弘仁九年（八一八）の、最澄、義真連名になる十六院の役僧等を定める文書には「以前衆院并別当・三綱等、為令仏法興隆、擁護国家、利益群生、依去延暦廿四年大歳乙酉九月十六日、治部省与最澄・義真・寺家小別当真忠等公験、建立衆院、任別当等如件」とあって、すでに弘仁九年の段階で「別当・三綱」が置かれていたようであるが、おそらくこれは公認されたものではなく、寺院内部での私的なものであったと思われる。

西塔院の組織と西塔の分立

（一）西塔院主と宝幢院検校

『宝幢院検校次第』(3)はその冒頭に、

貞観元年月日、内供奉十禅師恵亮和尚、依慈覚大師奏、始補西塔院主職、是院主元祖也、件院伝教大師點定地、付属円澄和尚、和尚建立仏閣等、承和三年入滅之時、所付属慈覚大師也、仍今日以恵亮法師、経天奏為院主職之段、代々座主加処分、経奏聞云々、

と記す。これによれば西塔院主の職を創設したのは当時の座主円仁で、貞観元年（八五九）に宝幢院の創建者である恵亮をもって初代西塔院主に任じている。その貞観元年は宝幢院に年分度者が置かれた年である。

ところで、この『宝幢院検校次第』は冒頭の文が示すように、実際の内容は「西塔院主次第」であるらしい。これは例えば『歴代皇紀』(4)に「西塔院主少僧都如源、治安元年四月十八日卒、四十七、号三昧房」とある如源は、

『検校次第』では「如源少僧都、寛仁三年任之」とあることや、『華頂要略』「第一　横川三昧院検校次第」に「第四良光律師、長元五壬申七月八日、補西塔院主」とある良光は、『検校次第』に「良光阿闍梨、長元五年七月廿八日任之」とあることによっても裏付けられる。

そして『法中補任』[5]が「宝幢院検校次第、号院主」と表現し、また『妙法院相承次第』[6]に「恵亮、宝幢院第一院主云々」とあるように、宝幢院検校が、実は西塔院主を兼ねる、ということであったらしい。

（二）西塔院司と宝幢院の関係

仁和三年（八八七）三月二十一日の太政官符「応令延暦寺宝幢院別当定行試西塔院年分度者雑事吏」[7]の前段は以下のようである。

右去貞観元年八月廿八日初立試度年分之例、元慶七年十月十一日更置彼院別当、是知院中庶事惣帰伊人、而今伝灯大法師位観栖申状偁、伏撿案内、件年分度者、是故大法師恵亮所申置也、彼本誓云、於西塔宝幢院師資相承永修道業者、大法師逝去之後、門徒貫首常済法師行来尚矣、常済已没之後、西塔院司等、去貞観三年牒云、西塔院司勾当其事、然則簡定学生一向可知者、爰八僧悪乖本師雅意、謬以小僧奏為別当、令搆院事、而去年西塔院司改革旧例、勾当此事、既違本懐、亦妨道業、望請、簡定学生、請証師試業師之事、別当皆定行、申送寺家、祗候勅使、試定并剃頭令受小戒、又八僧闕所撰定被衆推者、同申送寺家、被下官牒、不更経西塔院司、

大要は以下のようなことであろうか。貞観元年に認可された二名の年分度者の試度枠は宝幢院が有していたが、恵亮の跡を受けた常済の死後、これを改めて「西塔院司」が年分度者等のことを勾当するようになった（この年を貞観三年とするが、常済は貞観四年に西塔院主に補され、貞観十八年には西塔に八僧を置くことを申請しているから、ある

い は元慶三年の誤りであろう）。これに対し、宝幢院側は本師恵亮の本意に違うことを恐れ、元慶七年には観栖を宝幢院別当として、院内の庶事を取り仕切らせることとした（西塔院司の干渉を避けるための措置であろう）。ところが西塔院司は旧例を改めて、宝幢院の庶事を西塔院司が勾当するという。これは本師恵亮の本懐に違うので、以後は年分度者の試度のこと、八僧の後継のこと等は宝幢院別当が直接寺家に申し送り、西塔院司を経ずに済ませられるようにして欲しい。

結果的にこの要請が認められ、宝幢院が年分度者の枠を保有することになるが、上記の争論は何を示すのだろうか。西塔開発の歴史を辿りながらその背景を探ってみたい。

西塔の開発を祖師最澄から付属された円澄は、延秀とともにまず法華堂を建立する。最澄自刻の釈迦像を安置する釈迦堂は延秀によって建立されるが、おそらく仮堂的なものに過ぎず、この段階ではまだ、東塔に対する「西塔」という組織は形成されていなかったと考えられる。

恵亮によって創建された宝幢院に二名の年分度者が認められた貞観元年（八五九）に、恵亮が初代の西塔院院主に任じられているから、この年をもって「西塔院」創始の年、と考えてよいだろう。さらに貞観十八年（八七六）には二代西塔院主常済によって西塔院に八僧が置かれ、東塔の定心院・惣持院に準じて師資相承が認められたことによって西塔院、つまりは宝幢院は寺内における確固たる地位を獲得した。一方で、延最によって改築が行われ、釈迦堂が「御願大堂」として面目を一新するのは遅れて元慶二年（八七八）のことである。そして釈迦堂に五僧を置き、宝幢院同様に師資相承が認められたのは仁和二年（八八六）のことであった。これによって西塔には宝幢院、釈迦堂という二つの拠点ができたことになる。

釈迦堂の充実が図られる元慶二年以前においては、宝幢院が唯一の半ば自立した組織であったから、西塔院主は宝幢院検校が兼ねる、ということだったのだろう。第二代院主には恵亮の弟子の常済が、貞観四年に就任している。ところが元慶二年以降は西塔院内に宝幢院と釈迦堂という二つの組織が並立することになり、西塔院主は両組織から選任されるようになったのだろう。第三代院主には釈迦堂の中興・延最が元慶六年（八八二）に補されている。

ところで先に見た、「西塔院司」が宝幢院から年分度者の試度枠を奪おうとした仁和三年（八八七）はまさにこの延最院主の時に当たっている。延最は西塔院司が西塔内のすべての寺務（試度も含めて）を勾当する組織に変えようとしたのだろう。先に見た「解状」の、円澄・延最の法系と延秀・恵亮の法系の確執は、あるいはここにもみられるのかも知れない。

（三）釈迦堂と宝幢院

以上のことから「西塔院」における宝幢院と釈迦堂の関係についてまとめれば次のようになろう。まず、西塔全体の寺務を総括する西塔院主は宝幢院の寺務責任者である宝幢院検校が兼帯した。宝幢院が西塔運営の実質的な中心組織であったといってよいだろう。年分度者二名の試度枠も宝幢院が保有していた。そして釈迦堂はその安置仏が祖師最澄の自作であると信じられていたこともあり、西塔における象徴的な中心施設であった。『山門堂舎記』が「俗西塔中堂是也」とするのも、これを裏付ける。また釈迦堂は「転法輪堂」と呼ばれ、また『山門堂舎記』には「講堂、俗西塔中堂是也、今呼釈迦堂、」とあるように、西塔における講堂の役割も担っていたようである。東塔にも、後の横川にも中堂の他に独立した講堂が設けられたが、西塔にはそれがない。

前述したように、釈迦堂には師資相承の五僧が置かれて毎年官から灯油八斗四升二合、米八三石九斗五升が支給され、同じく宝幢院には八僧が置かれて灯油二石六斗四升、米一一二石三斗二升が支給されていたから、名実ともに両者が西塔院における車の両輪として機能していたのである。

さて、前述したように恵亮が初代の「西塔院主」に補任されたのは貞観元年〔八五九〕であった。西塔院主は西塔地区全体を統括する役職であったと思われるから、このころに西塔は先行する東塔に対してある程度の独立性を有するようになったのであろう。やや信憑性に疑問はあるが『山家要記浅略』に「九院者三塔未分化之時也、而貞観四年三塔牓示之時、被分出西塔分也」とあるのは、西塔の分立の時期を示しているのかも知れない。『三代実録』貞観五年七月二十七日の条によれば、この日、勅によって諸寺に新銭が施入されたが、「延暦寺」には銭三〇貫、鐵三〇廷だったのに対し、「比叡西塔院」は東寺、西寺などとともに銭一五貫、鐵一五廷であった。このように西塔が「延暦寺」とは別扱いになっていることも、貞観五年〔八六三〕時点ですでに西塔院が分立していたことを裏付けている。

横川の組織と横川の分立

横川の開創は天長六年〔八二九〕の、円仁の横川籠山に始まる。円仁が最初に建造したのは如法堂で、これが横川の総称である首楞厳院の始まりであった。この堂は籠居中に書写した如法経を安置するためのものであった。しかし当初の如法堂はきわめて簡素なものであったと推測される。

円仁は承和三年〔八三六〕の入唐に先立って「首楞厳院九条式」を定めて、弟子たちの守るべきことを定め、さらに安恵を首楞厳院の総検校とし、首楞厳院の十三院には預を定めた。しかし円仁の籠居あけからわずか五年しか経っていなかったから、十三もの院がこの時点で実在したとは考えがたい。円仁入唐中の努力目標として、弟子たちに各院の充実を課したものだったかも知れない。

足かけ十二年にわたる入唐求法の旅から帰った円仁を待っていたのは座主不在の延暦寺であり、円仁は座主に代わって延暦寺の経営に奔走することになる。横川にはのちの横川中堂となる根本観音堂を建立したが、課せられた課題は惣持院の創建をはじめとする東塔の充実であった。そうしたなかで、横川の充実にまでは手が回らなかったのであろう。前に見た十三院もどの程度実現を見たのか、必ずしも明らかではない。円仁示寂後の横川は次第に衰亡し、「慈覚大師入滅之後、彼院住僧纔一両輩」という状態であった。

横川の復興は良源によって行われる。良源は藤原忠平との出会いをきっかけに師輔・伊尹・兼家らとの結びつきを深め、彼らの庇護のもとに衰亡した横川の復興を計った。その中心が楞厳三昧院の創建である。

（一）首楞厳院と楞厳三昧院

康保五年（九六八）正月二十八日には以下の太政官符および太政官牒が発せられている。

①「太政官牒延暦寺」「応永置楞厳三昧院十禅師并年分度者三人事」

②「太政官符近江国司」「応永充楞厳院聖僧供料米事」

③「太政官牒延暦寺」「応始修楞厳三昧院両三昧事」

④「太政官牒延暦寺　雑事伍箇条事」「応置楞厳三昧院知院事一人預二人事」

⑤「太政官符　国司」「応永充延暦寺楞厳三昧院分油毎日三合事」

⑥「太政官符美濃国司」「応以穀倉院勅旨田地子米内、永運延暦寺楞厳三昧院常行堂仏僧供・雑用料米并令交易充灯油等事」

これらによって康保五年に楞厳三昧院の態勢が一気に整えられたことがわかる。そして同年二月二十七日には「太政官牒延暦寺」「応永補任楞厳三昧院司等」(8)という太政官牒が発せられた。この内容は楞厳三昧院の検校に良源、別当に聖救、勾当に静安を任ずるというものである。

ところで『僧官補任』所収の「楞厳院検校次第」によれば、初代の「楞厳院検校」は安恵である。承和三年（八三六）に、円仁によって定められた「首楞厳院宛行所引預事」には「総検校安恵禅師」とあるから、この場合の「楞厳院」は「首楞厳院」を縮めたもので「楞厳三昧院」の意ではない。「楞厳院検校次第」によれば、良源は三代長吏鎮朝に次ぐ四代目の「楞厳院検校」であった。前述したように楞厳院は首楞厳院の意で、円仁が横川全山に対して付与した総称である。そして第五代検校は良源の弟子・尋禅（師輔の子）で、第六代から十五代までは良源および尋禅の弟子が補任されている。

一方、康保五年に良源は「楞厳三昧院」の検校に補任されたが、その後の記録に「楞厳三昧院検校」は見あたらない。したがって良源の楞厳三昧院検校就任は即楞厳院検校就任であったと解釈される。「楞厳院検校次第」の割註には「号長吏」とあり、首楞厳院の検校は横川長吏であった。尋禅のあと第六代楞厳院検校となる聖救は「宝幢院検校次第」に「横川長吏」とあるように、楞厳院検校は横川長吏と通称され、横川一山の頭領であった。

以上をまとめれば次のようになる。

円仁の時代には少なくとも如法堂および根本観音堂（のちの横川中堂）が創建され、これらを首楞厳院と号した。そして良源は首楞厳院内に新たに楞厳三昧院を創建し、この院が横川全体を統轄する体制を確立した。

（二）妙香院の組織

円仁の横川における住房は安禅房、良源のそれは定心房であった。これに対し、良源の弟子で師輔の子の尋禅の住房は妙香院であった。妙香院は『華頂要略』に「為当院門主之人、横川一谷管領流例也、仍以当院為横川本坊云々」とあるように、時期は特定できないものの横川の本坊としての地位を獲得したようである。しかし「妙香院検校次第」を見ると、必ずしも妙香院の検校が横川長吏になっているわけではない。『門葉記』所収の「飯室院中雑事」に「一　妙香院之事」として院司・供僧の日供米を以下のように記す。「除検校」とあり、検校は別格であったらしい。

別当　　七升
勾当　　五升
知院　　四升
預二人　　各三升
七禅師　　各五升
長講三人　　各二升
両堂承司六人　各一升五合
下部六人　　各一升

これによって院内の役僧およびその地位が明らかである。院の組織は二八口の僧によって構成され、役僧である院司は検校・別当・勾当・知院・預の六名である。

康治元年（一一四二）八月二十二日の「左辨官下丹波国／応任代代官省符、令停止延暦寺妙香院領佐岐庄宛責大嘗会所課雑事等事」には「院司・七禅師・六禅衆・五僧・長講等謹撿案内」とあって、この時までに六禅衆および五僧が置かれたことがわかる。「七禅師朝暮両座修薬師不動之秘法、六禅衆昼夜□断勤法華三昧之行業」とあって、七禅師は遮那業（密教）、六禅衆は止観業を割り当てられていたことがわかる。

（三）横川の分立

天禄三年（九七二）正月十五日、楞厳三昧院所司から延暦寺に、以下のような上申書が提出された。

□□□昧院（楞厳三昧院カ・筆者註）

請被因准西塔院例、割分仏聖・例僧廿六人及現住僧分状、

八聖

法華経 如法堂、 観音 文殊 不動 毘沙門 □□中□（已上中堂カ・筆者註）

大黒天神 山王 慈覚大師

例僧十八人

長講二人 承事二人 已上中堂

堂童一人 如法堂、 真言堂 般若堂 砂碓堂 兜率堂

苗鹿寺 已上各一人、

雑色八人

右謹検案内、西塔院仏聖・例僧并現住僧、別立季帳、歳年已□、方今此院住僧漸満二百口、爰或付東塔帳、或西塔帳、触事有煩、仍准西塔可立別帳之由、略承気色了、然則加立例僧帳、亦可准彼例、仍注仏聖・例僧廿六人并現住僧、言上如件、

天禄三年正月十五日　　預法師慶定

別当大法師　　大預法師

勾当大法師静安　　知院法師

准状
座主権少僧都良源
奉行
上座大法師　寺主大法師祥妙　都維那大法師

これまで横川の現住僧については東塔の帳に付したり西塔の帳に付したりしてきたが、万事煩いがあった。横川の現住僧も近年ようやく二百人の多きに達したので西塔に準じて季帳および例僧帳を別に立てたいという趣旨である。つまり、横川の独立である。これに対して、座主良源から直ちに裁可がおり、横川は東塔・西塔と並ぶ、叡山上における第三の組織となった。

院家と僧房

（一）院　家

『叡山大師伝』には最澄の遺言として以下のような文を載せる。

第五充房也、上品人者小竹円房、中品人者三間板屋、下品人者方丈固室、造房之料、修理之分、秋節行檀、諸国一升米、城下一文銭、

これは叡山に住する僧侶の住まいについて述べたもので、その修行の程度に応じて芦や篠で葺いた小さな舎屋、板葺の三間の舎屋、一丈四方の堅固な僧房に住すべきで、造房や修理の費用は秋の収穫期の托鉢によってまかなうべき、とするものであった。これは、僧は清貧に甘んずるべきという、最澄の精神論を説いたもので、実態を表したものではないであろう。初期の延暦寺における最澄等の住房がいかなるものであったかは、まったく不明

である。

叡山上には多くの院家が建立されたが、基本三書等には院の施設として仏堂のみを記載するものが多く、具体的な院の構成までわかるものは少数である。これらを〔表6－1〕に示した。

共通する施設は僧房である。いずれも桁行七間以上で、最大は定心院の一五間である。安楽院、護念院、檀那院には別に大衆屋があった。記載順はいずれも僧房のあとであり、位階の低い僧侶のための住房であったと思われる。

定心院をはじめとして、叡山には天皇の御願寺が多く建てられたが、そのなかで天皇のための施設の存在が確認できるのは東塔の安楽院と西塔の千光院のみである。

延喜四年（九〇四）に叡山に登り、増命を師として菩薩戒を受けた宇多法皇は、増命に命じ千光院に「御室」を建立した。仁和寺に同法皇のための「南御室」が造営されたのも同年である。南御室は法皇の子の敦実親王によって仏閣に変えられ観音院と号した。千光院の御室のその後の消息は不明である。また建築としての実態も明らかでない。

安楽院は陽成院の御願寺で、「葺檜皮六間御在所一宇」があった。陽成天皇は元慶八年（八八四）に十五歳で退位し、八十一歳で没している。また安楽院の本尊は阿弥陀三尊であったから、晩年の居所として営まれたのであろうから、時期的には宇多法皇が千光院に御室を構えた延喜四年よりはやや遅れるであろう。どの程度滞在されたかは不明である。

後冷泉上皇の実相院と白河上皇の持明院には「御所」があったが、これらは「廊」であったから、上皇登山の折の短期的な滞在施設であったと思われる。

〔表6―1〕延暦寺の子院

東塔

院名	建立年時	西暦	建立者	安置仏	建物形式	備考
五仏院		九世紀後半	承雲	金色丈六阿弥陀・居高一尺金剛界五仏	葺檜皮五間堂一宇	永承二年（一〇四七）、後冷泉院御願所
仏眼院	延喜七年	九〇七	式部卿是忠親王			光孝天皇皇子。正暦四（九九三）破壊。康和二（一一〇〇）再建
善学院	承平年中	九三一	中納言平時望	金色七仏薬師	葺檜皮三間堂一宇	
安楽院	天暦三年以前	九四九	陽成院御願	阿弥陀三尊	葺檜皮五間堂一宇 葺檜皮六間御在所一宇 葺板七間僧房一宇 葺檜皮六間大衆屋一宇	陽成天皇の在位は貞観十八（八七六）～元慶八（八八四）没は天暦三（九四九）、八十一歳
蓮華院	天暦七年	九五三	冷泉の東宮時代	居高五尺五大尊像	葺檜皮五間堂一宇 同九間僧房一宇	明達律師房を御祈願所となす
護念院	康保頃	九六五頃			葺檜皮五間堂一宇 葺檜皮廻廊一宇 葺檜皮五間大衆屋一宇	仁観の房。弟子賀静の代に醍醐・村上二代の御願所
五智院	康保四年	九六七	典侍藤原灌（護）子		葺檜皮三間四面堂一宇	歓子は教通女、年代あわず
静慮院	寛和元年	九八五	花山法皇	金色大日・如意輪・彩色不動尊・梵天帝釈四天王	葺檜皮五間堂一宇	
常楽院	永観年中	九八三～八五	伝灯大法師□理		葺檜皮五間堂一宇	
檀那院	寛和三年	九八七	一条天皇御願所	①一尺五寸釈迦・弥陀・薬師・如意輪・五大尊・毘沙門等 ②普賢乗白象像	葺檜皮三間四面堂一宇 葺檜皮三間四面堂一宇 八間四面庇板敷僧房一宇 五間四面大衆屋一宇 六間三面納殿一宇	律師興良房
普賢院	長徳元年以前	九九五前	関白藤原道隆	普賢乗白象像	葺檜皮方三間堂一宇 同七間曲廊一宇	道隆は九九五没
尊法院		十一世紀初頭			葺檜皮三間四面堂	贈大僧都賀秀の持念堂
賢聖院		十一世紀中期			葺檜皮七間堂	座主慶命房
尊徳院	長元八年	一〇三五	前座主慶命			

実相院	康平六年	一〇六三	後冷泉院御願	①居高四尺金色薬師・同如意輪・文殊 ②多宝塔（納金字法華経）	葺檜皮方五間堂一宇 葺檜皮五間堂一宇 葺檜皮七間三面僧房	『扶桑略記』では三間四面と一間四面
金剛寿院	承保三年	一〇七六	後三条院御願	八尺大日・等身如意輪・延命	葺檜皮三間堂一宇 廻廊在南北・中門在南・僧房在北	明救・覚尋等の住房
持明院	承暦四年	一〇八〇	白河上皇	金色丈六薬師・等身薬師六体・梵天帝釈	葺檜皮五間四面堂 中門・南北廻廊・御所	
円徳院	応徳三年	一〇八六	白河上皇	九体丈六阿弥陀・観音勢至	葺檜皮十一間堂 葺檜皮五間四面堂 鐘楼・大門 多宝塔	
西南院	康和二年	一一〇〇	中宮篤子内親王御願	丈六阿弥陀	葺檜皮二間四面堂	座主仁覚が私造立したもの
青蓮院	久安五年	一一五〇	美福門院御祈願所			もと勝豪法印の青蓮房
浄行院			後白河院	薬師	三間葺檜皮 六間板葺	

西塔

千光院	仁和二年頃	八八五頃				
本覚院	承平年中	九三一～八	理仙	薬師・千手観音・聖天		
大日院	天暦二年	九四八	村上天皇	熾盛光曼荼羅・五大尊		
大乗院	天延二年頃	九七四	円融天皇			
勝蓮華院	長徳二年頃	九九六	一条天皇	七仏薬師・六観音・五大尊・六天		
真言院	十世紀末		西塔宮	胎蔵五仏		

横川

香積寺	寛平四年以前	八九二	不明	等身虚空蔵・彩色四天王	三間三面堂	
定心房	十世紀中期		良源			
勝楽院	応徳二年	一〇八五	天皇家		檜皮葺三間四面堂 一間四面阿弥陀堂	

妙香院には政所屋があった。十一間二面の大規模な建築である。妙香院は横川全体の本坊となるから、その関係であろう。東陽房には「庁屋」があったが、こちらは三間一面の小さな建築であったから、同類のものではないであろう。

鐘堂と宝蔵を持つのは定心院のみである。仁明天皇の定心院は、東西に軒廊を持つ七間堂のほかに夏堂（おそらく夏安居のための堂）、鐘堂、経蔵、宝蔵を備えた、叡山上では最も整った院家で、後述するように官からも別格の扱いを受けていた。また後三条上皇の金剛寿院は、仏堂は三間と小規模ながら、廻廊をめぐらし、中門を開き、「一寺荘厳、皆以具足」と評された。おそらく広い平地の得にくい叡山上では、廻廊をめぐらす院家は珍しかったのであろう。廻廊を持つ院家は、ほかに護念院と白河上皇の持明院が確認できるのみである。

（二）僧　房

さて、院家にはそれぞれ僧房が建てられていたが、奈良の寺院と異なってすべての僧侶が院家付属の僧房に住んでいたわけではない。「天台三千房」はやや大仰にしても、おおかたの僧侶の住まいは空間的に独立した「房」であった。試みに『平安遺文』「題跋編」にみられる延暦寺の房を列挙すると以下のとおりである。

西塔西谷善覚房
無動寺辻房
東塔北谷仙陽房
横川日光房
東塔北谷虚空蔵庵
叡山檀那院実報房

西塔西谷喜見房
無動寺円陽房
東塔北谷虚空蔵尾宝乗房
西塔南霞房
東塔西谷飛雲房
西塔西谷北尾戒乗房
西塔西谷北尾威勝房
宝幢院西谷北尾威勝房
安楽谷乗蓮房
東塔西谷寂静房
東谷持業房
東塔北谷西松井房

これらは所在した地名と房名を表記したものと、寺院名と房名を表記したものに分かれる。後者は特定の寺院付属の房である。前者は例えば「西塔西谷北尾威勝房」と「宝幢院西谷北尾威勝房」は同一房であろうから、これらのなかには特定寺院に付属する房もあったと思われるが、多くは東塔、西塔、あるいは横川という組織に付属するものであったと思われる。そうした房を所有できたのは当然教団内においてある程度の地位を得た者に限られていたであろう。叡山に登る場合には、例えば良源が理仙を頼ってその房・本覚房に居住したように、今でいえば身元引受人が必要であった。そうした僧と弟子達が房ごとに共同生活を営んでいたのであろう。所有する房の数も、僧または院家の力によって異なる。例えば正暦四年（九九三）の、智証門徒の拠点であった千手院に対する慈覚門徒による焼き討ちは「斫壊房舎千手院卌余宇」とあるように、当時の千手院には四十余宇もの房舎があったようである。

（三）院家と僧房の構成

叡山上の院家および房の建築的構成が具体的にわかる例は数少ない。ここでは東塔の定心院、飯室谷の妙香院、横川の定心房、西塔の本覚房および山上ではないが良源ゆかりの苗鹿院を取り上げる。このうち定心房、本覚房、苗鹿院は良源が死去したあとのこれらの仕置きについて書き留めた『慈恵大僧正御遺告』に記載されたものであったから、かなり詳細で遺漏もないものと思われる。

①定心院

『阿娑縛抄』は以下のように記す（括弧内は『山門堂舎記』）。

有文殊楼東南下
葺檜皮七間堂一宇、懸魚并璫以金銀鏤、桁梁丹青厳飾、
安置丈六釈迦牟尼像一躯、十一面観音一丈立像、金剛蔵菩薩一丈立像、已上金色、
梵天・帝釈・四天王像各一躯、已上壇上（壇下）、文殊聖僧像一躯、別在壇下坐方床、
三間軒廊、東西各一宇、
二間鐘堂一宇、在食堂北、
五間夏堂一宇、在鐘堂北、
三間経蔵一宇、在夏堂東（北）、

十五間僧房一宇、

（方丈）宝蔵一宇、在夏堂西（北）、

五間廊（一宇）、

七間大衆屋（一宇）、已上檜皮葺、在道北、

依承和天皇御願、自承和五年至同十三年、九ヶ年中、慈覚大師所建立矣、八月十日供養矣、

右件院者深草天皇御願也、

七間の釈迦堂を中心に夏堂（夏安居のための堂であろう）・経蔵・宝蔵を備える、叡山上で最も整った院家のひとつである。一五間の長大な僧房と、下級僧の住房と思われる七間の大衆屋、そして用途の明らかでない五間廊が僧たちの生活空間であった。

②妙香院

尋禅時代の妙香院の堂舎については、永祚二年（九九〇）二月十四日の太政官牒に次のように記されている。

応以妙香院為御願、補院司・供僧、竝置年分度者事、

一　建立壱堂院、

五間四面檜皮葺堂一宇、

安置釈迦如来像一体、普賢菩薩像一体、文殊師利菩薩像一体、

十五間一面檜皮葺廊二宇、

十一間二面僧房一宇、

十一間二面政所屋一宇、

五間湯屋一宇、

十一間二面人宿屋一宇、

僧房と政所屋はともに十一間二面の長大な建物である。「人宿屋」は他に例を見ない施設であるが、あるいは客僧のための建物であろうか。二宇の「十五間一面檜皮葺廊」は用途が不詳である。「檜皮葺」は本堂とこの建物だけである。貴顕出身の尋禅の住房ではあるが、寝殿らしきものは確認できない。この二棟の長大な建物がそれに代わるものだったのだろうか。

③横川定心房

横川定心房の建物は以下のとおりである。

檜皮葺屋一宇、母屋五間、庇四面、孫庇三面、孫々庇一面、

西板屋一宇、母屋十三間、庇四面、

東板屋二宇

定心房は良源の横川における住房であり、横川経営の拠点でもあった。良源の没後は定心院と改められた。中心建物は良源の居所であったと思われるが、五間四面に孫庇、一面孫々庇という、かなり大規模な建築であった。ここには本尊弥勒画像・観音・不動等が安置されていた。これが後に四季講堂となる。西板屋は十三間四面の長大な建築で、おそらく弟子僧たちの住房であったろう。後に定心院の食堂となる。東板屋二宇は規模を示さないが、政所、大炊屋、雑舎などに使われたものであろうか。

④西塔本覚房

西塔本覚房については、「板屋三宇」を平等房の領する南房と交換する云々の経緯が記されていて内容が複雑

だが、良源没後の仕置きとして以下のような建物を造るよう命じている。

講堂　四間

楽屋　十三間

宿房　三間四面、一面孫庇、檜皮葺屋

それに旧来からある板屋一間、である。宿房は割註で「兼堂」とあり、房主の住房と堂を兼ねるものであった。「三間板屋」の「南一宇」は「先師久住之処」で「本尊薬師仏・千手観音・聖天像等于今安置」であったから、これらの仏像を安置する予定だったのであろう。「楽屋」については「私所造也」とあるが、どのような性格であったか不明である。

定心房、本覚房の例から明らかなのは、いずれも房主の住房内に本尊が安置されていたことである。座主良源の房がこのようであったから、基本的には房内には純粋な「仏堂」は建立されなかったもの、と考えてよいだろう。「房」と「院」との違いは、純粋な仏堂を有するか否かだったのではないかと思われる。

⑤苗鹿院

苗鹿院の施設は以下のとおりである。

❶檜皮屋一宇　五間、三面庇、在東軒廊

❷板葺大炊屋一宇　四間、二面庇

❸板葺政所屋一宇　十一間、二面庇

❹木屋一宇　七間、二面庇

❺校屋二宇　可立政所西

東に軒廊のある建物は五間三面で四面庇ではなく、やや略式の建築であった。良源の住まいと、仏堂を兼ねるものであったと思われる。ほかに寝殿（規模不明）および七間屋を建てるべく、材木を手配中であった。したがってこの時点ではまだ寝殿はなく、五間三面の建物が中心的な居住施設であったことになる。そして十一間二面の大きな政所屋は、この院が所有していた鞆結庄や岡屋庄を支配・管理するための機関が置かれたのであろう。大炊屋は食糧関係の施設であるが、ここには良源の弟子・源漸の母が宿住していたというから、居住施設もとなっていたようである。そして木屋は七間二面の大きな建物だったから、近世民家の木屋のように薪炭類を保管するだけでなく、修理あるいは営造用の材木等を保管する場でもあったのだろう。校屋は倉で、一棟は食料庫、一棟は雑物を収納したものであろう。このように、院家の日常生活関係の施設まで明らかになる例は珍しく、貴重である。

以上の院家または房は、山上でも大きな勢力を持ったもので必ずしも一般的とはいえないが、これらの僧房や政所屋、およびそれに類する建築がいずれも桁行一〇間を超える長大な建築であったことが知れ、これは院家・房の姿を垣間見る手助けにはなろう。

⑥華山中院妙業房

これも叡山上ではなく、元慶寺の房である。良源の時代には荒れ果てていたので、良源が個人的に十一間二面庇の板屋と、三間四面、一面孫庇の檜皮葺寝殿一宇を造立した。ほかに巽角に七間の車宿、東に僧房、西に「方廊屋」を造りたいがその料物がない、という。ここで注目すべきは寝殿および車宿の存在である。叡山上の房にはこうした名称の建築は確認されない。この時代の京周辺の里房の様子が知れて貴重である。

（四）東塔・西塔・横川

延暦寺の住僧数について、『慈恵大僧正伝』には「天元三年四月一日、尋山門旧風、奉為地主三聖、転読金剛般若経、爰住僧帳所載山侶二千七百人、後日会集二千口也、鳩萃之外七百人、和尚除帳削籍」とある。正確を期したものではないが、おおむね正しい数字であろう。

『二中歴』「第四」の「僧数歴」には「天台山三千人、嘉承年中計之、／今案東塔千八百十三人無動寺在此中、西塔七百十七人黒谷在此中、横川四百七十人飯室在此中、」とある。「三千人」という整い過ぎた数にやや違和感があるが、概数とみれば問題なかろう。

「僧西念願文(9)」には「一　奉引天台山三千口僧供米／保延六年三月十五日庚寅引始、同廿八日壬寅引畢、東塔千八百六十七ト、西塔七百十七ト、横川四百七十ト、都合三千五十四ト」とある。これは延暦寺のすべての僧侶を対象とした供米の施入であったから、かなり正確な数字であろう。

延暦寺の住僧は、良源治山時の天元三年（九八〇）には約二七〇〇人、嘉承年中（一一〇六～八）で三〇〇〇人、平安後期の保延六年（一一四〇）で三〇五四人であった。これらの数字をみると、平安中期から後期にかけては、延暦寺の住僧はほぼ三千人前後で推移したことがわかる。三塔の割合は東塔に約六〇％が集中し、西塔が二四％、横川が最も少なく一六％であった。横川は、良源による復興以前はごくわずかの僧が住するだけであったが、天禄三年（九七二）には二〇〇人を越え、その約一二〇年後には四七〇人と、急拡大を遂げたことがわかる。天元三年から嘉承年中までの、叡山全体での三〇〇人の増加は、そのほとんどが横川分であったことになる。

〔註〕

1　『天台座主記』義真の項、および『一代要記』「乙集」。
2　『日本紀略』延長七年（九二九）十二月十八日の条に「天台僧千口、於講堂賀検校左大臣五十算」とある。この時の左大臣は藤原忠平だった。
3　『続群書類従』巻第五十五『僧官補任』所収。
4　『大日本史料』第二編之一六、所収。
5　『大日本史料』第二編之一五、所収。
6　『近江輿地志略』所収。
7　『類聚三代格』所収。
8　『門葉記』は「楞厳三昧院司」だが、『山門堂舎記』には「楞厳院司」とある。『山門堂舎記』所収の文には多くの脱字があるので、ここでは『門葉記』の文を採用した。
9　『平安遺文』「古文書編　補遺続・新補」所収。

第七章　延暦寺の仏堂の形式

一　延暦寺の「方五間堂」について[1]

『阿娑縛抄』、『山門堂舎記』には「葺檜皮方五間堂」と表現された仏堂が一一例ほどある。[2] 以下にそれらを列挙する。

東塔法華堂　弘仁三年（八一二）
戒壇堂　天長四年（八二七）
四王院　仁寿四年（八五四）
根本如法堂　嘉祥元年（八四八）
惣持院灌頂堂　嘉祥二年（八四九）
惣持院真言堂　仁寿元年（八五一）
五仏院　九世紀後半
東塔常行堂　元慶七年（八八三）
新延命院　天慶年中（九三八～九四七）

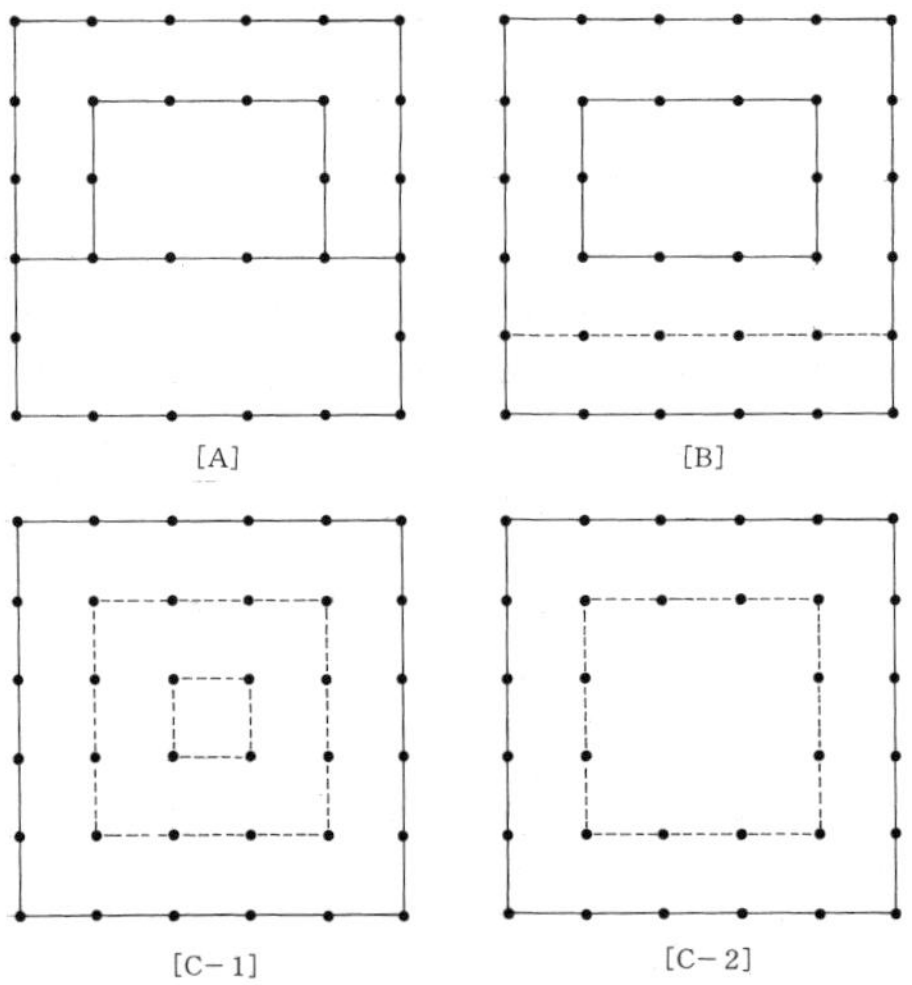

図7−1　「方五間」の想定される平面

横川法華堂　天暦八年〜天徳四年（九五四〜九六〇）
横川常行堂　康保五年（九六八）

外観が方五間、つまり桁行五間、梁行五間となる仏堂として〔図7−1〕に示したような四種の平面形態が想定できる。〔A〕は小型の密教本堂形式で、多くの遺構が現存する。しかし梁行二間の無柱の外陣は野小屋の存在を前提とするもので、『山門堂舎記』等の原史料が作成された時期よりも遅れるから、この可能性はない。〔B〕は「三間四面、一面孫庇」の形式で、遺構はないが、実際には多く存在したであろう。〔C−1〕は、桃山時代の建築だが、現存する叡山西塔の常行堂・法華堂がこの形式である。〔C−2〕は遺例がないが、寛喜元年（一二二九）の「惣持院灌頂指図」の、惣持院灌頂堂の図がこれである。しかし、無柱の方三間の内陣を造る技術が平安前期にあったか否か、疑問である。

ところで、前述したように、『山門堂舎記』等の史料では、「方五間」と記されたもの以外は、例えば「葺檜皮五間」といった形で、桁行の総柱間数で仏堂の形態を表記するのが一般的で、庇の有無には言及しないものがほとんどである。したがって〔A〕や〔B〕の形式がもし存在したとしても、単純に「葺檜皮五間堂」としてひとくくりに表記されたと思われる。

「方五間」という表記は他に例がなく、叡山関係史料の特記すべき内容のひとつであるから、この表現には一般の五間堂ではない、特異な共通性を持つ仏堂であるという意味を言外に籠めていたと推測される。

上記一一例のうち、具体的な平面形態がわかるのは戒壇堂と惣持院灌頂堂である。

戒壇堂については第二章に詳述したが、(3) 方五間の総柱の建築であったことが明らかである〔図2－16〕。また惣持院灌頂堂については前述した。近世の建築ではあるが西塔の常行堂・法華堂は同形同大の総柱方五間堂である〔図3－1〕。また、『門葉記』「寺院一」に指図のある横川常行堂は、総柱方五間で、北側に孫庇が付いた形である〔図4－5〕。これは『山門堂舎記』の東塔常行堂についての「葺檜皮方五間堂一宇、西有孫庇」に合致する。

常行堂の平面形態については別稿で詳述したが、(4) 求心形方五間の平面を持つ常行堂は他に長元三年（一〇三〇）の法成寺東北院阿弥陀堂（常行堂）、十二世紀中期の毛越寺常行堂・法華堂、十四世紀中期の円教寺常行堂（現存）、元和元年（一六一九）の日光・輪王寺常行堂（現存）などがある。常行堂の創始は延暦寺においてであったから、創建時の延暦寺東塔常行堂も同形式であったとみて間違いないだろう。念仏を唱えながら本尊の周囲を巡り歩くという行にとって、求心性の強い平面は都合のよいものであったため、後世まで受け継がれたのであろう。なお、初期の常行堂の安置仏は、阿弥陀を中尊に、密教系の四仏を四方に配置するというものであった。

さて、現存する西塔法華堂の形式や、常行堂と法華堂が対となる場合が多いという事実から判断して、法華堂も常行堂同様に求心形の方五間堂が原初の形態であったことはほぼ間違いないであろう。それでは常行堂・法華堂・戒壇堂以外の方五間堂はどうであったろうか。

①根本如法堂(5)

円仁創建の如法堂はその後破損し、恵心僧都源信によって造替が行われた。長元四年（一〇三一）の都率僧都覚超撰「五通記」(6)には次のように記す。

根本如法堂事

根本如法堂

葺檜皮方五間堂一宇、

安置多宝塔一基、高五尺、

又旧白木小塔、奉納如法経、

塔右安置金色釈迦像一体、

塔左安置多宝仏像一体、

四角安置普賢・文殊・観音・弥勒像各一体、

中央には円仁書写の根本如法経を納置した白木小塔を内蔵した五尺の多宝塔を据え、塔の左右に釈迦・多宝の二仏を安置し、四方には普賢ほかの四仏を配したという。こうした多宝塔を中心に、その四方に四仏の安置形式は法華曼荼羅に範を得たものであったと思われる。立体曼荼羅である。求心形の方五間堂はこの立体曼荼羅を表現するのに最適の空間であったろう〔図4－3〕。

②四王院

この堂の本尊は名のごとく金銅の四天王像であった。四天王は須弥山の四面の中腹に住し、仏法を護持する大天王で、持国天は東、増長天は南、広目天は西、多聞天は北の方位に配される。したがって求心形の方五間堂はこうした四方四仏の安置には適した空間構成であった。一般に、四天王は本尊を囲繞する形で四方に配置されるものであったから、四天王だけのこの堂は珍しいといえる。

③五仏院

金色阿弥陀仏を中心に、金剛界の五仏を安置する堂であったから、同じく求心形の堂はそれにふさわしいものであったろう。

以上の考察によって、手がかりのない新延命院を除き、叡山の「方五間堂」はいずれも総柱の求心形方五間堂であったと考えてよいであろう。惣持院灌頂堂は、鎌倉の指図では方三間の母屋の四周に庇が付く形だが、これも当初は総柱の方五間堂であった可能性が強い。戒壇堂は、創建時には総柱の求心形方五間堂だったが、江戸時代に再建された現在の堂は方三間に裳層を巡らして、指図に描かれた灌頂堂のような平面に改変されているからである。惣持院創建当時に、方三間の無柱空間を造ることは構造的に困難であったかも知れない。

なお、浄土院廟堂は『山門堂舎記』によれば「葺檜皮方丈廟堂一宇」で「四面有孫庇」という解しがたい形式である。寛文元年（一六六一）ころの建築と考えられている現在の廟堂は方三間堂だが、四天柱間を固く閉ざして周囲に縁・高欄をめぐらし、堂中堂の観がある。宗祖の廟という、宗派にとって最も神聖な施設であり、当初形式の墨守は十分に考えられる。したがって現状の姿を参考に、「方丈」「四面孫庇」を解釈すれば、一間四面の四面に孫庇をまわして方五間とし、母屋の方一間分（「方丈」）を固く閉ざして、その周囲に縁・高欄をめぐらした形式が想定される〔図2－18〕。

また、貞観八年（八六六）創建の文殊楼（常坐三昧堂）は平面が方五丈三尺であったから、やはり方五間堂であったと思われる。楼造であったから一層、二層とも同じ方五間の平面で、二層目には密教系の五仏を安置したから、五仏院と同様の安置形式であったろう。

総柱の建築は内部に柱が林立するから、一般の堂としては決して使い勝手のよいものではなかったのであろう。例えば、四王院について、保元四年（一一五九）正月二十七日の極楽寺阿闍梨某の記には以下のようにある。

現在堂三間四面也、見堂為体、非可懸箜篌造、何恐炎上以後及漸末、陵遅時改造歟、皆是為備廃忘記、これによれば四王院はこの時までに「三間四面」に改められ、創建時の大きな特徴であった軒下四隅の箜篌（百済琴）も、すでに懸けられるような造りではなかったという。また『門葉記』に載せられた指図によれば、横川常行堂が求心形方五間堂の形態を保持しているのに対し、横川法華堂は方五間堂の外見は保ちながら、内部は大きく改変されてしまっていることからもそれが窺える。かくして求心形方五間堂は、次第に叡山上からもその姿を消していった。

さて、上記の方五間堂のうち、最澄の在世中に建立されたのは法華堂のみである。そして戒壇堂は最澄死後五年後の創建だが、その造営は最澄にとって長年の懸案であったから、戒壇堂計画も実質的には最澄によって構想されたとみてよいだろう。この堂は総柱の方五間堂であったことが明らかだから、この形式の堂は最澄によって叡山にもたらされたと考えてよい。四王院を造営した光定と、惣持院、文殊楼、浄土院の造営にあたった円仁は最澄の高弟であったから、彼らは師が叡山にもたらした特異な建築である方五間堂を継承し、機能的に使用可能な仏堂にはこの形式を採用したのであろう。

〔註〕

1　一九七二年の『日本建築学会学術講演梗概集』に「叡山における〈方五間堂〉」を発表した。その後の研究で各仏堂の建立年時等は大幅に修正されているが、結論に変更はない。

2　ほかに康平六年（一〇六三）供養の実相院の仏堂も「葺檜皮方五間堂」とあるが、『扶桑略記』では「三間四面檜皮葺堂」とする。安置仏は薬師・観音・文殊で、機能的に方五間堂とは結びつかないし、また建立年時も他の方五間堂にくらべて格段に遅いから何らかの誤記であろう。

3 「第二章東塔」「一　一乗止観院」の項参照。
4 「常行堂と阿弥陀堂」(『日本建築学会論文報告集』第二〇七号所収)一九七三年。
5 この堂については拙著『平安時代仏教建築史の研究』「第三章　如法経信仰と如法堂」に詳述した。
6 『門葉記』「如法経一」所引。

二　礼堂付き仏堂

延暦寺の仏堂で礼堂が付属したものは、文献上では一一例が確認できる。本節では延暦寺における礼堂の構成について分析する。

根本中堂の礼堂

根本中堂の空間構成については「第二章　東塔」で詳述したが、ここではその概略を再説する。

元慶六年(八八二)、円珍は最澄が創建した桁行各三間の薬師堂・経蔵・文殊堂を造替し、これらを一棟の建物にまとめて桁行九間、東孫庇付きの仏堂とした。空間構成を示す資料はないが、のちの中堂から推測すると、東庇と東孫庇の二間分が礼堂であった可能性が高い。であればこれが叡山上における最初の礼堂付き仏堂ではなかったかと推測されるが、確証はない。

承平五年(九三五)、円珍によって造替された根本中堂が初めての火災に遭い、焼失する。その再建は座主尊意によって行われ、良源によってさらに整備が進められる。その中堂は「葺檜皮十一間堂一宇、東有孫庇、其中七間為薬師堂」で、円珍時代よりも桁行が二間大きくなったが、「東有孫庇」の形式は同じであった。尊意の再興した中堂は廻廊がなく前庇も狭くて、道俗会合の夕べには密集して肩がぶつかるほどであり、他にも不便が多かった。そこで良源は歩廊を造って、東に建つ食堂と中堂を結び、中堂には広庇を構えた。供養は天元三年（九八〇）である。

根本中堂は承平五年（九三五）の回禄後、永享七年（一四三五）まで焼亡の記録がない。その間大規模な修繕等は数多く行われたと思われるが、その実態は不明である。そして『門葉記』所載の文永五年（一二六八）の指図は、中堂の前面は現在と同じように廻廊で閉じられ、食堂は移転あるいは取り壊されたらしく描かれていない。この時期までに根本中堂にも大規模な改造が加えられ、中堂は単純な孫庇を持つ構造から野小屋を持つ構造に大きく改変された。その時期は平安末期の永暦二年（一一六一）から長寛二年（一一六五）の間ではなかったかと推測される。つまり、少なくとも平安末期までは、根本中堂そのものも、良源時代と大きくは変わっていなかったと推測されるのである。

（一）平安末期改造以前

文永指図に描かれた中堂が平安末期を遡り得ないとすると、それ以前の中堂の様子を示す史料はきわめてわずかである。以下にそれを列挙する。特に断らない限り、資料はすべて『門葉記』「七仏薬師法」所載のものである。

①礼堂は梁行二間で、内陣寄り一間が「上礼堂」、中庭側一間が「下礼堂」と呼ばれた。（康治元年（一一四二）五月十二日の指図等）

②上・下とは別に「北礼堂」「南礼堂」という分け方もなされ、七仏薬師法は常に北礼堂で修せられ、その上礼堂部分が道場、下礼堂部分が伴僧座とされている。康治元年、同二年の例では、南礼堂の上礼堂部分が鳥羽法皇

の御所にあてられている。礼堂の概念としてはこの南・北が優先したのかも知れない。ただし、上下礼堂の間には後述するように床高の違いがあったが、南北礼堂の間には空間構成上の差はない。なお、南礼堂、上礼堂の語の初出は天永四年（一一一三）である。(1)

③康治二年（一一四三）の指図には内陣・礼堂境の北六間にすべて妻戸の記号が描かれており、内陣と礼堂の境、および上礼堂・下礼堂の妻側は妻戸だったと推測される。

（二）文永指図以降

つぎに文永指図以降の様子を述べる。

①上礼堂と下礼堂には長押一段分の段差があった。文永五年（一二六八）の修法の際には、修法の道場となる上礼堂が狭いので、これを拡張するために臨時に、床の低い下礼堂に三尺五寸幅の仮床を張ったことがわかる。この様子は弘安四年（一二八一）四月八日の指図に描かれている。また、暦仁元年（一二三八）十一月二九日の仮板敷きは杉板四枚であった。

②中堂正面十一間はすべて蔀だった。弘安四年（一二八一）四月の「十五日結願、……下礼堂格子、道場四間、南端間二間之外、五間悉上之」によってこれがわかる。

③内陣の詳細を示す史料はない。『門葉記』「山務」には、新補の座主の拝堂記が多く載せられているが、それによれば内陣の床は土間であった。

（三）礼堂の構成と変化

①文永指図の中堂にも現在の中堂にも上礼堂と下礼堂の間には段差がある。これは寝殿造の広庇の床が長押一段分低かったように、下礼堂が孫庇を原形とした、その名残であろう。したがって尊意と良源による再建堂でも同

様の構成であったと推測される。

②当麻寺曼荼羅堂の孫庇が庇よりも広かったように、天元三年供養の中堂も同様ではなかったかと思われる。ところが文永指図および鈴木亘氏がほぼこれと同期のものと推定された指図では上礼堂と下礼堂がほぼ同じ梁行柱間で描かれている。そして文永五年や弘安四年の修法の際には道場となる上礼堂が狭いので、床の低い下礼堂に三尺五寸の仮床を張って修法の空間を拡張している。これは次第に大がかりとなっていった修法に対応するための措置であったと思われる。現在の中堂は上礼堂の方が広くなっており、この点を考慮したものであろう。文永の指図に描かれた堂は明応八年（一四九九）に焼失するが、その際の再建堂も同様ではなかったかと推測される。

③礼堂の板敷が天元三年供養堂まで遡ることはほぼ間違いない。しかし円珍時代については推測する手がかりがない。

（四）内陣の構成

内陣は現状も、文永指図の堂も土間床である。最澄の創建薬師堂も、当時の通例を勘案すれば土間床であったろう。創建以来の伝統が一貫して守られてきたとみることができる。

上礼堂と下礼堂

前項では根本中堂の礼堂部分が「上礼堂」と「下礼堂」に分かれ、両者の間には段差があったことを述べた。本項では、根本中堂以外の礼堂付き仏堂で、その礼堂部分が上礼堂、下礼堂に別れるものを列記する。

①西塔釈迦堂　西塔釈迦堂が礼堂付き仏堂となったのは元慶二年（八七八）まで遡る可能性があるが、確実には天元二年（九七九）の良源による改造時である。そして文治四年（一一八八）の「西塔釈迦堂改造日記」には「西

上礼堂」「西下礼堂」「東下礼堂」の語が見えるから、この時点での礼堂の構成は根本中堂と同様であったことがわかる。

②横川中堂　円仁による創建時の横川中堂（根本観音堂）についてはまったく資料がない。天延三年（九七五）に良源が造替した堂は檜皮葺七間堂であったことがわかるのみである。この堂は仁安四年（一一六九）二月に焼亡し、同年十月に再建供養が行われるが、その間の経緯は『山門堂舎記』に詳しい。そこには「上礼堂東」の語が見られる。これは「下礼堂」の存在を示すものである。

③横川砂碓堂　嘉応元年（一一六九）の横川中堂再建の記事中に、「砂碓堂之上礼堂」の語が見えるから、横川中堂同様、「下礼堂」の存在を示唆する。

④飯室不動堂　飯室院不動堂は良源によって創建されたが、当時の建築については明らかでない。『門葉記』に載せる指図は平安時代末期以降のものと思われるが、これには梁行二間の礼堂部分に「上礼堂」「下礼堂」の書き込みがある。

以上のように、叡山三塔の中心仏堂である根本中堂（東塔）、釈迦堂（西塔）、横川中堂（横川）には、いずれも上礼堂と下礼堂からなる礼堂が付属していたことが明らかである。

以上のほか、上礼堂・下礼堂の区別があったか否か明らかではないが、少なくとも「礼堂」の確認できる仏堂は以下のとおりである。

①浄土院廟堂　浄土院の創建は斉衡元年（八五四）、円仁によるものと推測される。「葺板五間礼拝堂一宇」は最澄の廟堂に対する礼拝堂であったと思われる。廟堂は檜皮葺であったから、別棟形式の礼堂であった。

②講堂　天長九年（八三二）創建の講堂は七間堂であったが、老朽化にともなって良源が造替した講堂は九間堂

であった。これらの堂に礼堂があったか否か明らかでない。建久三年（一一九三）の座主拝堂次第には「礼堂」の語があり、また弘安八年（一二八五）の大講堂供養記には「東礼堂」の語が見える。この堂は南向きであったから、「東礼堂」は単に礼堂の東部分という程度の意味であろう。

③延命院　天慶元年（九三八）ころに創建された延命院の建築については不明である。天禄三年（九七二）に良源によって再建された本堂には礼堂が付属していた。

④楞厳三昧院講堂　永観元年（九八三）に右大臣藤原兼家によって創建された楞厳三昧院講堂は七間堂であったが、礼堂の有無は不明である。『門葉記』掲載の指図は桁行七間、梁行六間で、前面の桁行二間分に「外陣」の書き込みがある。この図は内外陣境が引違戸であり、桁行二間の外陣内部は無柱であるから、年代的には平安時代末期以降であろう。

⑤横川釈迦堂　貞元三年（九七八）に権大納言藤原朝光が、前年に没した父兼通のために創建した釈迦堂は「五間四面二棟堂」であった。これは五間四面の本堂に別棟の礼堂が付属する、いわゆる双堂形式の仏堂であったと推測される。礼堂は少なくとも梁行二間はあったであろう。こうした形式が確認できるのはこの堂だけである。

⑥無動寺本堂　無動寺は、相応が貞観五年（八六三）に等身不動明王像を造顕し、同七年にこの像を安置する仏堂を建立したことに始まる。この創建仏堂については資料がない。『門葉記』「寺院二」には平安時代中期以降のものと思われる無動寺本堂の指図を載せる。これによれば南向きの三間四面仏堂で、南に孫庇を付し、この部分を礼堂としている。内陣との境は妻戸である。ただし、この図によれば修法の場は内陣であり、礼堂は孫庇部分のみなので狭く、修法の場としては必ずしも適当ではない。

以上のように、浄土院廟堂、横川釈迦堂以外の、根本中堂をはじめとする礼堂付き仏堂の礼堂部分は、孫庇から発展したものであったと推測される。こうした観点から見れば、一面に孫庇の付く仏堂は礼堂付き仏堂であった可能性が高い。これには以下の例がある。

①横川真言堂　天徳五年（九六一）ころの創建と思われるこの堂は「五間、四面庇、二面孫庇」であった。修法のための仏堂であったから、前面の孫庇は礼堂であった可能性が高い。

②恵心院　永観元年（九八三）に藤原兼家が創建した横川の恵心院は「五間四面堂」で、「南有孫庇」であった。

ところで、礼堂あるいは孫庇の存在が確かめられるのは基本三書以外の文献が主で、基本三書にその存在が記されるのは根本中堂や浄土院廟堂など、ごくわずかである。したがって、上に挙げた例以外にも相当数の礼堂付き仏堂が存在したであろうことが推測される。

内陣と礼堂

根本中堂の内陣は、現状は土間床である。これは文永の指図、さらに拝堂記等によって平安時代末期まで遡れる。それ以前については不明だが、もと板敷であったものが土間床に改造されるという蓋然性はきわめて低いから、根本中堂の内陣は当初から土間床で、その伝統が今日まで墨守されたと考えるのが妥当だろう〔図7－2〕。そして、内陣・礼堂境は後世の密教本堂形式のように格子戸によるゆるい結界ではなく、扉によって厳重に結界される。

このように内陣を土間床、礼堂を板敷とし、内陣・礼堂境を板扉によって厳重に結界する例は、根本中堂以外に次の諸例がある。

①大講堂　現在の大講堂は桁行九間の大建築で、寛永十一年（一六三四）の再建だが、内陣は四半敷の土間床と

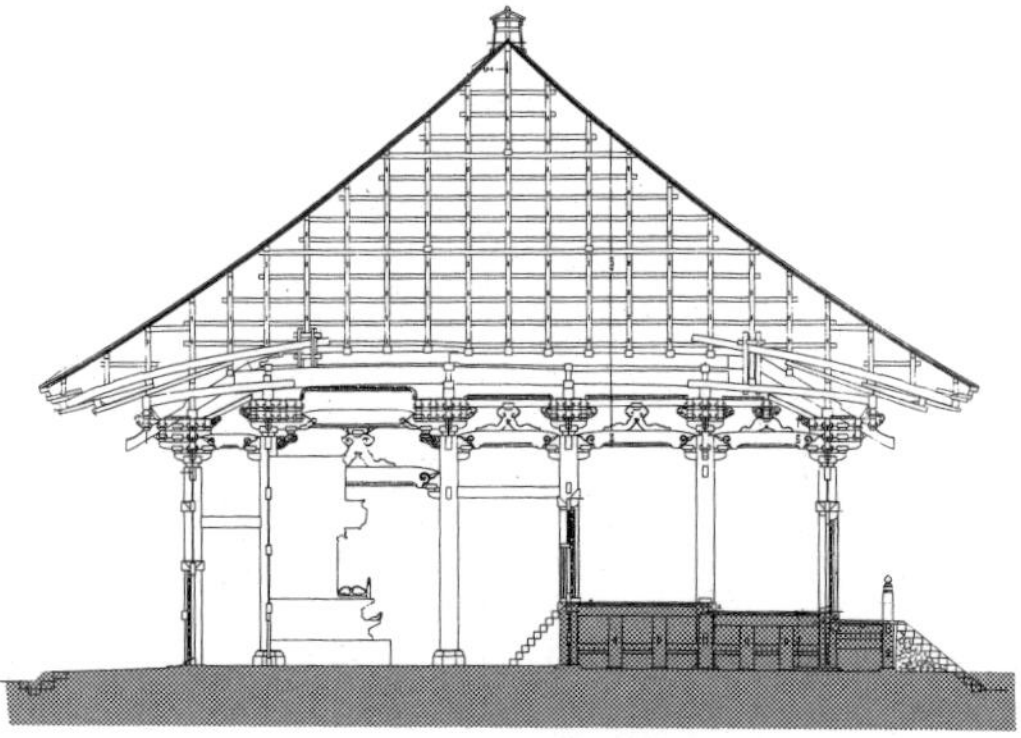

図7-2　根本中堂断面図

し、礼堂は板敷である。内陣・礼堂境九間のうち七間を板扉とその内側の引違格子戸によって結界している。

②転法輪堂（釈迦堂・西塔中堂）　この仏堂はもとは園城寺の弥勒堂で、『園城寺文書』によれば貞和三年（一三四七）の建築である。文禄四年（一五九五）に、織田信長の焼き討ちによって焼失した釈迦堂として移築されたものである。礼堂は板敷、内陣は一段低い土間床で、結界は板扉である〔図7-3〕。

③横川中堂　織田信長の叡山焼き討ち後の天正十二年（一五八四）に再建された横川中堂（昭和十七年に焼失）は、桁行七間、梁行九間の大堂で、外陣は板敷、内陣は土間床で、両者の結界は板扉だった。

以上のように、建立は新しいものの、叡山三塔の中心的建物はいず

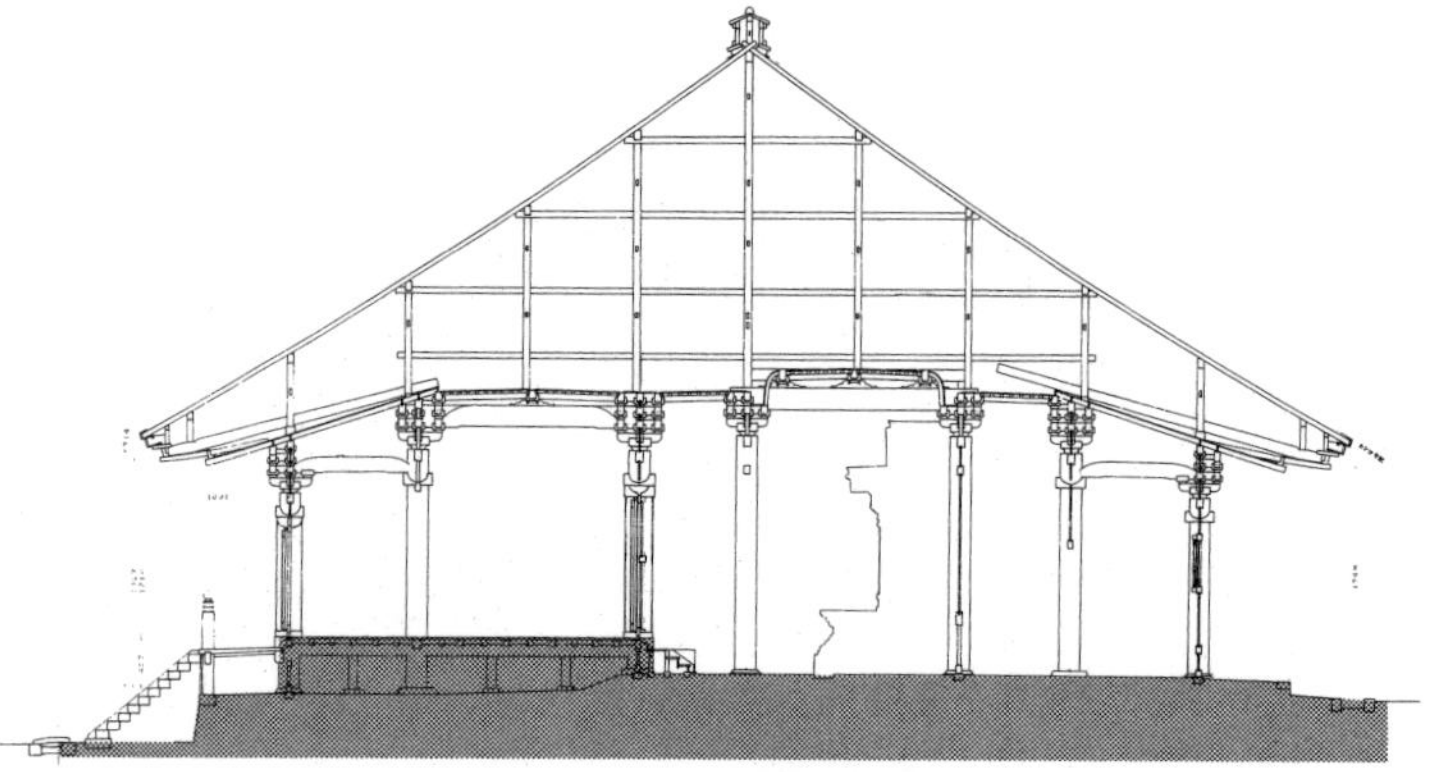

図7-3　転法輪堂断面図

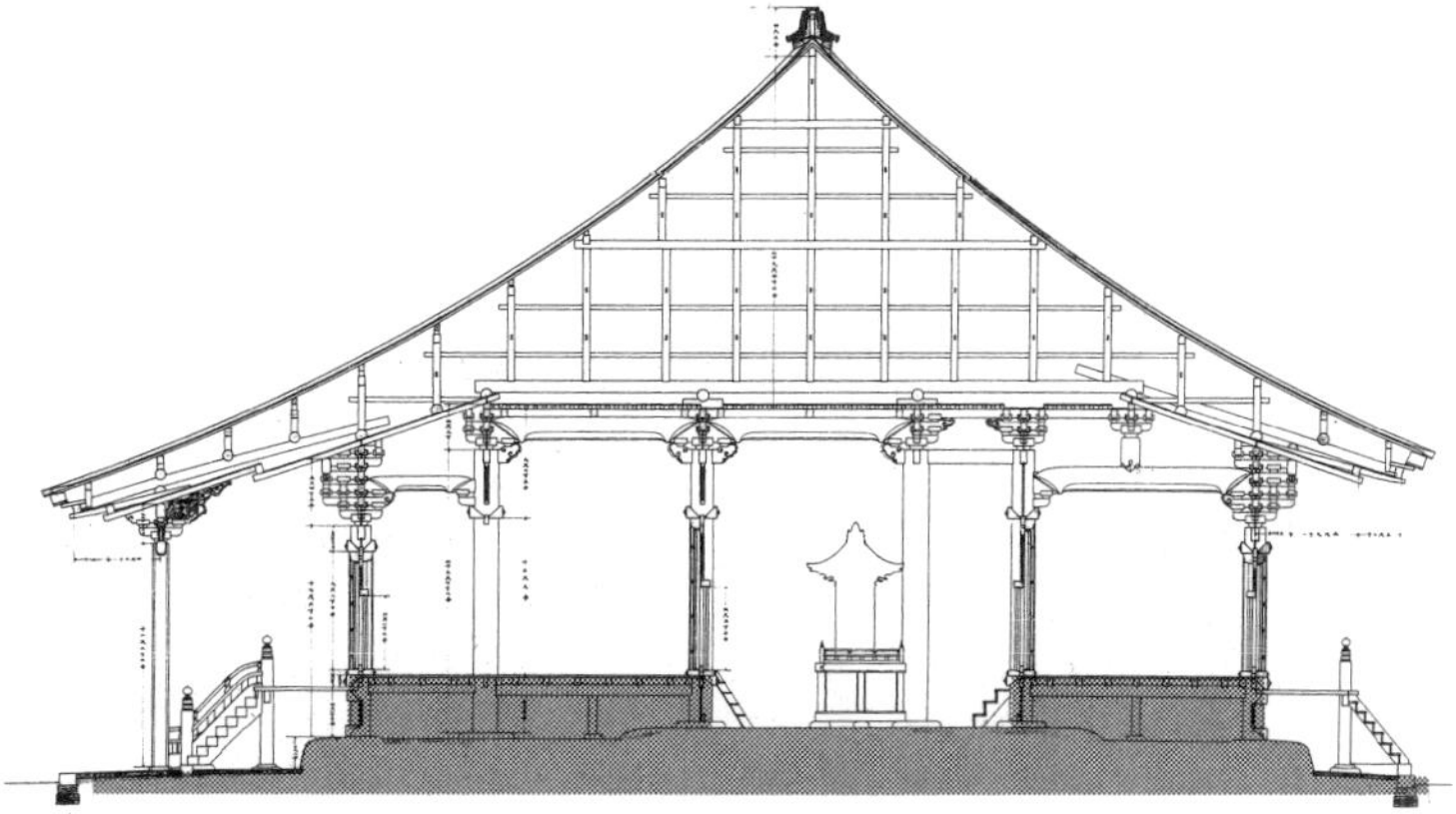

図7−4　園城寺金堂断面図

れもこの形式であった。転法輪堂については、延暦寺から分かれた園城寺でも、延暦寺の中心仏堂と同様の形式が守られていたことを知る重要な遺構である。また、近世の再建ではあるが慶長四年（一五九九）の園城寺金堂も内陣土間床、礼堂板敷、結界は扉である（図7−4）。

次に、現存する遺構で内陣を土間床、礼堂を板敷とする例を列挙する（表7−1）。

東大寺三月堂は、現在は内陣が土間だが、かつては板敷であったと考えられている[2]。板敷を撤去した時期は鎌倉時代の礼堂建て替え以前だが、詳細は不明である。本尊は不空羂索観音像。

石山寺は奈良時代の創建で、本堂は平安時代の再建である。本尊の如意輪観音像は岩上に端座する。真言宗の寺院である。

太山寺は同じく真言宗の寺院であり、内陣は盛り土して土間の床高を礼堂とほぼ同じにしている。本尊は十一面観音である。

六波羅蜜寺も真言宗で、十一面観音を本尊とする。

円教寺は性空によって開かれた天台宗の寺で、十世紀後期の開創である。「書写山円教寺旧記」によれば、講堂は永延元年（九八七）に花山法皇によって創建・供養された。「檜皮葺三間四面講堂一宇、

〔表7－1〕内陣を土間、礼堂を板敷とする仏堂

	所在地	建立年	結界	備考
東大寺三月堂	奈良	八世紀前半	格子・扉	礼堂は鎌倉時代に建て替え
石山寺本堂	滋賀	永長元年（一〇九六）	扉	桁行九間のうち中央五間が土間。礼堂は慶長七年。
太山寺本堂	愛媛	嘉元三年（一三〇五）	格子	内陣はすべて土間
六波羅蜜寺本堂	京都	貞治二年（一三六三）	格子	
円教寺大講堂	兵庫	永享十二年（一四四〇）	格子	七間×四間の内陣のうち、中央の五間×二間が土間
清水寺本堂	京都	寛永十年（一六三三）	扉	礼堂より一間板敷、他は土間
輪王寺三仏堂（本堂）	栃木	正保四年（一六四七）	格子	内陣はすべて土間
長谷寺本堂	奈良	慶安四年（一六五一）	格子	内陣後半のみ土間
東大寺二月堂	奈良	寛文七年（一六六七）	扉	

在礼堂庇」であった。この「礼堂庇」の部分が板敷であったのかも知れない。現在の堂は規模が拡大して桁行は七間だが、土間床部はほぼ桁行三間、梁行二間であるから、あるいは創建時の内陣規模を踏襲しているのかも知れない。創建時の礼堂板敷の形式を伝えるものであろう。

清水寺は奈良時代の創建で、法相宗の寺院である。懸造の仏堂として著名で、十一面観音の霊場として栄えた。礼堂部分はすべて懸造の部分にあたるから当然板敷である。土間床の観音堂に、懸造の礼堂が付加されて成立したのであろう。須弥壇下の岩は約三・五尺ほど盛り上がっており、補陀洛山浄土の金剛宝石に擬せられるものであろう。

長谷寺は奈良時代の創建で、十一面観音を本尊とする山岳寺院である。土間床の観音堂の前に、懸造の別棟の

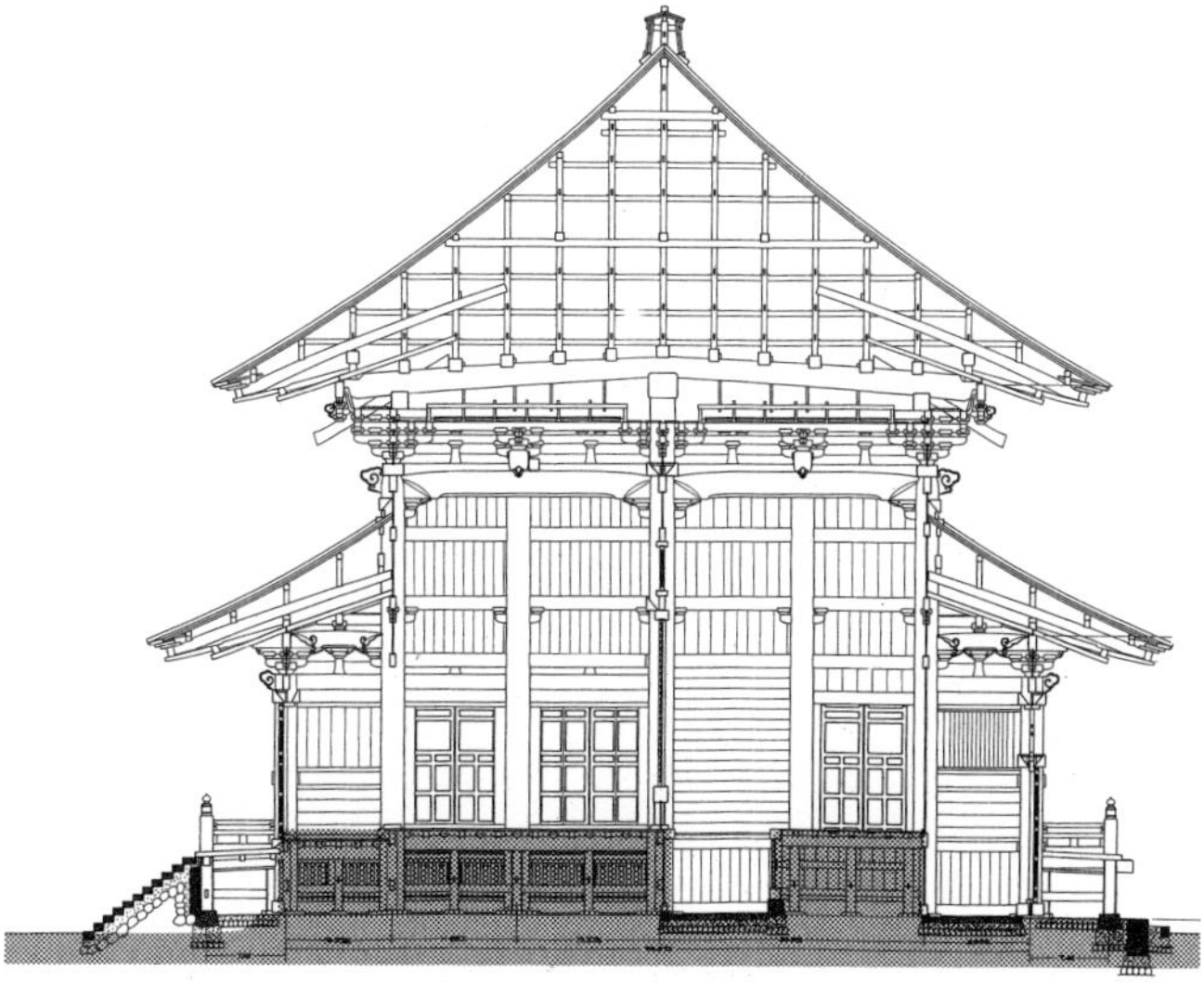

図7－5　輪王寺三仏堂断面図

礼堂が付加されて成立したようで、清水寺と同様の発展過程を持つようである。

輪王寺は奈良時代に勝道上人によって開かれた山岳寺院で、寺伝によれば嘉祥元年（八四八）に円仁が来山したころより天台宗との結びつきが強くなり、のちに天台寺院となった。江戸時代には延暦寺、寛永寺とともに天台宗の総本山の地位を獲得した大寺院である。本堂（三仏堂）の礼堂と内陣の床高には約七・四尺の高低差があり、これは延暦寺根本中堂とほぼ同じである〔図7－5〕。

東大寺二月堂は江戸時代の再建だが、再建にあたっては旧規を遵守したようである(3)。桁行三間、梁行三間の内内陣が奈良時代創建当時の二月堂を引き継ぐものと考えられており、その周囲の内陣は土間床である。本尊の十一面観音は内内陣の岩盤上に直接立つと言われている。

以上のように内陣土間床、礼堂板敷の仏堂は二種に分かれるようである。ひとつは東大寺三月堂、太山寺、清水寺、長谷寺、石山寺、六波羅蜜寺、東大寺二月堂のグループで、いずれも古代以来の観音信仰の霊場寺院である。石山寺、清水寺、東大寺二月堂などで本尊が直接岩の上に安置されるのは、補陀洛山浄土の金剛宝石に結跏趺坐するという観音菩薩を表現したものであろう。土間床の内陣はその延長上に位置づけることができる。東大寺三月堂の内陣が板敷から土間床に改められたのには、あるいはこうした背景があったのかも知れない。

もうひとつは円教寺大講堂、輪王寺三仏堂のグループである。いずれも天台宗の有力寺院で、その中心的な仏堂である。前に見た延暦寺大講堂、延暦寺転法輪堂、園城寺金堂の系列に属することは明らかである。そしてその源は延暦寺根本中堂である。この形式は天台寺院の要である延暦寺根本中堂の、ひいては天台宗を象徴する仏堂の形式として強く意識されたからこそ、近世再建の園城寺金堂や輪王寺三仏堂などにも再現されたのであろう。なお、輪王寺三仏堂、円教寺大講堂の二堂が結界を扉でなく格子とするのは、時代の趨勢によるものであろう。

〔註〕

1 『大日本史料』第三篇之十四所収の「七仏薬師法代々日記」。
2 『奈良六大寺大観』「東大寺一」。
3 『奈良六大寺大観』「東大寺一」および藤井恵介『密教建築空間論』（中央公論美術出版、一九九八年）。

三　六処宝塔と「多宝塔」

六処宝塔

弘仁八年（八一七）、最澄は東国巡錫に赴く。『叡山大師伝』は次のように記す。

適講莚竟、本願所催、向於東国、盛修功徳、為其事矣、写二千部一万六千巻法華大乗経、上野・下野両国、各起一級宝塔、々別安置八千巻、於其塔下、毎日長講法華経、一日不闕、兼長講金光明・仁王等大乗経、

最澄は上野・下野の両国に「一級宝塔」を建て、それぞれに千部八千巻の法華経を安置し、塔の下では毎日長講法華経を欠かさなかったとする。

「弘仁九年四月廿一日一乗澄記願」の奥書のある「弘仁九年比叡山寺僧院等之記」(1)には以下のような記事がある。

天台法華院総摂六大宝塔院
安東上野宝塔院、在上野国緑野郡、
安南豊前宝塔院、在豊前国宇佐郡、
安西筑前宝塔院、在筑前国、
安北下野宝塔院、在下野国都賀郡、
安中山城宝塔院、
安国近江宝塔院、
　已上両宝塔在比叡峯、
住持仏法、為護国家、仰願十方、一切諸仏、般若菩薩、金剛天等、八部護法、善神王等、大小比叡、山王眷属、天神地祇、八大明神、薬応楽円、同心覆護、大日本国、陰陽応節、風雨随時、五穀成就、百姓安楽、紹隆仏法、利益有情、尽未来際、恒作仏事、
　　弘仁九年四月廿一日一乗澄記願

これによって巡錫の翌年には「六大宝塔院」、いわゆる六処宝塔院を建立すべく願文が作成されたことがわかる。『叡山大師伝』の、上野の一級宝塔は「安東上野宝塔院」で緑野郡の緑野寺、下野の一級宝塔は「安北宝塔院」で都賀郡の大慈寺で、願文に先立って建立されたことがわかる。「級」は「層」の意であるから、一級宝塔は一層の宝塔である。僧広智がその弟子の徳円に与えた、天長七年（八三〇）閏十二月十六日の奥書を持つ「付法印信」には「授上野緑野、多宝塔如法壇」と記されており、この塔が「多宝塔」と呼ばれていたことが明らかである。

『叡山大師伝』は六処宝塔院に関して次のように記す。

大師本願、写六千部法華経、造一六基之多宝塔、々別安置一千部経、毎日長講、福利国家也、且修営三千部三基已畢、猶未修造中国二千部二基塔、西国一千部一基塔、但中国之分、叡岳東西両塔是也、大師自創未成遷化、諸弟子等、見材増悲、尽力営作、

これによれば大師の生前に完成したのは上野、下野、豊前の三宝塔院で、筑前、山城、近江の三宝塔院は未完であった。

すでに完成していた豊前宝塔院について、原文を確認できていないが、景山春樹氏によれば、光定の『長講法華経註』に収録された建立発願文には「書写一千部妙法蓮華経、安置七級清浄宝塔」とあるので、この塔は七重塔であったことがわかる。(2) そして承平七年（九三七）十月四日の「太宰府牒」は以下のように記す。

府牒　筥埼宮

応令造立神宮寺多宝塔壱基事

牒、得千部寺僧兼祐申状偁、謹案天台伝教大師去弘仁八年遺記云、為六道衆生、直至仏道発願、於日本国書

写六千部法花経、建立六箇基宝塔、一一塔上層安置千部経王、下壇令修法花三昧、其安置建立之処、叡山東西塔、上野・下野国、筑前竈門山、豊前宇佐宮弥勒寺者、而大師在世及滅後、僅所成五処塔也、就中竈門山分塔、沙弥證覚在俗之日、以去承平三年造立已成、上安千部経、下修三昧法、宛如大師本願、未成一処塔者、謂宇佐弥勒寺分也、伝聞、弥勒寺未究千部、書写二百部之間、去寛平年中悉焼亡乎、爰末葉弟子兼祐、忝歎大師遺誓之未遂、寸心発企念、弥勒寺分経火滅之替、於筥埼神宮寺、新書備千部、造一基宝塔、於上層安置千部、下間令修三昧、以可果件願、然則始自承平五年、且唱於知識、令写経王、且運材木、拽置於彼宮辺已了、彼宮此宮雖其地異、権現菩薩垂迹猶同、仍以彼弥勒寺分塔、欲造立此神宮寺也、望請府裁、早欲造件宝塔、仏事之功徳、凡為鎮国利民也者、府判依請、宮察之状、早令造立、将令遂本願、故牒、

承平七年十月四日　　　　大典惟宗朝臣（花押）

参議帥橘朝臣公頼

これによれば大師が生前に定めた六処宝塔のうち、この時点で豊前宝塔院を除く五宝塔が完成していた。そして筑前宝塔院は太宰府の竈門山寺（竈門神社の神宮寺）で、その塔は承平三年（九三三）に、沙弥證覚によって造立され、上層に千部法華経を安置し、下層において法華三昧を修したという。豊前宝塔院は宇佐八幡宮の神宮寺である弥勒寺に予定されたが、弥勒寺は寛平年中（八八九〜九八）に、二百部を書写したところで焼亡してしまった。そこで兼祐が焼けてしまった弥勒寺分の経に替わって、箱崎神宮寺において新たに千部を書写し、宝塔を建立してその上層に安置したいので、許可が欲しいというものである。

ここに見える筑前宝塔院、つまり竈門山寺の塔は承平三年（九三三）に造立されたようであるから、前の光定の「建立発願文」にあった「七級清浄宝塔」とは別のものである。発願時には七重塔として計画されたが後に変

更されたか、あるいは、当初は既存の七重塔に、千部法華経を仮に安置したかのいずれかであろう。上野や下野で実現した天台特有の形式によらず、旧仏教的な七重塔という形式をわざわざ選択したとは考えがたいから、蓋然性からすれば後者と考えられ、承平三年にいたって初めて、おそらく多宝塔形式の千部法華経塔が完成したのであろう。

宇佐弥勒寺に予定された筑前宝塔院は結局建てられなかったようである。そして代わりに、僧兼祐によって、所を変えて箱崎神宮寺内に建立された。承平七年（九三七）をやや降るころであった。そしてこの塔は表題にあるとおり「多宝塔」で、上層に千部法華経を安置し、下層に法華三昧を修したようである。

宇佐八幡宮と最澄との関係は以下のようである。

弘仁五年（八一四）春に、「渡海の願を遂んがため」（入唐求法の旅から無事に帰国した謝意を表するためという意味か）に、筑紫国に赴いた最澄は五尺の檀像千手観音像を造り、大般若経二部千二百巻、法華経千部八千巻を書写し、また八幡大神（宇佐八幡宮の祭神）のおんために神宮寺において自ら法華経を講じた。すると八幡大神の託宣があり、最澄との値遇を喜んで自ら祭殿を開き、紫袈裟と紫衣を最澄に奉ったという。(3)

また、竈門山寺は延暦二十二年（八〇三）に、最澄が入唐求法に向かう途次、航海の無事を祈って六尺の檀像薬師四体を造って奉納し、法華経等を講じたという由縁を持つ。

近江宝塔院（東塔）と山城宝塔院（西塔）

さて、最澄の生前には完成しなかった近江宝塔院（延暦寺東塔）と山城宝塔院（延暦寺西塔）についてである。東塔については第二章に、西塔については第三章に詳述したので、ここでは塔の形態を推測するために必要な事柄のみを摘記する。

『叡山大師伝』によれば、前述した東国巡錫を終えた最澄は、都へ向かう途中に、美濃国の高野山寺に立ち寄った。

而其院主賢栄禅師、誓願同預大師大願、欲造多宝塔、兼写千部法華、安置塔中、因茲差仏子好堅、随力造立、今呼叡岳東塔、

高野山寺の賢栄は、叡山に「多宝塔」を建立し、千部法華経を安置するという大願に預かるため、弟子の好堅を叡山に派遣し、塔の造営に当たらせた。これが「今呼叡岳東塔」である、とする。

これより先、延暦二十五年（八〇六）二月下旬に桓武天皇は、唐より将来した新来の一宗のため、勅によって叡山に「方各五丈」の「壇堂」を建立せんとし、近江少掾安倍朝臣真虎と造宮長上工一人、少工二十人を遣わした。しかし天皇は同年三月十七日には登天し、宝殿の建設は中断してしまったという。この堂がどの程度までできていたのかは不明である。そして最澄はこの壇堂を引き継ぐ意味も込めてこの地に東塔建立を計ったと思われる。弘仁十二年（八二一）七月十七日、塔の心柱が立てられた。最澄示寂の前年のことであった。弘仁十四年（八二三）には造営料として四百斛が官より施されて工事が継続された。しかしこれによっても塔は完成しなかったらしく、光定は「雖然、未成於彼此塔之調度、自此之後、宗後賢人等、必可成此塔」と記している。『伝述一心戒文』が著されたのは承和元年（八三四）であったから、最澄が没して十二年を経て、未だ東塔完成の目処が立たない、という状況であった。

さて、桓武天皇が造営を企てた壇堂は「方五丈」であった。これは叡山に特有の「方五間堂」であったことは疑いない。工事が放棄されるまでに基壇程度はできており、これを利用して最澄が宝塔の建立を企図したとすれ

ば、それはのちの惣持院多宝塔と平面を同じくするものであった可能性が高い。他の六処宝塔の例から推して、上層に千部法華経を安置する「多宝塔」であったろう。しかし初層の規模が「方五丈」という大規模なものであったため、朝廷の支援を受けながらも、最澄在世中にはついに完成に至らなかったのであろう。東塔は円仁の時代に、惣持院に包摂される形で実現した。下層方五間で、上層を円形とする、大型の多宝塔の形式であった。

以上のように、最澄が企図した六処宝塔のうち、上野・筑前・近江（東塔）の三宝塔がいずれも「多宝塔」と呼ばれるものであったことが明らかであり、下野・豊前・山城（西塔）も、他塔との関係からすれば多宝塔であった可能性が限りなく高い。そして竈門山寺の塔（筑前宝塔院）は「上」に、箱崎神宮寺の塔（豊前宝塔院）は「上層」に法華経を安置したから、これらは単層塔ではなく、現在呼ぶところの「多宝塔」であったろう。緑野寺の塔（上野宝塔院）および大慈寺の塔（下野宝塔院）も「於其塔下、毎日長講法華経」とあるから、千部法華経が安置されたのは上層であったと思われる。すると『叡山大師伝』の「各起一級宝塔」はいわゆる宝塔形式の塔ではなく、多宝塔であった可能性が出てくる。多宝塔の下部の屋根は裳層であったから、これを一層とは数えなかったのかも知れない。藤井恵介氏は惣持院多宝塔が下層方五間、上層方三間の方形二重塔とする浜島正士氏の説を支持する立場から、上野、下野の「多宝塔」も同様であったろうとするが[4]、この形式はまさしく「二級宝塔」であって、これを「一級宝塔」と呼ぶことはあり得なかろう。

なお、延暦寺西塔の完成は大幅に遅れて延長二年（九二四）で、その形態を示唆するような資料がない。

再び「多宝塔」の初期形態について

多宝塔の形態については浜島正士氏が一九七五年に発表された「多宝塔の初期形態について」が初めての本格

的論文であった。これは「多宝塔なる名称は天台宗の二重方形塔形式に用いられたのが最初と思われる」という結論を含むものであった。これは鎌倉時代の「比叡山東塔絵図」に描かれた惣持院の塔が下層方五間、上層方三間の方形二重塔であったことを手がかりとする推論であった。これに対し、筆者は一九八三年に発表した「多宝塔についての史的考察」において浜島氏の論拠に一々の批判を加え、創建時の惣持院多宝塔は下層方五間、上層円形平面の、大型の多宝塔であった可能性が高いことを示した。これに対する浜島氏の反論は現在に至るまで、ない。氏の近著である『日本仏塔集成』（二〇〇一年）においても氏の論旨には大きな変更はない。筆者が信頼すべき史料によって指摘した上野緑野寺の塔が「多宝塔」と呼ばれていたことについても「多宝塔なる名称は天台宗の二重方形塔形式に用いられたのが最初と思われる」という主張を繰り返している。氏も認めるように、上野の塔は方形二重塔ではあり得なかったにもかかわらず、である。要するに筆者の論文は一顧だにされていない。

藤井恵介氏は『密教建築空間論』（一九九八年）において、創建時の惣持院多宝塔が方形二重塔であったとする浜島氏の説を支持し、その論拠を示す。まとめれば以下のようになろう。

①「比叡山東塔絵図」に描かれた惣持院塔が方形二重塔であること。

②『中右記』永久二年（一一一四）五月十八日の条に「見慈徳寺塔作様、頗不似他塔、是山上総持院体云々」とあること。慈徳寺は長保元年（九九九）に建立されたが「その塔の作り様がすこぶる他塔に似ていない。これは惣持院の体であるという」。このような特異な形態は「東塔絵図」に見たような形であったと考えてよい。

実はこれらの論拠は浜島論文をなぞっただけで、新しい知見を示したものではない。

それではまず、「比叡山東塔絵図」にどれほどの信憑性があるのか、検討してみたい。なお、この図は、『古絵図』（京都国立博物館編）の解説によれば「鎌倉時代中期」の作である。

最初に論点となりそうな平安中期以後の惣持院の歴史を『天台座主記』によって簡単に辿ってみたい。

惣持院は焼亡再建を繰り返し、延久二年（一〇七〇）三月二十六日の焼亡が第四度目で、その再建供養は応徳元年（一〇八四）五月六日に行われた。その後、天治元年（一一二四）九月には真言堂・灌頂堂を修理して檜皮葺に改めた。いつの日か、檜皮葺以外の屋根に変えられていたものを元に戻したのであろう。そして大治五年（一一三〇）十月四日に、門楼の形式をこれまでの二重の楼門から一重に変更し、再び供養が行われている。この間にあるいは地震などによって門楼が失われていたのであろう。承安二年（一一七二）正月十四日、門楼、廻廊の上棟が行われた。この時、門楼は旧来の二重門に復された。そして承元五年（一二一一）七月十一日に惣持院はまたもや焼失する。『天台座主記』は「第五度」とする。焼失したのは「宝塔、灌頂・真言両堂、廻廊、門楼、舞台」である。建暦三年（一二一三）に再建の事始めがあり、建保六年（一二一八）七月十三日に供養会が執り行われた。貞永元年（一二三二）には檜皮葺を改め「木瓦葺」としたという。その後しばらく罹災の記事はなく、約百年後の元亨三年（一三二三）八月十八日に第六度目の焼亡に遭遇する。焼失したのは「惣持院三重塔、護摩堂、灌頂堂、二階楼門、四面廻廊」であった。

この記事によって、建保六年（一二一八）に再建され、元亨三年（一三二三）に焼失した惣持院の塔は「三重塔」であったことがわかる。つまり、「比叡山東塔絵図」の描かれた「鎌倉中期」の、惣持院塔は方形二重塔ではなく、三重塔だったのである。したがってこの図は当時の東塔の建築を実写したものではないことになる。(5)

灌頂堂についても同様のことがいえる。寛喜元年（一二二九）の「惣持院灌頂指図」には「方五間」の求心堂として描かれているが、この時の灌頂堂は建保六年（一二一八）再建のものであるから、「鎌倉中期」の「比叡山東塔絵図」にはこの堂が描かれたはずである。しかるに、寛喜の図が方五間であるのに対し、絵図は三間堂として描いている。やはり符合しないのである。

また、元亨三年（一三二三）に焼失した、つまり建保再建の惣持院にはあったはずの「二階楼門」もこの図には描かれていない。

以上のように、絵図の内容と、絵図の描かれた時代の文献資料が示す惣持院の形態の間には大きな違いがある。明らかに鎌倉時代中期の惣持院を実写したものではないのである。したがって、この絵図の性格、あるいは作成意図が解明されない限り、この絵図を史料として使用することは回避すべきであろう。

次に、「慈徳寺塔」に関して。

慈徳寺塔が当時としては異形の塔であったことはわかる。しかし、これが方形二重塔であったことを示す資料は何もない。しかも「惣持院体云々」とあるようにこれは伝聞であって、中御門宗忠は惣持院の塔を見ていたわけでなかったから、慈徳寺と惣持院が同じであったとは直ちには判断できない。百歩譲って、この時の惣持院塔が方形二重塔だったとしよう。前述したように、建保六年（一二一八）に再建され、元亨三年（一三二三）に焼失した惣持院の塔は「三重塔」であった。この時までに惣持院塔は特異な方形二重塔から、三重塔の形式に変更されてしまっていたのである。したがってそれ以前の形式であった方形二重塔も、焼亡・再建を繰り返した惣持院塔の、いつの時点にまで遡らせることができるのか、判断に迷うのが普通だろう。惣持院の創建から『中右記』の記事の永久二年（一一一四）まで、すでに二五〇年も経過しているのである。方形二重塔を創建時まで遡らせることについてはその蓋然性すらない、といえる。

天台の多宝塔と真言の多宝塔について。

「多宝塔」という名称は最澄によって、天台宗の塔に対して命名されたものである。本来は法華経塔、つまり千部法華経を安置するための塔であった。しかし円仁によって実現した惣持院多宝塔はこれに胎蔵五仏を併置し、さらに時代が降ると応和三年（九六三）の雲林院多宝塔のように五仏のみを安置するものが現れる。これに対し、真言の塔は「毘盧舎那法界体性塔」など、「毘盧舎那」を冠する塔名で呼ばれた。これは安置仏が大日如来であったことに由来する。ところが十世紀中葉以降は真言の塔も「多宝塔」と表現されるようになる。真言側が、競合関係にあった天台の「多宝塔」という名称を受け入れた理由は何か。その大前提は、ある時点で真言の塔が天台の塔と形式も内容も同じになり、あえて区別する必要がなくなった、ということ意外に考えられない。

形態的には、高野山大塔に代表される初期真言の塔が、今言うところの多宝塔の形態であったことはほぼ確実である。したがって天台の塔も同様の外形であったと考えざるを得ない。次に塔の内容について。天台の塔は本来は千部法華経を安置する法華経塔であったが、円仁による惣持院多宝塔およびこれに続く延暦寺西塔はこれに胎蔵五仏を併置し、十世紀中期には五仏のみを安置するものが現れる。真言の塔と内容的に大きな差はなくなった、とみることができる。ちなみに、文献による限り、真言の塔で最初に「多宝塔」と記されるのは天暦元年（九四七）建立の勧修寺多宝塔である。それ以前の「毘盧舎那」系の塔をもつ高野山、安祥寺、貞観寺が、僧侶が主体となって建立されたのに対し、勧修寺は宇多天皇の女御・胤子による創建で、多宝塔は醍醐天皇の発願であった。塔建立の檀越である俗人からすれば、それが真言寺院であっても、近辺の天台寺院の塔と形式・内容ともに同じであるならば、それを「多宝塔」と呼ぶのになんの不都合も感じなかったであろう。具体的には、勧修寺多宝塔より二年前の天慶八年（九四五）には、勧修寺からさほど遠くない天台の法性寺に多宝塔が建てられている。(6)このようにして、真言の塔も次第に多宝塔と呼ばれるようになった。その象徴的な事例が、康和五年（一一〇三）再建の高野山大塔も、「多宝塔」と呼ばれたことである。

なお、藤井氏は真言の「多宝塔」について、密教の教学面からは多宝如来を金剛界大日如来とし、釈迦如来を胎蔵界大日如来とするから、金剛界九尊を安置した塔を「多宝仏塔」といって差し支えないことになる、とする。しかし、康和五年再建の高野山大塔は「多宝塔」と呼ばれたが、その安置仏は胎蔵界五仏であったから、説明にはならない。

なぜ、真言の塔が、本来は天台のものである「多宝塔」という名称を採り入れるにいたったかの説明が、多宝塔の初期形態を論ずるには避けて通れない問題である。前述したように筆者は、本来の天台系多宝塔が下層方形、上層円形の、今言うところの多宝塔の形式であって、これは真言の毘盧遮那塔と同形式であったために、次第に真言の塔も多宝塔と呼ばれるようになったと解釈した。しかし藤井氏はこの問題に関しては「本来の名称である「毘盧舎那」を冠する塔の名称がなぜ、天台宗側の名称である「多宝塔」に置き換わるのか、十分には理解できない」としている。これでは、多宝塔の初期形態を論ずることは基本的にできないであろう。

また、現存する天台の多宝塔はいずれもいわゆる多宝塔形式だが、仮に天台の初期多宝塔が方形二重塔だった場合、いかなる理由によって天台の塔が伝統的な真言の塔の形式に変わってしまったのか、納得のいく説明が必要だが、浜島氏も藤井氏もこの問題に関してまったく言及していない。

〔註〕

1　『園城寺文書』第一巻所収のものは国宝に指定されているが、写本で、誤脱がきわめて多い。『天台霞標』三編巻二に収める「六所造宝塔願文」の方が内容および形式が整っているので、これによって補訂した。

2　『比叡山寺』「Ⅱ　比叡山東塔」同朋社、一九七八年。

3 『叡山大師伝』。

4 『密教建築空間論』中央公論美術出版、一九九八年。

5 物持院塔が三重塔に変わってしまったということには強い違和感を覚える。そこで、仮に「三重」を「二重」の誤記または誤写と考えれば、これはまさしく方形二重塔となり、絵図に合致する。しかし、『天台座主記』で物持院塔を「三重塔(二重塔)」と表現するのかこの箇所だけで、それ以外は「宝塔」(二カ所)または単に「塔婆」「御塔」とする。したがって「二重塔」はそれまでの塔とは異なる特異なものであった意が籠められていると推量されるから、方形二重塔は建長再建塔にまでしか遡らないことになろう。

6 『日本紀略』天慶八年二月二十七日の条に「皇太后於法性寺供養多宝塔・一切経等」とある。皇太后は村上天皇の母・穏子である。杉山信三氏は、『扶桑略記』天暦八年(九五四)二月二十一日の条にある「勅供養法性寺塔、造金色普賢菩薩像、金色観音菩薩像、安置塔婆」とある塔と同一とするが、根拠がない。

［付論一］　史料批判

最澄による草創期から平安中期の隆盛期に至るまでの、比叡山延暦寺の建築に関する史料は必ずしも豊富とは言えない。そうしたなかで『阿娑縛抄』「諸寺縁起下山上」と『山門堂舎記』、『叡岳要記』（以下、「基本三書」と略称する）は具体的は建築の規模・形式に関する情報を多く含んでおり、延暦寺諸堂院の建築を知るうえで重要な史料である。しかし、これらの成立はいずれも鎌倉時代であり、そこに記された諸堂院の姿がいつまで遡りうるのかが大きな問題である。福山敏男氏は「伝教大師時代の延暦寺の建築」(1)のなかで、「そこに記されている堂塔や仏像の数や形式などは十二世紀当時のものとして理解すべきであろう」とされている。そして現実に、これらの書に引用された、年代の遡る史料の多くを、信憑性に乏しいものとして切り捨てられている。しかしこれらを他の同時代史料と照らし合わせてみると、十分に信用できるものも少なくないのである。そこで本章では基本三書に引かれた史料のうち延暦寺の草創に関わるものについてその信憑性を検討し、次いで基本三書そのものの成立と構成について検証してみたい。

一　基本三書に引用された史料の検討

引用史料の多寡は三書の間で大きく異なる。『阿娑縛抄』は「大師伝」（『慈覚大師伝』、現存）からの引用を明示するのが二カ所あるのみである。また『山門堂舎記』は「貞観元年九月廿五日勘定資財帳」と「或記」が二カ所、「耆旧相伝」が一カ所である。これについては東塔の諸堂舎および無動寺の項に続いて以下のように記す。

嘉元三年十二月廿四日夜、書写了、自或山僧之許伝借之処、搆為急要歟、返之間、為後見、両夜馳筆畢、仍縁起官符等悉以略之、紙上多憚、見之仁可得此意也、更不及一校歟、僻事多歟云々、

つまり、無動寺までの記事については嘉元三年（一三〇五）に、ある僧の持っていた本を借り受けて書写したものであるという。そして返却を急いだため、縁起や官符などは悉く省略した、とする。引用書がきわめて少ないのはこうした事由による。

これら二書に対して『叡岳要記』は多くの引用書を明示する。以下にそれを示す。

［現存するもの］

伝教大師伝　最澄の弟子・真忠撰の『叡山大師伝』と同。最澄の伝記。
伝述一心戒文　最澄の弟子・光定の著。
慈覚大師伝　円仁の伝記。
巡礼記　円仁著『入唐求法巡礼行記』と同。
相応伝　『相応和尚伝』と同。
慈恵大師伝　良源の伝記。
静観僧正伝　静観僧正増命の伝記。
三宝絵　『三宝絵詞』と同。

［現存しないもの］

安恵座主本伝　安恵は貞観十年（八六八）寂。
義海座主本伝　義海は天慶九年（九四六）寂、七十六歳。
明達律師日記　明達は天暦九年（九五五）寂、七十九歳。
大師一生記　最澄の弟子・仁忠撰とする。
檀那贈僧正伝　檀那院覚運は寛弘四年（一〇〇七）寂。
西方院座主記　西方院座主院源は長元元年（一〇二八）寂、七十五歳。
尊敬記　尊敬は俗名橘在列。天慶七年（九四四）出家。
尊敬百枝縁起　尊敬撰述の、最澄の父・三津首百枝の伝記。

これらの他、座主略伝・東塔縁起・山王院縁起・文殊会縁起・延暦寺根本神宮寺記・山中記・山中抄・臨海記・資財帳（年時不詳）・講堂秘録などがある。

なお出典を記さずに、『叡山大師伝』や『慈覚大師伝』、『入唐求法巡礼行記』、『伝教大師行状』などから引用した箇所も多く見られる。これらは現存本との対校によってはじめて引用が判明する。したがって、右に記した、現存しない諸本からの引用は、見かけ以上に多いのではないかと推測される。

これら現存しない諸本については、その成立年代や撰者、内容の信憑性等について厳密に史料批判することは困難である。しかし、特に延暦寺草創に関わる史料については、その採否によって、草創期延暦寺の姿が大きく相違してしまう。そこで、そうした引用史料の若干について考察を試みてみたい。

（一）貞観元年資財帳（『山門堂舎記』所収）

これについては「第二章　東塔」「一　一乗止観院」の項で詳述したので参照されたい。その年代と記載内容から、後代の書き込みあるいは改竄を修正すれば、十分に信憑性を有する、というのが結論である。

（二）年時不詳「建立縁起」（『叡岳要記』所収）

『叡岳要記』は「伝教大師結界」「十六院」「九院」に続いて「延暦寺」の項を設け、冒頭に次のように記す。

勘申建立当寺縁起事

在近江国滋賀郡比叡山北面大嵩、

右僧綱去年十一月廿八日転牒、今年二月十一日到来偁、権少外記坂上常蔭、今月廿日仰云、民部卿藤原朝臣宣、十五大寺并代々天皇皇后御願建立縁起、宜令僧綱勘申者、所仰如件、毎寺宜承知、件縁起慥注年紀、速言上不可怠者、寺謹引撿旧記、

この縁起撰述の年は記されていないが、『外記補任』によれば文中の坂上恒蔭（＝常蔭）が権少外記であったのは延喜二十一年（九二一）一月三十日から延長二年（九二四）二月一日の三年間であったから、この間のことである。この時期の民部卿は藤原清貫で、「民部卿藤原朝臣」にも矛盾しない。

縁起の内容を要約すれば次のようである。

①最澄の先祖は後漢・孝献帝の苗裔・登旧王（登万貴王か）である。応神天皇の時代に帰化し、滋賀の地を賜って三津首と改姓した。

②延暦四年（七八五）歳次乙巳七月中旬、最澄は比叡山に登って草庵を結んだ。

③延暦七年歳次戊辰、桓武天皇のために根本一乗止観院を創建。今いう中堂はこれである。

④延暦二十年歳次丙戌正月二十六日、年分度者二名が置かれた。

⑤弘仁二年（八一一）歳次辛卯七月、法華三昧院を建立。

⑥弘仁十三年歳次壬寅六月十一日、十二年籠山の制を決める。

⑦弘仁十四年歳次癸卯二月二十六日、詔勅により延暦寺と号す。

⑧天長二年（八二五）、近江国正税九万束を賜い、戒壇院を造立。「正堂一宇并講堂細殿一宇也」。「但未畢功之間者、根本止観院、行受菩薩戒并廻心受大戒之事」。

⑨天長四年（八二七）歳次丁未五月中、「十禅師義真、十禅師円澄、上座寺主道叡、都維那承天、僧光定・興善・円仁等」、先師の本願を遂げるため、「別当正三位行刑部卿藤原朝臣三守、参議右大弁従四位上兼武蔵守勲六等大伴宿祢国道」に語り、鐘一口を鋳る。

⑩承和二年（八三五）歳次乙卯、大法師義真の奏状により、判行天台読師各一人を賜う。

次にこれらの内容の信憑性について検証する

①について：『叡山大師伝』の記述と一致する。

②について：延暦四年の干支は乙巳ではなく、乙丑だが、この年に最澄が比叡山に登り草庵を結んだことは、『叡山大師伝』によって確認できる。

④について：干支丙戌は延暦二十年ではなく二十五年である。誤写であろう。そして延暦二十五年に年分度者が置かれたことは最澄自筆の「天台法華宗年分縁起[2]」所収の「太政官符」および『叡山大師伝』その他で確認できる。

⑤について：弘仁二年の干支は辛卯で、正しい。『叡山大師伝』では弘仁三年とするが、干支を記さない。

⑥について：『叡山大師伝』の記述と一致する。

⑦について：『叡山大師伝』の記述と一致する。

⑧について：戒壇院の建立について『阿娑縛抄』は「右院者、依太政官去天長四年五月二日下近江国符旨、所創建立也」と記し、『山門堂舎記』、『叡岳要記』、『天台座主記』ともにほぼ同様の記述があり、天長四年の創建はほぼ確実である。光定の『伝述一心戒文』は「造戒壇講堂料九万束達天長皇帝下近江国文」を載せ、戒壇院造立の詳しい経過を記しているが、造営料九万束を賜った年時は記していない。この「建立縁起」はその時期を天長二年とするが、それは戒壇院建立許可を天長四年とする前記の説と、年代的に矛盾する。おそらく後世の誤写であろう。なお、この縁起で最も注目すべきは「正堂一宇并講堂細殿一宇也」という表現である。「細殿」は後の看衣堂の前身であるが、これ以外には『伝述一心戒文』にみられるのみの古い表現である。

⑨について：鐘台についての記載は『山門堂舎記』、『阿娑縛抄』、『叡岳要記』ともにきわめて簡略で、かつほぼ同文を載せ、ともに鋳成を天長四年としている。『伝述一心戒文』の「冷然太上天皇御書鐘銘文」は、冷然太上天皇つまり嵯峨上皇が鐘銘を書したのを天長四年としているから、この年時に誤りはない。この縁起は鋳成に関わった義真以下七名の僧侶名および俗別当藤原三守以下六名の官僚の姓名・位階を記すなど、きわめて詳細である。そして最後に鐘の具体的な大きさ（高八尺、口径四尺六寸五分、口厚四寸五分）と、それに要した熟銅の総量（大六千七百斤）も記載している。なお、延暦寺俗別当・藤原三守と大伴国道の天長四年時における位階、官職はともに正確である。また「上座寺主道叡」は上座の僧名が脱落したもので原文は「上座仁忠、寺主道叡」であったものと思われる。天長元年に初めて三綱が置かれたときの上座は仁忠、寺主は道叡であった(3)。都維那の承天は

天長九年に円仁、道叡らとともに伝灯満位を授けられた乗天と同人であろう。(4) ここに記された僧たちの位階や職名は正確であったと判断される。

⑩について：義真の没年は天長十年（八三三）である。福山敏男氏は、縁起のこの部分に関して「天長十年（八三三）七月に没した義真がその二年後の承和二年まで生きていたかのようにとれる記事」とし、この縁起の難点のひとつとしておられる。確かに、『伝述一心戒文』によれば、義真が天台宗に講読師各一名を置くことを奏請したのは天長十年六月七日であった。しかしこれに対する勅許が降りたのは『続日本後紀』によれば、義真没後の承和二年十月十八日であった。したがってこの記事は正しい。(5)

以上のようにこの縁起は、一箇所だけ年代の誤写と思われる記事が含まれるものの、総体的には高い信憑性を有するとみてよいであろう。前文にあるように、朝廷の命による縁起の撰述であったから、誤りのないよう万全を期しただろう事は疑いない。法華堂建立に関しては『叡山大師伝』が弘仁三年とするのに対し、縁起では弘仁二年とし、その干支も正確である。むしろ大師伝の記事が修正されるべきかも知れない。戒壇堂建立のための造営料支給年は誤写の可能性がある。縁起の末尾に「写本記曰、仁平元年六月六日、恭以大師御筆、懐喜怖之心、書畢」とあるように、幾たびかの書写を重ねるうちに、誤写が生じたのであろう。

さて、③の延暦七年に一乗止観院が創建されたとする説は、『叡山大師伝』に記載のないこと、またこの説の最も早い例が平安末期に編纂された『扶桑略記』が最も早い例であるらしい、として福山敏男氏は否定しておられる。しかし上述のようにこの縁起が信頼できるものであれば、延暦七年創建は簡単に否定できるものではない。

そもそも『叡山大師伝』は叡山の建築についてふれるところはきわめて少なく、弘仁三年七月に法華堂を造立したという以外は、東塔の建立の経緯を示す記事があるのみである。草創期天台の、つまり最澄の、徹底して物欲から遠ざかろうとする姿勢が、大師伝撰述にも反映した結果とも推測される。

なお、この縁起は延暦寺草創の約百四十年後に撰述された、現在知られる最も古い縁起とみることができる。

（三）伝教大師父三津首百枝本縁起（『叡岳要記』所収）

成立年時は不詳だが、表題の割註に「大外記中原師重云、百枝昇進事日本紀所未見云々」とある。これは、縁起には百枝を大蔵卿と記すが、六国史にはこうした記事はないという、中原師重の所見を記したものである。大外記中原師重は『外記補任』では欠文だが、『尊卑分脈』によれば中原師尚の息である。師尚は永万二年（一一六六）に大外記に就任しているから、「大外記師重」は十二世紀末から十三世紀はじめごろまでだろう。[6] なお別の箇所に、「百枝」の読み方（モモエまたはモモキ）について、建保六年に（一二一八）に中原師重から聞いた、との割註がある。したがってこのころまでに「縁起」は成立していたことになる。しかし、最澄の父・百枝を大蔵卿とするのは、前述した延喜末年頃の成立と目される「建立縁起」にはみられなかった事項であり、これより成立の遅れることを示している。

内容については、例えば三津百枝の渡来は応神天皇三十年（二三〇）で、すでにその時百余歳であったなど、荒唐無稽の類であり、みるべきものはない。

（四）虚空蔵尾本願堂縁起（『叡岳要記』所収）

この堂については『阿娑縛抄』にも『山門堂舎記』にも解説がないが、根本中堂の北の「虚空蔵尾」と呼ばれる場所に「本願堂」が現存する。『山門堂舎記』、『叡岳要記』が根本経蔵の位置を示して「在虚空蔵堂南」とする「虚空蔵堂」がこれに当たるらしい。根本経蔵は「今食堂北」（『叡岳要記』）で、食堂は「在中堂東」（『山門堂舎記』）であったから、根本経蔵は現在の宝蔵の位置であったことがわかる。そして宝蔵は本願堂の南東であるから、位置的にはほぼ符合する。

『叡岳要記』に載せる「虚空蔵尾本願堂縁起」は「三間四面檜皮葺堂一宇」で始まり、最澄が延暦四年（七八五）に叡山に登り、同十年に一乗止観院の供養を行うまでの経過を記すが、仏教説話的内容が大半を占め、史実に乏しいと判断せざるを得ない。

ただ注目すべきは末尾に載せる太政官符である。「右得延暦寺前入唐大乗沙門阿闍梨内供奉義真奏状偁」で始まり、鎮護国家のため桓武天皇の御願寺として寄進した後は、昼夜三時に薬師の大法を修し、朝暮の二時には法華・金光・仁王経等を講読してきたこと、そして尽きぬ仏への思いを述べたあと、最澄の遺志を継いで「望請殊蒙宣旨、以本願堂為御願寺」と記す。年紀はないが、延暦寺の号を得た弘仁十四年（八二三）以後、義真の示寂する天長十年（八三三）以前である。また末尾に「左大臣宣」とあるが、この間に左大臣が置かれたのは天長二年から三年まで藤原冬嗣、天長九年から承和十年まで藤原緒嗣であった。藤原冬嗣は延暦寺の有力な外護者でもあったから彼の在任期間であった可能性が高い。つまり天長二年（八二五）から三年の間である。この時「本願堂」は淳和天皇の御願寺となったようである。なお、本官符中に最澄を「大師」と称している。これを諡号と考えれば、最澄に大師の諡号が贈られたのは貞観八年（八六六）であったから年代的な齟齬がある。しかし『伝述一心戒文』でも最澄を「大師」と呼んでおり、単なる尊称と考えれば問題は解消する。

『叡岳要記』はこの太政官符に続いて「天長元年賜額、号本尊院」と記し、本願堂は天長元年（八二四）に「本尊院」の額を賜ったとするが、これは「本願院」の誤りかと思われる。『叡岳要記』の巻末には『叡山大師伝』

や『伝教大師行状』などから、最澄の生い立ちに関する記事を集めて掲載しているが、延暦三年の官符に続いて引用された年時および出典不明の記事には次のような内容が記されている。

最澄は延暦四年七月に叡山に登り、山上を巡礼すること半年、延暦五年三月に「仙人遊化之阪」に至った。そこで最澄が仏像を刻むための料木を探していることを話すと、仙人は大風で倒れた霊木があることを教えてくれた。最澄はその木によって高五尺五寸の薬師立像、居高三尺の釈迦座像、高六尺の屠半多聞天、高二寸の薬師小像二体を造った。これらの像を彫ったのが「本願院」であるとする。仙人云々はさておいて、倒木から薬師・釈迦・毘沙門天像を彫ったことは諸書に見える。薬師小像は『叡岳要記』が「根本一乗止観院」の項に引く仁忠撰の「大師一生記」に「三寸薬師像二体、此中一体為利益衆生、改山故被移他所畢」とあるものだろう。そして延暦四年七月に叡山に登り草庵を結んで住まいしたことも『叡山大師伝』などによって明らかである。したがって前記の「本願院」は最澄が叡山上に最初に結んだ草庵を指していると推測される。その場所は「虚空蔵尾本願堂」と称するように、現在の根本中堂の北の、虚空蔵尾と呼ばれる場所であった。いつの日か、最澄ゆかりの草庵は本願堂または本願院と呼ばれるようになり、天長二～三年に御願寺となったということであろう。

以上のように、この縁起によって最澄が初めて叡山上に結んだ草庵が、名前を「本願堂」と変えながら、現在まで存続し来たったことが知れ、貴重である。

（五）比叡山東塔縁起（『叡岳要記』所収、『阿娑縛抄』は「東塔院」の項に一部掲載）

「維弘仁十二年歳次辛丑、秋七月朔乙未十七日辛亥、大日本国近江州比叡山東嶺、奉為　桓武天皇御霊、建立多宝塔一基、斯乃六処塔中其一塔也、六千部中、其一千部也」で始まる。内容の概略は次のようである。

延暦二十四年（八〇五）に最澄によってもたらされた新宗のために、桓武天皇は翌年二月下旬に勅して比叡山に「方各五丈」の「壇堂」を造らんとし、近江少掾阿倍真序（真虎とも）と長上工一人、少工二十人を派遣した。しかし工事途中の延暦二十五年三月十七日に天皇は他界し、工事も中断してしまった。そこで僧侶たちは心をひとつにして一基の宝塔の建立を発願し、今日その心柱を立てる。

そして末尾に最澄の願文を載せ、「修行円満伝灯法師位最澄謹言」で結ぶ。弘仁十二年（八二一）七月十七日のことであった。

さて、記事の信憑性について検証してみよう。

①桓武天皇逝去を延暦二十五年「季春三月十七日酉時」とする。『日本後紀』は逝去の時刻までは記しておらず、最大の庇護者を失った最澄ならではの記事といえそうである。

②帰朝した最澄が延暦二十四年の「七月四日」に復命したことは、この縁起と「天台法華宗伝法偈」のみに見られる記事である。遣唐大使藤原葛野麻呂が節刀を返上したのが七月一日であったから、日程的にみて妥当である。最澄撰の「天台法華宗伝法偈」は偽作で、「安然（八四一～九〇二）以後、一一〇〇年頃までの成立」とする説があるが、(7) この復命の「秋七月朔戊辰四日」の干支は正しいし、信頼のおける資料によったものと判断される。

③末尾に「修行円満伝灯法師位最澄謹言」と記すが、最澄が「伝灯法師位」を受けたのは弘仁元年、「伝灯大法師位」は弘仁十三年であったから、この文の書かれた弘仁十二年当時の位階は正しい。

④「弘仁十二年歳次辛丑七月朔乙未十七日辛亥」に多宝塔の心柱を立てたとするが、『叡山大師伝』および『伝述一心戒文』は、弘仁十四年（八二三）に塔の造営料として米四百斛を与えられたと記しており、矛盾がない。干支もすべて正しい。

以上を勘案すれば、この縁起の内容は十分に信憑性を有すると判断される。

この縁起によって明らかになることは、以下のとおりである。

延暦二十五年（八〇六）二月下旬、桓武天皇は新来の天台宗のために「方各五丈」の壇堂の建立を発願し、近江少掾阿倍真序および長上工・少工等を派遣し、材木を用意し整地を行わせた。しかし工事が端緒についたばかりの同年三月十七日に天皇は他界し、工事は中断してしまった。それより十五年後の弘仁十二年（八二一）七月十七日、天台宗の学生等は志をひとつにして、桓武天皇の御霊のおんために、比叡山東嶺に六処宝塔の一である多宝塔を建立せんことを発願してその心柱を立てた。

これはまさしく延暦寺東塔の発願文にほかならない。東塔の完成を示す史料は存在せず、また『山門堂舎記』は東塔院について「今物持院在之中」と記すため、結局東塔は造られず、円仁の時代に惣持院の塔をかねる形で初めて実現したのではないかとみられてきた。しかしこの縁起は明確に塔の心柱を立てたことを記しており、少なくともその工事に着工したことは疑いようがない。

この塔の形式については、縁起の「発願造立一基宝塔」の箇所を『天台霞標』所引の『叡岳要記』では割註で「基一作層」と記しており、あるいは『叡山大師伝』が上野・下野の宝塔を「一級宝塔」とするのと同じく、一層の塔（裳層付き）であったのかも知れない。

なお、『叡岳要記』の「初度惣持院供養」の項には「東塔縁起云、或名法華仏頂惣持院、承和十四年慈覚大師帰朝、……仁寿元年初建立惣持院、准大唐青龍寺鎮国道場、為皇帝本命道場、修真言法、興隆仏法云々」と記すので、「東塔縁起」は先にみたものが全文ではなかったらしい。「東塔縁起云」の語はほかに文殊楼院・山王院の項にもみられるから、この縁起は建物としての東塔についてではなく、山上東塔地域の諸院について記したものだったのかも知れない。

最後に、『天台霞標』にも『叡岳要記』の「比叡山東塔縁起」が引かれているが、この方が群書類従本よりも誤写が少なく、文意が通りやすい。

（六）延暦寺根本神宮寺記（『叡岳要記』、『阿娑縛抄』所収）

『阿娑縛抄』では「根本神宮寺」を解説する形で引用されているが、内容はほぼ同じである。ただ、細部にはかなりの相違もあり、すでに幾たびかの書写を経たものであることがわかる。そして『阿娑縛抄』所収の文の方が誤脱が少ない。以下は『阿娑縛抄』による内容の概略である。

叡山の根本神宮寺は伝教大師の造立である。後漢の孝献帝の苗裔・登万貴王は応神天皇の時代に帰化し、近江滋賀郡三津郷に地を賜い居住した。そして劉氏を改め、三津首の姓を賜った。大師はその後裔である。大師の父・百枝は常々子がないのを嘆いていたが、叡山の左脚、神宮の右脇に異香の発するのを尋ね、この地に至った。庵を結び、潔斎して山神に祈ると、四日目の暁に佳夢を見、家に帰ると夫人が懐妊、十ヶ月後に大師が誕生した。大師は十五歳で落飾し、父の教えにしたがってこの地で経行座禅し、神恩に報いんとした。すると香炉の烟底より仏舎利を得、火炉の灰中より金の器を得た。これより以来、延暦のはじめに大師は草堂を結構し、手ずから三尺の十一面観音像を造ってその中に安置した。これがすなわち謂うところの神宮寺である。また大黒天神像を造り、庵に安置して住持主となした。

前半の内容は『叡山大師伝』の記述を簡略化した感があり、大筋において一致する。ただ、神宮寺については、百枝の結んだ草庵と「延暦之初大師結構草堂、手自奉造三尺十一面観世音像、安置其中、是則所謂神宮寺也」とある草堂との関係が明らかでないのに対し、大師伝では百枝が山中に結んだ草庵を「今呼神宮禅院是也」とし、のちに最澄はこの「神宮禅院」において舎利を感得したとする。しかし百枝が創建し、あるいは最澄が舎利を得た草庵が「神宮禅院」と呼ばれるようになるのはもっと後のことであったろうから、単なる表現の違いと見てよいであろう。むしろ「神宮寺記」の記述の方が時系列がずれていない分、表現は正確ということもできよう。なお、大師伝には十一面観音および大黒天造立の話はない。

最澄の出自である三津首についての粉飾は少なく、また改姓前は劉氏であったことは大師伝にもなく、貴重である。また最澄の時代には「草堂」しか建てられなかったとするのも信じるに値する。成立の年代は明らかにできないが、信頼に値する貴重な資料といえよう。

（七）講堂建立縁起（『阿娑縛抄』、『山門堂舎記』、『叡岳要記』に一部引用）

『阿娑縛抄』は講堂の規模および安置仏を記したあと、「右堂建立縁起在本帳」と記し、講堂の「建立縁起」があったことを示している。続いて「天長元年勅近江国税稲九万束所被肇造也、正躯仏竝弥勒菩薩、為弘仏法護国家、衆僧諸檀越等合力所造、観音像、弘宗王奉為深草先帝発心所造、具在奏状」と記す。

『山門堂舎記』と『叡岳要記』には傍線部の記載はないが、前者は「正躯仏」から「具在奏状」までが『阿娑縛抄』とほぼ同文であり、後者も「右仏像等、為□仏法護持国家、衆僧諸檀越等合力所造也」、「観世音菩薩像弘宗王奉為深草先帝発心所造、具在奏状」とあって、三書の記事のおおもとは同一資料であったことが明らかである。その原本が「講堂建立縁起」であったと思われるが、誤写・脱字の多さなどからみて直接縁起から引用したものではなく、幾度かの書写を経たものと思われる。

ところで最澄の高弟・光定が著した『伝述一心戒文』には「造戒壇講堂料九万束下近江国文」を載せ、戒壇設置の勅許から戒壇院・細殿・講堂の造営に至るまでの過程が詳述されている。しかしその造営料に関しては末尾に「天長太皇達之、料稲九万束下近江」と簡単に記すのみで、その前後関係が明らかでない。表題にある「造戒壇講堂料九万束」も「戒壇院の講堂の料として九万束」と解釈されがちである。しかし講堂は戒壇院の付属物ではなかったし、また戒壇堂の建立こそが教団にとっての悲願であったから、戒壇堂をさしおいて講堂の造営料が支給されることは考え難い。前述した『叡岳要記』所引の年時不詳「建立縁起」に「天長二年、依太上天皇（嵯峨皇帝）先勅并当代詔勅、従近江国賜正税九万束、造立戒壇院、（正堂一宇并講堂細殿一宇也）」とあるように、「造戒壇講堂料九万束」は「戒壇堂と講堂の料として九万束」と解釈すべきものである。

時期は不明だが、講堂の縁起を撰述するにあたって、正確には戒壇堂・細殿・講堂の造営料として支給された稲九万束を、講堂に引きつけてその造営料と記したものと思われる。内容は間違いではないものの、誤解されやすい表現であることは否めない。

なお、弘宗王の観音像建立については奏状があったとするが、弘宗王は、『続日本後紀』によれば承和八年（八四一）に長門守に任官し、『日本文徳天皇実録』には天安元年（八五七）に讃岐国の百姓に訴えられた記事があるから、年代的に齟齬はない。

以上の考察によって、基本三書、特に『叡岳要記』に引く延暦寺草創期に関する史料には有用なものがかなり多くあることを明らかにできたと思う。特に重要な点を挙げれば以下のようになろう。

①延暦四年（七八五）に初めて叡山に登った最澄が結んだ草庵は後に「本願院」と呼ばれ、天長二年から三年の

間に淳和天皇の御願寺となった（「虚空蔵尾本願堂縁起」）。

②一乗止観院が創建されたのは延暦七年（七八八）であった（年時不詳「建立縁起」）。

③最澄創建の根本薬師堂・文殊堂・経蔵はそれぞれ桁行三間の小規模なものであった可能性が高い（「貞観元年九月廿五日勘定資財帳」）。

④惣持院に包摂され実際には建てられなかったと考えられてきた東塔は、少なくとも心柱を立てるところまでは工事が進められた（「比叡山東塔縁起」）。

以上のほかに、次のことも指摘できる。

①最澄が十五歳の年（天応元年―七八一に当たる）に、父百枝がかつて草庵を営んだ叡山山脚に籠もり仏舎利を感得したが、この地が後の根本神宮寺となった（「延暦寺根本神宮寺記」）。

②法華堂建立は、『叡山大師伝』は弘仁三年（八一二）とするが、弘仁二年であった可能性がある（年時不詳「建立縁起」）。

③『伝述一心戒文』では戒壇院付属の堂を「細殿」としている。後に「看衣堂」の呼称が一般化するが、その時期は明らかでない。しかし延喜二十一年（九二一）頃は細殿と呼ばれていた（同右）。

二　基本三書の成立とその構成

（一）『阿娑縛抄』「諸寺縁起下　山上」

①成立時期

『阿娑縛抄』の成立については切畑健氏の詳しい考察がある。(8) それによればこの膨大な書物は一時期に成立したものではなく、承澄とその弟子澄豪によって、数十年をかけて編纂された。そして同書の各巻の奥書に「草」の表現が用いられるのは建長末年まであるらしい。「諸寺縁起下山上」は奥書に「御本云於小川殿草之畢」とあるから、氏の考察に従えば成立時期は一二五〇年前後、ということになる。

②内容と構成

この書物はまず延暦寺の四至について簡略に記し、次いで比叡山の諸堂院を、東塔・西塔・横川の三地区に明確に分けて記述している。東塔分については末尾の無動寺と禅院を除いて、基本的には「葺檜皮□間」という形で形式と規模を表示し、続いて安置仏とその仏堂の簡単な由緒を記す。これに対し、西塔分については「葺檜皮」と記すものがなく、また一般的には規模が明示されない。明らかに記述の形式が異なるのである。そして横川分は約半数が「葺檜皮」と記されるのに対し、残りについては形式が示されていない。

このように、本書が成立するにあたって、東塔に関してはかなり整然と編纂された先行史料があったと想像されるのに対し、西塔・横川に関してはそれがなく、この時点で資料を収集して新たな編纂が行われた可能性が強い、といえよう。全体の約三分の二を東塔が占め、残りを西塔と横川が分け合う、という構成比もこの推測を裏付けよう。

次に、最も分量の多い東塔の堂院について、その記載順を整理したのが〔表8－1〕である。根本一乗止観院から山王院までは最澄の創建ないしはその遺志に従って建立されたものである。ただし「法華院」は割註で「統接六処宝塔院」とし、続いて六処宝塔院名を記すのみで、院に関する記述は一切ない。この院は最澄の「十六院計画」の「根本法華院」に該当するものと思われるが、第一章で述べたように、ついに実現することはなかった。

〔表8―1〕『阿娑縛抄』『山門堂舎記』の記載順

『阿娑縛抄』	『山門堂舎記』
根本一乗止観院	根本中堂
根本経蔵	法花堂
法華三昧院	根本経蔵
東塔院	常行三昧堂
法華院	鐘台
惣持院	八部院
戒壇院	山王院
鐘台	食堂
八部院	浄土院
山王院	講堂
随自意堂	戒壇院
五仏院	四王院
普賢院	定心院
賢聖院	惣持院
尊法院	天台法華院
檀那院	安楽院
善学院	前唐院
静慮院	延命院
常楽院	新延命院
食堂	五智院
講堂	蓮花院
定心院	護念院

『阿娑縛抄』	『山門堂舎記』
四王院	随自意堂
常行三昧院	善学院
前唐院	静慮院
文殊楼院	檀那院
延命院	常楽院
新延命院	普賢院
五智院	尊徳院
蓮華院	賢聖院
護念院	尊法院
実相院	五仏院
安楽院	実相院
浄土院	金剛寿院
金剛寿院	持明院
持明院	無動寺
無動寺	
根本神宮寺	
禅院	
円徳院	
西南院	

惣持院の創建は円仁の時代まで降るが、最澄の発願になる東塔（近江宝塔院）が惣持院に包摂されたことにより、この部分に記載されたものだろう。山王院に続く随自意堂も「伝教大師始置四種三昧之其一也」とし、実際の建立は遅れたものの、最澄発願の重要な仏堂としてこの位置に記されたものと思われる。

続く五仏院から常楽院までは時代が飛んで十世紀から十一世紀創建の諸院であり、その記載順にも脈絡がない。

次の食堂と講堂は義真座主の時代の創建、それに続く定心院から文殊楼院は円仁座主の時代に対応する。そして再び、延命院から浄土院までは建立年時もまちまちで、その記載順に何らかの脈絡を見いだすことは困難である。特に浄土院は遅くとも円仁の時代には建立されているから、位置取りが不自然である。

金剛寿院と持明院は山上の記載諸院中、最も年代が新しい。そして天台別院無動寺に続く根本神宮寺・禅院（赤山禅院）・円徳院・西南院は山下に営まれた諸寺院である。

以上のように、最澄・義真・円仁それぞれに関係する建築群の間に、脈絡のない建築群が記載されるという、不自然な配置である。おそらく本来は、最澄・義真・円仁にかかる事績に続いて、その他の建築を創建年代順に並べ、最後に山下の諸寺院を配置したものと推測される。『阿娑縛抄』は記載内容も比較的統一されていて、最も信頼できる史料のひとつとされているが、現在伝わる写本には何らかの理由で部分的な錯簡が生じたものと推測される。(9)

（二）『山門堂舎記』

①成立時期

『山門堂舎記』は撰者も成立年代も明らかでない。記載は東塔・西塔・横川の順である。冒頭には目次的に三六の堂院名を記すが、最後の無動寺を除けばいずれも東塔所在の堂院のみで、西塔・横川の分は掲げられていない。そして本文中の無動寺に続いて以下のように記す。

嘉元三年十二月廿四日夜、書写了、自或山僧之許伝借之処、搆為急要歟、返之間、為後見、両夜馳筆畢、仍縁起官符等悉以略之、紙上多憚、見之仁可得此意也、更不及一校歟、僻事多歟云々、

つまり、無動寺までの記事については嘉元三年（一三〇五）に、ある僧の持っていた本を借り受けて書写したものであるという。そして返却を急いだため、縁起や官符などは悉く省略した、とする。事実、ここまでの記述分

には官符はまったく掲載されていない。そして年号の確認される最新の記事は建暦三年（一二一三）である。したがって元の本の成立は十三世紀初頭と見てよいであろう。

この注書から後の部分、つまり西塔・横川分については成立時期が不明で、奥書に応永二十四年（一四一七）の伝写であることを記すのみである。年代の判明する最も新しい記事は文永八年（一二七一）であるから、成立は十三世紀の末期頃であろう。東塔分について書写した僧が、引き続き西塔・横川についての資料を収集し、編纂したことも考えられる。

②内容と構成

『山門堂舎記』はその名称のとおり、延暦寺の堂院に関する記事が主である。前述のように東塔分と西塔・横川分とではその成立時期を異にするので、まず東塔分の内容と構成について見てみたい。

東塔の堂院についてその記載順を整理したものが〔表8－1〕である。根本中堂から山王院までは本書が始祖最澄の建立にかかる、とするものである。そして食堂から前唐院までは九世紀中に創建されたもので、ほぼ建立年時の順に配置されている。続く延命院から普賢院までのうち、九世紀創建の可能性のある随自意堂を除けば、多少建立年時に前後はあるものの、すべて十世紀中の創建である。[10] 次の尊徳院から持明院までは十一世紀の創建である。そして最後に「天台別院」の扱いを受けた無動寺を載せる。このように記載は単純な創建の年代順であることがわかる。

各堂院の記載内容は、仏堂の規模・形式、由緒を記し、場合によっては焼亡・再建など、その後の沿革も述べられる点が、『阿娑縛抄』とは大きく異なる。引用文献の明示がほとんどないのは『阿娑縛抄』と同じである。仏堂の形式については『阿娑縛抄』同様、「葺檜皮□間」という、独得の表現法を用いている。そして比較的年代の新しいものには「□間□面」という、間面記法で表現されるものが混じる。

後述するように各堂院の記載内容には、〔表8－2〕に示すように『阿娑縛抄』と同一文かそれに近いものが非常に多く、根本史料をともにしていることがわかる。したがって記述された形式・規模の年代については『阿娑縛抄』と同様のことがいえる。つまりある時代での断面ではなく、できうる限り遡及して記そうとする態度である。しかしそれが創建時まで辿り着いているとは限らず、むしろその割合は小さいと考えた方がよい。

東塔に続く西塔については、わずか五例の堂院を記すのみである。これらの内、宝幢院と講堂（釈迦堂）については「葺檜皮□間」という、東塔に共通する記載方法であるが、西常行堂と西法華堂については規模・形式を記さず、いずれも「別記云」で始まる。勧学院堂も規模・形式を記さない。

横川関係は、全体の過半を占める。特に横川中堂である首楞厳院については仁安四年（一一六九）焼亡後の再建経過について、きわめて詳細な記事を載せる。楞厳三昧院については四通の太政官牒と二通の太政官符を載せ、また建保四年（一二一六）および同五年の大風によって、諸堂が大破し、「如無」であった、と記す。妙香院についても七通の太政官牒を付している。このように、横川については多くの太政官牒および官符を載せるのが大きな特徴である。

諸堂院の記載法は、東塔と同じく「葺檜皮□間」で記すもの、間面記法によるもの、規模・形式を記さないもの、などまちまちで、書式にも統一感がない。

そして最後は「慈恵大師讃」「大師御発願文」で締める。

以上を考え併せれば、『山門堂舎記』は良源の系譜を引く横川の僧によって編纂されたとみてよいであろう。なお、年代の確認できる西塔関係の最新の記事は文永八年（一二七一）、横川は建保五年（一二一七）である。

（三）『叡岳要記』

①成立年代

成立時期については『群書解題』の叡岳要記の項に詳しく（執筆は浅香年）、またその考察も妥当と判断される。これによれば、成立は弘長元年（一二六一）をあまり降らない時期である。

群書類従本の奥書には「永和五年戊午五月日、於石占井宿所、以円光寺上人乗空御本、令交合畢」とあって、永和五年（正しくは四年―一三七八）以前に、すでに円光寺乗空の筆になる一本があった。そしてそれには乗空による書き込みがあり、さらに群書類従本には「私云」という書き出しで、永和時の写本作成者による註が加わっている。この写本作成者は横川・楞厳三昧院の僧教雲と推定されている。[11]

なお、原本の撰者は不明である。

②内容と構成

三書のなかでは最も大部で、『阿娑縛抄』の二・七倍、『山門堂舎記』の一・七倍である。そして引用資料も多岐にわたる。巻上、巻下に分かれ、巻上は東塔関係で、全体の六〇％を占め、横川関係はわずか一三％に過ぎない。『山門堂舎記』の構成比とは対照的である。また、他の二書には記載がなく、また円珍にゆかりの深い、千光院および千手院を載せ、あるいは園城寺供養の記事や西塔釈迦堂をめぐる円澄系と延秀系の確執を記すなどの点から、撰者は円珍系に近い僧侶であった可能性が高い。

記載順および内容について述べる。まず延暦寺の四至について、仁和元年（八八五）の太政官符および弘仁九年（八一八）の太政官牒を引いてその正当性を裏付けようとするが、いずれにも記載内容に齟齬があって信憑性に乏しい。

次に最澄・義真連名による、弘仁九年七月廿七日付の、十六院の院司任命の書を載せる。次いで最澄の撰によるとする「勘中建立当寺縁起事」に続いて、「伝教大師伝」の記事を二カ所ほど引用する。

根本一乗止観院を筆頭とする各堂院の記事がこれに続く。堂院供養時における僧名の引用も多いが、良源以前のものはほとんど信憑性がない。記載順はほぼ創建年代順であるが、前後するものも多く、編纂の方針は明瞭ではない。

記載された堂院の規模・形式に関する記載は前二書と同一文のものが多く、遡れば原資料をともにしていると思われる箇所も多々見受けられる。

本書の最大の特徴は、他二書と比べて引用資料がきわめて豊富なことである。しかしかなり雑多な感があり、厳密な史料批判が必要である。

三　基本三書に記載された仏堂形式・規模の年代推定

『阿娑縛抄』は叡山建築に関する基本史料の中では成立がもっとも早く、記載も整然としている。しかし引用史料を明示した箇所がきわめて少なく、そこに記載された堂院の規模や形式が、それぞれの創建時またはその近傍のものなのか、あるいはその後のある時期か、または撰者である澄承の時代の様子であったのか、判然としない。ここではとりあえず、他の史料を援用しながら、東塔の主要堂院について、『阿娑縛抄』の記載がどの時点まで遡れるのか検証してみる。『山門堂舎記』および『叡岳要記』についても同様の考察を加えるべきであるが、実は三書には共通の先行資料があったらしく、諸堂院の規模・形式に関する記載は同一のものが多い。したがってここでは『阿娑縛抄』の考察のみとし、他は省略することとした。なお、個々の堂院の考証の細部については、

第二章を参照されたい。

①根本一乗止観院

「葺檜皮十一間堂、東有孫庇、其中七間為薬師堂、……北二間為文殊堂、……南二間為大師堂」と記す。

始祖最澄は山上に小規模な薬師堂・経蔵・文殊堂の三堂を造り、これらを「一乗止観院」と総称した。その後、円珍座主の時代に三堂をあわせて九間の一堂に改め、中五間を薬師堂とした。この堂は承平五年（九三五）に焼亡し、天慶元年（九三八）に座主尊意によって、十一間堂として再建された。このとき南の経蔵であった部分を大師堂に改め、経蔵は分離して独立した施設とした。その後、良源はこれに東孫庇および回廊・中門を造加し、天元三年（九八〇）に供養が行われた。したがって本書の記す「葺檜皮十一間堂一宇、東有孫庇」「其中七間為薬師堂」「北二間為文殊堂」「南二間為大師堂」という姿は一乗止観院の創建時の姿ではなく、明らかに良源時代以後のそれである。なお、本書は根本一乗止観院について「伝教大師草創」と記すのみで、円珍や良源の事績についてはまったく触れていない。

②根本経蔵

「葺檜皮五間一面経蔵壱宇」と記す。

最澄の創建した根本経蔵は『山門堂舎記』に引く「貞観元年資財帳」によれば桁行三丈三尺の小規模なものであった。前述のように円珍によって経蔵は薬師堂と一体化されて根本中堂の一部を占めるようになった。そして尊意は、経蔵を再び分離して独立経蔵とした。「葺檜皮五間一面経蔵一宇」は最澄時代のものより規模が大きく、これは尊意によって分離されたのちのものである。

③常行三昧院

「葺檜皮方五間堂一宇、四面有孫庇、堂上在金剛如意珠形、四方壁図九品浄土竝大師等影像、」「在講堂北」と記す。位置については『相応和尚伝』によって、創建常行堂の位置は虚空蔵尾であったこと、元慶七年（八八三）に講堂の北に移されたことが明らかである。そして康保三年（九六六）焼失、翌年良源によって再興された。ところで本書は「四方壁図九品浄土竝大師等影像」とするが、九品浄土図が創建堂や相応移建の堂に描かれていたとは考えにくく、康保四年の再建堂が年代的には妥当である。なお、西塔常行堂は延長五年（九二七）、増命によって「極楽浄土図」が描かれている。

以上のように、本書の描く常行堂の内容は元慶七年が上限で、康保四年以後である可能性が強い。

④八部院

最澄による草創で、「葺檜皮方三間堂一宇」、一尺五寸の妙見菩薩像と、同じく一尺五寸の梵天帝釈四天王像（六天像）を安置していたとする。その後、承和年中（八三四～四八）には藤原良房が檜皮葺の新堂を造り、「別」に六天像を安置したとする。なお、『九院仏閣抄』によれば、良房造立の六天像は、良源によって根本中堂に移安されたという。このように、八部院には本来の本堂と、良房の新堂の、最低二棟の仏堂があったはずだが、本書には一棟しか記されていない。したがって『阿娑縛抄』の記述は最澄時代の創建八部院を記したか、あるいは二棟のうちの一棟が退転し、良房造立の六天像が中堂に移安されたのちの八部院の姿（良源の時代以降）を記したものと考えられる。

⑤法華三昧院

「法華三昧院」として「葺檜皮五間常行常坐三昧堂一宇」とあるが、これは『山門堂舎記』には「葺檜皮方五間半行半座三昧堂一宇」とあり、こちらが正しい。続いて「堂有金銅如意宝形、堂内有金銅多宝塔一基、高三尺、／

安置多宝仏像一躯、妙法華経一部」とある。

創建は弘仁三年（八一二）である。「東塔法華堂壁画賛」によれば、この堂には天慶七年（九四四）の時点で、天台宗を中心とした三十二名の高僧・知識の壁画が描かれていた。描かれた僧で最も年代が下るのは静観僧正増命で、延長五年（九二七）の示寂である。壁画の描かれた上限はこのころであろう。しかし本書はこの壁画については全くふれていない。したがって壁画の描かれる前の状態か、あるいは康保四年（九六七）の再建後の姿を記したと考えられる。

なお、仏堂の形式は『山門堂舎記』、『叡岳要記』ともに「方五間堂」としており、『阿娑縛抄』では「方」が脱落したものと思われる。

⑥食堂

「葺檜皮十一間堂一宇／葺板五間二面大衆屋一宇／安置文殊聖僧像一躯／右天長年中所建立也」とする。

天長九年（八三二）には七間の講堂が建立されているが、これと平行して、しかも講堂よりはるかに大規模な食堂が造営されていたとは考えがたい。『慈恵大僧正拾遺伝』によれば天元三年（九八〇）に良源によって再興された食堂は九間四面堂、つまり十一間堂であった。この規模が良源の時代まで下ると断定はできないものの、少なくとも当初規模ではなかったと考える方が蓋然性があろう。「五間二面大衆屋」という間面記法による表記も、良源の時代に対応する。

⑦戒壇院

「葺檜皮方五間戒壇堂一宇」「葺檜皮五間着衣堂一宇」「葺檜皮三間昇廊東西一宇」「葺檜皮廻廊一廻、東西長各十四丈、南北長十二丈」「葺檜皮三間中門一宇」とある。

戒壇院は天長四年（八二七）の建立だが、同書は中門と行廊（昇廊か）が造られたのは貞観十六年（八七四）であったとする。また『天台座主記』良真の項に「永保三年十月、戒壇四面回廊新造之」とあるのを信ずれば、回廊は永保三年（一〇八三）まで降る。しかし昇廊は戒壇堂と廻廊をつなぐものであったと考えられるから、昇廊があって廻廊がないという状況は想定しにくい。したがってこの場合の「新造」は「造替」を意味していた可能性もある。

なお、「看衣堂」の名は後世のもので、創建当初は「細殿」と呼ばれていたはずである。

以上のように、『阿娑縛抄』が示す戒壇院の姿は戒壇堂創建時のものではなく、上限は戒壇院が形態を整えた貞観十六年である。

⑧文殊楼院と随自意堂

文殊楼については「葺檜皮五間二重楼一基、高五丈三尺、広五丈三尺、縦三丈八尺」とし、続いて四体の文殊像とその法量を記すが、これらの文面は貞観十八年の太政官符とほとんど同じである。文殊楼の供養は貞観八年（八六六）だから、この形式と規模が創建当初のものであることは疑いない。

ところで文殊楼は康保三年（九六六）の火災焼失後、良源によって講堂近傍の旧位置から虚空蔵峯に移転・再建された。このとき規模・形式が変わった可能性が強い。しかしそれについては触れず、文献に基づいて創建時の規模を記した、ということになろう。

随自意堂については「葺檜皮五間堂一宇」とし、割註で「長五丈、広二丈二尺、高一丈一尺」とする。規模を実寸で記すのは文殊楼と随自意堂のみである。したがって随自意堂についても文殊堂と同様のことが考えられるのかも知れない。創建も文殊楼院とほぼ同じ、天安二年（八五八）から貞観十八年（八七六）の間である。

⑨惣持院

「葺檜皮多宝塔一基」「葺檜皮方五間堂一宇、俗日灌頂堂、有塔東、」「葺檜皮方五間堂一宇、在塔西、曰真言堂、」「葺檜皮三間昇廊東西各一宇」「葺檜皮廻廊□間」「葺檜皮三間近廊左右各一宇」「葺檜皮五間二階門楼一宇、在前左右石橋等、」「舞台一基、在塔前、」「葺檜皮七間灌頂阿闍梨房一宇」「葺檜皮七間僧房二宇」とある。

惣持院は貞観四年（八六二）に円仁によって創建された。そして円仁草創の惣持院についてはほかに史料がなく、また貞観十八年（八七六）の初度焼亡後、焼亡と再建を繰り返しているので、記載内容の時代を特定するのは困難である。ただ、惣持院は叡山上でもきわめて重要な位置を担ったし、その形態も新奇なものであったから、その都度の再建にあたっても基本的形態は強固に守られたと思われる。したがって、全体の構成や形態は創建時のものを基本とすると見てよいだろう。

「爰仏壇・堂塔及坊等構造美麗、多超古今、見者発心、拝者致信、御願熾盛光法於此院修之」とあるのは、創建当初の惣持院を評したものと思われ、これも惣持院についての全体の記述が、創建時を意識したものであったことを窺わせる。

⑩定心院

定心院は叡山初の勅願寺として、承和十三年（八四六）に仁明天皇によって創建された。中心仏堂の釈迦堂は檜皮葺七間で、「懸魚并瑠以金銀鏤、桁梁丹青厳飾」とあり、華麗な仏堂であったらしい。そして『慈覚大師伝』には嘉祥元年（八四八）六月十五日の「太政官牒」を載せるが、そこに引く「円仁奏状」によってもこの院が当時の叡山においてはひときわ異彩を放つ、壮麗なものであったことがわかる。また、『阿娑縛抄』は釈迦堂ほか、軒廊・鐘楼・夏堂・経蔵・宝蔵、そして十五間僧房・五間廊・七間大衆屋といった生活のための施設も記述している。その施設数からみれば、叡山上で最大の子院であった。

定心院焼亡の文献上の初出は『小右記』万寿二年（一〇二五）十月二十八日の条である。その後の再建された定心院であれば、「葺檜皮七間堂一宇」ではなく、「葺檜皮五間四面堂一宇」と表記されたはずである。したがって、『阿娑縛抄』の記述内容は、創建時に近いものであったと推測される。

⑪四王院

四王院は仁寿四年（八五四）に、文徳天皇の勅によって別当光定が創建した。叡山上、二番目の勅願寺である。そして天安三年（八五九）には定心院の十禅師に次いで七禅師が任命された。こうした経過からみて、相当規模の子院であったと思われるが、本書は創建の時期を記さず、また「葺檜皮方五間堂一宇」の存在を記すのみである。

『阿娑縛抄』は中心仏堂を「葺檜皮方五間」「檐下四隅有厳飾丹青箜篌」とするが、『門葉記』「勤行法補二」（四天王法）に引く、保元四年（一一五九）正月二十七日の奥書を持つ極楽寺阿闍梨某の記は、四王院について「現在堂三間四面也、見堂為体、非可懸箜篌造、何恐炎上以後及漸末、陵遅時改造歟、皆是為備廃忘記」と記す。これによれば保元四年時の四王院は「三間四面」という、「方五間」とは異なる形式で、しかも箜篌を懸けられるような体ではなかったという。したがって『阿娑縛抄』が描く四王院の体は少なくとも保元四年（一一五九）以前のものであったことが明らかである。なお、極楽阿闍梨某は、かつての四王院が「檐下四隅有厳飾丹青箜篌」であったことを知っていた、つまり、この時点で『阿娑縛抄』のもとになる原史料が存在したことを示すものであり、きわめて重要である。

また安置仏については、天安二年（八五八）の太政官牒に「三宝并四王及梵天帝釈供養」とあるように、創建時の四王院は四天王が中心仏であったことは明らかである。しかし、遅くとも天慶三年（九四〇）までに、中台に木造の釈迦仏が安置されるようになり、「五尊」の形式になっている。したがって『阿娑縛抄』の「安置金堂四天王像」はそれ以前の形態である。

「檐下四隅有厳飾丹青箜篌」、つまり軒の四隅に風鐸ではなく箜篌（百済琴）を吊るのは、講堂と四王院のみにみられる特異なものだが、これはかつての法隆寺五重塔や創建東大寺の大仏殿および七重塔にも見られた、いわば上代の名残ともいうべきものだった。

以上を勘案すれば、『阿娑縛抄』が記す四王院の姿は創建時のものと考えるのが妥当だろう。

⑫講堂

講堂は天長九年（八三二）に創建され、その後の老朽化にともなって、天暦四年（九五〇）に良源によって造替された。この堂については「葺檜皮九間堂一宇」とあるが、『伝述一心戒文』によって創建堂は七間堂であったことが明らかであり、『天台座主記』良源の項でも「元是五間四面、今増加二間」とし、創建堂が七間堂であったとする。『叡岳要記』も「大講堂七間」と記す。したがって『阿娑縛抄』の「九間堂」は誤りか、あるいは創建堂ではなく良源再建堂を記したことになる。

安置仏については、「居高八尺」の胎蔵大毘盧遮那仏とするが、『慈恵大僧正拾遺伝』は天禄の再建について「即安置新造金色丈六大日如来」とし、天禄時に丈六仏に改められたことが明らかである。したがって安置仏についての『阿娑縛抄』の記載は創建時を示すと考えられる。『山門堂舎記』には講堂について「檐下四隅有荘厳丹青箜篌」という表現があるが、これは前記の四王院と同じく上代的である。つまり、『阿娑縛抄』は、講堂については創建時のものを記載し、規模については誤記あるいは誤写があったものと推測される。

以上のように、延暦寺の草創期、つまり最澄から円仁までの時代に創建された建築で、創建時の規模や形式、安置仏を示したことが確実なのは文殊楼院、随自意堂の二棟のみである。確証はないものの可能性が高いのは八部院・四王院・定心院・惣持院・浄土院・講堂である。戒壇院は全体の構成が整備された貞観十六年（八七四）以後の姿である。法華三昧堂・食堂・常行三昧堂・根本経蔵・前唐院は良源の時代までしか遡れない。しかし少なくとも法華三昧堂・常行三昧堂に関しては創建時の形態を引き継いでいた可能性が高い。

『阿娑縛抄』の原史料の作成者の基本的な姿勢は、できれば創建時、それが難しい場合は可能な限り時代を遡らせて、各堂院の形態を記録するというものであったと推測される。記載内容が『阿娑縛抄』の撰者・澄承の時代まで降る可能性は明確に否定される。

四　基本三書の比較

（一）造営活動の空白期

〔表8－2〕は、三書に記載された東塔分の諸建築を創建年時順に並べ、その建築形式についての記載を示したものである。

ここでまず気づくのは、貞観八年（八六六）に建立された文殊楼から、天慶元年（九三八）建立の延命院までの約七〇年間が空白であることである。

円珍が第五代座主に就任したのは貞観十年（八六八）で、以後六代惟首、七代猷憲、八代康済、十代増命、十一代良勇と、九代の長意（円仁系）を除けば円珍系（智証門徒）の座主が続いた。そして十二代玄鑑は中間派で、以後円仁系（慈覚門徒）の座主が続く。円珍系の十一代良勇の任期は延長元年（九二三）までであった。

このように、叡山建築の空白期と円珍系座主による治山の時期がきれいに重なるのである。そして正暦四年（九九三）に慈覚門徒による焼き討ちに遭う千手院は、四〇余の房を有する円珍派の一大拠点であったが、『叡岳要記』以外の二書にはこの院についての記載はない。

また仏眼院は『日本紀略』によれば延喜七年（九〇七）に創建され、千手院同様、正暦四年の焼き討ちに遭った円珍系の院家であったが、やはり三書には記載されていない。

上記の空白期間は円珍およびその一派による叡山の充実期にあたり、この間に造営活動が全くなかったとは想定しにくい。円珍派の拠点であった千手院や仏眼院の記載がないことを併せ考えれば、意図的に円珍派による事績が記録から抹消された、と考えざるを得ない。他にも、根本中堂に安置された円珍の七仏薬師像について、三書とも「右本願主不知誰人」と記すのも同じ意図に基づくものだろう。

おそらく、三書の原資料となったものは、円仁派と円珍派の確執が決定的となった時期以後に、円仁派の僧あるいは組織によって作成されたのであろう。

（二）建築形式の記載法

第二章に詳述したように、奈良時代から平安時代の資財帳を検討した結果、そこにおける建築形式の表現法は時代とともに以下のように変化する。

①奈良時代の資財帳は、建物の「長・広・高」を実長で表記する。

②平安時代にはいると「長・広・高」に加えて、次第に母屋の桁行間数を表記するようになる。

③続いて、これに庇の有無が加わるようになる。

④実長が記されなくなり、母屋桁行柱間数と、庇が何面に付くかが表記される。
⑤「何間何面」という、いわゆる間面記法によって表記する。

基本三書における建築形式の表記は一律ではなく、以下の四形式に分類できる。

❶建物の正面柱間数および実長を記すもの
❷正面柱間数のみを記すもの
❸仏堂を正面柱間数、僧房等の付属建物を間面記法で記すもの
❹間面記法で記すもの

延暦寺は平安時代の開創なので、①は該当しない。②に該当するのは❶で、貞観元年（八五九）の資財帳を引く根本薬師堂・文殊堂・経蔵と、貞観八年（八六六）創建の文殊楼院、天安二年（八五八）から貞観十八年（八七六）の間に創建された随自意堂の三件である。

根本薬師堂・文殊堂・経蔵は貞観元年（八五九）の資財帳を引用して、正面柱間数と長・広・高の実寸を表記する。この時代の資財帳の表記として妥当である。ただ、貞観元年までには法華三昧院、戒壇院、定心院、四王院などがすでに建立されていたにもかかわらず、なぜこの堂だけについて資財帳の記載が伝えられたのか、奇異ではある。

文殊楼院については貞観十八年の太政官符にほぼ同じ記載があるが、太政官符が単に「五間楼」とするのに対し、三書は「葺檜皮五間二重楼」とより詳しい表現をしている。したがって三書の表記は太政官符のもととなった、延暦寺より官に提出された文書の写しが延暦寺に残されていて、それによったものと思われる。随自意堂についても同様のことが想定される。

③に該当するものはない。

④に該当するのは❷と❸である。詳しくは第七章に詳述したように、延暦寺の仏堂には「方五間」（桁行、梁行ともに五間の、正方形平面の仏堂）と表現されるものが多くあり、延暦寺建築のひとつの特徴となっている。一般に、桁行柱間数は母屋のみを表記し、庇を含まないのが普通（例えば蓮華王院の「三十三間堂」は母屋桁行が三十三間で、これに庇が加わると桁行総柱間数は三十五間となる）だが、延暦寺では「方五間」が「総柱間数五間」であるように、桁行総柱間数を表現しているらしい。例えば、良源によって再興された根本中堂は、三書では「十一間堂」だが、これは「九間四面堂」だった。

この表記法に該当するのは二〇件である。法華三昧院・戒壇院・八部院・定心院・四王院が九世紀前半、浄土院・物持院・常行堂・安楽院が九世紀後半、善学院・延命院・新延命院・護念院が十世紀前半、蓮華院・常楽院・普賢院が十世紀後半、賢聖院・五仏院が十一世紀前半、金剛寿院がもっとも新しく十一世紀後半である。十一世紀にはいると、一般的には間面記法が普及するから、延暦寺では独自の表記法が遅くまで続いたといえる。興味深いのは、仏堂はこの表記法によって表記し、付属建物は間面記法によって表記するものの存在である。例えば、良源再興の食堂は「十一間堂」で、付属の大衆屋は「五間二面」であったし、実相院も仏堂は「方五間」なのに、僧房は「七間二面」であった。これはやはり仏堂については伝統的な表記法が重んじられたためなのであろう。

⑤に該当するのは❹だが、これは八件である。最も早いのが康保四年（九六七）の五智院、続いて寛和三年（九八七）の檀那院、良源によって再興あるいは改築された十世紀末ごろの前唐院と根本経蔵、十一世紀初頭の尊法院、承暦四年（一〇八〇）の持明院、応徳三年（一〇八六）の円徳院、康和二年（一一〇〇）の西南院である。こ

れらの建立年代は前述した間面記法が登場・普及する時期と合致する。

（三）三書の原本の成立時期

以上のように、三書の建築表記法は九世紀から十一世紀までのものを含んでおり、各時代の資料を編纂したものが原本であったと考えられる。

ところで、三書に共通して掲載されている建築は、承暦四年（一〇八〇）の持明院が年代的な下限である。そして康和二年（一一〇〇）の仏眼院は三書とも記載がない。したがって三書の原本となったものは承暦四年から康和二年の間に編纂されたと推定される。『阿娑縛抄』は独自に、白河天皇によって建立された円徳院と西南院を書き加え、『叡岳要記』はきわめて簡略ながら後白河天皇時代までの建築を書き足している。『阿娑縛抄』所載の年代的下限は西南院の康和二年（一一〇〇）、『山門堂舎記』は持明院の承暦四年（一〇八〇）、『叡岳要記』は久安六年（一一五〇）ころの青蓮院である。延暦寺東塔に関する三書の原形となるものは、いずれも平安時代後期にはできあがっていた。四王院の項で述べたように、保元四年（一一五九）に、極楽寺阿闍梨某が四王院について「現在堂三間四面也、見堂為体、非可懸箜篌造」と記したのは、彼が四王院についての「檐下四隅有厳飾丹青箜篌」という記述を目にしていたこと、つまりこの時点で三書の原本となるものがすでに作られていたことを示しており、先の推測に合致する。

〔表8―2〕 建築形式表記についての三書の比較

堂院	創建年	西暦	『阿娑縛抄』	『山門堂舎記』	『叡岳要記』
根本一乗止観院	延暦七年	七八八	葺檜皮十一間堂一宇、 東有孫庇、其中七間為薬師堂 (中略) 北二間為文殊堂 (中略) 南二間為大師堂	此堂元者三宇各別、文殊堂・薬師堂・経蔵等也、薬師堂以在中故曰中堂、但彼経蔵今大師堂也 [貞観資財帳] 葺檜皮五間根本薬師堂一宇 長三丈、広一丈五尺、高一丈二尺 葺檜皮五間文殊堂一宇 長三丈三尺、広一丈六尺、高一丈二尺 葺檜皮五間経蔵一宇 長三丈三尺、広一丈六尺、高一丈二尺 [仁和三年] 会三宇別堂以為九間四面一宇、造加一面孫庇 [焼亡以後横川大僧正] 以中七間為薬師堂、以南二間為大師堂、以北二間為文殊堂云々	葺檜皮十一間堂一宇、 東有孫庇、其中七間為薬師堂 (中略) 文殊堂、北二間、今云毘沙門堂 (中略) 経蔵、今号大師堂、安置□師真影一躯
根本経蔵	延暦七年	七八八	葺檜皮五間一面経蔵一宇	葺檜皮五間一面経蔵一宇	葺檜皮五間一面経蔵一宇
法華三昧院	弘仁三年	八一二	葺檜皮五間**常行常坐**三昧堂一宇、堂有**金銅如意宝形**	葺檜皮方五間**半行半座**三昧堂一宇、堂上有**金銀如意宝形**	葺檜皮方五間**半行半坐**三昧堂一宇、堂上有**金銅如意珠形**
戒壇院	天長四年	八二七	葺檜皮五間戒壇堂一宇、堂上有**金剛**覆鉢、上有宝形 葺檜皮五間**着衣堂**一宇 葺檜皮三間昇廊東西一宇 葺檜皮廻廊一廻、東西長**各**十四丈、南北長十二丈 葺檜皮三間中門一宇	葺檜皮**方**五間戒壇堂一宇、堂上有**金銅**覆鉢、鉢上有宝形 葺檜皮五間**着衣堂**一宇 同三間昇廊東西各一宇 同廻廊一廻、東西長十四丈、南北長十二丈 同三間中門一宇	葺檜皮**方**五間戒壇堂一宇、堂上有**金銅**覆鉢、鉢上有宝形 葺檜皮五間**看衣堂**一宇 同三間昇廊東西各一宇 葺檜皮廻廊一廻、東西長十四丈、南北長十二丈 葺檜皮三間中門一宇
鐘台	天長四年	八二七	葺檜皮二間鐘台一宇 繋銅鐘一口、高八尺、口径四尺五寸	葺檜皮二間鐘台一宇 繋銅鐘一口、高八尺、口四尺五寸	葺檜皮二間鐘台一宇 繋銅鐘一口、高八尺、口径四尺五寸
講堂	天長九年	八三二	葺檜皮**九間堂**一宇 簷下四隅有荘厳丹青塗篌	葺檜皮**九間堂**一宇 檐下四隅有荘厳丹青塗篌	**七間**
食堂	天長年中	八二四 ～八三三	葺檜皮十一間堂一宇 葺板五間二面大衆屋一宇	葺檜皮十一間堂一宇 葺板五間二面大衆屋一宇	葺檜皮十一間堂一宇 葺板五間二面大衆屋一宇

八部院	承和以前	八三四前	葺檜皮方三間堂一宇	葺檜皮方三間堂一宇	葺檜皮方三間堂一宇
定心院	承和十三年	八四六	葺檜皮**七間堂**一宇 懸魚竝璫以金銀鏤、桁梁丹青厳飾 軒廊 鐘堂 夏堂 経蔵 僧房 宝蔵 廊 七間大衆屋	葺檜皮**七間堂**一宇 懸魚竝璫以金銀鏤、桁梁丹青厳飾 葺檜皮**三間**軒廊**東西各一宇** 同**二間**鐘堂一宇 同**五間**夏堂一宇 同**三間**経蔵一宇 同**十五間**僧房一宇 同**方丈**宝蔵一宇 同**五間**廊一宇 同七間大衆屋一宇	葺檜皮**五間**堂、**東西廊**、 鐘堂 **三間**経蔵 **十五間**僧房
常行三昧院	仁寿元年	八五一	葺檜皮**方**五間堂一宇、西有孫庇、 堂上在金剛如意珠形、四方壁図九 品浄土竝大師等影像	葺檜皮**方**五間堂一宇、西在孫庇、堂上 有金銅如意宝珠形、四方壁図九品浄土 竝大師等影像	葺檜皮五間堂一宇、西在孫庇、 堂上有金銅如意宝珠形、四方壁 図九品浄土竝大師等影像
四王院	仁寿四年	八五四	葺檜皮方五間堂一宇	葺檜皮方五間堂一宇 **檐下四隅有厳飾丹青筌篌**	葺檜皮方五間堂一宇 **檐下四隅有厳飾丹青筌篌**
浄土院	斉衡三年	八五六	葺檜皮方丈廟堂一宇、 四面有孫庇 葺**檜皮**三間浄土堂一宇 葺板五間礼堂一宇 葺**檜皮**五間一面雑舎一宇	葺檜皮方丈廟堂一宇、 四面有孫庇 葺**板**三間浄土堂一宇 葺板五間礼堂一宇 葺**板**五間一面雑舎一宇	葺檜皮方丈廟堂一宇、 四面孫庇 葺**板**三間浄土堂一宇 葺板五間礼堂一宇 葺**板**五間一面雑舎一宇
惣持院	貞観四年	八六二	葺檜皮多宝塔壱基 葺檜皮**方**五間堂一宇、**俗日**灌頂堂 葺檜皮方五間堂一宇、**日**真言堂 葺檜皮三間昇廊東西各一宇 葺檜皮廻廊□**間** 葺檜皮三間**近廊**左右各一宇 葺檜皮五間**二階門**楼一宇、 在前左右**石橋**等 舞台一基 葺檜皮七間灌頂阿闍梨房一宇 葺檜皮七間僧房**二宇** （中略） 仏壇堂塔及坊等構造美麗多超古今、 見者発心、拝者致信	葺檜皮多宝塔一基 同五間堂一宇、灌頂堂也 同方五間堂一宇、真言堂也 同三間昇廊東西各一宇 同廻廊 同三間**近廊**左右各一宇 同五間**門楼**一宇、 有左右**橋** 舞台一基 同七間灌頂阿闍梨房一宇	葺檜皮多宝塔一基 葺檜皮五間堂一宇、灌頂堂也 同方五間堂一宇、真言堂也 同三間昇廊東西各一宇 同廻廊 同三間**廻廊**左右各一宇 同五間**楼**一宇、 左右在**橋** 舞台一基 同七間灌頂阿闍梨房一宇 同七間僧房**一宇** （中略） 仏壇堂塔及僧坊等構造美麗多超 古今、見者発心、拝者致信

随自意堂	天安二〜貞観十八年	八五八〜八七六	葺檜皮五間堂一宇、長五丈、広二**丈二尺**、高一丈一尺	葺檜皮五間堂一宇、長五丈、広**三丈二尺**、高一丈一尺	葺檜皮五間一宇、長五丈、広二**丈**、高一丈一尺
山王院	不明		葺檜皮五間堂一宇	葺檜皮五間堂一宇	葺檜皮五間堂一宇
前唐院	不明		葺檜皮五間三面屋一宇	葺檜皮五間三面屋一宇	葺檜皮五間三面屋一宇
文殊楼院	貞観八年	八六六	葺檜皮五間二重楼一基、高五丈三尺、広五丈三寸、**維**三丈八尺	葺檜皮五間二重楼一基、高五丈三尺、広五丈三寸、**脇**三丈八尺	葺檜皮五間二重楼一基、高五丈三尺、広五丈三寸、**腹**三丈八尺
延命院	承平六年	九三六	葺檜皮五間堂一宇	（形式の記載なし）	葺檜皮五間堂一宇
善学院	承平年中	九三一〜九三八	葺檜皮三間堂一宇	葺檜皮三間堂一宇	葺檜皮三間堂
安楽院	天慶三年頃	九四〇	葺檜皮五間堂一宇 葺檜皮六間御在所一宇 葺檜皮七間僧房一宇 **葺檜皮**六間大衆屋一宇	葺檜皮五間堂一宇 同六間御在所一宇 同七間僧房一宇 **葺板七間僧房一宇** 同六間大衆屋一宇	
蓮華院	天暦七年	九五三	葺檜皮五間堂一宇 葺檜皮九間僧房一宇	葺檜皮五間堂一宇 同九間僧房一宇	葺檜皮五間堂
新延命院	天暦八年	九五四	葺檜皮**方五間**堂一宇	葺檜皮**五間方**堂一宇	葺檜皮**五間**堂一宇
護念院	康保二〜天延元年	九六五〜九七三	葺檜皮五間堂一宇 葺檜皮回廊一宇 **葺檜皮**五間大衆屋一宇	葺檜皮五間堂一宇 同回廊一宇 **葺板**五間大衆屋一宇	
五智院	康保四年	九六七	葺檜皮三間四面堂一宇	葺檜皮三間四面堂一宇	（形式の記載なし）
根本経蔵			葺檜皮五間一面経蔵一宇	葺檜皮五間一面経蔵一宇	葺檜皮五間一面経蔵一宇
常楽院	永観年中	九八三〜九八五	葺檜皮五間堂一宇	葺檜皮五間堂一宇	（形式の記載なし）
静慮院	寛和元年	九八五	**葺檜皮**五間堂一宇	**葺檜皮**五間堂一宇	五間堂
檀那院	寛和三年	九八七	葺檜皮**三間四面堂**一宇 **葺檜皮三間四面堂**一宇、 五間一面大衆屋一宇 六間三面**納殿**一宇	葺檜皮**三間四面堂**一宇 **葺檜皮三間四面堂**一宇、**法花堂** **八間四面庇板敷僧房一宇** 五間一面大衆屋一宇 六間三面**御殿**一宇	葺檜皮**三間堂** **三間法花堂**
普賢院	長徳元年前	九九五前	葺檜皮三間堂一宇 葺檜皮七間**回廊**一宇	葺檜皮**方**三間堂一宇 葺檜皮七間**曲廊**一宇	

尊法院	十一世紀初頭		葺檜皮三間四面堂一宇	葺檜皮三間四面堂一宇	
尊徳院	長元八年	一〇三五		（形式の記載なし）	
五仏院	永承二年	一〇四七	葺檜皮**方**五間堂一宇	葺檜皮**方**五間堂一宇	葺檜皮五間堂一宇
賢聖院	十一世紀半ば		葺檜皮七間堂一宇	葺檜皮七間堂一宇	（形式の記載なし）
実相院	康平六年	一〇六三	葺檜皮**方**五間堂一宇 葺檜皮五間堂一宇 葺檜皮**七間二面**僧房一宇	葺檜皮五間堂一宇 同五間堂一宇 同**七間三面**僧房一宇	葺檜皮五間堂一宇
金剛寿院	承保三年	一〇七六	□廻廊在南北、 南在中門、北有僧房	**葺檜皮三間堂一宇**、廻廊在南北、中門 在南、僧房在北	**三間四面堂**
持明院	承暦四年	一〇八〇	**葺檜皮**五間四面堂一宇、**南北廻廊** **竝御所等南西有中門**	**葺檜皮**五間四面堂一宇、**廻廊在南北、** **御所等南西中門**	五間四面堂 **中門、廻廊**
円徳院	応徳三年	一〇八六	葺檜皮十一間堂一宇 葺檜皮五間四面堂一宇 鐘楼一宇 大門一宇 多宝塔一基		（形式の記載なし）
西南院	康和二年	一一〇〇	葺檜皮二間四面堂一宇		（形式の記載なし）
浄行院	十二世紀後半				三間葺檜皮組入天井 六間葺板平天井
円城院	不明				（形式の記載なし）

〔註〕

1　『仏教芸術』六一号（一九六六年）所収。のちに『日本建築史研究　続編』（墨水書房、一九七一年）に再録。

2　『伝教大師全集』第一巻所収。

3　『天台座主記』義真の項に「同年（天長元年）七月十三日、初置三綱、上座仁忠、寺主道叡、都維那興善」とある。

4　『類聚国史』巻一八五、「仏道部十二」の「僧位」の項に「（天長九年）十二月甲戌、延暦寺僧伝灯住位僧叡勝・僧円修・僧円仁・僧徳円・僧乗天・僧道叡、並授伝灯満位」とある。

5　『天台座主記』は天長十年六月七日に奏請、同年七月二日に勅許としている。おそらくこれは義真入滅の同年七月四日以前に勅許されたように見せかけるためだろう。

6 この縁起文に続いて「私云、大外記中原師重云」の割註に「建保六年夏聞之」と記すから、師重からの一連の聞き取り記事は建保六年（一二一八）であったかも知れない。

7 大久保良順「天台法華宗伝法偈について」（天台学会編『伝教大師研究』所収、早稲田大学出版部、一九八〇年）。

8 切畑健「阿娑縛抄—その成立と撰者承澄」（『仏教芸術』七〇号、一九六九年三月）。

9 部分的に見れば、『阿娑縛抄』の延命院から護念院までと、檀那院から常楽院までは『山門堂舎記』とほぼ同じ配列である。

10 随自意堂は清和天皇の御願とされるので九世紀後半の創建だったことになるが、仏聖灯油が下されたのが延喜十三年（九一三）、五僧官符が下ったのが天慶九年（九四六）であったから、実際の創建は十世紀に入ってからだった可能性もある。

11 永和五年の干支は己未で、三月二十二日に康暦と改元されている。戊午は永和四年であり、こちらを信ずべきだろう。

［付論二］　礼堂考

延暦寺のいくつかの仏堂には礼堂があった。それらがどのような機能を果たしたかは残念ながら明らかでない。そもそも礼堂とは何であったのか。そして礼堂付き仏堂はどのように展開し、中世期に盛行を極める、いわゆる密教本堂形式に到達するのか、その過程を追ってみたい。

なお、後述するように「礼堂」という語は平安時代に入ってから登場するものだが、それ以前から礼堂的性格であったと思われる建物は存在した。そこで本論ではこうした建築を一括して「前堂」と呼ぶことにする。また本論中に登場する仏堂の詳細については「〔付〕礼堂付き仏堂の諸例」を参照されたい。

一　細　殿

上代の建築には「細殿」と呼ばれるを建築を併置する例がある。寺院の施設としての細殿で、現存するのは法隆寺東院の食堂の前に建つ「細殿」が唯一の例である。食堂は奈良時代の建築だが、創建時は食堂ではなく「政屋」（政所）であったと考えられている。(1) 細殿は鎌倉時代の再建である。奈良時代の「政屋」にも、本屋とほぼ同じ桁行寸法の付属建物があったが「細殿」という名称は使われていない。したがって細殿の名称がいつまで遡るか明らかでなく、またこの例は仏堂に付属するものでもなかった。

文献上確認できる最も古い例は養老年中（七一七～二四）の建立とされる薬師寺東院である。正堂に対して「前細舎一宇」がありこれは「細殿」とも表記される。

仏堂ではないが、これとほぼ同じ頃の建築と考えられる興福寺食堂には「南細殿」が付設されていた。

天平年間（七二九～四九）にはすでに存在した興福寺東院は「前在細殿」であった。

続いて、宝亀元年（七七〇）の西大寺小塔院は「檜皮堂一宇長七丈、広四丈」「檜皮細殿一宇長七丈、広二丈」とある。正堂は五間四面を想定すれば、平均柱間は桁行、梁行とも一〇尺、礼堂は桁行七間、梁行二間とすれば、平均柱間は桁行、梁行とも一〇尺である。西大寺では唯一の板敷の仏堂であった(2)。

さて、正堂と細殿の関係について考えてみたい。

まず、興福寺東院や薬師寺東院の例によって、細殿は正堂の前に建てられていたことがわかる。これは現存する法隆寺食堂も同じである。

次に、具体的に両者の規模がわかるのは興福寺東院である。正堂は柱間一〇尺の九間堂で、梁行は四〇尺だから、七間四面堂であったと思われる。細殿は同じく柱間一〇尺の九間堂で、梁行は二〇尺だから、梁行は二間。つまり母屋のみで庇のない九間堂であった。おそらく、切妻造だったのではないだろうか。注目すべきは柱高で、正堂は二〇尺、細殿は一三・五尺で、六尺五寸の差がある。これだけの差があると、両者の軒先を接合して一体化することは不可能であろう。したがって正堂と細殿は棟を平行にして並ぶ、それぞれ独立した建築であったことになる。また、正堂の柱高二丈は他の仏殿と比較しても高く、柱間の二倍もある（通常は一倍強程度）。したがって板敷の高床だった可能性がある。そうであれば両者をつなぐ渡廊のようなものがあったかも知れない。

次に、興福寺食堂は柱間一四尺等間の九間堂で、桁行一二六尺、梁行五七尺。七間四面堂であったろう。南細殿は柱間一四尺等間の九間堂で、桁行一二六尺、梁行三〇尺だから梁行二間で庇なしの建物であったと思われる。食堂は「高二丈一尺、廊柱高一丈四尺四寸」、細殿は「高一丈五尺」とある。「廊柱」については、流記には「厨殿」が「高一丈七尺、廊柱一丈一尺」、「醤殿」が「高一丈六尺、廊柱一丈二尺」、「大炊殿」が「高一丈九尺、廊柱一丈一尺」と記す例がある。厨殿は九間堂で、梁行柱間寸法は記さないが、桁行柱間一丈四尺に対し梁行総間は二丈四尺しかなかったから、母屋は一間で、庇が一面に付く形が想定される。そして「廊柱」を庇柱と解釈すれば、母屋柱との差六尺は妥当な値となる。大炊殿は一丈四尺等間の梁行四間堂で、両柱の差は八尺であったから、これも廊柱を庇柱と考えれば妥当な値である。

食堂の場合、梁行各柱間の数値は記されていないが、総柱間は五丈七尺だったから、桁行柱間と同じ一丈四尺の四間であったと推定される。両柱の差は六・六尺で、前者同様に廊柱を庇柱と考えて何ら不都合はない。このように、食堂は庇柱高が一丈四尺四寸で、細殿の柱高は一丈五尺でほぼ同じだった。

以上のように、細殿は正堂と棟を平行にしてその前面に並列して建ち、なかでも興福寺東院は正堂と細殿が軒を接していなかった可能性が高いことを明らかにした。他の例に関しては不明だが、興福寺食堂も、現存する法隆寺食堂から類推すれば同様の形式であったと推測される。

次に、上記の諸例から細殿が必ずしも仏堂に付属するものではなかったことも明らかである。『東大寺要録』巻四には、大炊殿、碓殿、油殿、北厨、南厨などと並んで単に「細殿」と表記されたものがある。ここでは細殿以外は具体的な機能を表した建物名ばかりである。したがって、細殿は特定の機能に基づくものではなく、単純に「細長い建物」というほどの意味であったと思われる。やや時代は降るが、延暦寺戒壇院の、のちに看衣堂と呼ばれるようになる建築も、当初は「細殿」と呼ばれていた。これはいわば授戒のための準備空間であった。法

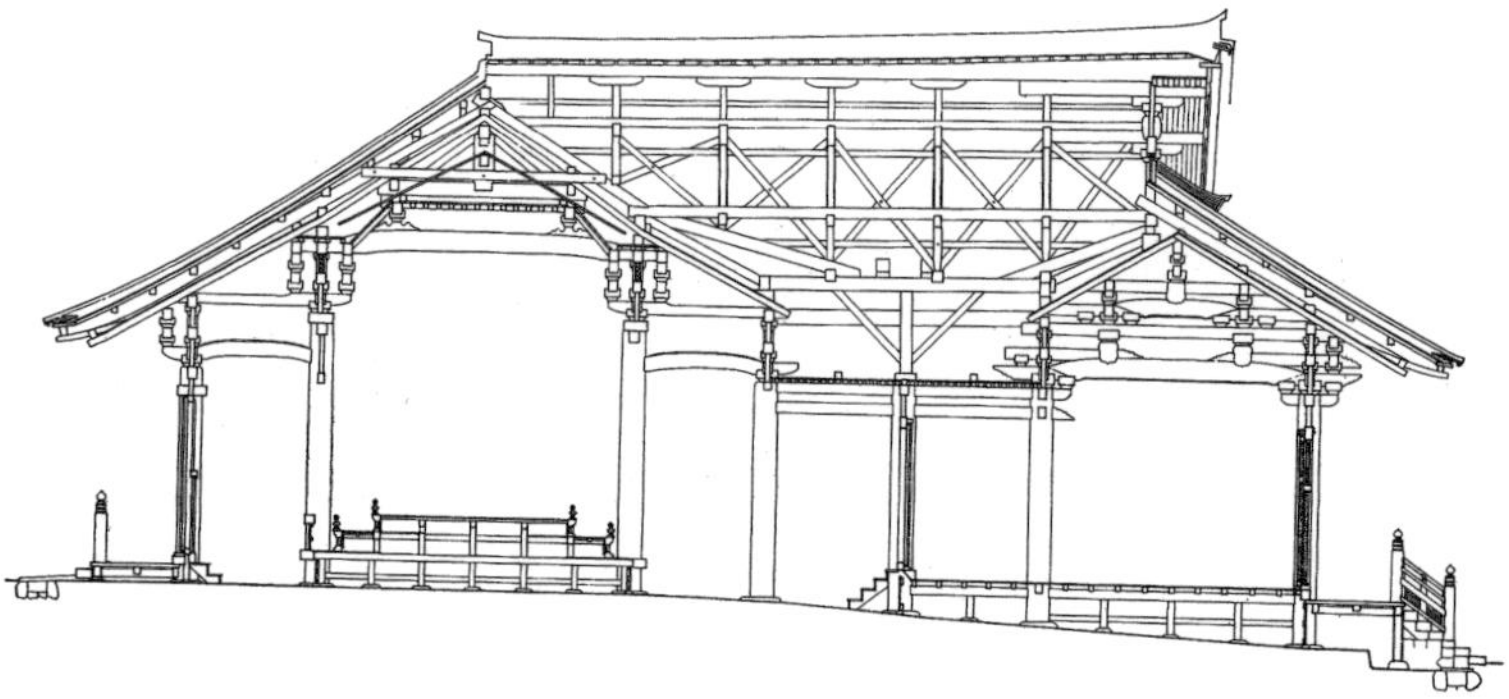

図8－1　東大寺三月堂断面図

隆寺の政屋の場合も、もし当時から細殿と呼ばれていたとすれば、やはり正庁に対する副次的な空間であった可能性がある。細殿が他の建築と対になる場合には、主たる建築に対する副次的な建築と位置づけられよう。

二　双　堂

いわゆる「双堂」の現存する唯一の例が八世紀中期ころの創建と推定される東大寺三月堂（法華堂）である（図8－1）。この堂の前堂部分は鎌倉時代に建て替えられ、屋根も一体のものに変えられたが、規模等に変更はなかったものと考えられる。正堂は三間四面、前堂は桁行五間、梁行二間で、造り合いはほぼ梁行二間分である。正堂の屋根は寄棟造だが、前堂については明らかでない。造り合いの梁行寸法は二〇・八尺とかなり広い。これは正堂の軒の出一〇・五尺のほぼ二倍である。このことから、正堂と前堂はその接合部でも軒の出を変えず、そのまま軒を接していたことが裏づけられる。宇佐八幡宮や石清水八幡宮にみられるように、切妻造どうしの屋根ならば、接合面の垂木を切り縮めて接合しても何ら不都合はないが、寄棟や入母屋の場合には完結した二棟の屋根の接する部分に雨樋を設けるのが最も合理的であった。造り合いを二分する位置に柱列が立つが、これは、かつては雨樋を下から支えるための柱の名残ではないかと推測される。

文献によって平面規模が明らかな双堂は西大寺四王院と同寺十一面堂院である。

四王院は天平神護元年（七六五）の建立で、西大寺において最初に造られた、由緒ある仏堂である。「檜皮葺双堂二宇各長十一丈、双広八丈六尺、蓋頭在龍舌廿八枚」とある。九間堂とすれば、母屋桁行の平均柱間は一二・二尺である。「双広八丈六尺」は、正堂と前堂を合わせた梁行総間という意味であろう。正堂四間、前堂二間、造り合い一間の計七間とすれば、平均柱間は一二・三尺で桁行平均柱間とほぼ同じであり、妥当な数値となる。

十一面堂院は「檜皮葺双堂二宇長十一丈五尺、広十丈五尺、蓋頭在龍舌廿八枚」とある。九間堂とすれば、母屋桁行の平均柱間は一二・八尺である。梁行は、正堂四間、前堂は南庇付きの三間、それに造り合い一間を加えた八間とすれば、平均柱間は一三・二尺で、桁行よりやや広いが、おそらく、造り合いが柱間よりやや広く一五尺程度だったのではないかと思われる（梁行平均柱間を桁行と同じ一二・八尺と仮定すれば、造り合いは一五・四尺）。

西大寺の二棟の双堂は、上記のように平面規模が正堂と前堂を一体のものとして表記されているから、これは前述した興福寺東院のように正堂と前堂は独立したものではなく、現在の東大寺三月堂のように両者が一体化されたものであったと推測される。かつ、造り合いが三月堂のように広くはなかったと思われるので、両堂の軒を切り縮めて接合し、側面からみた屋根の軒がひとつながりとなり、より一体化の進んだ形態を見せていたものと推測される。

ところで、仏堂名は明らかでないが興福寺の五重塔の一郭にあったらしい「檜皮葺双堂」は興福寺内唯一の双堂であった。「副殿」を持ち、これは「細殿」とも表記されている。「檜皮葺双堂」は「長六丈八尺、広三丈、高一丈六尺五寸」、「副殿」は「広一丈四尺一寸、七間板敷」であった。これによれば副殿は細殿であり、両者の規模を別個に表記することから判断して、一体化したものではなかったと推測されるが、これも「双堂」であった。したがって、東大寺三月堂のように二堂が一体化されていないものも「双堂」と認識されていたらしいことがわかる。

以上をまとめれば次のようになろう。

奈良時代の寺院内には、正堂の前に「細殿」と呼ばれる建築を付属されるものがあった。細殿は特定の機能と結びつくものではなく、単に「細長い建築」というほどのものであった。そして正堂と細殿は、当初は独立した建築だったが、何らかの要求によってやがて軒先を共有して屋根が一体化し、平面的にはひとつながりの建築へと変化した。元来の細殿部分は吹放しのものと壁等によって囲われたものの両者が混在したと思われる。そしてこうした建築を双堂と呼ぶようになった。

双堂は、「細殿」を持つ例を含めても、東大寺では三月堂と東小塔堂の二例、興福寺では東院、食堂と五重塔付近の双堂の三例、薬師寺では東院の一例、西大寺では四王院、十一面堂院、小塔院の三例、法隆寺は食堂の一例に過ぎず、唐招提寺では確認できない。そして双堂形式の金堂の例はない。では、仏堂における双堂は、仏堂建築の発展史の上でどのように位置づけられるのかが次の問題となる。

三　礼　堂

「礼堂」という用語は奈良時代以前の文献にはまったくみられない。おそらく、その初出は貞観十年（八六八）の「禅林寺式」(3)の、禅林寺の「礼堂」である。次いで貞観十六年（八七四）三月二十三日供養の貞観寺大堂の「礼堂」がある。さらに寛平元～五年（八八九～九三）ころの成立とされる『広隆寺資財交替実録帳』の、東院および新堂院の「前礼堂七間」である。金堂にも堂内安置仏等と並んで「礼堂柱纒捌条」の語があるから「礼堂」の存在が確認できる。

続いて延喜五年（九〇五）の『観世音寺資財帳』には「檜皮葺堂壱宇」に対して「板葺礼堂壱宇」の記載がある。

『二十二社註式』「祇園社」に引く承平五年（九三五）の官符には観慶寺を定額寺とする旨に続いて「檜皮葺三間堂一宇、檜皮葺三間礼堂一宇」とある。

『神護寺略記』に引く「承平実録帳」は神護寺金堂について「三間檜皮葺根本堂一宇、在五間檜皮葺礼堂一宇」とある。

以後、「礼堂」の語は文献上に頻出するようになる。

以上のように「礼堂」の語が用いられるようになるのは、現在知られる範囲では九世紀の末ごろからである。ところで、「禅林寺式」とほぼ同期の、貞観十三年（八七一）の奥書を持つ『安祥寺伽藍縁起資財帳』には安祥寺上寺の堂院として「礼仏堂一間長五丈、」と「五大堂一間長四丈、」を記載する。この「礼仏堂」は五大堂の前面に建っていたものと推定される。したがってこれが「礼堂」の語に先立つものではなかったかと思われる。両堂の桁行規模が異なることから、両者は独立した建築であった。

また、同時代史料ではないので信憑性にやや問題はあるものの、『山門堂舎記』等によれば延暦寺の浄土院には、最澄の廟堂「葺檜皮方丈廟堂一宇」の前に「葺板五間礼拝堂一宇」が建っていた。浄土院の建立は斉衡元年（八五四）である。安祥寺同様、礼拝堂は独立した建築であった。

これらを勘案すれば、「礼堂」は「礼仏堂」や「礼拝堂」の語の省略形であったと推測される。

なお、すでに述べたように、延暦寺では根本中堂をはじめとして、「上礼堂」「下礼堂」「南礼堂」などと表記される仏堂が何棟か存在したが、これらの語が確認できる初例は、根本中堂は天永四年（一一一三）、西塔釈迦堂は文治四年（一一八八）、横川中堂は仁安四年（一一六九）である。したがって平安中期以前にはいわゆる礼堂部分がどのように呼ばれていたか明確でない。延暦寺の仏堂では『御堂関白記』長和元年（一〇一二）五月二十三日の条に「諸僧、延命院礼堂」とあるのが確認できた「礼堂」の初出で、これは天禄三年（九七二）の再建堂である。

四　前庇を吹放しとする仏堂

以上のように、礼堂という語が奈良時代までは遡らないとすると、仏堂の前面に付属する空間を一括して「礼堂」と呼ぶには問題があるので、ここではそうした空間を便宜的に、正堂に対する「前堂」と呼ぶことにする。後述するが、後代には仏堂の前庇や孫庇、あるいは前庇と孫庇を合わせて「礼堂」とするものが多くあった。そしてその礼堂を吹放しとするものも確認できた。完全には内部空間化されない礼堂である。

周知のように、唐招提寺金堂は南庇を吹放しとしている。その前例としては神亀三年（七二六）の興福寺東金堂および天平六年（七三四）の西金堂がある。そして平安時代にはいると、空海による東寺金堂が同じく南庇を吹放しとしていた〔図8－29〕。

そしていつまで遡るか明らかでないが、寛平元年（八八九）ころに成立した『広隆寺資財交替実録帳』によれば、広隆寺金堂では五間四面の仏堂の前面に梁行一九・五尺の、吹放しの孫庇を設けていた〔図8－9〕。同寺の講堂も前面に孫庇を葺き降ろしていたが、現存する永万元年（一一六五）の講堂も前面庇を吹放しとしているから、この孫庇を吹放しとしていた可能性が高い。

遅れて、延長四年（九二六）の醍醐寺釈迦堂（金堂）も、同様に七間二面の「礼堂」を吹放しとしていた可能性がある〔図8－13〕。

以上から次のような推測が可能であろう。

南都七大寺の金堂で前庇を吹放しとするのは最も格の低い唐招提寺のみであった。そして興福寺では中金堂の他に東金堂と西金堂があったが、この東西金堂はいずれも前面庇を吹放しとしていた。このように類例は少ないものの、比較的格の低い金堂には前庇を吹放しとするものがあったのではないかと推測する。

平安時代にはいると、平安京内の大寺で、きわめて格式の高い東寺金堂が前庇を吹放しとしていた。そして時代は特定できないが、広隆寺においてもその中心建築である金堂と講堂において、前面に吹放しの孫庇を設けていた。醍醐天皇の御願寺である醍醐寺の金堂では双堂から発展した吹放しの礼堂を持っていた。このように、平安時代には格式の高い寺院にも、吹放しの前堂的な空間を持つものが増加した。

以上のように、金堂前の吹放しの空間も、醍醐寺金堂のようにやがては「礼堂」と呼ばれるようになるが、本来はどのような意味があったのだろうか。

五　南都諸大寺における金堂の性格

奈良時代における南都諸大寺の金堂がどのような性格を持ち、どのように使用されたかについては資料の制約もあってあまり解明されていない。そうしたなかで太田博太郎氏が『日本建築史序説』（第二版、一九六二年）において、「南都六宗寺院の金堂は仏をまつる、いわば厨子のようなもので、特別な僧以外はここに入ることを許されなかった」とし、また井上充夫氏が『日本建築の空間』（一九六九年）において、法隆寺の「金堂日記」や薬師寺金堂についての『七大寺巡礼私記』および『今昔物語集』を引いて、「初期の金堂が、実際上きわめて閉鎖的なものであり、内部は完全に仏の占有空間であったことが明らかである」として、太田氏とほぼ同様の見解を述べられた。(4) これに対し、山岸常人氏は氏の提唱する「中世仏堂」の成立過程を論ずるなかで、それぞれの資料に検討を加えることによって、「これまで古代には内部に（人が）入らないと考えられてきた法隆寺・薬師寺金堂は、実際には内部に入って仏事を修していた。ただしそれは法隆寺の場合九世紀後半に確認できるのみで、いつまで遡りうるかは確認できない」とし、太田・井上説に対する反論を展開した。

山岸氏の指摘のように、法隆寺の場合、金堂が閉鎖され、別当交替の折にわずかに扉が開くのみ、という状態は寺側の事情によるもので、前述の文書類から、金堂内において仏事が修されたことがない、という事実を読み取ることはできない。そして承暦二年（一〇七八）の「法隆寺政所　定注参箇条状」に「今訪故事、上古僧俗、昼夜入堂礼拝恭敬」とあるように、かつては堂内において礼拝恭敬することが行われていたらしいのである。しかしこれも氏の指摘のように、奈良時代にまで遡りうるという証左はない。

ここでやや問題となるのは、いかなる事情があったにせよ、寺の最重要施設である金堂を百数十年にもわたって閉鎖するという、常識的には考えられないようなことが現実に行われたことである。やはりその背景には、金堂は通常は閉じられており、供物や灯明を献じ、あるいは仏事を修するときのみ開かれるべきものとの認識があったのではないだろうか。

また山岸氏は、宮上茂隆氏が『七大寺巡礼私記』の、治安三年（一〇二三）に藤原道長が薬師寺金堂に参詣したときの記事、

古老口伝云、去治安三年十月之比、大相国入道殿下御修行之次、令参詣当給、被仰云、如伝聞者、当番堂童子之外、他人敢不入堂云々、而至我者依前世持戒、今生為攝録之大臣、如道巻《ママ》天下如草靡万人、而及老耄永脱俗服、偏帰仏陀、仍入堂中恣拝礼、起座臨門之時、猛風忽吹閇扉矣、仍為恐令退出御云々、是則薬師寺霊験云々、

は平城京の薬師寺ではなく藤原京の薬師寺のことであったこと、そして平城京薬師寺については大江親通が金堂内に安置された舎利を実見した記録から、本堂内にはいることができた、という論証を引用している。

前の記事の大意は次のようである。

大相国入道殿下の仰せによれば「当番の堂童子の外は敢えて入堂しないということだが、私（道長）は前世からの持戒者で、かつ現世では政を統べる大臣であり、天下は草のごとく靡いている。しかし年老いたので偏に仏陀に帰依している」ということで道長は入堂してほしいままに拝礼した。そして座を立って門まで至ったとき、忽ち猛烈な風が吹いて扉を閉ざしたので、恐れをなして退出された。これすなわち薬師寺の霊験である。

これは大相国道長がその権力に物言わせて、強引に金堂内部に入り、仏像を拝礼したことに対する痛烈な批判である。道長はこの時すでに出家して法名を行覚と名乗っていたが、そうした人間でも金堂に入ることはやはり忌むべきことと認識されていたのである。また大江親通の場合、舎利を見たのが金堂の内部だったか否か、判然としない。(5)

しかしこれらのことによっていえそうなのは、金堂内には「俗人」が簡単に入れるものではなかったという事実のみである。しかも時代は平安時代であった。奈良の寺院も奈良時代そのままに、まったく変質していなかったとは考えがたい。したがって上記のような事象を云々することにさしたる意味はないように思う。

さて、奈良時代における金堂の使われ方がほとんどわからない状況ではあるが、常識的には、本尊を安置する空間においていかなる仏事も行われなかったとは考えがたい。ただ、井上氏の説くように現実には、例えば唐招提寺金堂は仏壇前面がはなはだ狭く、法会等が行いにくかったことは否めないし、また多くの仏事は庭儀として行われた可能性もあり、ごく限られた仏事のみが金堂内において行われたのであろう。そして唐招提寺金堂や興福寺東西金堂の吹放しの前庇は、雨天時におけるこうした庭儀の際や、僧侶たちの一般的な礼拝空間として使用されたのではないかと推測する。前庇を吹放しの外部空間とすれば、その分だけ内部空間は狭くなり、不都合もあったであろう。そこで内部空間の広さは確保したまま、孫庇を付加することによって礼拝空間をそこに移動する。それが広隆寺や醍醐寺の金堂であった。

六 「礼堂」の成立

前述したように、「礼堂」の語源となったと思われる延暦寺浄土院の「礼拝堂」および安祥寺五仏堂の「礼仏堂」はいずれも正堂から独立して建つ建築であった。そして次の時代の観世音寺戒壇堂および空海ゆかりの神護寺金堂の「礼堂」も同様であった可能性が高い。そして寛平元年（八八九）以前の姿を伝える『広隆寺資財交替実録帳』によれば、同寺の東院および新堂院が「前礼堂七間」、つまり双堂系の礼堂だったのに対し、同じ広隆寺の金堂（おそらく講堂も）の礼堂は「前庇」であった。このことは九世紀中期ごろには正堂の前に前堂を建ててこれを礼拝空間としたもの（双堂を含む）だけでなく、吹放しの前庇から発展して孫庇を付加したものも「礼堂」と呼ばれるようになったことを示している。これは両者の機能が同じ「礼拝空間」であったからこそ生じた事象であったと考えざるを得ない。

七　庇礼堂

上記のように、礼堂はいわゆる双堂の系列と、正堂の孫庇を礼堂とする系列の二種に大別できる。ここでは後者を「庇礼堂」と呼ぶことにする。

仏堂の前面に孫庇を設け、その部分を礼堂とするもので、構造は単純である。しかし孫庇を葺き降ろせばその分軒先が下がるから、仏堂全体の柱高をある程度高くしなければならない。また、その広さにも自ずから限界があり、広大な礼堂を構成するには不向きであった。多武峯講堂は、当初は三間四面の南に孫庇を葺き降ろす形式であったが、天禄三年（九七二）の建て替え時には五間四面の正堂に、梁行二間の礼堂が付く、双堂形式に改められている〔図8－17〕。

管見に触れた庇礼堂系の仏堂は〔表8－3〕に示す一二例である。

弘仁十四年（八二三）の東寺の創建期に遡る可能性のある食堂は五間四面で、南に孫庇を延ばし、この部分をいつのころからか「礼堂」と呼んでいた。吹放しの形式であった〔図8－29〕。

貞観以前（八五九）の広隆寺金堂は同じく五間四面で、梁行一九・五尺の広い板敷前庇を付し、この部分を礼堂と呼んでいた。東寺食堂同様、吹放しである〔図8－9〕。

以上の二例が庇礼堂を吹放しとしていたことが明らかな例で、他に円教寺本堂、円教寺如意輪堂、多武峯講堂の三例は吹放しであったのか囲われていたのか不明である。残る七例はいずれも庇礼堂が壁や建具によって囲われて、堂内に取り込まれていた。そのうち、神護寺灌頂堂〔図8－23〕と神護寺五大堂〔図8－21〕は、当初は礼堂がなかったが、のちに庇礼堂が付加された。

仏堂の種類としては灌頂堂が四例で最も多い。また、広隆寺金堂、円教寺本堂、多武峯講堂のように、寺の中心仏堂にも例が見られることに注目したい。

〔表8—3〕 礼堂付き仏堂一覧表

仏堂名	建立年時	西暦	正堂規模	礼堂規模	備考
双堂系の仏堂					
西大寺十一面堂院	宝亀十一年以前	七八〇	双堂二宇		長十一丈五尺、広十丈五尺
西大寺四王院	宝亀十一年以前	七八〇	双堂二宇		長十一丈、広八丈六尺
西大寺小塔院	宝亀十一年以前	七八〇	長七丈、広四丈	細殿、長七丈、広二丈	
安祥寺五大堂	貞観十三年以前	八七一	長四丈	礼仏堂、長五丈	
観世音寺戒壇堂	延喜五年以前	九〇五	長五丈、広一丈五尺五寸	長五丈、広一丈六尺五寸	正堂檜皮葺、礼堂板葺
醍醐寺釈迦堂	延長四年	九二六	五間四面	七間二面	
広隆寺新堂	寛平元年以前	八八九	五間四面	前礼堂七間	
広隆寺東院	寛平元年以前	八八九	五間四面	前礼堂七間	
勧修寺御願堂	延喜五年以前	九〇五	五間四面	七間	
走湯山講堂	康保二年	九六五	五間四面	七間	
多武峯講堂	天禄三年	九七二	内陣者竪三間横五間	外陣者竪二間横五間	五間四面両棟作、礼堂作
長谷寺本堂	正暦二年以前	九九一			
東大寺西小塔院	長元八年以前	一〇三五	五間四面	南礼堂	
東寺灌頂院	文和元年以前	一三五二	五間四面	七間二面	
高野山金堂	寿永三年以前	一一八四	五間四面		推定
仁和寺金堂	保延元年	一一三五	五間四面		推定
神護寺金堂	延暦年中		三間四面	五間	
走湯山講堂	承平六年以前	九三六	三間四面	五間	のちに五間四面に改造
多武峯浄土院			三間四面	礼堂造	

某寺五大堂			三間四面	三間四面	
観慶寺	承平五年以前	九三五	三間四面	三間四面	
醍醐寺准胝堂			三間四面	三間四面	
多武峯東院堂			一間四面	礼堂作	
石間寺			一間四面	礼堂一宇	
庇礼堂系の仏堂					
東寺食堂			五間四面	礼堂（吹放し）	
広隆寺金堂	貞観以前	八五九	五間四面	礼堂	
仁和寺観音院灌頂堂	保安二年	一一二一	五間四面		
醍醐寺三宝院灌頂堂	治承三年	一一七九	五間四面	礼堂六間	
勧修寺西堂	承平二年	九三二	三間四面	孫庇、礼堂	
多武峯講堂	天慶九年以前	九四八	三間四面	其中南面庇也	
某寺観音堂	天元三年以前	九八〇	三間四面	庇礼堂	
円教寺如意輪堂	永延元年	九八七	三間四面	礼堂庇懸庇	
円教寺本堂	永延元年	九八七	三間四面	礼堂庇	
仁和寺観音院灌頂堂	寛弘七年	一〇一〇	三間四面	又庇、礼堂	のちに五間四面に改造
神護寺五大堂	正和四年以前	一三一五	三間四面	又庇	
神護寺灌頂堂	正和四年以前	一三一五	五間二面	又庇	

八　平安時代の双堂系仏堂―両棟造・二棟造・礼堂造

平安時代に入っても、双堂系と推定される仏堂は多く造られた。天禄三年（九七二）の多武峯講堂は「五間四面両棟作」で、また「礼堂作」とも表現されている。貞元三年（九七八）建立の叡山横川の釈迦堂も「五間四面二棟堂」でこれは両棟造に通じる。また多武峯浄土院および東院堂も「礼堂作」とあるから同様の例である。

こうした名称が用いられなくとも、表記によって双堂であったと推測できる例が多くある。例えば「五間四面」の仏堂に対し、「礼堂七間」あるいは「前礼堂七間」などと表記されたものである。これは太田博太郎氏の指摘のように[6]、五間四面の正堂の前に、桁行七間で庇のない礼堂が付設されていたと解釈される。双堂の形態としては、四面庇の正堂に、礼堂は庇なしで桁行間数は正堂と同じ、梁行二間という形式が一般的だった。

やや例外的なのが東寺灌頂堂と醍醐寺釈迦堂〔図8－13〕である。両者とも正堂は五間四面、礼堂は「七間二面」であった。これは桁行七間の前面および背面に庇を付したもので、一般的には梁行は四間となる。しかし、この平面規模は五間四面と同じであり、なぜあえて二面庇としたかが問題となる。したがってここでは梁行が一間であったと解釈するのが妥当だろう。ただし、その場合は〔図8－26〕に示したように礼堂内に柱が林立し、礼堂としての使い勝手は決してよいものではなかったはずである。そこで東寺灌頂堂の場合は『東宝記』に載せられた指図のように、後代には礼堂は梁行二間に改められている〔図8－28〕。

やや例外的なのが醍醐寺准胝堂と承平五年（九三五）以前建立の祇園・観慶寺で、「三間四面」の仏堂に対し、礼堂も「三間四面」であった。正堂と同規模の広大な礼堂が、何らかの理由で必要だったのだろう[7]。

九　空間構成の変化

（一）礼堂空間の拡大

前述したように庇礼堂系の仏堂では、礼堂の梁行は孫庇の梁行一間分のみであったから、広い礼堂空間は作りにくい。そこで礼堂を拡大する必要がある場合には、前項でも述べた多武峯講堂のように、庇礼堂から双堂へと転換する例もあった。

もうひとつは、勧修寺西堂のように孫庇のみであった礼堂を、正堂の南庇まで取り込んで梁行二間とする方法である〔図8－15、16〕。確認できたのはこの一例のみであるが、延暦寺の根本中堂がこの形式であったように、他にも多く存在したのではないかと推測される。

（二）礼堂空間の整備

双堂系の礼堂は、庇礼堂よりは広い空間を作ることが可能だった。逆に難点としては、正堂と礼堂の間に天井の低い造り合いが必ず生じてしまうこと、そして正堂、礼堂間に柱が林立し、正堂と礼堂を一体的に使うにはきわめて不便であったことが挙げられる。

　これを解消するために利用されたのが、現存遺構としては正暦元年（九九〇）の法隆寺講堂において初めて確認できる野小屋の構造であった〔図8－2〕。この技法を応用することによって奥行きの深い建物にも一体的な屋根を架けることが可能になった。永暦元

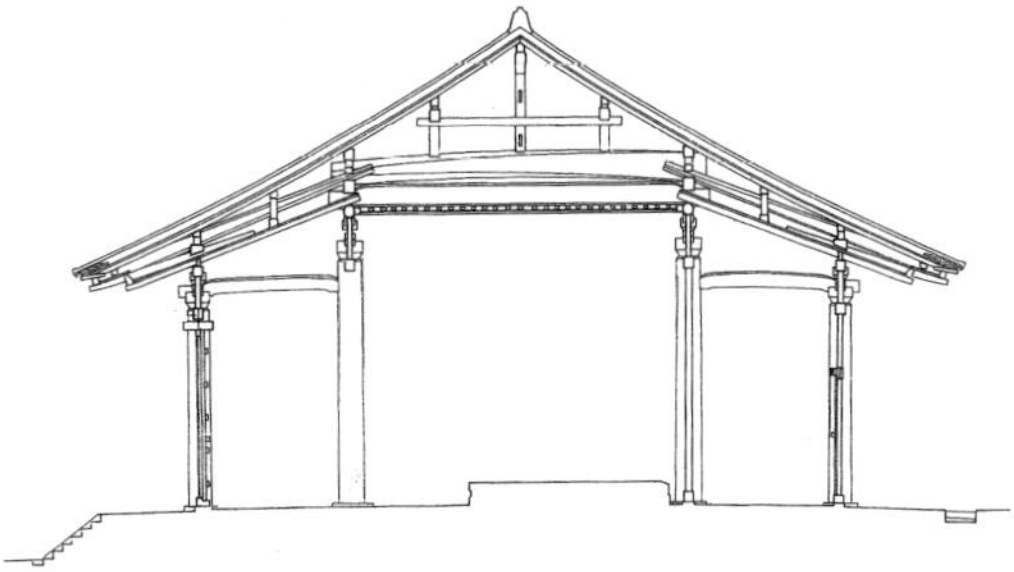

図8－2　法隆寺講堂断面図

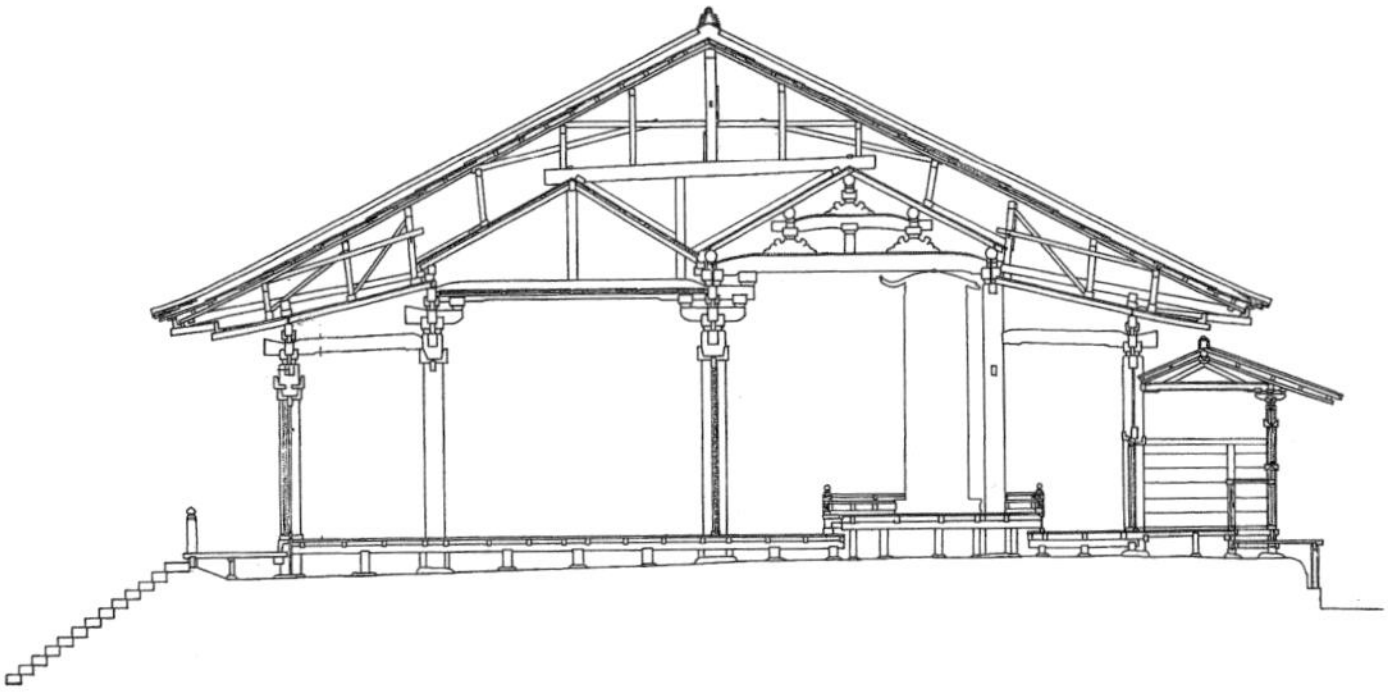

図8－3　当麻寺曼荼羅堂断面図

年（一一六〇）改修の当麻寺曼荼羅堂がその早い例である〔図8－3〕。

双堂系の仏堂はこれによって造り合いが不要となり、正堂と礼堂が直に隣り合う形態が可能となった。例えば、康和四年（一一〇二）の尊勝寺灌頂堂〔図8－35〕は梁行二間の礼堂を有しているが造り合いがないことからもわかるように、これは野小屋の存在を前提にして初めて可能であった。

同じく保延元年（一一三五）再建の仁和寺金堂〔図8－33〕も、礼堂の表記は「五間三面」で、おそらく礼堂の内部は五間×二間の母屋の三方に庇の付いた構成となっていたのであろうが、やはり造り合いがなく、野小屋の存在を示唆している。尊勝寺灌頂堂では双堂時代の「七間」の礼堂の痕跡をとどめているが、仁和寺金堂ではもはやそれも消えて、いわゆる密教本堂形式の外陣の構成を獲得するに至っている。

また高野山金堂〔図8－34〕も、野小屋を使うことによって従来の双堂形式の正堂前面の側柱を省略し、南庇と造り合いを一体化することによって、内陣と外陣の間に両界曼荼羅の安置空間を挟み込むという、特徴的な仏堂を生み出したものと考えられる。

庇礼堂系の仏堂にも同様の変化が起きたであろうことは容易に想像できる。例えば寛弘七年（一〇一〇）の仁和寺灌頂堂は三間四面で、南の孫庇を礼堂としていたが、保安二年（一一二一）再建の同堂〔図8－26〕は指図によれば五間四面に規模を拡大し、礼堂梁行は一間ながらほぼ二間分の広さを持っていた。おそらくこれも構造的には孫庇ではなく、一体としての仏堂の、前半部を礼堂としたものと推測される。

（三）正堂・礼堂境の装置

指図などによって判明するものをみる限り、扉による結界が圧倒的である。格子による結界は天禄三年（九七二）の多武峯講堂、天承元年（一一三一）の醍醐寺三宝院灌頂堂のみである。そしてこれに現存する永暦二年（一一六二）の当麻寺曼荼羅堂が加わる。同じ灌頂堂でも康和四年（一一〇二）の尊勝寺灌頂堂、保安二年（一一二一）の仁和寺観音院灌頂堂および東寺灌頂堂は扉を用いている。

一〇　密教本堂形式へ

平安時代末期にほぼ完成し、中世期を通じて流布したいわゆる密教本堂形式の仏堂に共通する特徴は以下のようにまとめられよう。

①内陣と外陣（礼堂）という、主要なふたつの空間によって構成される。
②内陣と外陣は格子戸と菱欄間によってゆるく結界されるだけで、完全には遮断されない。
③内陣は開口部が少なく閉鎖的であるのに対し、外陣には多くの開口部が設けられ、開放的である。

ここではまず②について考えてみたい。前述したように、平安期においては内陣・礼堂境は扉によって堅く結界されるのが普通で、格子による結界はむしろ少数派であった。そして、例えば延暦年中の神護寺金堂と嘉禄二年（一二二六）当時の同堂を比較すると、扉による結界に変化はない。また平安期の醍醐寺准胝堂は双堂の間に廊を有していたから、正堂の正面は扉であったと推測されるが、中世末期の同堂もやはり結界は扉であった。周知のように延暦寺根本中堂は寛永の再建堂に至るまで扉による結界を保持している。このように、古代以来の仏堂においては、中世に至っても扉による堅い結界を保持するものも多かったのである。

また、康和四年（一一〇二）の尊勝寺灌頂堂、保安二年（一一二一）の仁和寺観音院灌頂堂はいずれも結界は扉であったし、東寺灌頂堂は近世の再建堂に至るまで扉である。このように、灌頂堂に関しては結界を扉とするのが基本であったのだろう。天承元年（一一三一）の醍醐寺三宝院灌頂堂は結界は格子であったらしいが、中央間のみ扉とするのは先例を部分的に踏襲したのではないかと思われる。

ところで勧修寺西堂は、結界は扉であったが、保安三年（一一二二）に結界が撤去された。以前は諸僧座は正堂に設けられ、氏人は礼堂に着座したが、これによって諸僧座、氏人座ともに礼堂に設けられるようになったという。この堂は勧修寺一流の嫡流であった定方の遠忌に法華八講を講ずるための堂で、いわば一門の結束を確認するためのものであった。また、法華八講は僧による講義を俗人が聴聞するものであったから、主体はむしろ聴聞する側にあった。したがって、空間的に分離されていた講義の場と聴聞の場を、結界の撤去によって心理的に接近させることを計ったのであろう。

以上のように、結界は仏堂の性格によって決まったものと推測される。古代の金堂の性格を引く、仏のための空間、つまり仏とそれに奉仕するごく限られた人間と限られた行儀のための空間の系譜に属するものや、灌頂堂のように三昧耶会場と灌頂道場を明確に分離する必要のあった仏堂においては扉による結界が守られたのであろう。したがって格子によるゆるい結界は、勧修寺西堂的な空間、つまり俗人との関係を前提に考える必要がある。法華八講のようにひとつながりの空間で行われるものであれば、結界は不要である。その場合、引違の格子戸であれば簡単に取り外すことができる。また、礼堂のみで行われる法会であれば、仏の空間はとりあえず格子によって結界されている。このように格子による結界は多用途に対応できるものとして、次第に普及していったものと推測される。

それでは、禅宗寺院を除く、中世以後に創建された仏堂の大半がいわゆる密教本堂形式を採用したのはなぜか。それにはやはり鎌倉新仏教に象徴される、仏教の大衆化がその背景にあったと考えざるを得まい。

十世紀にはいると、藤原摂関家を中心に有力貴族による寺院の建立が相次いで行われた。天慶四年（九四一）

八月二十六日に、昭宣公藤原基経発願の極楽寺において修せられた光孝天皇の国忌による一切経会に、参議以上は「礼堂」に座したという。(8) また貞信公藤原忠平によって、延長二年（九二四）をやや遡るころに創建された法性寺の本堂には礼堂があり、忠平五十賀の折には「群卿大夫皆在礼堂」(9) であった。これらは、正堂内が僧座であり、礼堂は身分の高い俗人たちの座であった。これは先にみた勧修寺西堂に通ずる。さらに遡って、貞観十年（八六八）の「禅林寺式」の一条には住僧の守るべきことに「一　入聚落経数日僧等洗浴以後可入堂事」として「仍須住此寺之諸人、莫言大小、従聚落還来、先洗浴、経五箇日方入堂、未洗浴之前、当於礼堂修行而已」と記す。これは俗界に交わった僧は洗浴して五日を経るまでは礼堂で修行すべき、ということであるから、翻れば礼堂は俗なる空間、ということにもなる。

一方、藤原道長の法成寺や頼通の平等院に代表される、平安時代中期以降に大流行を見た阿弥陀堂には内部に結界がなく、単一の空間であった。これは本願をはじめとするごく限られた人々だけが、堂内において阿弥陀仏と直に対座し、ひたすら極楽往生を祈願するための空間であった。

奈良時代の、仏を仏堂の外部から礼拝する形から、仏堂の前に礼堂を設け、そこから礼拝する形へ、さらに仏堂内で直接仏を礼拝する形へと、仏と礼拝者との関係が大きく変化していったのである。仏と俗人との関係のみでいえば、こうした状況が広まれば、結界は不要になる。

内部にゆるいながらも結界を設ける密教本堂形式は、特権階級である貴族にとって無用のものであった。したがって鎌倉以後における密教本堂形式の盛行は別な要因を考えねばならない。それが仏教の大衆化である。

平安時代までの仏教は支配階層のものであって、庶民にはほとんど無縁のものであったといっても過言ではない。それが鎌倉新仏教の勃興によって次第に大衆の間に浸透してゆく。これは天台・真言両宗にとっても無関係ではなかった。そうした大衆信仰の場として、寺院はどのように対応するか。そこで採用されたのが密教本堂形式ではなかったか。この形式は間仕切のない広い外陣（礼堂）を持つのが特色のひとつである。ここには多くの信者を収容することができる。そして仏のいます内陣と外陣とは格子によってゆるく結界される。格子の特性は、格子を通して暗い空間から明るい空間ははっきりと見えるが、逆に明るい空間から暗い空間はぼんやりとしか見えない。密教本堂の特徴の③に示したように、外陣は明るく、内陣は暗い。したがって仏のいます空間は、信者たちからはほのかにしか窺えない。灯明の明かりやそれを写す金色の花鬘等。格子は神秘的な仏の空間を演出する格好の装置であった。大衆に仏の世界を観想させるための場。それが密教本堂形式の仏堂であった。

内陣と外陣を格子によって結界する仏堂は近世に入っても、各地の観音霊場寺院をはじめとする多くの仏堂に採用され、現在に至っているのである。

おわりに

以上をまとめれば次のようになる。

①「礼堂」の語は、文献上は奈良時代にはみられず、平安以後のものである。

②「礼堂」に先立つ語として「礼仏堂」「礼拝堂」がある。いずれも「仏を礼拝するための堂」の意である。

③奈良時代の寺院における「細殿」は、単に「細長い建物」というほどの意で、建物の機能を表現するものではない。ただし、仏堂の場合にはその前面に建てられたから、礼堂的な意味合いを持ったと思われる。例数が少なく断定はできないが、正堂から独立し、双堂のように一体化したものではなかったと推測される。

④細殿とは異なって、双堂は正堂と前堂の屋根が一体化したものである。

⑤礼堂には双堂から発達したもの（「双堂系」と呼ぶ）と庇が発達したもの（「庇礼堂」と呼ぶ）の二系列がある。数的には双堂系が多数派であった。

⑥南都七大寺の金堂で前庇を吹放しとするのは唐招提寺のみであるが、興福寺での東金堂および西金堂は同様に吹放しであった。この空間は雨天の仏事や僧侶の礼拝に使われたと推測される。平安時代にはいると東寺金堂もこの例であった。この形式では仏堂内部が狭くなるが、次に広隆寺金堂のように前面に吹放しの広い孫庇を設け、ここを「礼堂」とする例が現れる。やがてこの部分が屋内に取り込まれるようになる。庇礼堂の欠点は十分な梁行を確保できないことだが、十一世紀初頭には尊勝寺灌頂堂のように、野小屋を用いることによって、礼堂を二間とするものも現れる。

⑦双堂の前堂は、確証はないが当初は吹放しではなかったかと推測する。一般には梁行二間で庇のない建築である。そして前堂と造り合いも屋内化され、これが平安時代中期までの一般的は礼堂付き仏堂の形式であった。この形式の欠点は礼堂と正堂の間に必ず天井の低い造り合いという異質の空間が生じてしまい、かつ礼堂と正堂の間には柱列があって、両者が一体的な空間になりにくいことである。そこで、野小屋が発明されるとこれを応用して造り合いをなくし、仁和寺金堂のように正堂と礼堂が直に隣り合う形式が生み出された。これがいわゆる密教本堂形式の母体となる。

⑧仏堂は基本的に仏の空間であり、仏事における正堂に入るのは役僧のみで、聴聞の貴族や諸僧の座は礼堂であった。言いかえれば、礼堂は俗人のための空間であった。

⑨礼堂と正堂の結界は、平安時代を通じて一般には扉を用いていた。鎌倉期に至っても、例えば醍醐寺准胝堂のように礼堂と正堂の間を扉によって結界する例もあった。いわゆる密教本堂形式は礼堂と正堂の結界に格子を

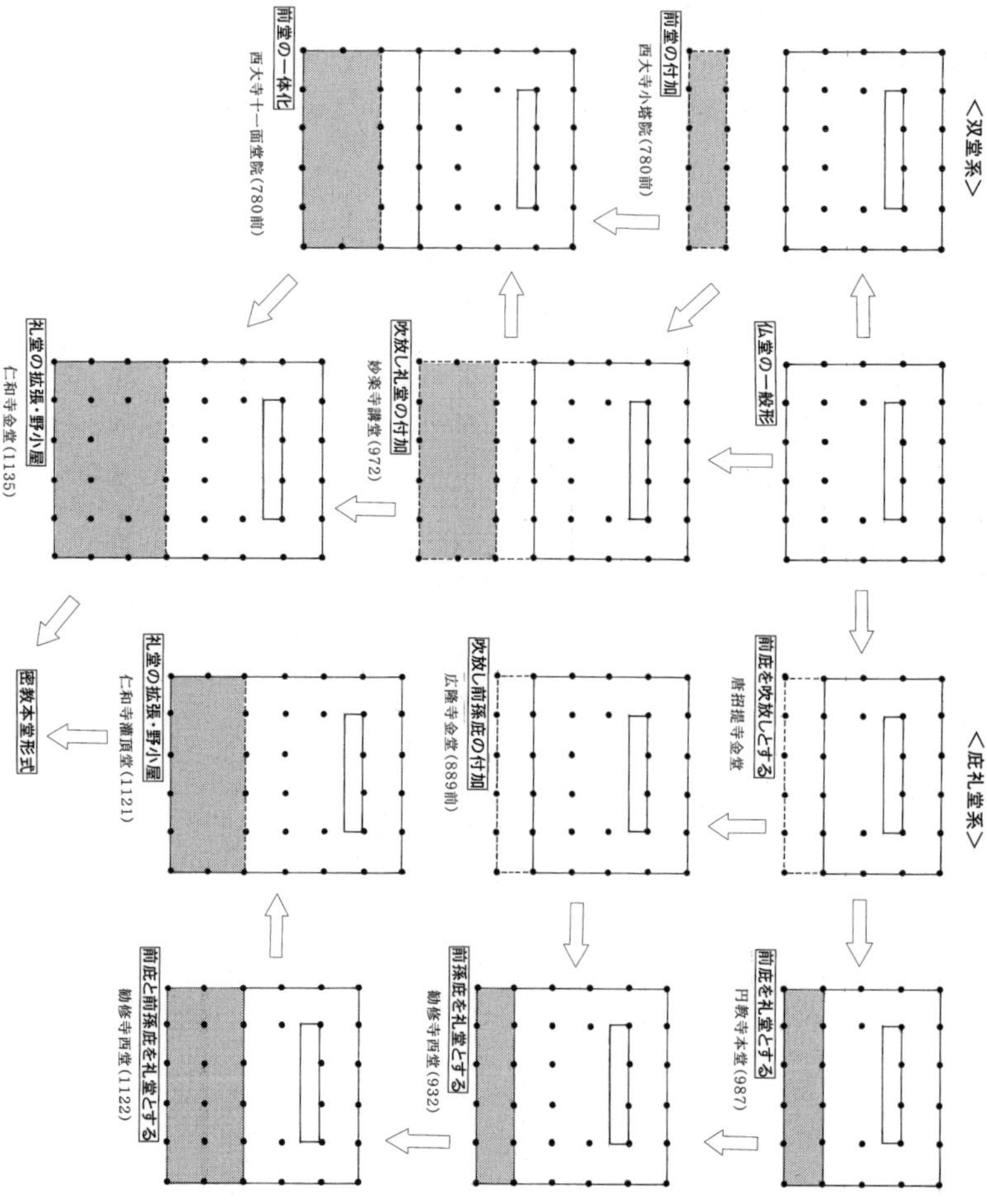

図8-4　礼堂付き仏堂の発展過程模式図

用いることで共通している。格子は扉のようにしっかりと結界するものではなく、明るい礼堂から仏のいます暗い正堂内を垣間見ることのできる、ごく緩やかなものである。このように密教本堂形式は仏の空間と人の空間がきわめて曖昧な形で仕切られる（あるいは一体化する）のが特徴である。密教本堂形式の普及は、鎌倉新仏教の勃興に刺激された旧仏教側が、大衆信仰に対処するために都合のよい形式として採用した結果であった。
⑩礼堂と正堂の関係からみた仏堂空間の変遷の歴史は、仏の座と人の座の変遷の歴史であった。言いかえれば、当初は外部から礼拝していた人の座がやがて屋内に取り込まれ、そしてついには両者を隔てるものが場合によっては消え、一般的には格子による曖昧な結界という形に落ち着く、そうした歴史であった。

〔付〕前堂付き仏堂の諸例

ここでは延暦寺を除く、管見に触れた前堂付き仏堂の諸例について述べる。ここでいう「前堂付き仏堂」とは、いわゆる双堂の系列に属するもの、正堂の前に細殿が平行して建てられたもの、および前庇または孫庇と正堂が何らかの形で結界されたものの総称である。いわゆる「礼堂付き仏堂」はすべて含まれる。

薬師寺東院
醍醐寺本『諸寺縁起集』「薬師寺」の「東院」の割註に、
　正堂一宇、前細舎一宇、僧房一宇、流記云、東禅院舎三口、堂・細殿・僧房、吉備内親王奉為元明天皇、以
　養老年中造立也、
とある。養老年中（七一七〜二四）の建立である。これによれば薬師寺東院の、正堂前の建物「細殿」は「細舎」

とも呼ばれたようである。両者とも「細長い建物」という、機能ではなく形態を表現するものであった。また「前細舎」とあることにより、正堂の前面に建っていたことが確認できる。

興福寺東院

『興福寺流記』「一　東院」には次のようにある。

西檜皮葺堂一宇、永祚元年大風倒、
延暦記云、高二丈、広四丈、長九間、間別一丈、　前在細殿、九間、各長一丈、広二丈、高一丈三尺五寸、
右、安置観世音菩薩像、傍安繍絵二鋪也、以天平宝字五年春二月、正一位藤原太師恵子也奉勅、淡海公一男、武智麿二男、奉為仁政皇太后、造堂安像、同年冬十月八日、太師自願、奉為感神天皇、聖武天皇也、敬造繍補陀洛山浄土変、而安西辺也、奉為仁政皇后、敬造繍阿弥陀浄土変、而安東辺、

天平宝字五年（七六一）に、恵美押勝（藤原仲麻呂）が前年に亡くなった光明皇后のために創建した仏堂である。正堂・細殿とも九間で、柱間は梁行、桁行とも一〇尺であったと思われる。正堂は七間四面、細殿は広二〇尺だから梁行二間、桁行九間の庇なしの建築だった。

東大寺羂索院（三月堂）

『東大寺要録』巻四「一　羂索院」には

堂一宇、五間一面、在礼堂、

と、

五間檜皮葺礼堂一宇
三間二面庇瓦葺二月堂一宇
七間檜皮葺会房一宇

という二とおりの表記がある。両者とも正堂の規模・形式が実際と異なり、また間面記法で表記されているから平安中期以降のものである。したがって「礼堂」の名称も奈良時代まで遡る保証はない。また後者は三月堂と二月堂を混同している。

なお、仏堂に続いて「羂索院双倉」とあるが、羂索院には「双堂」の表現はない。

興福寺食堂

『興福寺流記』「一　食堂院」には次のようにある。

食堂一間、高二丈一尺、廊柱高一丈四尺四寸、長九間、間別一丈四尺、宝字記并延暦記云、長十二丈云々、広五丈七尺、弘仁記云、瓦葺堂云々、

南細殿、高一丈五尺、延暦記同、長九間、間別一丈四尺、十二丈六尺、広三丈、宝字記同、此同天平記也、宝字記云、長十二丈、文、延暦記云、

食堂は柱間一四尺等間の九間堂で、桁行一二六尺、梁行五七尺であった。梁行は一四尺等間の四間であったろう。七間四面堂である。南細殿は柱間一四尺等間の九間堂で、桁行一二六尺。梁行は三〇尺だから二間であったろう。

興福寺双堂

『興福寺流記』「一　五重塔一基」のあとに次のように記す。

一　延暦記云、檜皮葺双堂一口、天平記云殿又則是歟、私云不審也、又注殿廊門三口、而文不委、長六丈八尺、広三丈、高一丈六尺五寸、

副殿、弘仁記云、細殿一口、広一丈四尺一寸、七間板敷、

五重塔（東塔）の一郭に建っていたと思われる仏堂で、流記に記載された唯一の双堂である。「延暦記云」とあるように、それ以前の天平記、天平宝字記には記載がなかったらしい。それ以後の建築ということになろうか。「延暦記」では「副殿」と表記されるが、のちの「弘仁記」では「細殿」とあったようである。桁行は七間、梁行は一間であろう。副殿のみ「板敷」と断り書きがあるから、正殿は土間床であったと思われる。両堂の規模を個別に表記するから、おそらく独立した二棟の建物であったと思われる。

西大寺四王院

この堂は天平神護元年（七六五）に、称徳天皇が藤原仲麻呂（恵美押勝）の乱にあたって戦勝を祈願して造顕した七尺の金銅四天王像を安置するために建立したものである。西大寺において最初に造られた、由緒ある仏堂である。『西大寺資財流記帳』[10]には「檜皮葺双堂二宇各長十一丈、双広八丈六尺、蓋頭在龍舌廿八枚」とある。九間堂とすれば、母屋桁行の平均柱間は一二・二尺である。梁行は、正堂四間、礼堂二間、造り合い一間の計七間とすれば、平均柱間は一二・三尺で、ほぼ妥当な数値となる〔図8－5〕。

西大寺十一面堂院

この堂の建立年時は不明だが、『西大寺資財流記帳』の撰述された宝亀十一年（七八〇）以前である。同資財帳には「檜皮葺双堂二宇長十一丈五尺、広十丈五尺、蓋頭在龍舌廿八枚」とある。九間堂とすれば、母屋桁行の平均柱間は一二・八尺である。梁行は、正堂四間、礼堂は南庇付きの三間、それに造り合い一間を加えた八間とすれば、平均柱間は一三・二尺

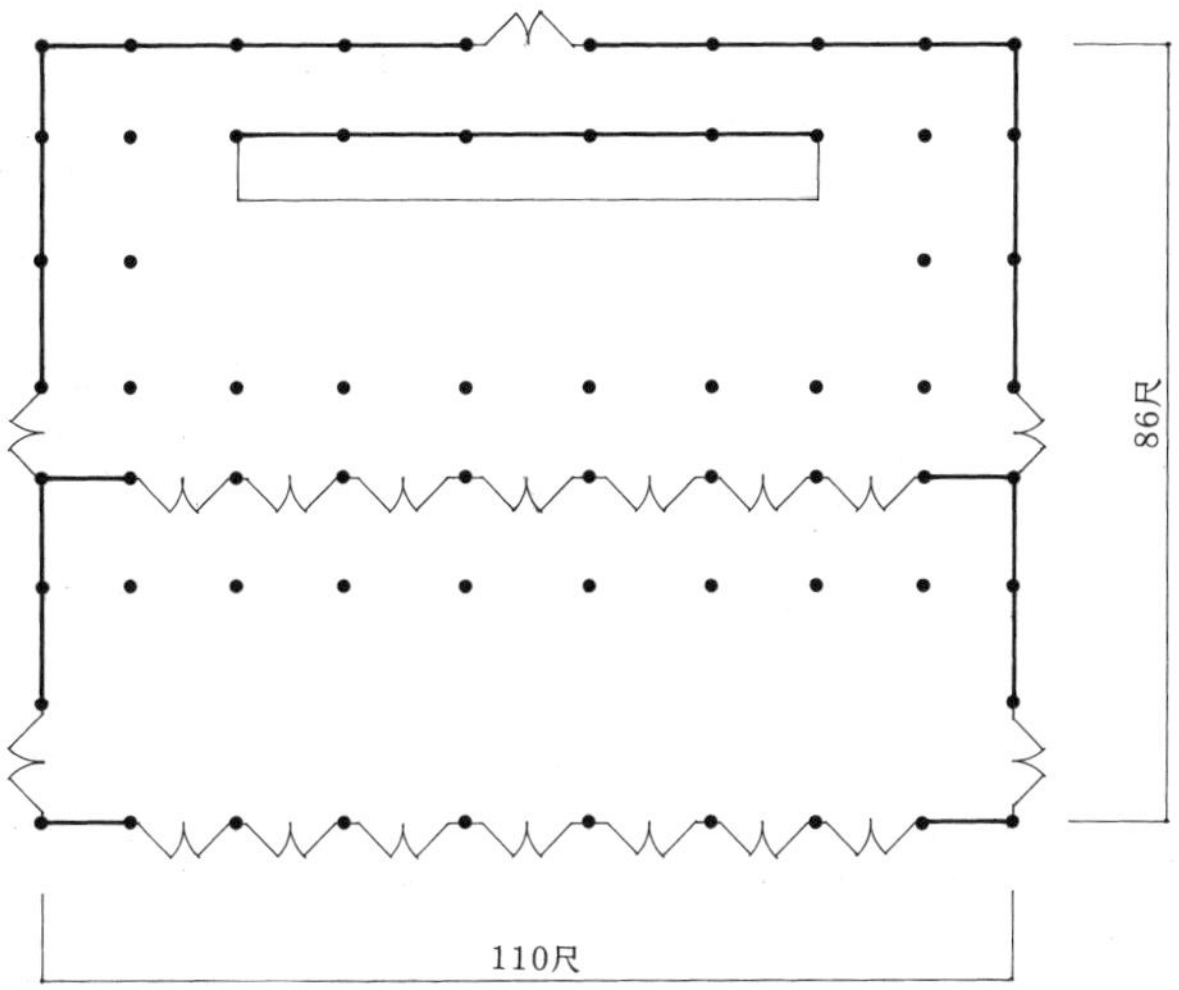

図8－5　西大寺四王院

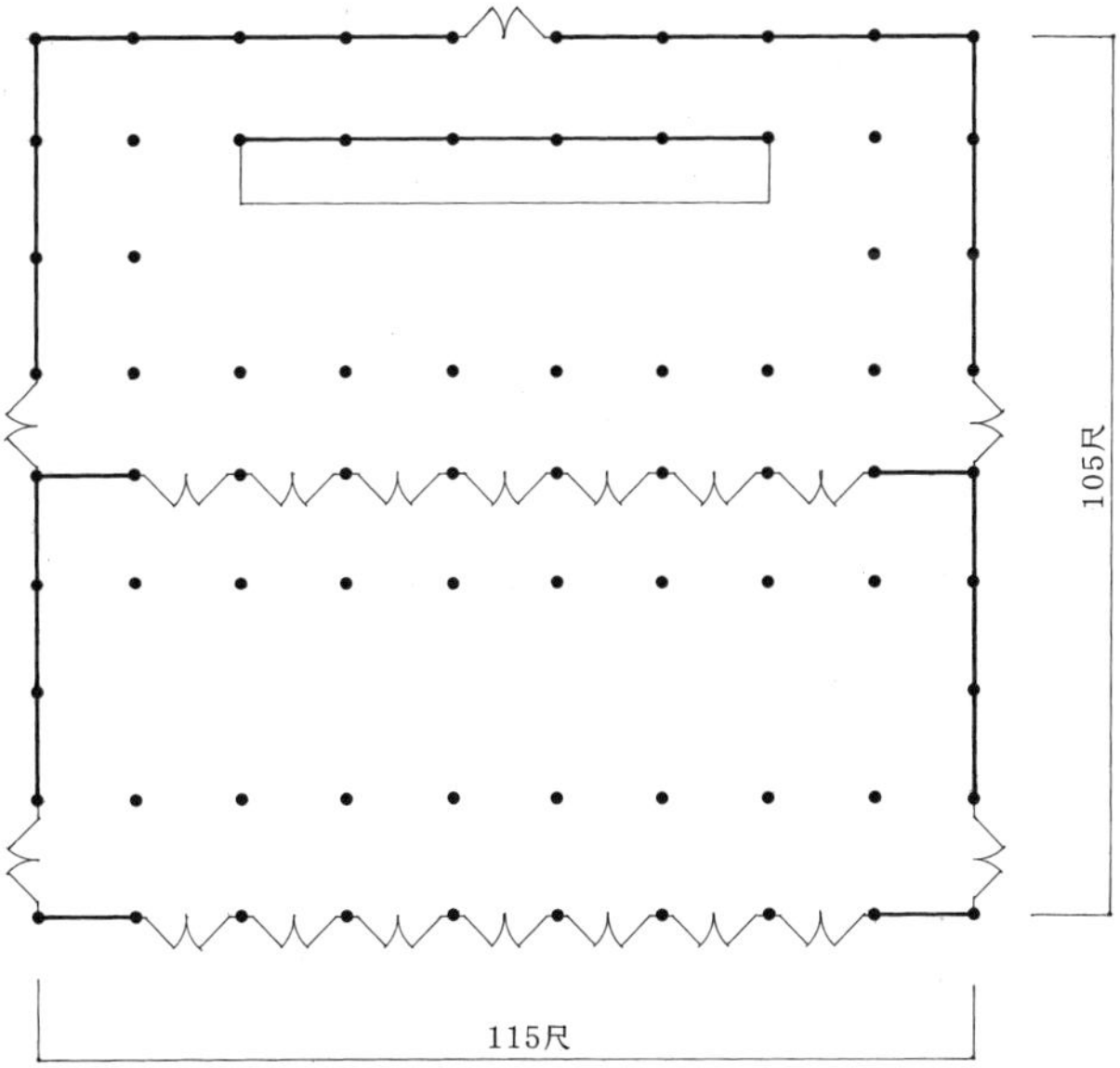

図8－6　西大寺十一面堂院

で、ほぼ妥当な数値となる〔図8－6〕。

四王院、十一面堂院とも、正堂・礼堂を含めた桁行の丈尺寸法が記されているから、東大寺三月堂のように平面的には一体化された仏堂であったと思われる。

なお西大寺の薬師金堂は桁行平均柱間が一三・二尺、梁行平均柱間が一三・二五尺で、十一面堂や四王堂よりも若干広く、格の違いを表現していたといえよう。

西大寺小塔院

称徳天皇が恵美押勝の乱による死者供養のために発願し、宝亀元年（七七〇）に完成して南都十大寺に十万基ずつ寄進した、いわゆる百万塔を安置するための堂であったから、建立は宝亀元年であったろう。『西大寺資財流記帳』には「檜皮堂一宇 長七丈、広四丈」「檜皮細殿一宇 長七丈、広二丈」とある。これは正堂の前に別棟の細殿が独立して建つ形式であろう。正堂は五間四面を想定すれば、平均柱間は桁行、梁行とも一〇尺、礼堂は桁行七間、梁行二間とすれば、平均柱間は桁行、梁行とも一〇尺である。

この堂を含め、板敷の建物には「板敷」という記載があるのに対し、十一面堂、四王院にはこの記載がないから正堂、礼堂とも土間床であったと思われる。薬師金堂、弥勒金堂も同様である。西大寺内の唯一の板敷仏堂であった。復原案を〔図8－7〕に示す。

東大寺西小塔院

この堂の由緒は明らかでないが、宝亀元年（七七〇）に、称徳天皇の発願によって造られ、南都の十大寺に十万基ずつ寄進された、いわゆる百万塔を安置するための堂であったから、宝亀元年またはその直後に建立されたと推測される。長元八年（一〇三五）十一月二日の奥書のある「東大寺検損色帳」(11)には、東大寺「西小塔院」として、以下のように記す。

瓦葺七間小塔堂一宇、
件堂五間四面、南礼堂也、其瓦三分之一并巽角降堤二丈、南面小壁六間礼堂板敷六間、上長押二間、……無実、……礼堂板敷二間、東西扉二枚破損、……西面一間半、艮角等石壇、南北面石橋等破損、

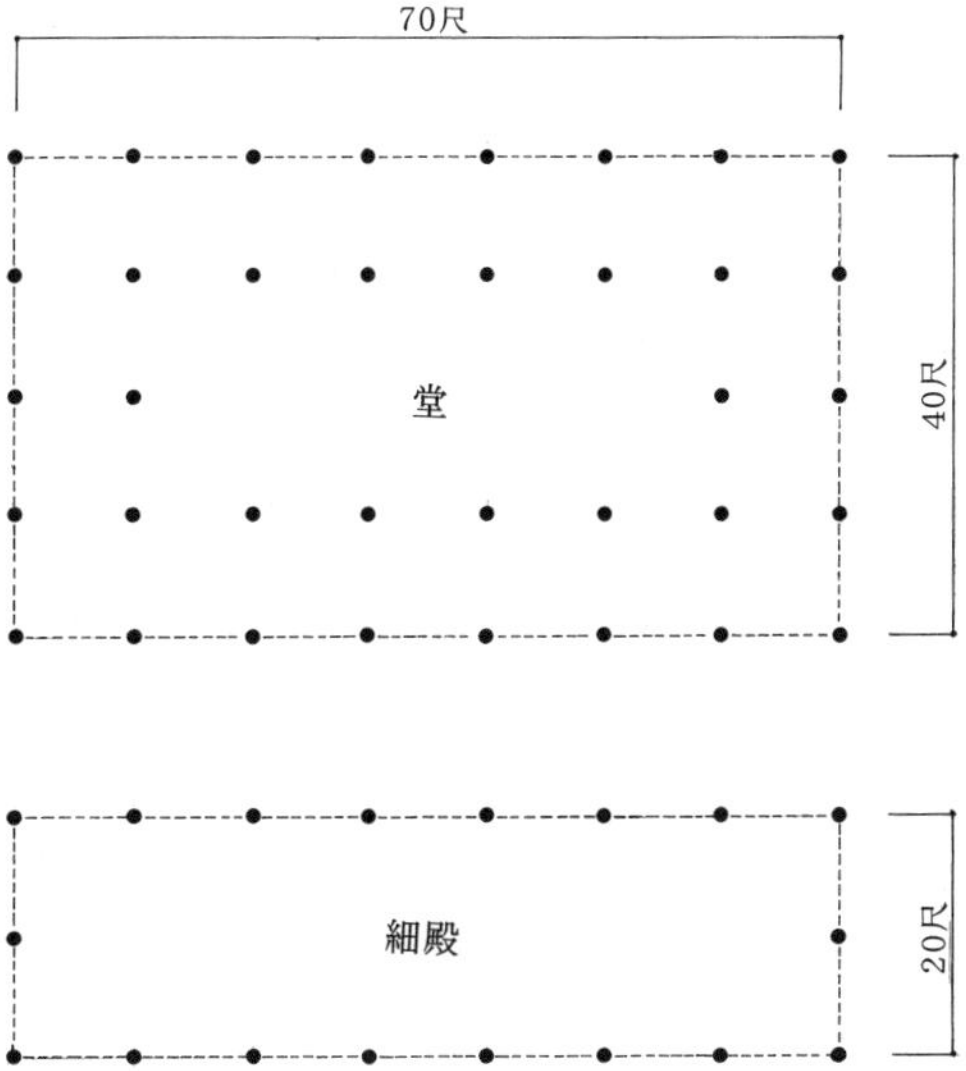

図8−7　西大寺小塔院

検損色帳の、建造物の規模・形式についての表記は統一性がなく、例えば金堂（大仏殿）は「七間二重瓦葺金堂一宇」と記すから、これは母屋の桁行規模七間を示したものである。一方、講堂は「十一間瓦葺阿舎講堂一宇」とあるが、遺構から見ると十一間は庇を含めた総桁行である。また食殿は「瓦葺七間二面」、新堂院は同じく「瓦葺七間二面」で、庇の面数を表記している。西小塔院小塔堂の「瓦葺七間」は続いて「件堂五間四面、南礼堂也」とあるから、五間四面で総桁行七間という意味なのか、あるいは七間の正堂の南に五間四面の礼堂が建つという意味なのか判然としない。ただ、五間四面の礼堂はあまりにも大きいから、前者

と解釈すべきかも知れない。

ところでこの文書は建物ごとにその部位を破損の程度ごとに「无実」、「朽損」、「破損」、「垂損」などと標記している。この堂の場合、「礼堂板敷六間」が「无実」、「礼堂板敷二間」が「破損」となっており、板敷部分は併せて八間がすでに失われたり破損したりしていた。もし、礼堂が庇、または孫庇部分であったなら、間数は全体で七間のはずである。したがってここでの「間」は柱間間数ではなく、「一間×一間」の面積を指すと考えられる。すると礼堂は梁行一間の庇や孫庇ではなく、梁行二間以上の規模を持つ、つまり別棟の礼堂であったことになる。梁行二間程度であったろうか。

礼堂は板敷、正堂は土間であったと思われる。「石壇」は基壇であろう。

安祥寺五大堂

安祥寺は「上寺」と「下寺」から成る。貞観十三年（八七一）の奥書を持つ『安祥寺伽藍縁起資財帳』[12]には安祥寺上寺の「堂院」として、

礼仏堂一間 長五丈、
五大堂一間 長四丈、

を記載する。「礼仏堂」は五大堂に対する礼堂であったと思われる。桁行長が両者で異なるから、別棟礼堂であったろう。なお、下寺の仏堂や僧房などで庇付きの建物は「四面有庇」と記すから、礼仏堂、五大堂とも庇はなかったものと推測される。礼仏堂は桁行五間、梁行二間、五大堂は桁行三間、梁行二間であろうか。堂内には五大虚空蔵が安置された。

安祥寺の仏堂は、上寺に礼仏堂と五大堂、下寺に「檜皮葺仏堂」一宇と「毘盧舎那五輪卒塔婆」しかなかった。そして資財帳には「荘厳供養具」として「内陣幡四十流」と「外陣幡三十六流」の記載がある。下寺の檜皮葺仏堂は礼堂のない五間四面堂であったらしく、(13)「金泥両部曼荼羅弐鋪 各有天蓋」を安置する灌頂堂であったと思われる。したがって「内陣」は上寺の五大堂、「外陣」は上寺の礼仏堂を指すと推測される。復原案を〔図8－8〕に示す。

広隆寺金堂

寛平元年から同五年（八八九～八九三）の間の成立とされる『広隆寺資財交替実録帳』(14)には同寺の金堂について次のような内容を記載する。

①檜皮葺伍間金堂壱宇、有庇肆面 高一丈五尺六寸、長八丈八尺、広四丈四尺三寸、
②有戸八具 高九尺五寸、広七尺六寸、
③小戸四具（一は東連子下、一は西連子下、一は東妻、一は西北角）
④犬防七枚
⑤前庇壱面 高九尺六寸、広一丈九尺五寸、 在高欄、敷歩板一三六《ママ》枚（一一〇《ママ》枚は庇内敷、三六《ママ》枚は高欄敷）
⑥懸半蔀肆面 貞元年中故別当玄虚大法師造加也、 今校

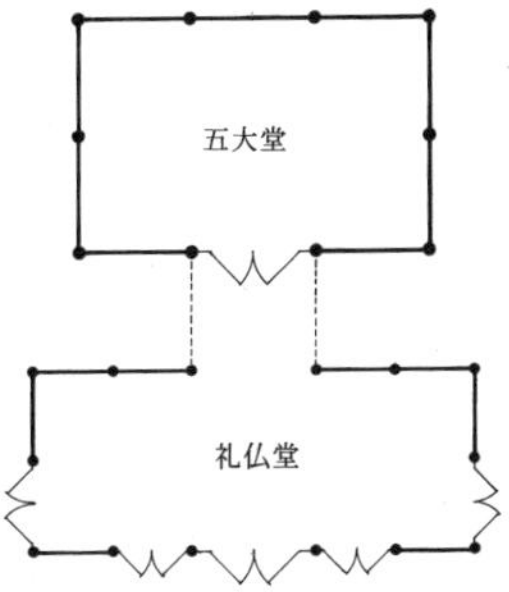

図8－8 安祥寺五大堂

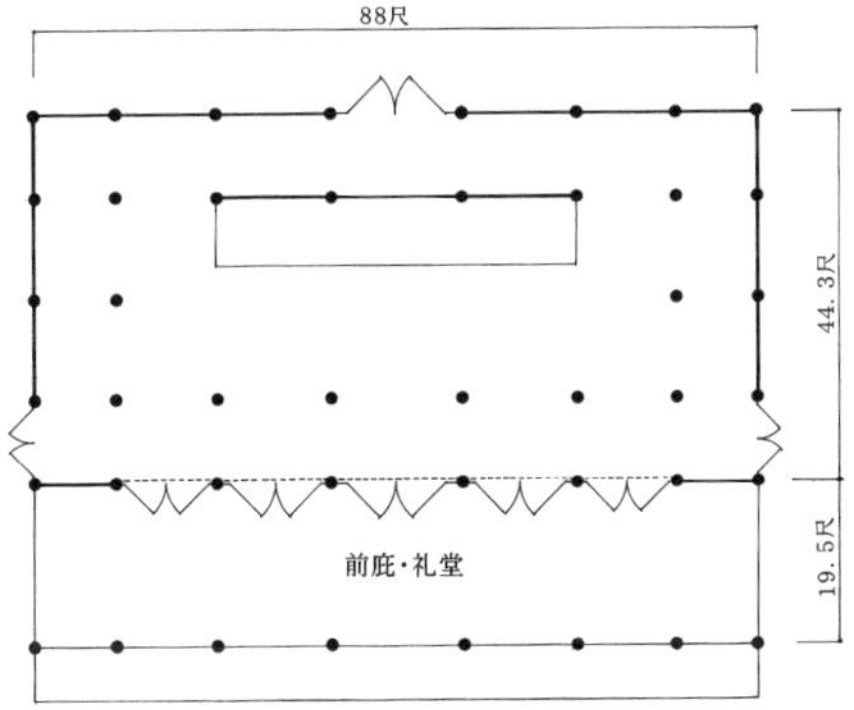

図8－9 広隆寺金堂

无実、

⑦行戸弐具 高五尺五寸、在東西妻、同十二年□□也、

正堂は桁行八八尺を七間に割り付ければ平均柱間は一二・六尺、梁行は四四・三尺を四間に割り付ければ平均柱間は一一尺である。復原案を〔図8－9〕に示す。記載の仕方からみて、「有戸八具」は正堂部分のものだから、前庇との仕切り位置に五具、両側面に二具、背面に一具が復原される。また「懸半蔀肆面」は前庇部分のものなので、前庇前面に復原される。ただし割註のように、これは貞観年中（八五九～七七）に、別当玄虚によって設けられ、今はない、という。同じく前庇の「行戸二具」も割註によれば貞観十二年（八七〇）に付加されたらしい。おそらく両妻側であろう。したがって、本来は前庇は吹放しであったことになる。また前庇のみに板敷の板の枚数を記すから、堂内は土間だったと推測される。前庇の奥行は一九尺五寸だから、板一枚の寸法を一・二尺×一三尺と仮定すると、一列に一・五枚を要する。七三列を敷き詰めると八七・六尺で桁行八八尺にほぼ合致する。板の必要枚数は一一〇枚である。「高欄敷」は落縁の板敷と解釈し、奥行六・五尺と仮定すると、一三尺の板を半截し、七二枚として敷き詰めれば八六・四尺。これに「一枚大破」分を入れると桁行八八尺にほぼ合致する。

堂内の安置仏等と並んで「礼堂柱纏捌条 表絹、裏布、故大別当玄虚大法師施入」とあるので、前庇は「礼堂」であった。奥行が一九尺五寸もあったから、孫庇のみで礼堂としての十分な広さが確保されていた。なお、母屋柱と庇柱の長さの差は六尺で、庇の広さは一九・五尺だから、庇屋根の引き通し勾配は三寸である。

広隆寺講堂

広隆寺の講堂は『広隆寺資財交替実録帳』には「檜皮葺伍間講法堂壱宇、有庇四面高一丈三尺、長八丈、広四丈四尺、」「有大戸玖具」「小戸弐具」「前庇壱面高、広、」とある。五間四面堂で、規模はほぼ金堂と同じである。「前庇壱面」には高さ、広さが抜けているが、あるいは金堂と同じように前庇は礼堂であったかも知れない。金堂の正堂部分の「高」が一五・六尺に対し前庇の「広」は一九・五尺であったから、講堂は「高」一三尺に対して前庇の「広」は一七尺くらいはあったはずで、礼堂としても十分な広さを確保できていたと思われる。

現存する広隆寺講堂は永万元年（一一六五）の建築で、本瓦葺桁行五間・梁行四間、土間床で、前面の庇を吹放しとしている。『広隆寺資財交替実録帳』の書かれたのは長和三年（一〇一四）であるから、そこに記載された講堂は現講堂以前のものである。前面吹放しの形式は、あるいは前身講堂を踏襲したものであったかも知れない。

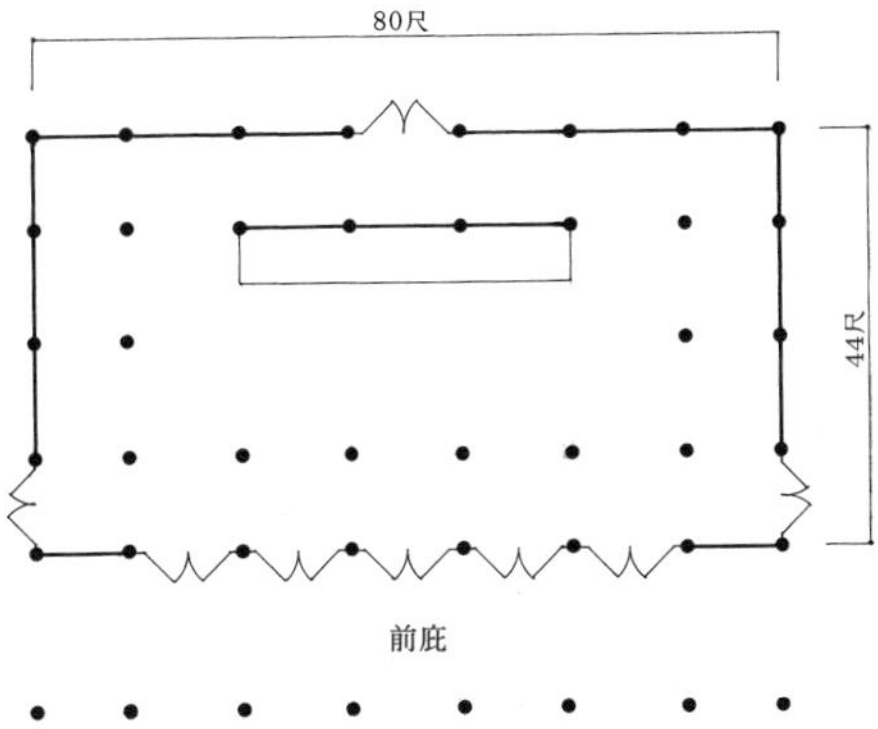

図８－10　広隆寺講堂

前述したように『広隆寺資財交替実録帳』は、別棟礼堂については、寺東院および新堂院において「前礼堂七間」というように明記する。金堂の庇礼堂については特に記述しないことから判断すると、前述した講堂を含め、般若院も礼堂付き仏堂だった可能性がある。この堂は「檜皮葺三間堂壱宇、有庇四面、前庇一面、戸捌具」とある。「戸捌具」は、三間四面堂の前庇前面中央三間と両妻側、および正堂部分の両妻側と背面中央一間が扉構えと考えれば数が合う。講堂の復原案を〔図８－10〕に示す。

広隆寺東院・新堂院

『広隆寺資財交替実録帳』によれば、寺東院は檜皮葺五間堂で四面に庇のある桁行七間堂だった。「前礼堂七間、在戸八具」とある。同じく新堂院は檜皮葺五間堂で四面に庇があり、「戸六具」で、板敷の「前礼堂七間」があった。一方、金堂は五間四面で「前庇一面」、講堂も五間四面で「前庇一面」である。金堂には「礼堂柱纏捌条」の記載があるから、「前庇」つまり南孫庇は礼堂であった。同じ礼堂でも金堂と寺東院・新堂院では表記が異なっているのである。これは、寺東院と新堂院の「前礼堂」は別棟の、双堂形式であったことを示唆していよう。復原案を〔図8－11、12〕に示す。

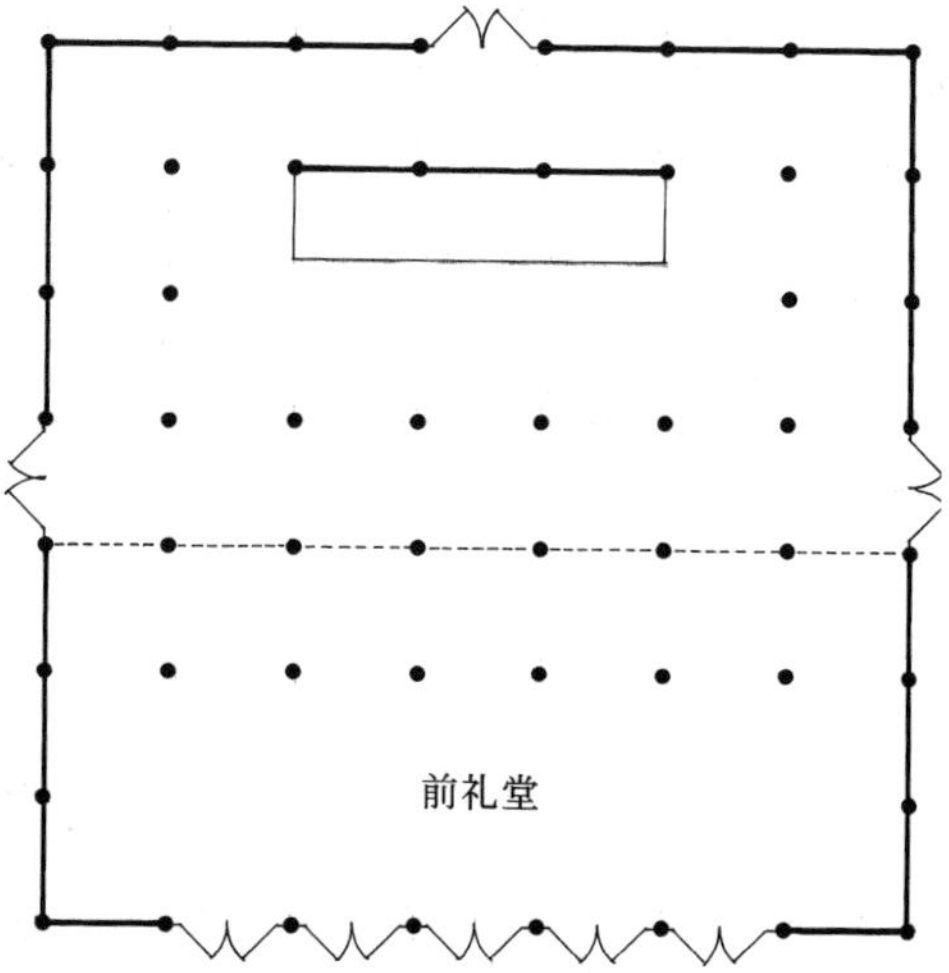

図8－11　広隆寺東院

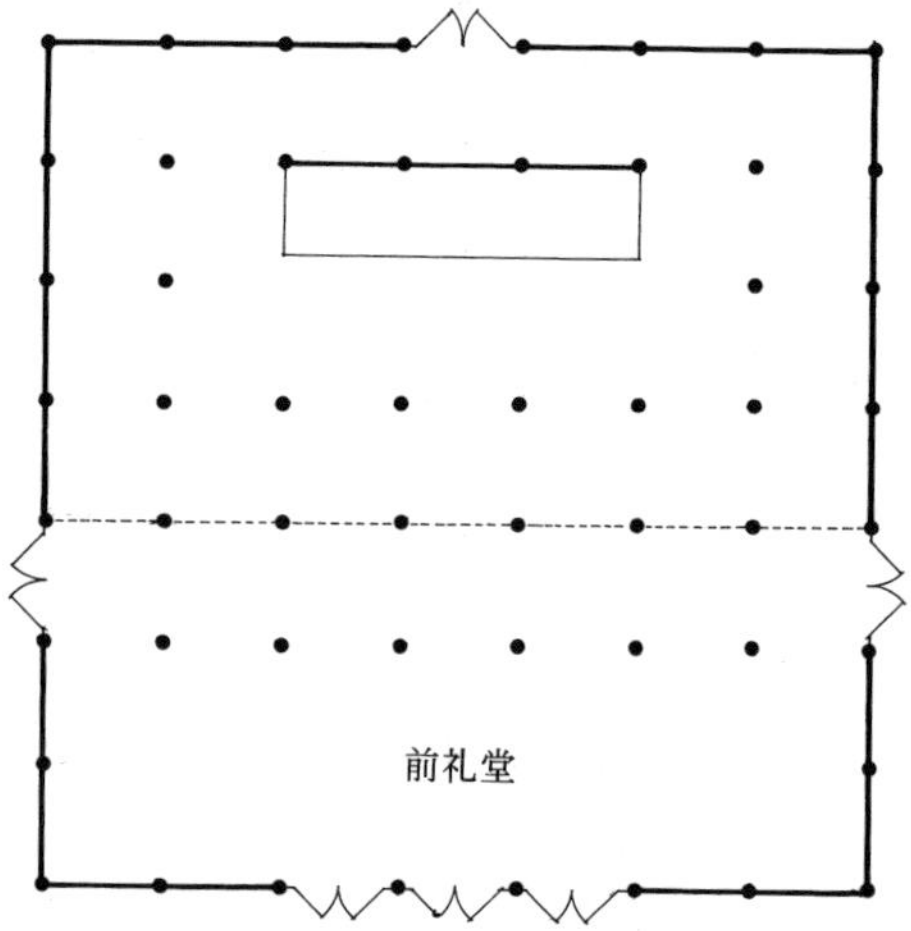

図8－12　広隆寺新堂院

観世音寺戒壇堂

延喜五年(九〇五)の『筑前国観世音寺資財帳』(15)には、同寺の戒壇堂について次のような記載がある。

檜皮葺堂壱宇 長五丈、広一丈五尺五寸、高一丈□尺、貞観三年小破、 戸一具、今校全、

板葺礼堂壱宇 長五丈、広一丈六尺五寸、高九尺、貞観三年小破、 无実、

右、仁和二年交替之日、同无実也、仍載前司不与解由状、同年七月廿日言上已了、

正堂は檜皮葺、礼堂は板葺であったから、両堂は別棟であったと推測される。また正堂と礼堂の梁行は、合計しても三二尺に過ぎず、一棟に納めることも十分に可能であったことを考慮すれば、両者を別棟にすることに何らかの意味があったのであろう。両堂とも桁行五間、梁行二間であったと思われる。なお、東大寺、唐招提寺、延暦寺の戒壇院には「礼堂」はなく、正方形またはそれに近い平面であったから、これらとはまったく別形式であった。ただ、延暦寺の戒壇院には正堂の背後に授戒の準備空間としての看衣堂が建てられていたから、これと何らかの関係があるのかも知れない。

醍醐寺釈迦堂

下醍醐の中心仏堂で、のちに金堂と呼ばれるようになる。醍醐天皇の御願で、延長四年(九二六)の創建である。『醍醐雑事記』には「一釈迦堂一宇 延喜御願、五間四面、 庇戸八具」「礼堂一宇 七間二面」とある。五間四面の正堂と七間二面の礼堂という規模は東寺灌頂堂と同じである。この堂については大岡実氏および藤井恵介氏の復原案がある。(16)大岡案は礼堂が「七間二面」ではなく、単なる七間堂としていることに難点がある。また藤井案は礼堂母屋梁行を一間とするのは妥当だが、造り合いの間が欠落している。なお、氏の指摘のように、拝堂記を読む限り礼堂廻

りに建具が立っていたことが確認できないから、あるいは吹放しの礼堂であったのかも知れない。これらにより〔図8－13〕に復原案を示す。

観慶寺

『二十二社註式』「祇園社」[17]には以下のようにある。

人皇六十一代朱雀院承平五年六月十三日官符云、応以観慶寺為定額寺事、字祇園寺、在山城国愛宕郡八坂郷地一町、檜皮葺三間堂一宇在庇四面、檜皮葺三間礼堂一宇在庇四面、安置薬師像一躰、脇士菩薩像二躰、観音像一躰、仁王・毘頭盧一躰、大般若経六百巻、……右得山城国解偁、故常住寺十禅師伝灯大法師位円如、去貞観年中、奉為建立也、或云、昔常住寺十禅師円如大法師、依託宣、第五十六代清和天皇貞観十八年、奉移山城国愛宕郡八坂郷樹下、其後藤原昭宣公、感威験、壊運台宇、建立精舎、今社壇是也、

これによれば観慶寺（祇園寺）の仏堂は檜皮葺三間四面で、同じく檜皮葺三間四面の礼堂が設けられていた。おそらく双堂の形式であったろう。同寺内の神殿は檜皮葺五間で、同じく檜皮葺五間の礼堂が付属していた。八幡造のような形式であったかも知れない。

祇園・観慶寺（祇園社、のちの八坂神社）の創建にはいくつかの説があり明らかでない。ここに記載の仏堂の形式は承平五年（九三五）が下限である。復原案を〔図8－14〕に示す。

勧修寺御願堂

『勧修寺旧記』[18]には「御願堂在本堂南、五間四面、有七間礼堂已上檜皮葺、」とある。礼堂が孫庇であれば、わざわざ割註で「已

上檜皮葺」と断る必要はないから、御願堂とその礼堂は別棟、つまり双堂の形式であった推測される。五間四面の正堂の前に、桁行七間で、おそらく梁行二間の礼堂が建ち、平面的には一体化されていたのであろう。

勧修寺は醍醐天皇の生母・藤原胤子が、天皇のために建立したものである。その地は胤子の母方の祖父・宮道弥益の居宅を改めたものであった。御願堂はその中心仏堂で、開山・承俊律師は延喜五年（九〇五）に示寂しているから、建立はそれ以前である。

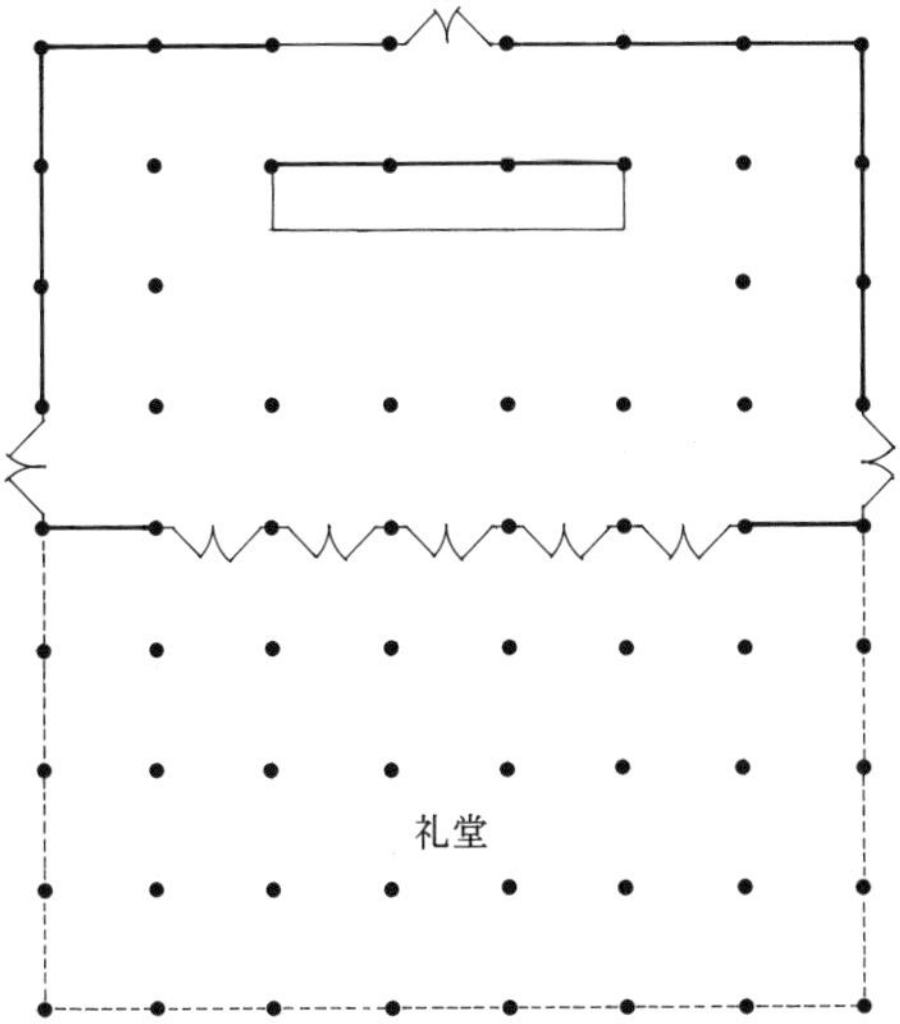

図 8－13　醍醐寺釈迦堂

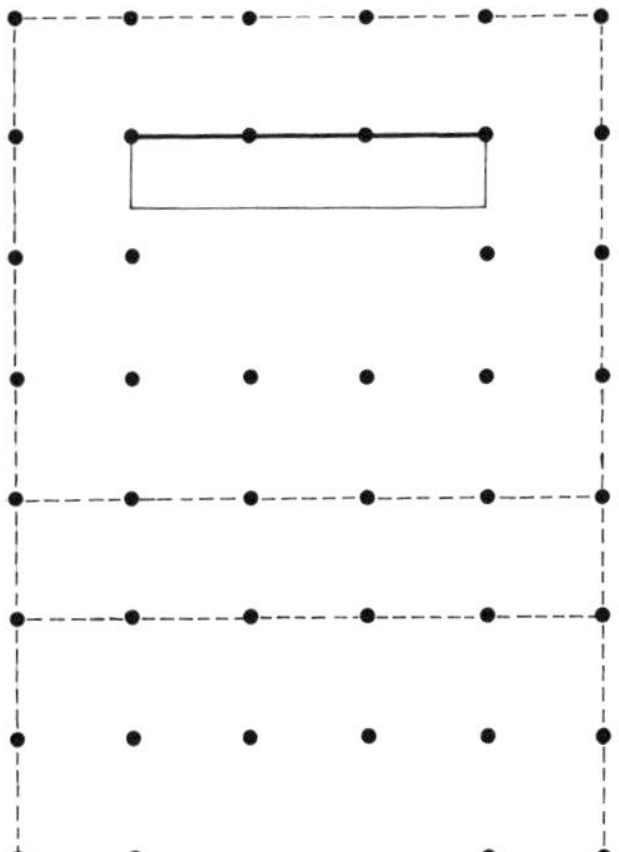

図 8－14　観慶寺

勧修寺西堂

『勧修寺旧記』には「一　御八講事」として以下のように記す。

堂荘厳事

元是御堂与礼堂間、毎間立戸、堂内為諸僧座、氏人着礼堂、保安三年、故按察殿修造之時、礼堂南面懸格子、又破棄中戸、以礼堂為氏人并諸僧座、堂荘厳多以改易、

御八講が行われた仏堂名は記されていないが、おそらく西堂であろう。この堂は延喜年中（九〇一〜二三）に、右大臣勧修寺定方が亡母列子のために建立したもので、天慶（九三八〜九四七）以来、定方の忌日にはこの堂において四日間に渡る八講を開いたという。また一説には、定方は仏堂の完成を見ず薨逝したので、三人の子息、朝頼・朝成・朝忠がその一周忌までに完成させ、「高野古仏」を迎えて供養し、遠忌八講を始めたという。これによれば供養は承平二年（九三二）である。

西堂は「三間四面、又有孫庇、檜皮葺」であった。御堂と礼堂の間には毎間に戸が立ち、諸僧座は御堂内に設けられ、氏人は礼堂に着していたが、保安三年（一一二二）の改造によって礼堂の南面に格子（蔀）を吊り、「中戸」（正堂と礼堂を仕切る扉であろう）を取り外した。そしてこれまで堂内（内陣であろう）に設けられていた諸僧座を礼堂に移したというのであるから、礼堂は以前より規模が拡大したと解釈される。つまり、礼堂は孫庇のみではなく、南庇も含む梁行二間分に改められたと推測される。改修前は、正堂と礼堂の結界は扉構えで、礼堂南面も同じく扉構えであったろう。扉を取り外したあとの結界がどのようになったか不明であるが、あるいはのちの密教本堂形式のように、格子を入れて軽く仕切っていたのかも知れない〔図8－15、16〕。内陣と礼堂の結界が緩くなり、また諸僧座と氏人座が明確に分かれていたものが両座とも礼堂に設定されるように変えられたことは、

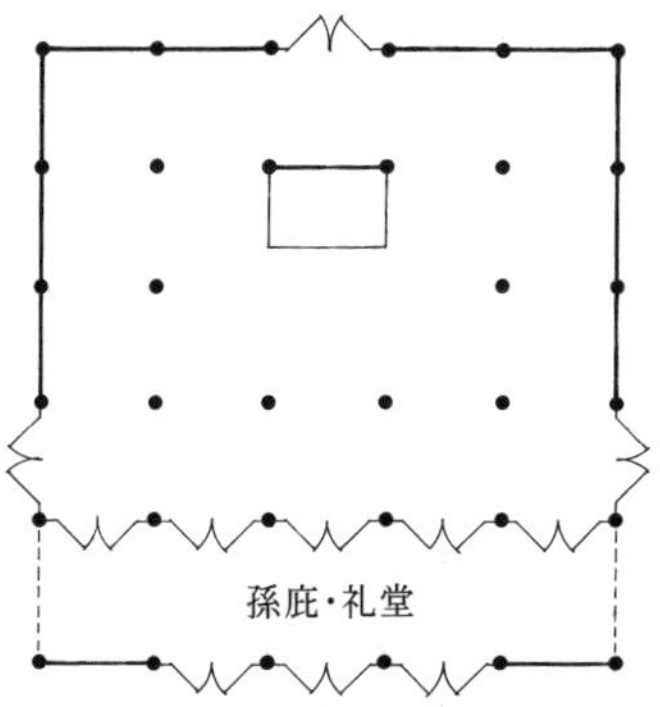

図8－15　勧修寺西堂－承平2年(932)創建時

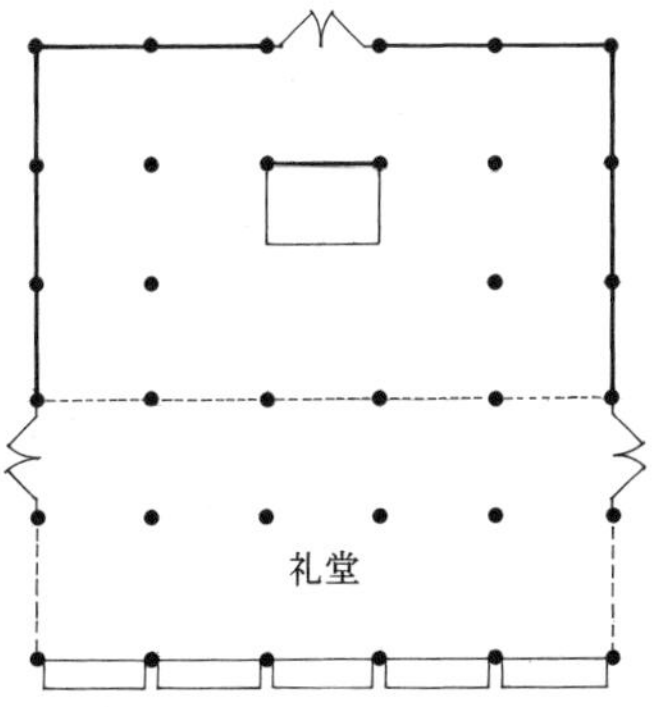

図8－16　勧修寺西堂－保安3年(1122)改造時

礼堂の発展過程を知るうえで重要である。なお、『勧修寺旧記』には「礼堂」の語は御願堂にしか見えないが、西堂の「有孫庇」が実は礼堂であったから、同じく本堂の「南孫庇」もあるいは礼堂であったかも知れない。あるいは双堂形式の、後述する「礼堂造」のもののみを「礼堂」と表記したのだろうか。

走湯山講堂

『走湯山縁起』「巻第五」(19)には次のようにある。

金春和尚、先師賢安所造堂閣、星霜年久、破壊衰損、勧進十方、三間四面檜皮葺講堂修造之、安置十一面観音像長八尺、
又造立五間檜皮葺礼堂、奉立執金剛神二躯長八尺、
又経蔵一宇修造之、奉納五千余巻聖教也、
延斅、承平二年壬申為金春上足弟子、執行大小事、同六年金春入滅畢、
天徳四年庚申始建立鐘堂、又講堂破壊頽毀、康保九年(元カ)甲子入杣山取始材木、同二年、造立五間四面檜皮葺堂一宇并七間礼堂、棟高四丈、東西長八丈五尺、南北広六丈也、又金色十一面観音像一体長六尺、正観音像一躯長六尺、権現一躰御長六尺、安置之、

僧金春の建立した講堂は三間四面檜皮葺であった。これは先師賢安の造立した旧堂が破損したことによる建て替えで、五間檜皮葺礼堂は金春によって新たに造営されたのであろう。礼堂にも執金剛神二躯が安置されたから、あるいは講堂と礼堂は完全に別棟だったのかも知れない。金春の没年は承平六年（九三六）とあるので、講堂の建立はそれ以前である。

そして康保二年（九六五）には旧堂が朽損したので、再び建て替えが行われた。この時には規模をひとまわり拡大し、正堂は五間四面、礼堂は七間とした。

正堂の桁行八五尺を七間に割り振ると、平均柱間は約一二尺。これを梁行にも適用すると四間で四八尺となる。「南北広六丈」を礼堂を含めた寸法と考えると、礼堂梁行は一二尺程度しかなかったことになるから、ここに双堂形式の礼堂を想定するのは困難である。したがって「南北広六丈」は正堂のみの梁行寸法と考えざるを得ない。「棟高四丈」もこの広大な梁行寸法であれば想定は可能である。双堂形式であったろう。

多武峯妙楽寺講堂・東院堂・浄土堂

『多武峯略記』(20)には「講堂（檜皮葺五間四面、礼堂作、元三間四面、）」のあとに以下のように記す。

天禄三年三月二十八日氏長者御願文云、白鳳十一年三月、内大臣長子・定恵和尚初建講堂矣、要記云、三間檜皮葺四面庇、其中南面庇也、名曰講堂、延喜十六年始修理之、同十七年修理畢、延長三年当国目城上利春始造高欄、同四年造飛檐并蔀、……天慶九年改檜皮葺、以瓦七千三百枚葺之、……後記云、講堂本瓦葺三間四面也、前前国司雖加少少修理、柱桁皆悉朽損、故増賀上人・千満再興之、天禄二年二月八日壊却旧堂、自同三年三月廿八日、始造新堂、……今講堂者五間四面両棟作檜皮葺、四面庇、内陣者竪三間、横五間、天井首裏、構南面在隔子五間、東西脇各在開戸一具、北方在車戸一具、外陣者竪二間、横五間、南面在開戸三具、東西脇各在開戸一具、四面各在板敷并高欄、天禄三年九月三日造畢、大工常範、同年九月五日供養、導師増賀上人、呪願師検校千満、氏長者御願文能登守源順作之、

白鳳という年号はないが、定恵の没年は天智四年（六六五）であるから、講堂の創建はそれ以前である。この堂は三間四面の檜皮葺堂で、「其中南面庇也」は南面に孫庇が付いていたという意であろう。天慶九年（九四六）には瓦葺に改められたがその後の朽損により、天禄三年（九七二）には増賀と千満によって新堂に建て替えられた。この堂は檜皮葺五間四面の「両棟作」で、内陣は桁行五間、梁行三間、外陣は桁行五間、梁行二間であったという。これを図化すれば〔図8－17〕のようになろう。[21] 内外陣の境は格子であった「両棟作」はいわゆる双堂の形式であったと思われる。当初の講堂は三間四面の南面に孫庇を付したものであったが、新堂は規模を拡大し、

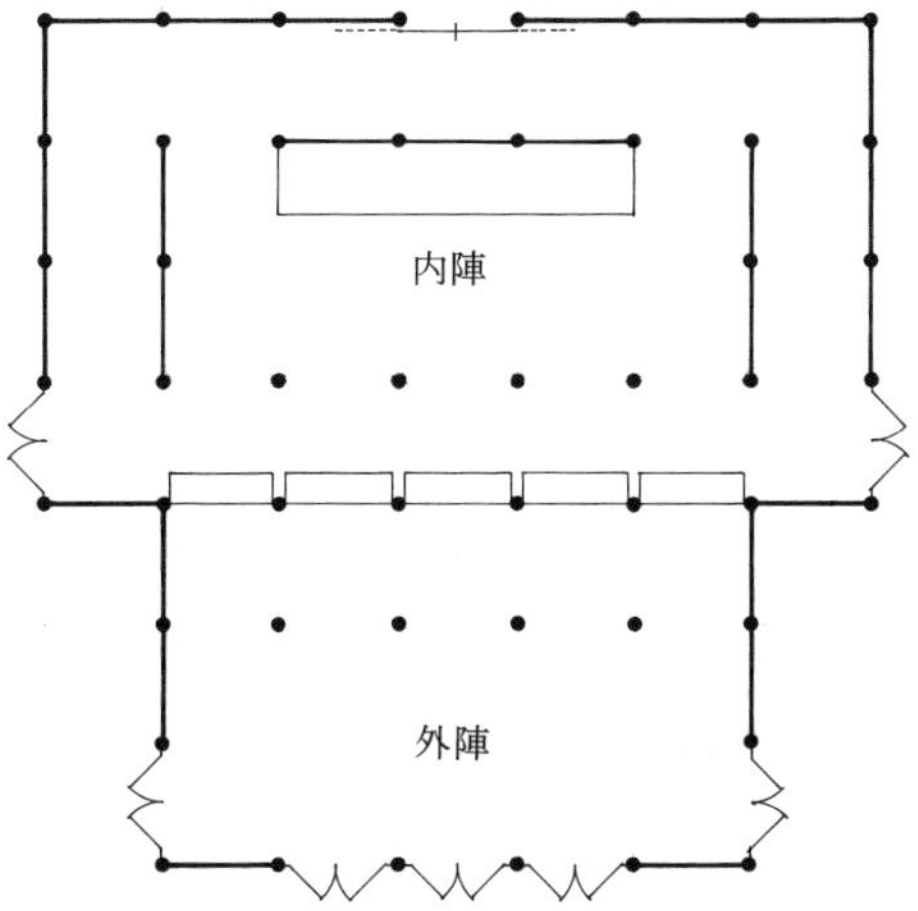

図8－17　多武峯妙楽寺講堂

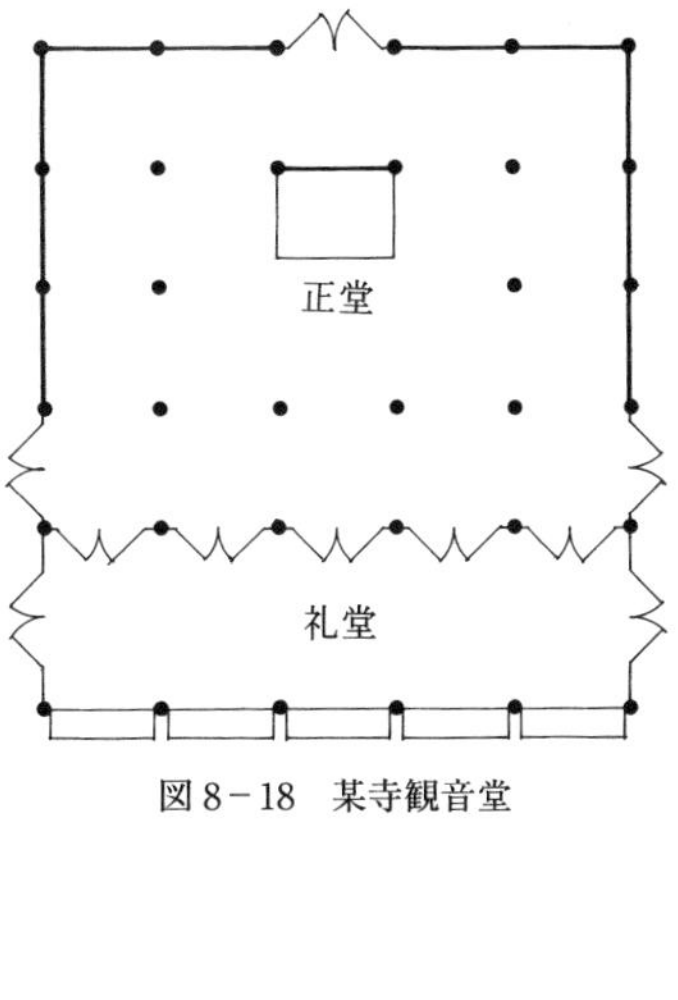

図8－18　某寺観音堂

礼堂も当初は南面の孫庇であったものが双堂とすることによって広々とした空間に変えられた。
なお、文頭の「講堂」の割註に「檜皮葺五間四面、礼堂作、元三間四面」とあるように、「両棟作」の形式を「礼堂作」とも呼んでいたようである。同寺の東院堂は「萱葺一間四面、礼堂作、元檜皮葺」とあり、また浄土院も「檜皮葺三間四面、礼堂作」とあるので、両者も同じく「両棟作」であったと思われる。『多武峯略記』では、前に孫庇が付く仏堂は、例えば南院堂は「柿葺一間四面、前有庇」、平等院は「檜皮葺一間四面、宝形造、前有庇」というように記すから、「礼堂作」はこうした孫庇形式ではないことを裏づけるといえよう。

某寺観音堂・五大堂

「金比羅宮文書」の、天元三年（九八〇）二月二日の奥書を持つ「某寺資財帳」[22]によれば、この寺には三宇の仏堂があり、それぞれ次のように表記されている。

①一、三間四面御堂一宇 在礼堂庇
　　正堂戸八具、礼堂東西二具、隔子五間、
②　三間四面檜葺（ママ）北堂一宇 在礼堂庇
③一、檜皮葺三間四面礼堂庇一宇

①は「御堂」と表現されるこの寺の中心仏堂で、観音堂である。割註の「在庇礼堂」は、御堂の南庇が礼堂になっていたと解釈できよう。正堂の「戸八具」は礼堂との境五間と両妻側各一間、および背面一間に充当される。そして礼堂の妻側にも各一間の扉口があったから、礼堂は孫庇であったと推定される。礼堂前面五間は蔀を吊っていた〔図8－18〕。

②は御堂の北に建てられた五大堂である。割註の「在礼堂庇」は、意味が通じにくい。③の「三間四面礼堂庇一宇」を三間四面の庇付き礼堂と解釈すると、②の「在礼堂庇」は、庇付きの礼堂を付属する、と解釈することが可能であろう。つまり三間四面の檜皮葺五大堂の前に、同じく三間四面の檜皮葺礼堂が軒を接していた。別棟礼堂である。〔図8－14〕に示した観慶寺と同じである。③は「奉立五大尊像」とあって、②と同じく五大尊を安置していた。②③ともに、五大尊は主水令史・調茂真の造立であった。

書写山円教寺講堂・如意輪堂・本堂

『書写山円教寺旧記』(23)によれば、講堂は性空上人によって、永延元年（九八七）十月七日に創建供養が行われた。「檜皮葺三間四面講堂一宇 在礼堂庇」とある。また如意輪堂は「五間四面庇木瓦葺如意輪堂一宇 在礼堂庇懸庇」、本堂は「檜皮葺三間四面庇本堂一宇 在礼堂庇」とある。如意輪堂は安鎮の建立、本堂は性空の建立である。講堂と本堂の「礼堂庇」と如意輪堂の「礼堂庇懸庇」を別形式とすれば、前者は前庇を礼堂としたもの、後者は、あるいは礼堂庇にさらに庇を懸けた、つまり裳層のように屋根を切り替えた、孫庇付きのものであったろうか。この場合、礼堂は桁行二間以上となる。

長谷寺金堂

「長谷寺霊験記」(24)には以下のように記す。

第二度、正暦二年二月三日、大風吹テ、当寺ノ観音堂前ニ大ナル檜木在リ、傍ナル木ニ共磨シテ火出テ観音堂ニ付テ、切テ取タル様ニ礼堂計リ焼テ、正堂ニハ付カズ、正暦二年（九九一）の火災では礼堂のみ焼失し、正堂は無事だったというのであるから、礼堂は別棟であったと思われる。

神護寺金堂

『神護寺略記』(25)には、

金堂

三間檜皮葺堂一宇 在四面庇、戸四具、

五間檜皮葺礼堂一宇 南面蔀五具、東西各真戸三具、

右、承平実録帳云、三間檜皮葺根本堂一宇 四面庇、戸六具、

在五間檜皮葺礼堂一宇 戸五具之中南面三具蔀、 東西脇戸具（二具カ）戸云々、今金堂

とある。「承平実録帳」によれば、檜皮葺三間四面の正堂に、同じく檜皮葺の五間礼堂が付く形式であった。礼堂には庇がないから、梁行は二間であったろう。〔図8－19〕に復原案を示す。『神護寺略記』の書かれた時期は不明だが、正和四年（一三一五）をやや降るころの成立と推定されている(26)。ここに記された金堂の形態は嘉禄二年（一二二六）の総供養後のものである。承平実録帳記載のものと比較すると、礼堂がきわめて開放的になり、いわゆる密教本堂形式に近づいている〔図8－20〕。

略記には「一、惣供養事 曼荼羅供也」として以下のように記す。

嘉禄二年三月廿七日為 勅願被供養之、以金堂為道場、礼堂正面中間立供養法壇、西端敷御導師座、以東端為請僧座、下礼堂敷公卿座、

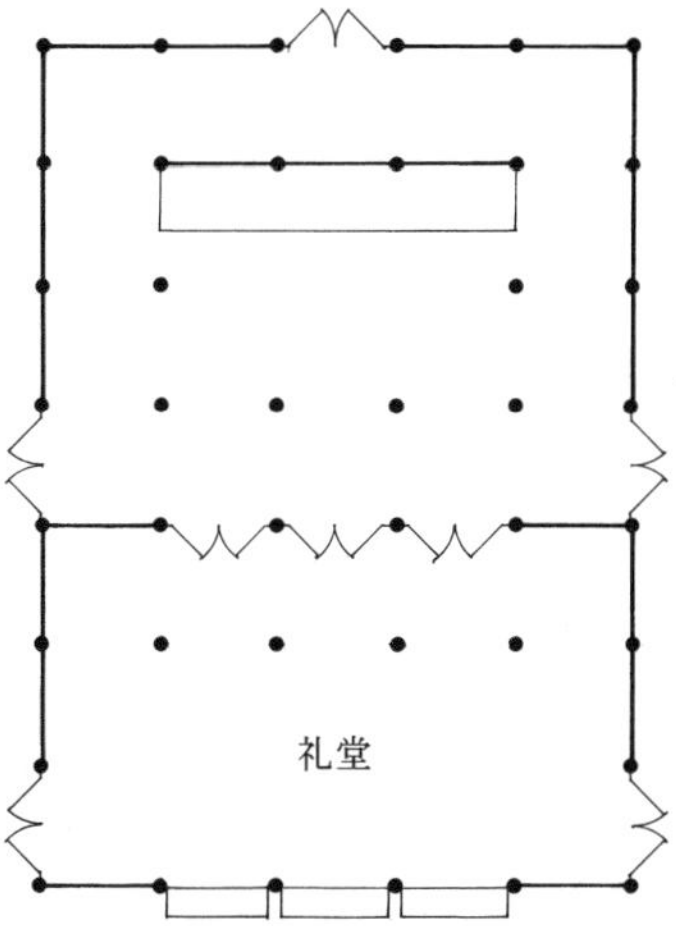

図８－19　神護寺金堂－承平実録帳による

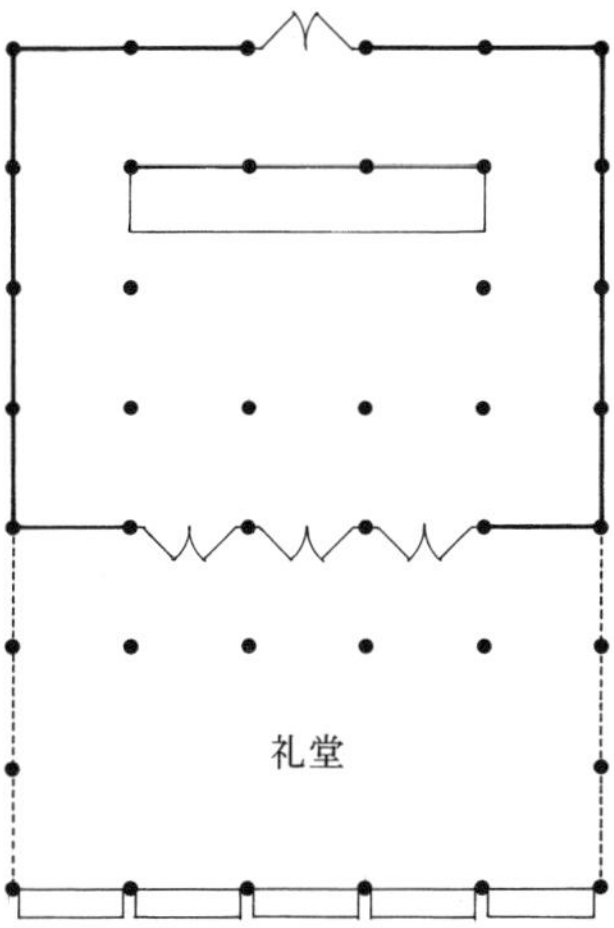

図８－20　神護寺金堂－嘉禄２年(1226)後

嘉禄二年（一二二六）に再建された金堂の礼堂は上礼堂と下礼堂に分かれていたようである。延暦寺根本中堂のように、その間に段差があったか否かは明らかでないが、上礼堂は僧座、下礼堂は俗人の座という使われ方は注意してよかろう。

神護寺五大堂

『神護寺略記』には、

三間檜皮葺堂一宇 在四面庇、南面在又庇、為外陣、戸八具、
右承平実録帳云、
五間檜皮葺五大堂一宇 在戸七具、在額、
右天長　天皇御願、因之亭子内

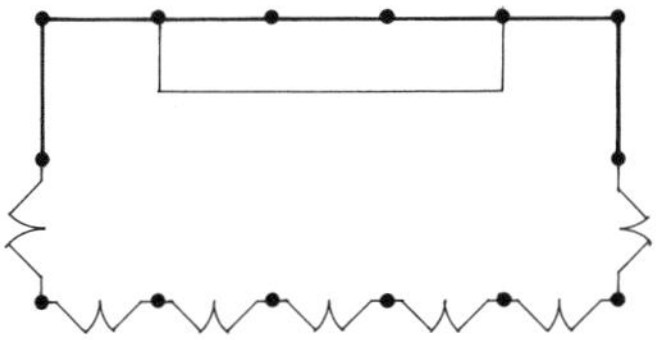

図８－21　神護寺五大堂－寛平３年(891)修復時

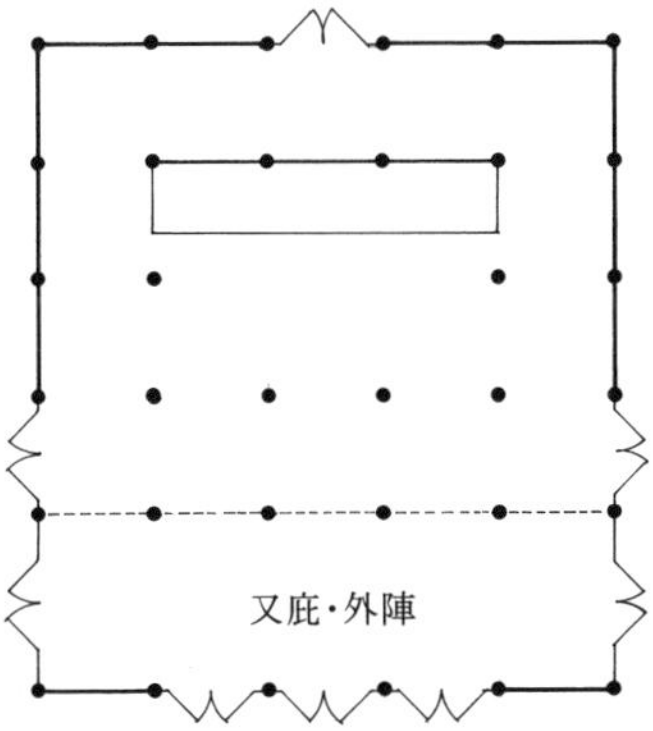

図８－22　神護寺五大堂－正和４年(1315)以前

親王命和気有翊、以寛平三年令修葺亦了者云々、

とある。これによれば淳和天皇（在位八二三〜三三）の御願で、寛平三年（八九一）に修復を行ったという。承平実録帳では庇のない檜皮葺五間堂だった〔図8－21〕。「在戸七具」は、母屋だけの仏堂だったために後戸は設けられず、正面五間と両側面各一間が扉構えであったと推測される。のちに三間四面堂に改められ、南面には又庇が付いていてここを「外陣」としていたという〔図8－22〕。

神護寺灌頂院

『神護寺略記』には「六間檜皮葺堂一宇」とし、割註で「在二面庇、戸四具、南面在又庇、為三昧耶戒道場、正面蔀六具、東西脇真戸各一具」とあるから、桁行六間の南北に庇を有し、さらに南面に又庇を持つ形式である。又庇は三昧耶戒場として使用された。切妻造だろう。〔図8－24〕のように復原されよう。引用する承平実録帳には「根本真言堂」とあり、「又庇」の記載はないから、この時期には三昧耶戒場としての空間はなかったのであろう〔図8－23〕。

仁和寺観音院灌頂堂

この堂の創建は正暦二年（九九一）で、この時の規模形式は不明。長保三年（一〇〇一）の焼失後、寛弘七年（一〇一〇）に再建された。寛治六年（一〇九二）三月十九日の「中御室御灌頂記」[27]は、当日仁和寺灌頂堂において行われた白河院の皇子・覚行法親王の灌頂についての、大江匡房による記録である。

件堂三間四面、南有又庇、件又庇三間称礼堂、礼堂西有妻庇、落板敷也、南庇與礼堂之間、有尸(戸カ)五間、件御堂母屋與庇之間

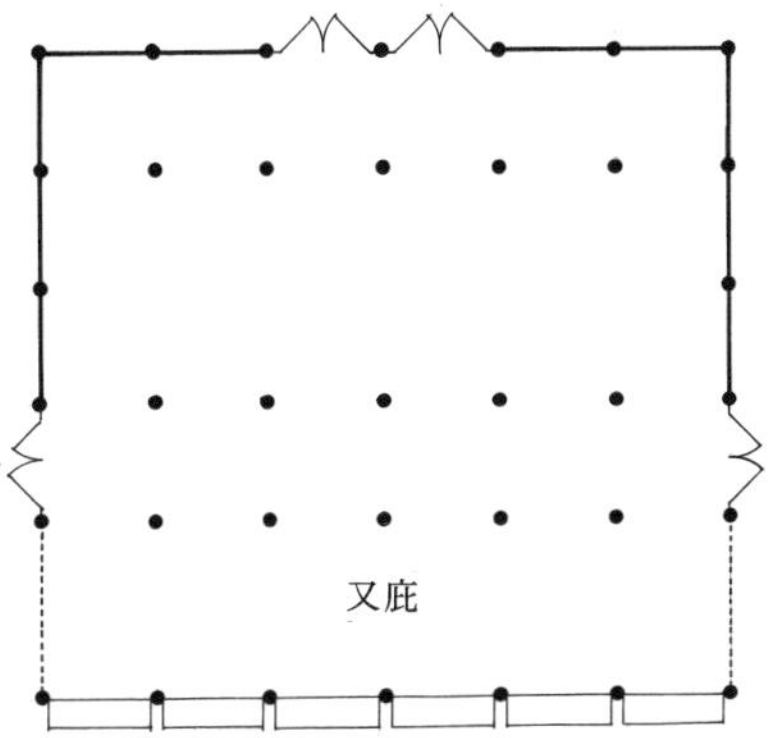

図 8－24　神護寺灌頂堂－正和 4 年(1315)以前

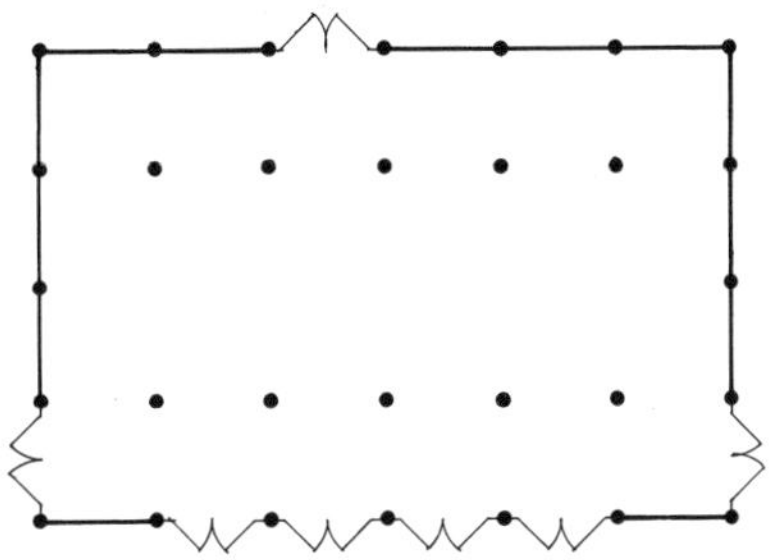

図 8－23　神護寺灌頂堂－承平実録帳による

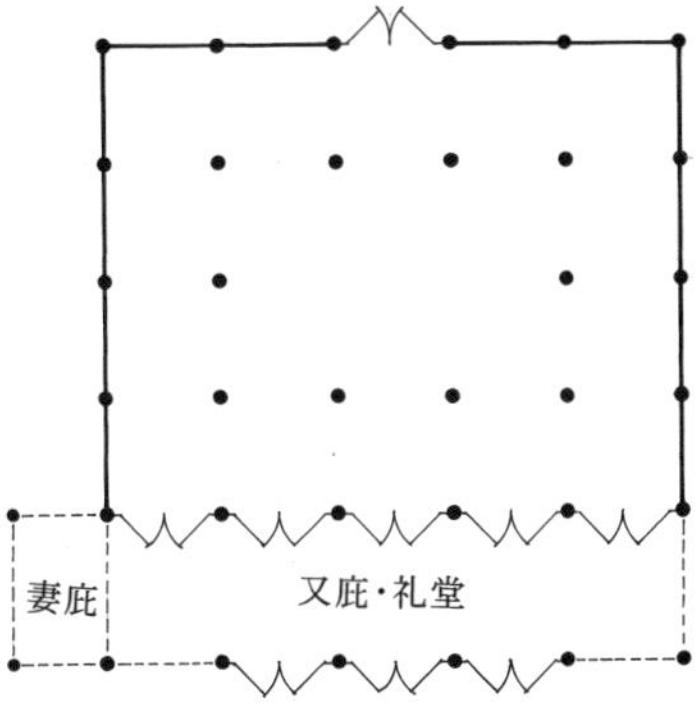

図 8－25　仁和寺観音院灌頂堂－寛弘 7 年（1010）再建時

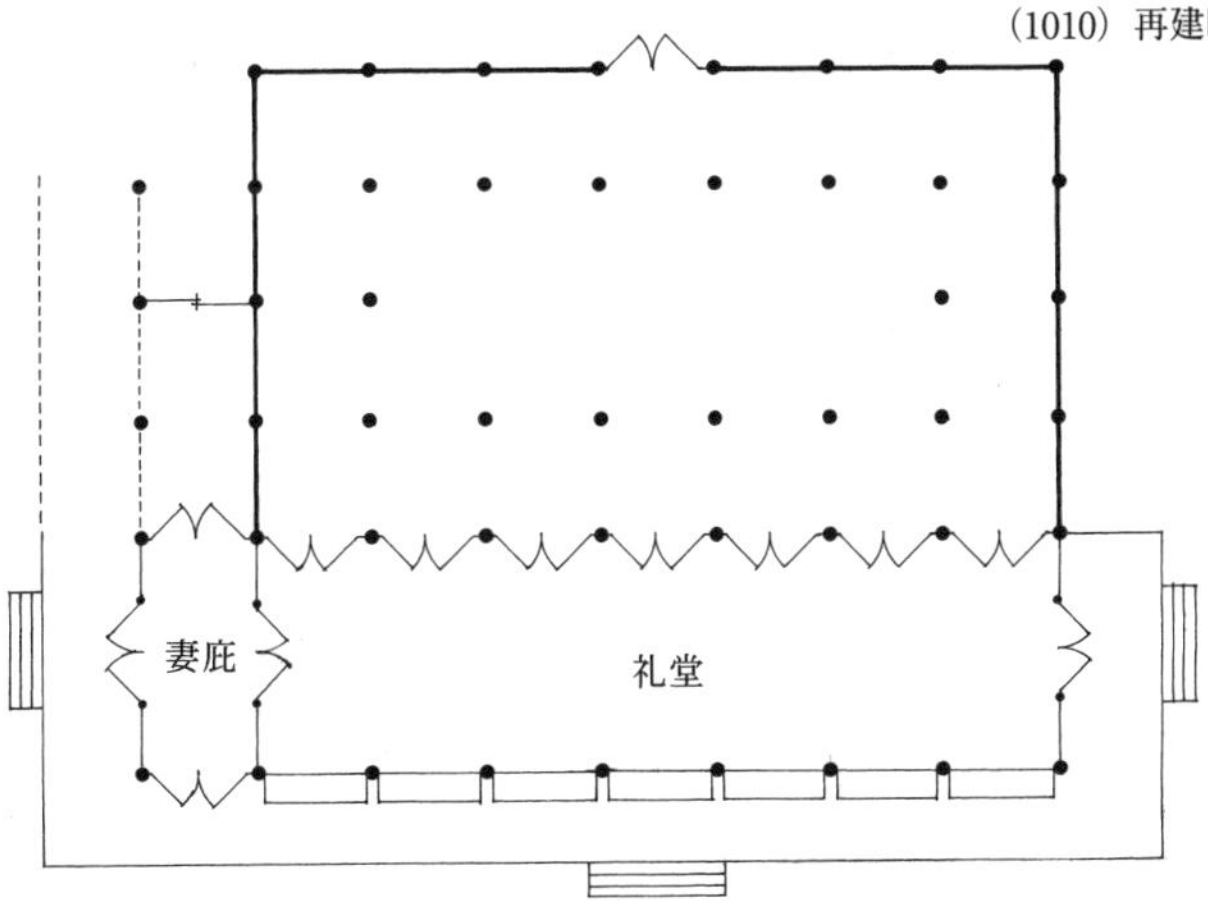

図 8－26　仁和寺観音院灌頂堂－保安 2 年（1121）再建時（『本要記』）

引幔、件母屋内東西立供養法壇、（東胎蔵□、西金剛界、）件御堂東西壁有大師影、（始自龍猛、件壇影等尋常之事也、）件庇戸閇正面、開左右間戸、（為行道路、）

これによれば寛弘再建の灌頂堂は三間四面で南に又庇があり、この部分を礼堂と称していた。割註で「件又庇三間称礼堂」とあるが、「南庇與礼堂之間、有戸五間」ともあるから、又庇は桁行五間で、庇との間は扉で仕切られていたようである。また「件庇戸閇正面、開左右間戸、（為行道路、）」とあることから、少なくとも礼堂正面三間にも戸が立てられていた。礼堂の西に張り出した妻庇が「落板敷」であったから、礼堂も当然板敷であった。正堂については不明である〔図8－25〕。

この堂も元永二年（一一一九）に焼失、保安二年（一一二一）に再建された。この堂については永仁二年（一二九四）の指図が[28]『本要記』に納められている〔図8－26〕。また寿永元年（一一八二）の「観音院恒例結縁灌頂記」[29]の内容もこの図に矛盾しない。礼堂には簀子縁がめぐり、また「西孫庇」〔図では「妻庇」〕はやはり「落板敷」であったから、礼堂は板敷であった。

東寺灌頂堂

東寺の灌頂堂は空海によって計画され、その没後、実恵によって完成した。当初の規模形式は明らかでないが、十四世紀前半の成立とみられる『東宝記』[30]は灌頂院の項において、

一灌頂院差図

旧記云、五間四面正堂一宇、

七間二面礼堂一宇云々、

と記す。後述するように『東宝記』が成立した当時の灌頂堂の礼堂は庇のない「七間堂」だったと思われるので、この礼堂の形式はそれ以前のものであったことになる。また、延久元年（一〇六九）九月七日に大風により転倒し、その再建のための作料を求める状文を載せるが、これには、

五間四面正堂一宇　檜皮葺、

七間礼堂一宇　同前、

と記す。したがって「七間二面礼堂」は延久以前の、あるいは創建時の形式であったかも知れない〔図8－27〕。

また再建にあたってはまず正堂を建立し、礼堂については長治二年（一一〇五）に、栄爵三人を賜うことによっ

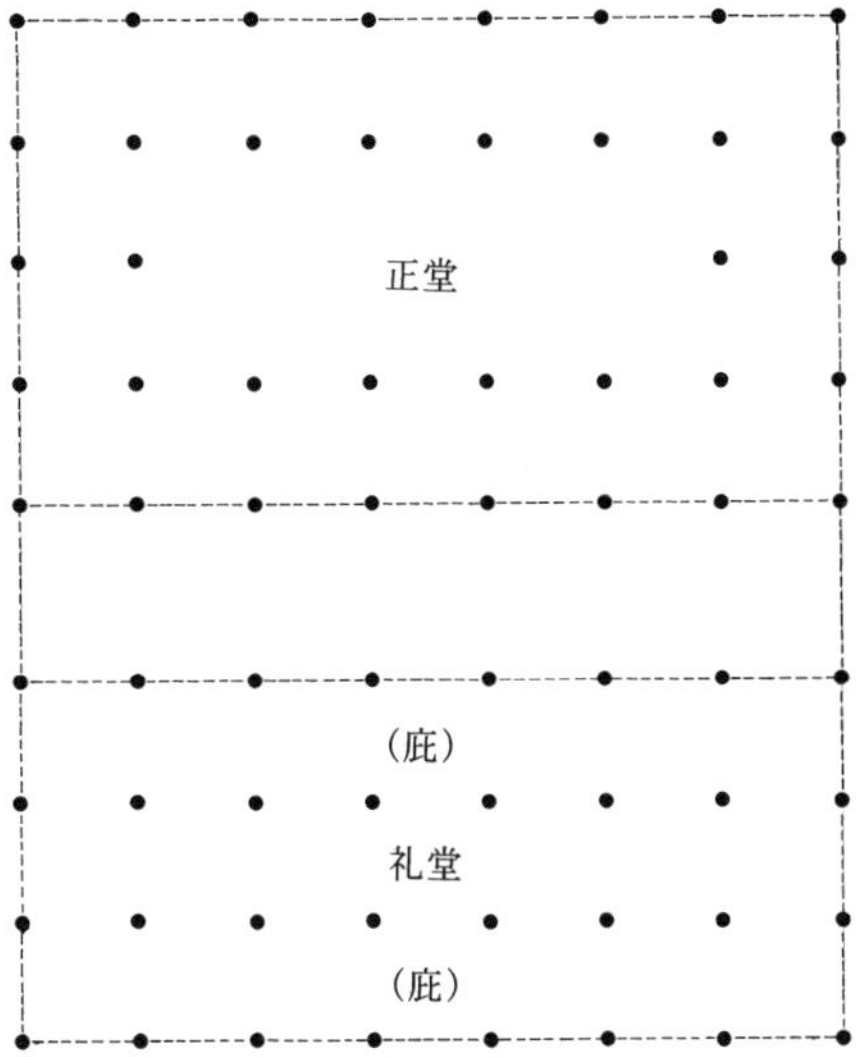

図8－27　東寺灌頂堂－延久元年（1069）以前

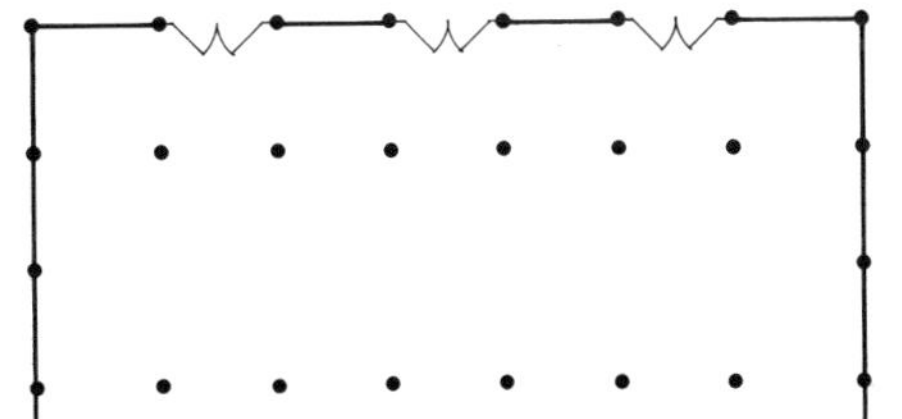
図8－28　東寺灌頂堂－延久焼失後再建堂（『東宝記』）

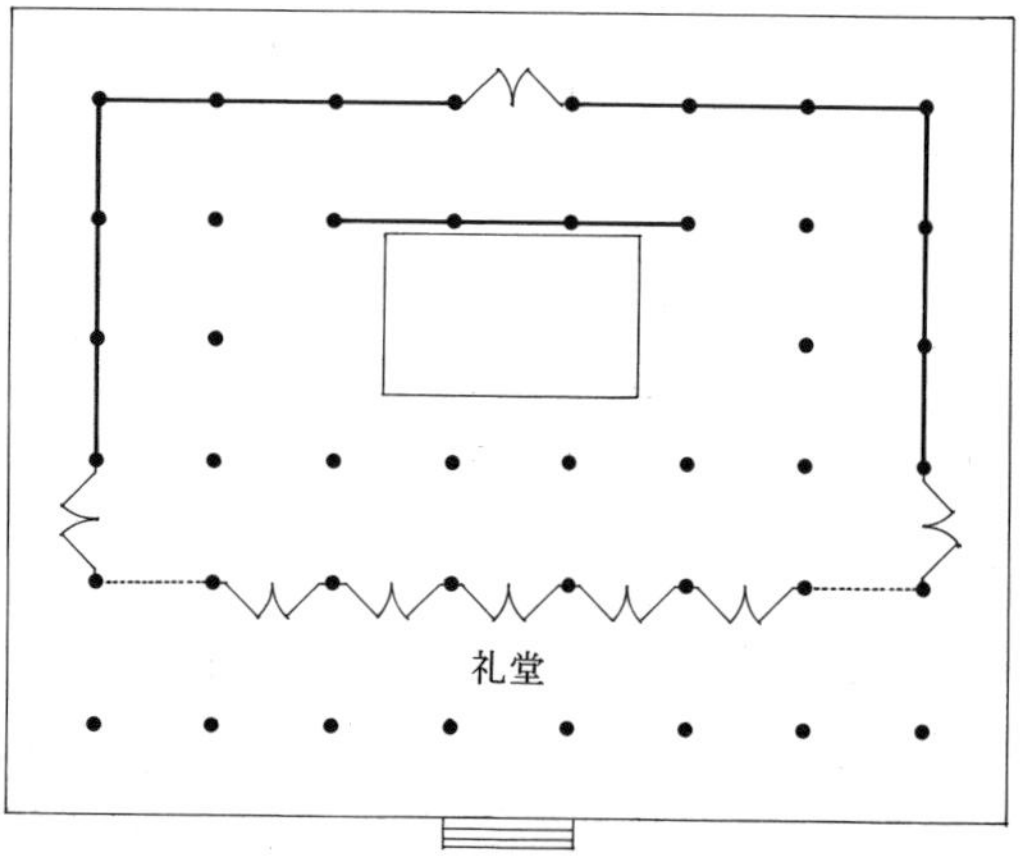

図8－29　東寺食堂（『東宝記』）

て造立したという。礼堂のない時期が三十六年間におよんだことは再建がよほど困難であったことを示しており、再建にあたっては当初規模を縮小したことも考えられる。

この堂は、建久二年（一一九一）に破損による修理を受け、建長四年（一二五二）九月二日に炎上、同年十二月十六日に再建供養が行われた。『東宝記』に灌頂堂の指図が載せられているが、建長再建にあたって堂内の荘厳について「当時柱絵、定任建久図歟、（建久図在別）」とあるので、あるいはこれにあたるのかも知れない（図8－28）。当時の正堂の平面形式は「五間四面」のはずだが、この図には母屋妻側の中央柱がなく、「七間二面」のように見える。しかし建久修理の際には「母屋柱十二本、内古柱只二本」（通常の形式であれば母屋柱は一四本）とあるので、遅くとも延久再建の灌頂堂正堂はこのような変則的な平面であったらしい。すでに母屋庇構造の原則が崩れ始めていたのであろう。寛永再建の現在の堂も柱はないが、この位置に礎石があるので、ある時期までは柱が立っていたのであろう。

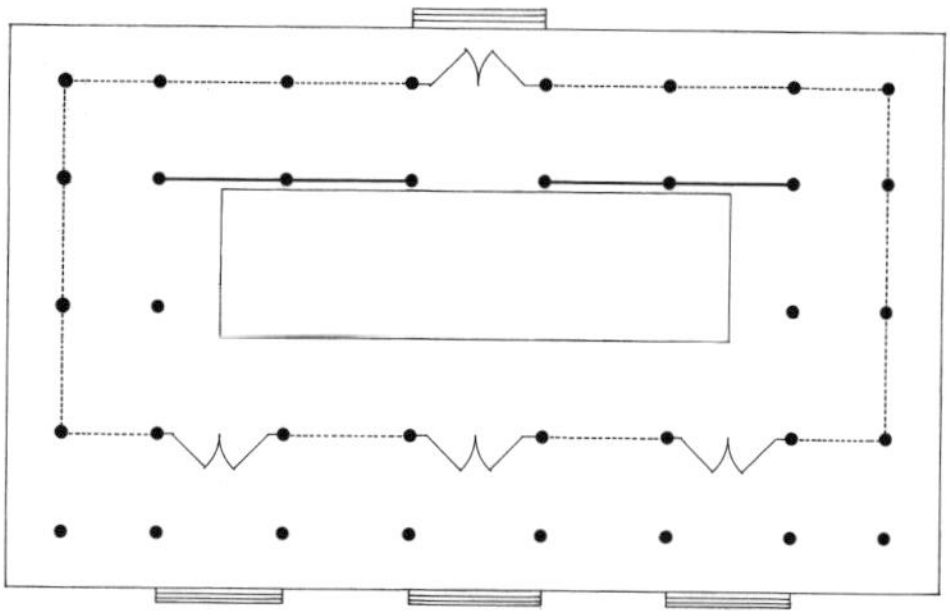
図8－30　東寺金堂

東寺食堂

『東宝記』には「旧記云、五間四面食堂一宇云々」とし、指図を載せる〈図8-29〉。これによれば食堂は五間四面の南に孫庇をのばし、この部分を礼堂としていた。吹放しの形式である。『東宝記』に載せる永保元年(一〇八一)七月二日の「応給栄爵弐人以其叙料令修造東寺五間四面瓦葺食堂壱宇事」によれば、この時までにこの堂は朽損が進み、修造とはいっても「始建立」のごとくであったとする。したがって指図はこの時の再建食堂の図であろうか。

東寺金堂

この堂については大岡実氏の考察がある(31)。これによれば、現金堂は創建時の規模をほぼ保っている。『東宝記』に載せる図は母屋梁行が三間であるが、これは当初は二間であったものを後世に三間に割り直した結果である。図の南は「廂」だが、柱が描かれていない。以上の考察によって、〈図8-30〉のように復原される。南面の吹放しの庇が礼堂であったか否か不明だが、前記の東寺食堂図には「礼堂」の書き込みがあるので、同様であった可能性はある。

醍醐寺准胝堂

准胝堂は醍醐寺の開山・聖宝が笠取山上に始めて造営した仏堂で、のちに上醍醐の本堂とされるものである。平安時代末期の成立とされる『醍醐雑事記』によれば、准胝堂の構成は「正堂一宇三間四面、廊一宇五間、礼堂一宇三間四面、東西廊各三間、鐘楼一宇已上檜皮葺」であった。三間四面の正堂の前に、同じく三間四面の礼堂が建つ。「廊」は、

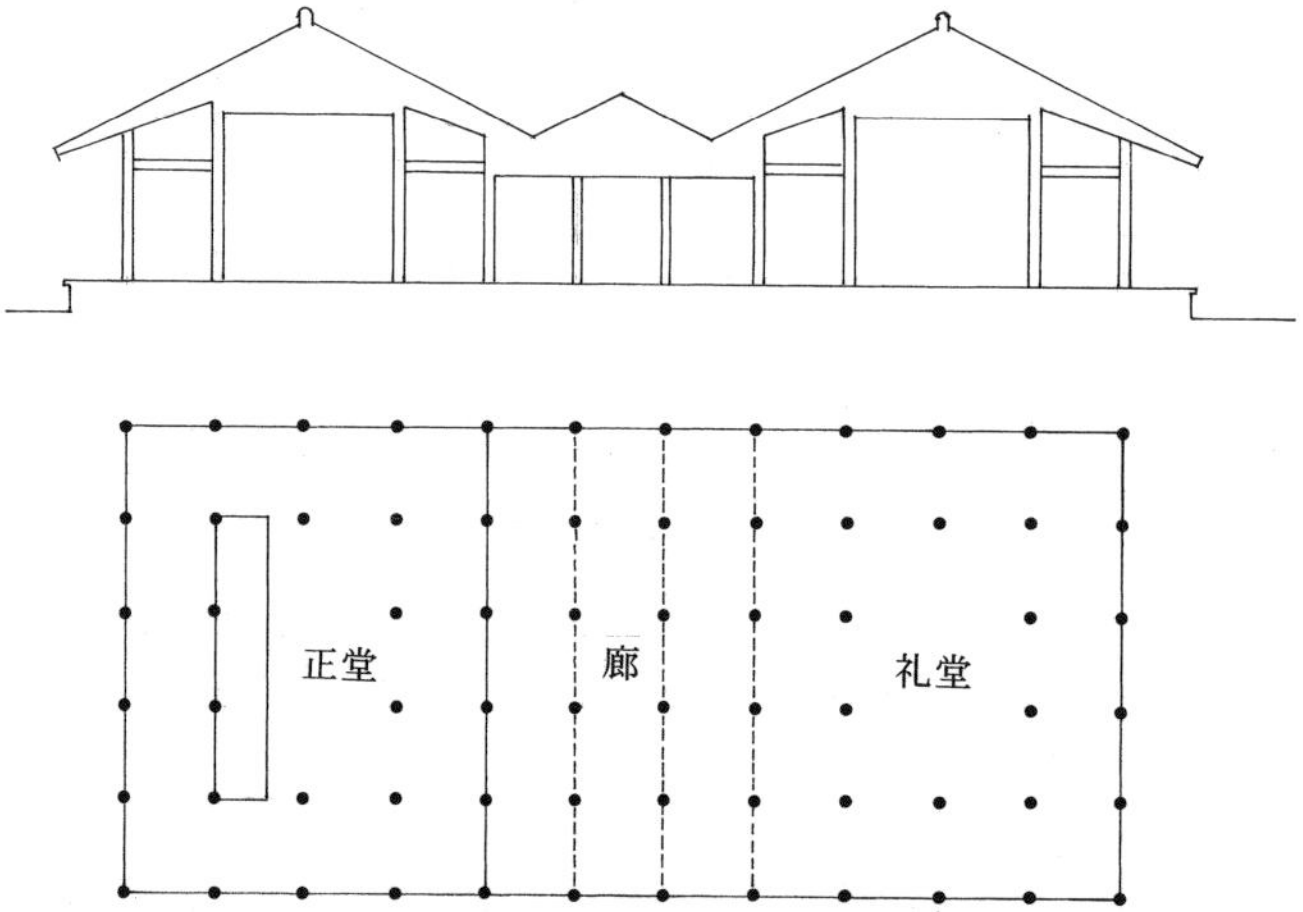

図8－31　醍醐寺准胝堂－永長2年（1098）修造時

一般的には正堂と礼堂を結ぶ細長い建物であるが、それでは礼堂と正堂の空間的なつながりが遮断されてしまう。したがってここでは礼堂・廊・正堂の三棟の双堂の形式と推測した〔図8－31〕。『醍醐寺縁起』によれば准胝堂の創建は貞観十八年（八七六）だが、永長二年（一〇九八）には「修造」が行われ[32]、創建後二百余年を経過していたから、あるいは建て替えに近いものであったかも知れない。したがって雑事記記載の形式が創建時のものである保証はない。

ところで、醍醐寺所蔵の上醍醐准胝堂関係の指図について、山岸常人氏によって紹介と検討がなされている[33]。それらのうち、最も古い中世末期以降とされる指図を引き写したのが〔図8－32〕である。また中世期のものと推定された建地割図も紹介されているが、これらは『醍醐雑事記』の記す形式を彷彿とさせるものである。外周の建具に蔀を用いず、すべて扉構えとするのも古式である。創建堂の形式が連綿と引き継がれてきたのであろう。正堂は土間、礼堂は板敷であったらしい。

石間寺

醍醐寺の末寺である。『醍醐雑事記』には「石間寺〈一間四面、〉礼堂一宇〈已上檜皮葺〉」とある。一間四面の小堂の前に、桁行三間の礼堂が接続する双堂形式であった。

醍醐寺東院

この院は朱雀天皇の御願である。『醍醐雑事記』には「一東院〈三間四面、在礼堂、前妻戸三本、檜皮葺〉」とある。この場合は南の孫庇か、あるいは醍醐寺薬師堂のように南庇を礼堂としたものであろう。

醍醐寺三宝院灌頂堂

この堂は天承元年（一一三一）に定海によって建立された。『醍醐雑事記』には「一三宝院〈又号灌頂堂、五間四面〉」「礼堂〈六間〉」とある。これと「治承三年三宝院伝法灌頂私記」によって、藤井恵介氏が復原を試みている〔図8−33〕(34)。雑事記の

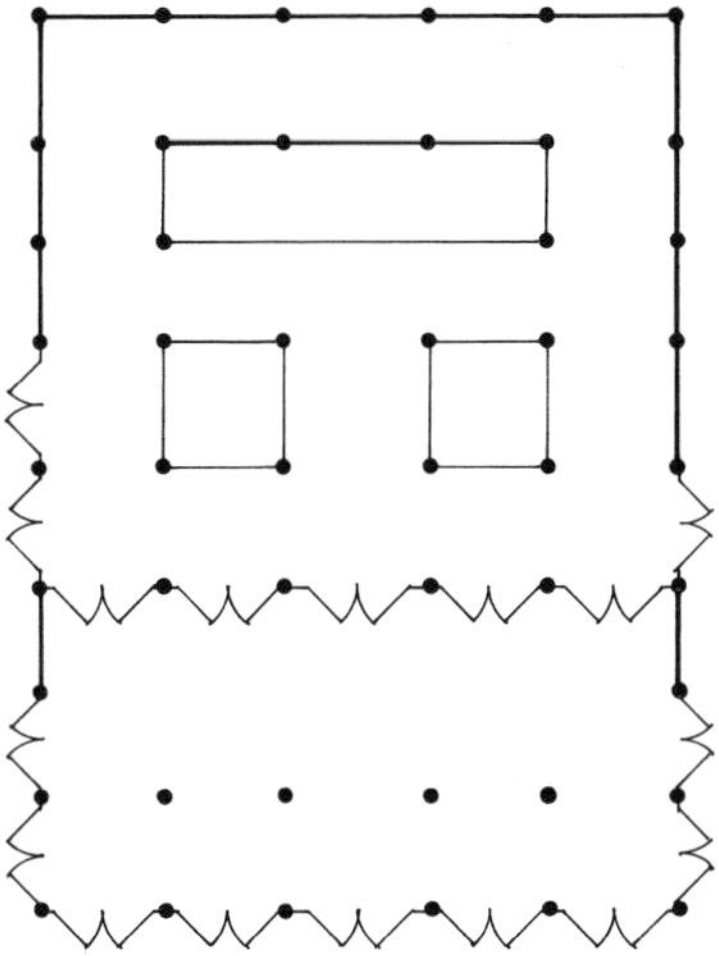

図8−32　醍醐寺准胝堂−中世末期以降

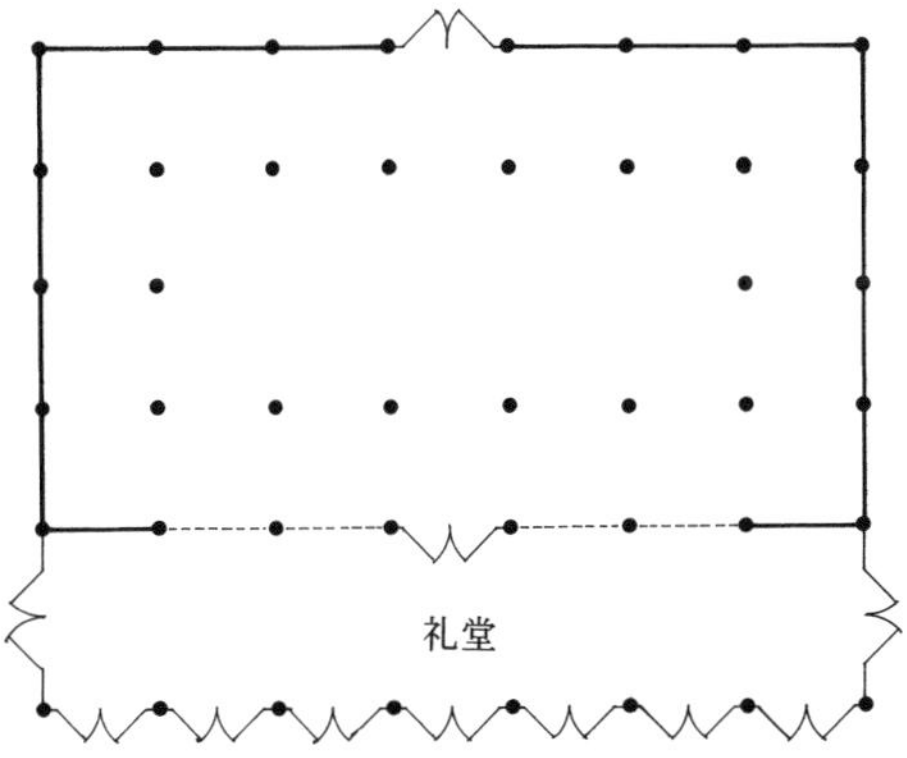

図8−33　醍醐寺三宝院灌頂堂

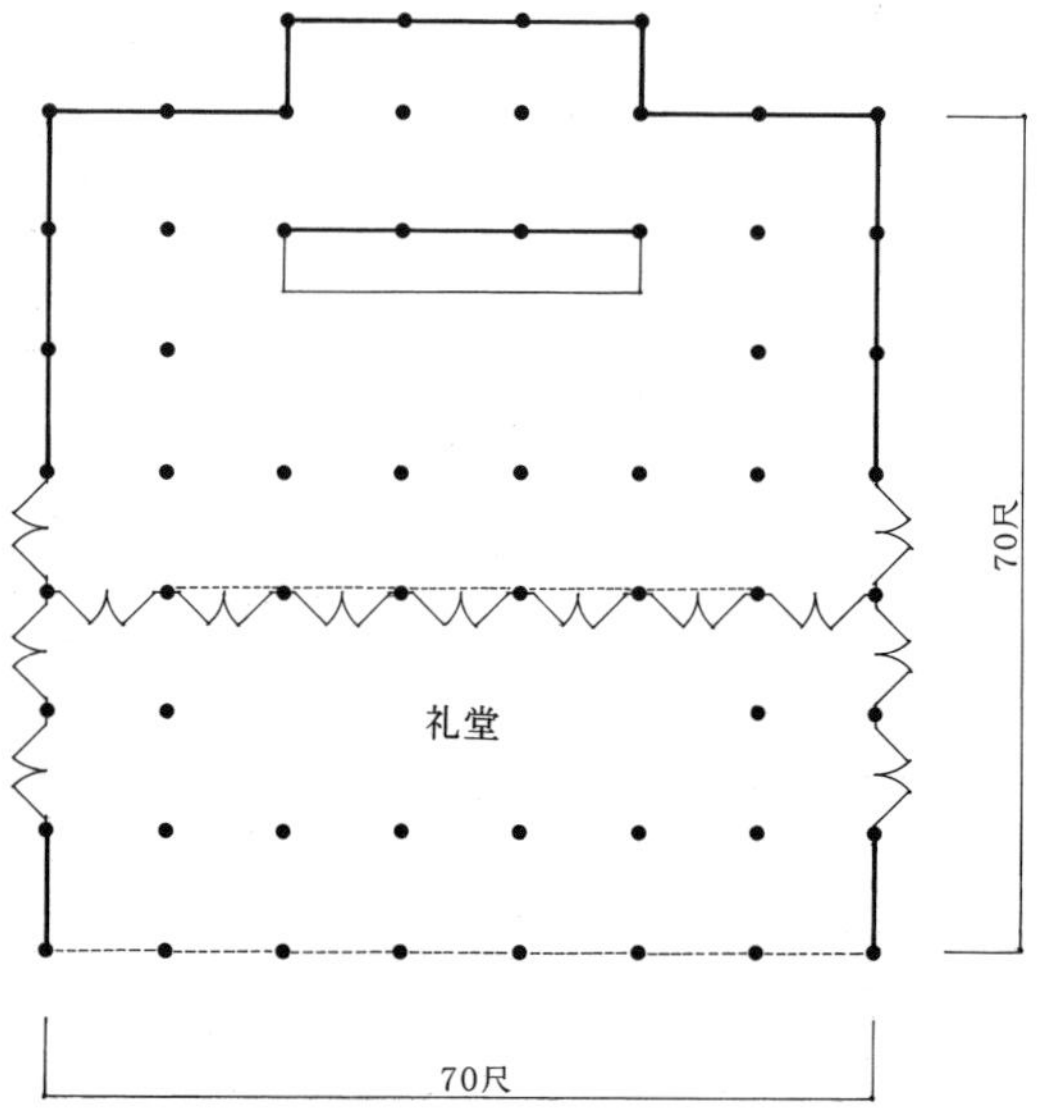

図8－34　仁和寺金堂

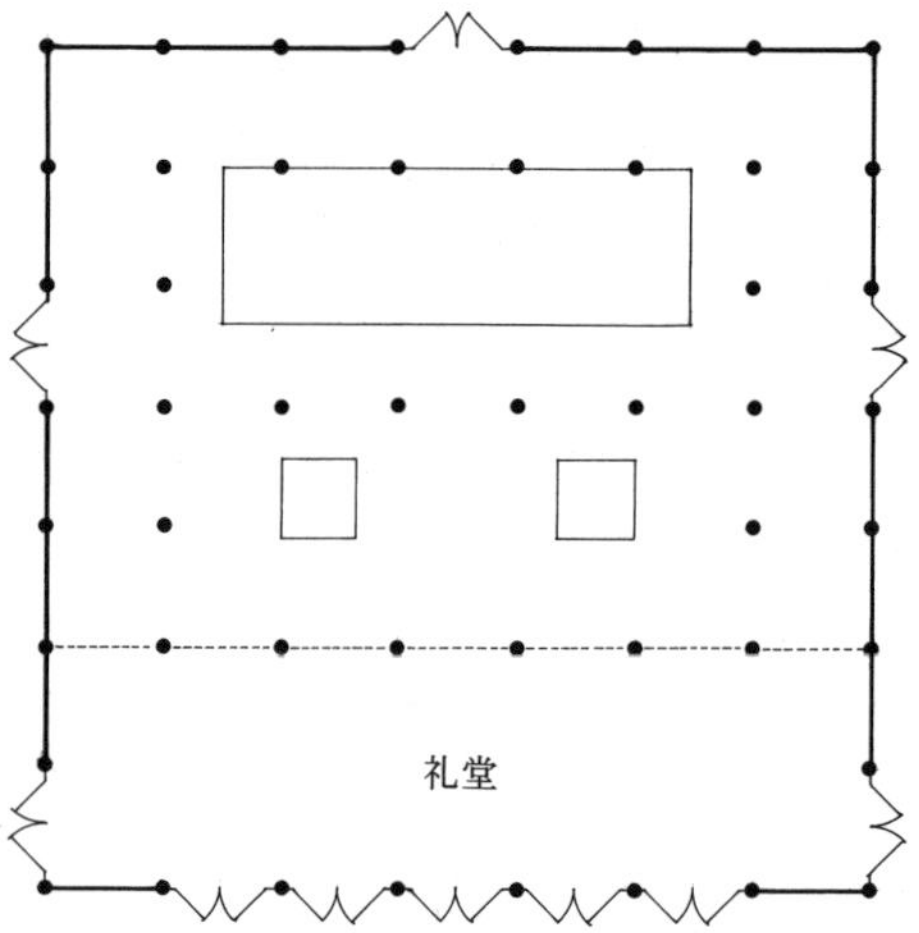

図8－35　高野山金堂

「礼堂六間」は「七間」の誤りであろう。

仁和寺金堂

この堂については福山敏男氏の考察がある。[35] 創建期の仁和寺金堂については史料を欠く。元永二年（一一一九）再興堂は『本寺堂院記』に引く『古徳記』によれば、檜皮葺五間四面で、前面に五間三面の礼堂が付属していた。

また保延元年（一一三五）の再建堂については『長秋記』同年五月十八日の条に、再建供養時の指図が載せられている。これらによる保延元年再建堂の復原案を〔図8－34〕に示す。『長秋記』の指図には母屋梁行が一間で描かれているが、福山氏の指摘どおり、これは二間と考えた方が自然だろう。

高野山金堂（講堂）

この堂については藤井恵介氏の考察があるので、以下はこれによる。

創建時の形式は明らかでないが、康保五年（九六八）の『金剛峯寺建立修行縁起』には「三間四面講堂一宇、柱長一丈六尺」とある。承和元年（八三四）当時の高野山の四至を示すとされる『御手印縁起』所収の結界図には「御願堂」（講堂）として七間二重の建築が描かれている。これは前述の三間四面に裳層の付いた形と解釈する。「柱長一丈六尺」という長大な柱も、裳層付きであれば不自然でない。この堂は正暦五年（九九四）に火災で焼失する。再建の時期は明らかでないが、長久三年（一〇四二）当時の講堂には礼堂があった。天治元年（一一二四）十月の「高野御幸記」には「母屋五間垂帳」とあるので桁行七間の堂で、内陣と礼堂は戸で仕切られていた。この堂も久安五年（一一四九）に焼失するが、翌年には早くも再建された。この堂については寿永三年（一一八四）の「高野山金堂図」[36]によってその平面が判明する。

さて、「高野山金堂図」〔図8－35〕に描かれた金堂は桁行二間の礼堂と、同じく二間の内陣、そしてその中間に両界曼荼羅を安置する空間が挟まれるのが特徴である。その原形は五間四面の正堂に桁行七間、梁行二間の礼堂が付属する双堂形式であろう。ある時期に正堂・礼堂の屋根が一体化され、それによって旧来の造り合い部分の柱列が撤去されて、両界曼荼羅安置空間として整備されたのであろう。いずれにせよ、古い時代の裳層付き仏堂からは大きく変化したことになる。

尊勝寺灌頂堂

尊勝寺は堀河天皇の御願寺で、灌頂堂は金堂などとともに康和四年（一一〇二）に供養が行われた。『阿娑縛抄』「第十二（両寺灌頂）」には二葉の同堂指図が載せられている。また『山槐記』治承四年（一一八〇）十二月十四日の条にも、尊勝寺において行われた灌頂儀式に関する「灌頂堂差図」として、同堂の礼堂部分のみが描かれている。これらによれば五間四面の正堂の前に、桁行七間、梁行二間の礼堂が付属していた。『山槐記』の指図によれば、礼堂の西妻側には付庇らしいものが付設されており、この部分は「板敷」の書き込みがある。また、正堂・礼堂境は両端間が連子で、他は扉構えだったようである。礼堂の外周部の構えは明らかでないが、灌頂儀式終了後に、「讃衆布施自東戸引之」とあり、讃衆座は礼堂内にあったから、吹放しではなかった。ただし、そうであれば正堂・礼堂境に「連子」を設けるのは不自然であり、あるいは当初は吹放しであったのかも知れない。礼堂の床については「昇西階、有板敷一間、然而乍着沓昇、南壇為土之故也」とあることから、土間床であったようにも取れるが、指図によればこの堂は基壇上に建つが、西階を昇るとそこは板敷の付庇になっており、そこからいったん南の「土壇」（基壇）に下りてから再び礼堂内に入ら

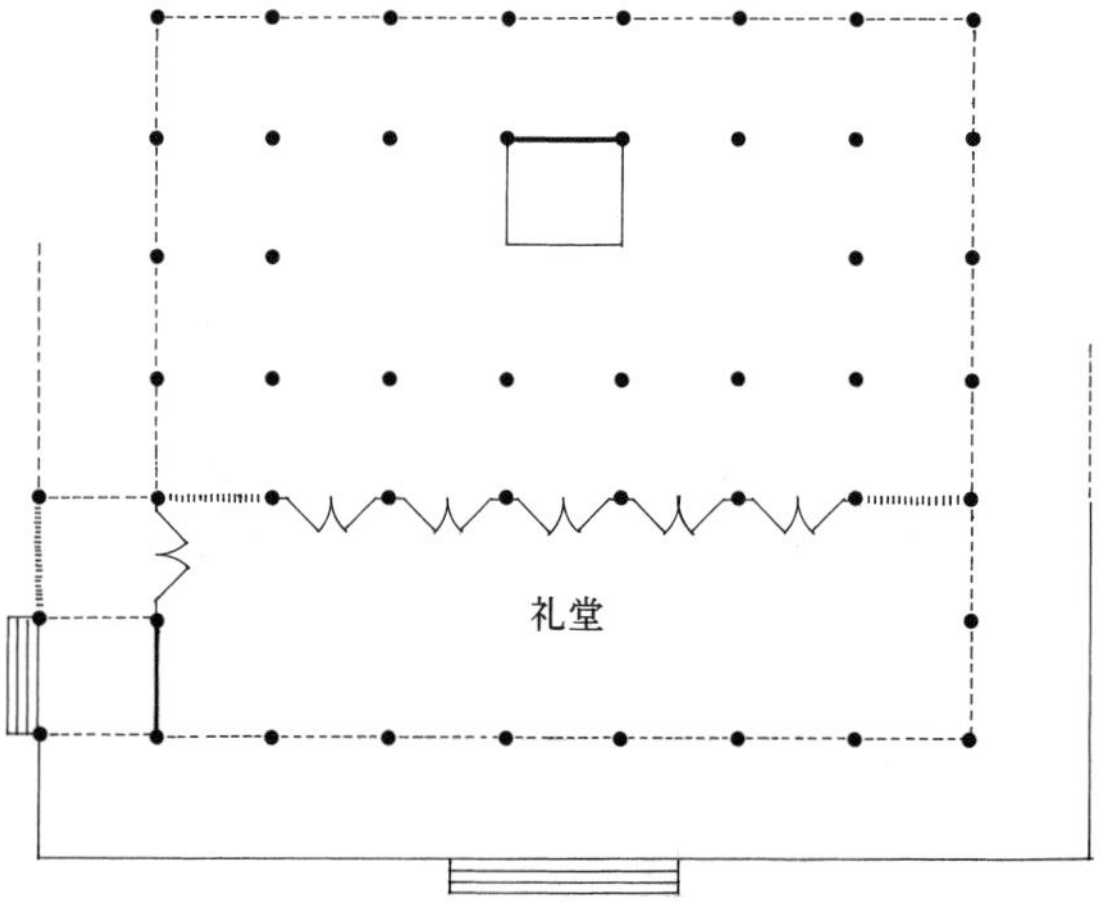

図8－36　尊勝寺灌頂堂

ねばならなかったために「沓のまま」西階を昇ったのであるから、むしろ礼堂内は板敷と考えた方がよいだろう。(37)〔図8－36〕に復原案を示す。

最勝寺灌頂堂

最勝寺は鳥羽天皇の御願寺として元永元年（一一一八）に供養が行われた。灌頂堂については建久六年（一一九五）の「最勝寺灌頂図」がある。(38)この図ではこの堂が桁行七間であること、正堂と礼堂の境に「妻戸」が用いられていたことがわかる程度である。礼堂の梁行間数も不明だが、尊勝寺同様、二間であったろうか。

石清水八幡宮の護国寺と極楽寺

この両寺の指図については井上充夫氏の論考がある。(39)「石清水八幡宮御指図」のうちの二葉である。護国寺の指図は建久六年（一一九五）以後、十三世紀初頭以前のものと推定されている。三間四面の正堂の前には桁行五間、梁行二間の広い礼堂が付く。前述した尊勝寺灌頂堂同様に、野小屋により一体化した建築の様子を示している。(40)結界は扉、礼堂前面は蔀である。

極楽寺の指図の内容は九世紀後半から十三世紀初頭のものとされている。正堂、礼堂とも切妻造の双堂という寺院としては特異な形態で、礼堂は吹放し、結界は扉である。この形式は石清水八幡宮本殿の形式である八幡造を祖形とするものであろう。両寺とも扉によって厳重に結界するが、これは寺院本堂よりもさらに閉鎖的である神社本殿の影響であろうか。

〔註〕

1 『奈良六大寺大観』「第一巻法隆寺一」。

2 長元八年（一〇三五）当時の東大寺西小塔院は双堂の形式だったが、これも西大寺小塔院の例を勘案すれば当初は細殿と呼ばれていたのかも知れない。

3 『故僧正法印大和尚位真雅伝記』。

4 福山敏男氏は太田・井上氏より早く、『薬師寺』（東京大学出版会、一九五八年）において、『今昔物語集』や『七大寺日記』、『建久御巡礼記』を引いて「薬師寺金堂の内陣には昔から人の入ることがなく」と記している。ここにおける「内陣」は、文脈からは金堂そのものを指しているようである。

5 『七大寺巡礼私記』によれば、「舎利は金堂に安置された五重塔内の白瑠璃壺に納置されており、これを保延六年（一一四〇）に始めて拝見した。そもそも去る嘉承年中（一一〇六～八）の巡礼の折にはこの塔はなく、舎利は拝まなかった。これは嘉保二年（一〇九五）に本薬師寺塔の心礎から掘り出されて、般若寺の塔に安置されていたからだった」としている。ところが『中右記』嘉承元年八月二十一日の条によれば、この日宗忠は薬師寺に参詣し、舎利を見ているから、この時点ですでに舎利は薬師寺にあった。そして宗忠が舎利を見たのは金堂内ではなく、中門においてだったようである。

6 『奈良六大寺大観』「第九巻東大寺一」三月堂の項。

7 祇園・八坂神社の現本殿は承応三年（一六五四）の上棟だが、規模・構成は久安四年（一一四八）の再建まで遡るとされる。この社殿は明らかに双堂系で、三間四面の本殿に梁行二間の礼堂の付く形を原形としている。かつての造り合いは床が一段低くなっている。

8 『本朝世紀』天慶四年八月二十六日の条。

9 『扶桑略記』延長七年九月十七日の条。

10 『大日本仏教全書』「寺誌叢書二」所収。
11 『平安遺文』「古文書編第二巻」所収。
12 『平安遺文』「古文書編第一巻」所収。
13 「檜皮葺仏堂一間」として、割註で「長五丈六尺、四面有庇」とする。
14 『大日本史料』「第二編之八」所収。成立については『群書改題』第七。
15 『平安遺文』「古文書編第一巻」所収。
16 大岡実『南都七大寺の研究』、藤井恵介『密教建築空間論』。
17 『大日本史料』「第一編之六」所収。
18 『続群書類従』「第二十七輯上」所収。
19 『群書類従』「神祇部二」所収。
20 『大日本仏教全書』「寺誌叢書二」所収。
21 山岸氏はこの堂を方五間で、前二間を礼堂、後三間を正堂とする復原案を示しているが、これでは「両棟作」の構造がうまく説明できない。
22 『平安遺文』「古文書編第二巻」所収。
23 『大日本史料』「第二編之二」所収。
24 『続群書類従』「第二十七輯下」所収。
25 『校刊美術史料』「寺院編中巻」所収。
26 藤田経世氏による「神護寺資料」の解題（『校刊美術史料』「寺院編中巻」所収）。
27 『続群書類従』「第二十六輯上」および『大日本史料』「第三編之二」所収。
28 藤井恵介氏の考察による。

29 『続群書類従』「第二十六輯下」所収。
30 撰者の杲宝の没年は貞治元年（一三六二）である。
31 『南都七大寺の研究』中央公論美術出版、一九六六年。
32 『醍醐寺新要録』。
33 「醍醐寺所蔵上醍醐准胝堂関係指図について—その紹介と検討」（『建築史学』第十一号所収。一九八八年九月）。
34 藤井恵介『密教建築空間論』。
35 「仁和寺の創立」（『寺院建築の研究　下』所収）。
36 『金沢文庫資料全書』「第九巻　寺院指図篇」所収。
37 藤井恵介氏は、礼堂は土間であった可能性があり、また礼堂正面の柱間装置は作らず吹放しであったことも考えられる、としている（『密教建築空間論』）。
38 『大日本史料』「第四編之五」所収。
39 「古代末の礼堂付き仏堂—石清水の護国寺と極楽寺」（『建築史学』第十九号、一九九二年二月）。
40 井上充夫氏は礼堂部分を孫庇とされるが、梁行二間の孫庇というのは考えがたい。礼堂前面にはさらに吹放しの孫々庇が付くから、これはやはり野小屋の存在を考えるべきであろう。

［付論三］　延暦寺東塔の堂院配置の復原

延暦寺は山城国と近江国の境界に南北にそびえ連なる比叡山上に立地する。寺院の中心である南の東塔から北の横川までは約四・五㎞。比叡山の主峰である四明岳は標高八四八ｍで、東塔はその北面に位置する。根本中堂の標高は約七〇〇ｍでこれを基準にすると、東塔中に現存する仏堂では山王院が最も高所に位置し、プラス七〇ｍ、ついで戒壇院がプラス五〇ｍである。また最も低い本願堂はマイナス五〇ｍだから、標高差一二〇ｍほどの間に点在していることになる。

比叡山は「三塔十六谷」と称されるが、東塔は根本中堂を中心に、四方は南谷、東谷、西谷、北谷と無動寺谷に別れ、それぞれの谷筋や尾根筋に堂舎が建てられていた。しかしその多くは失われ、主要堂舎でも所在地の不明なものが少なくない。また、当初の位置からのちに移転した堂院もある。

延暦寺の基本史料である『山門堂舎記』、『阿娑縛抄』の「諸寺縁起下山上」、『叡岳要記』（ここではこれらを「基本三書」と表記する）は、東塔に所在した多くの主要堂院について、割註でその位置を示す。これら三書は「付論一史料批判」で詳述したように、基本的には良源治山の十世紀後半の状況と見られる内容が多い。そこで本稿では延暦寺が最も充実した良源の時代（十世紀後半）の、東塔における堂院の配置を復原してみたい。なお、西塔、横川のほとんどの堂院については、三書ともその位置を示さない。

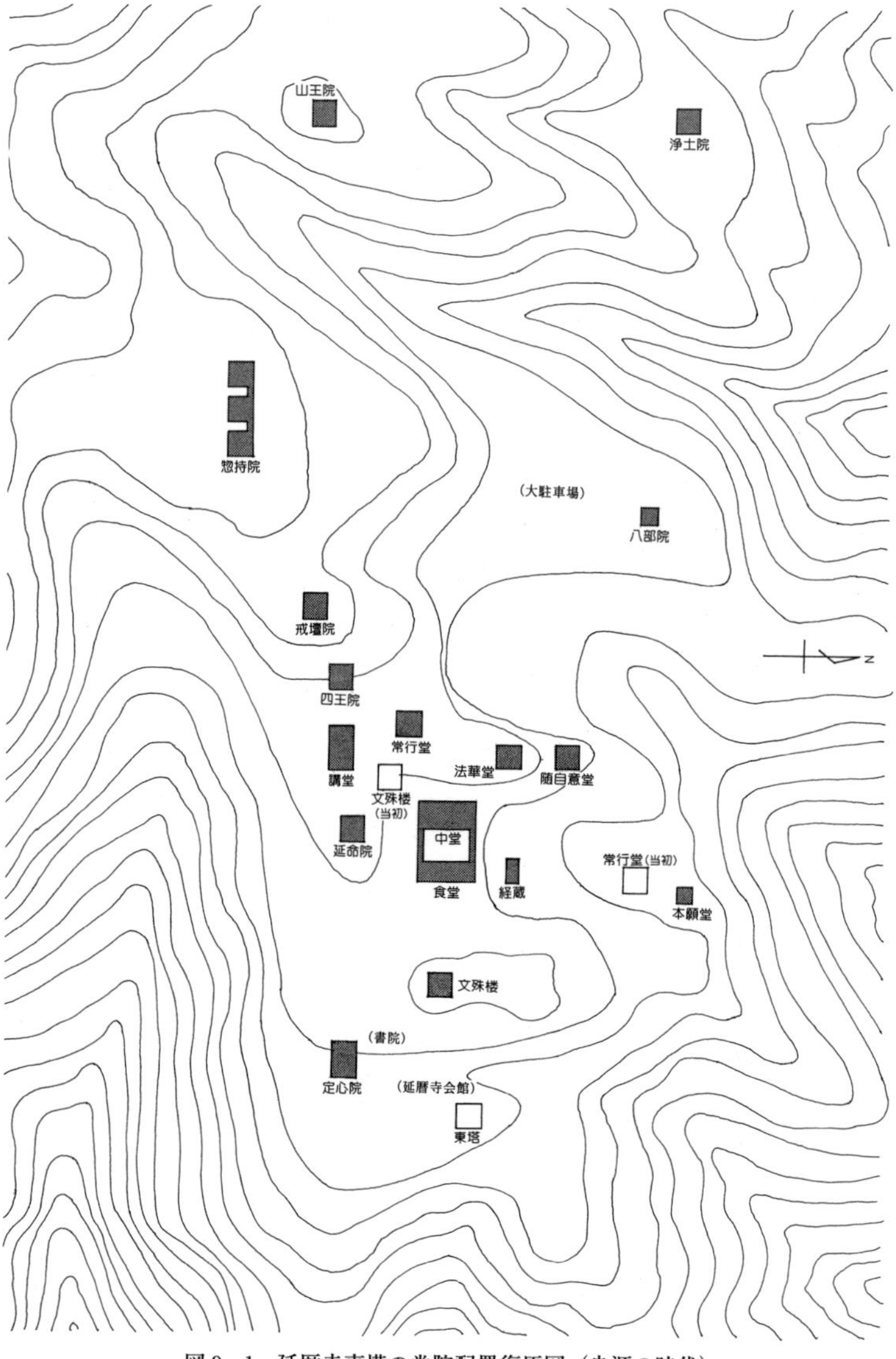

図 9-1　延暦寺東塔の堂院配置復原図（良源の時代）

配置復原の前提となるのは、中心仏堂である根本中堂は最澄による創建から現在に至るまで移動していないということである。これを積極的に証明する資料はないが、逆に、移動を示す資料もない。延暦寺における最重要建築であり、移動があれば必ず何らかの形で伝えられたであろうから、ここではひとまず最澄による創建、円珍による改築、良源による再建を経て現在に至るまで、中堂の位置は動いていないとして論を進めることにする。

根本中堂・食堂・経蔵

根本中堂は東向きに建ち、正面には中堂の位置とは高低差約二〇ｍの急峻な「虚空蔵峯」がそびえる。また北の四明岳から東北にのびる尾根が中堂の西および南に迫る。中堂の北は途中まで緩やかに傾斜しながら下り、その先は北谷が深く切れ込んでいる。最澄の創建堂は比較的平坦な土地を選定して建てられたのであろうが、その後規模を拡大するにつれて造成が行われたであろう。例えば『天台座主記』良源の項に「平地最狭、仍以南岸土為填北谷」とあるように、良源は南の高みの土地を削ってその土で北谷を埋めて敷地の造成を行っている。現状を見ても、中堂の南と西は人工的に削られた跡が確認できる。なお、本論では良源の時代に中堂の東に食堂が造られ、両者は廻廊によって結ばれていたと推測した。中堂の東には虚空蔵峯が佇立していて食堂が建つ余地があったか否か危ぶまれたが、実地計測の結果、廻廊前面から峯下まで約二六ｍの平地があり、十分可能であることが判明した。また『天台座主記』によれば良源時代の経蔵は中堂の北であった。

法華三昧院

『阿娑縛抄』は「止観院西北」、『叡岳要記』は「止観院西塚上」とする。前述したように中堂の西には南からのゆるい尾根が小さく張り出しているから、ここに建てられたのであろう。

戒壇院・講堂・四王院・延命院

延命院は「講堂東」、四王院は「講堂西傍」、講堂は「四王院延命院中間」とあるから三者の位置関係は明らかで、西から四王院・講堂・延命院の順に並んでいた。そして戒壇院は「四王院西埠上」とある。現在の戒壇院と大講堂はほぼ東西に並んでおり、その中間に四王院、さらに大講堂の東辺に延命院があったことが明らかである。現在の戒壇院は、丸く盛り上がった、まさしく「西埠」に立地している。大講堂は中堂の南西の高みにあり、延命院はやや下った、中堂のほぼ真南に位置していたと推定される。

随自意堂（非行非坐三昧堂・覚意三昧院）

「法華堂北」とある。非行非坐三昧は法華三昧（半行半坐三昧）とともに四種三昧の一種であったから、法華三昧堂に隣り合って建設されたのであろう。

文殊楼（常坐三昧堂・一行三昧院）

円仁が創建した文殊楼は康保三年（九六六）に焼亡する。その再建は良源によって行われたが、『慈恵大僧正拾遺伝』には「元立講堂場内、以其甍宇相連、非常可畏、故別占勝地、所建立」とあるから、円仁の文殊楼は講堂と甍を接するような位置にあったことが分かる。『叡岳要記』に「今講堂内艮方地于堂移法花堂南頭為」とあるのがそれであろう。大講堂の東北は中堂の南西に当たる。やや窮屈ではあるが中堂と講堂の中間の位置であったろう。そして「法花堂南頭」は先に示した法華堂の位置とも符合する。講堂と軒を接していたためともに焼失したことを教訓に（中堂も文殊楼と接近していたが文殊楼より低い位置にあったため類焼を免れたのであろう）、良源は虚空蔵峯、つまり現在の位置に場所をかえて再建したのであろう。『天台座主記』良源の項には「安和二年 己巳 以文殊楼造立虚空蔵峻嶺」とある。

常行三昧院

常行堂は円仁の弟子・相応によって創建された。『伊呂波字類抄』に「貞観七―叡山常行三昧堂建立、是先虚空蔵尾立」とあるように、貞観七年（八六五）の創建堂の位置は「虚空蔵尾」であった。『近江輿地志略』には「虚空蔵峯　東塔北谷の峯をいふ。下の谷をば虚空蔵尾といふ」とある。文殊堂の建つ虚空蔵峯が北に緩やかに下った、その先の西側で、中堂のほぼ真北に当たる。後述するが、ここには「虚空蔵尾本願堂」と呼ばれる仏堂が現存し、その南側には仏堂が建つ程度の平地がある。おそらくこのあたりが常行堂の旧地ではないかと推測される。そして『相応和尚伝』には「其年（元慶七年）造立常行堂、先是常行堂在於虚空蔵尾、和尚承大師遺命、改造之」とあり、また『山門堂舎記』には「此堂元者在虚空蔵尾、而相応和尚承大師遺命、元慶七年改移彼処了、講堂之北也」とあるから元慶七年（八八三）には同じ相応によって講堂の北に移されたことがわかる。なお、前述したように円仁座主の時代の天安二年から貞観十八年（八五八～八七六）の創建と考えられる文殊楼が講堂の東北にあったから、常行堂と文殊楼はほぼ東西に並んでいたことになる。

以上によって、法華三昧堂、常行三昧堂、常坐三昧堂（文殊楼）、非行非坐三昧堂（随自意堂）の、いわゆる四種三昧堂は中堂の西辺に集中して配置されていたことがわかる。なお『小右記』永延二年（九八八）十月二十九日の条によれば、円融法皇の受戒後の経路は、戒壇院→四王院→講堂→常行堂→法華堂→中堂→文殊楼の順であった。前に見た仏堂の配置によればこれを一筆書きになぞることができる

常行堂は康保三年（九六六）に講堂・法華堂・文殊楼・四王院・延命院とともに焼失する。そして同四年に良源によって再建された。『天台座主記』良源の項には「天元四年……今年改造東塔常行堂、以本堂移作八部院堂地」とあるが、これは天元四年（九八一）に再び常行堂を建てかえ、旧堂を八部院堂の旧地に移建したということで、常行堂の位置がかわったということではあるまい。

物持院

「戒壇院西堉上」とある。現在の大駐車場の南で、四明岳からの比較的大きな尾根が緩やかに張り出している。近年に阿弥陀堂や惣持院多宝塔が建設された位置のやや北方であろうか。東の戒壇院より若干標高が高い。

山王院

『山門堂舎記』は「惣持院西方」、『叡岳要記』はこれに「東塔西谷」の語が続く。現在の山王院も旧地を襲っているのであろう。台地状の土地で、現状を見る限りかなり狭い。

定心院

「文殊楼東南下」とある。現在の延暦寺書院の位置であろう。建立以前はきわめて緩やかな斜面で、これを造成して平地とし建立したのであろう。東に琵琶湖を望む、絶好のロケーションであり、叡山最初の勅願寺の立地と

して申し分ない。

東塔（近江宝塔院）

最澄が計画した東塔は、心柱を立てるまでに工事は進んだが、その後放置され、円仁によって惣持院に組み込まれる形で実現する。『叡岳要記』は惣持院とは別に「東塔院」の項をもうけ、「今定心院艮地、是有夢移惣持院」と記す。何らかの誤脱があるらしく意味が通りにくいが、当初は定心院の艮（東北）にあたる位置に計画されたが、これを惣持院に移して実現した、という意味を含んでいるのではないかと思われる。定心院（現在の延暦寺書院）の東北には、今は延暦寺会館が建てられている。その東は琵琶湖に向かって急な斜面となっており、書院とともに抜群の眺望を誇る。近江側の里からは高くそびえる塔が仰ぎ見られたはずであり、延暦寺のシンボルの立地として最高の条件を備えていただろう。

八部院

「法華三昧堂西尾上」とある。前述したように法華三昧院は中堂の西から北に張り出した小さな尾根上に立地していた。さらにその西側の尾根は惣持院のあった尾根がさらに北に延びる。ここは現在大駐車場になっており、もともと比較的平坦な場所であったと思われる。八部院はここに立地したものと推測される。江戸期の文書には八部院の位置を「根本中堂より二町四間五尺北西」とある。中堂の北西約二五〇mは、推測した位置にほぼ一致する。なお現存する妙見堂（八部院の別名）の位置は、先に推定した法華三昧堂の位置とほぼ重なるから、旧地を踏襲していない。あるいは大駐車場の造成にともなう移転があったのかも知れない。

本願堂

「虚空蔵尾本願堂」と呼ばれ、最澄が初めて庵を結んだところと考えられている。虚空蔵尾は中堂のほぼ真北の、深い谷である。現存する本願堂の位置は、中堂とは約四〇mの高低差がある。いまの本願堂は江戸期の建築である。由緒ある仏堂であるにもかかわらず、仏堂に通じる道も失われて、荒れるに任せた状態で放置されている。

〔挿図一覧〕

あとがき

東京大学の建築史研究室に大学院修士課程の大学院生として在籍していたころ。まだ具体的な研究テーマも決まらず、とりあえずおもだった史料だけでも読んでおこうと『平安遺文』に続いて『群書類従』のなかから建築に関係のありそうな文書類を拾い読みしていた。そのなかに『三塔諸寺縁起』、『山門堂舎記』、『叡岳要記』、『九院仏閣抄』といった延暦寺の建築についての基本書ともいうべき文献があり、それらとの出会いが延暦寺とのそもそものなれそめだった。これらの基本史料のなかに、「葺檜皮方五間堂」という、他には例を見ない表現法で記された仏堂群があることに注目し、それについてまとめたのが「延暦寺における方五間堂」という短い論文で、一九七二年の日本建築学会大会で発表した。その後、しばらく延暦寺の研究からは離れていたが、一九八四年四月に丸山茂氏（現跡見学園女子大学教授）が私の勤務する東京工芸大学建築学科に赴任してこられたのを機会に、翌年五月からふたりで古文書講読の勉強会を始めようか、ということで最初に取り上げたのが『三塔諸寺縁起』（『阿娑縛抄』の「諸寺縁起下　山上」と同）だった。その年の八月には藤井恵介氏（現東京大学准教授）、上野勝久氏（現東京芸術大学教授）が加わり、『山門堂舎記』、『叡岳要記』と読み継いでいった。翌一九八六年十月には川上信行氏（現川上信行建築事務所代表）もメンバーに加わった。その年の十一月には丸山、上野、清水の三名に中村正之氏（中村古建築代表、故人）も加わって勉強会の成果を片手に三泊四日の比叡山実地調査へと赴いた。勉強会はこの年末をもって解散した。その後も丸山氏とは延暦寺の建築年表作りをともにしたが、研究成果を生み出すまでには至らなかった。

その間、修士論文『平安時代一間四面堂の研究』以来のテーマである浄土教建築についての研究を並行して進め、一九八三年には学位論文『浄土信仰を中核とした平安時代仏教建築の研究』によって、東京大学から工学博士の学位を受けた。その内容を精査しつつ、逐次『日本建築学会論文報告集』や『建築史学』に論文を発表し、それまでの論考をあわせて、一九九二年には『平安時代仏教建築史の研究』(中央公論美術出版)を上梓した。

この研究書の対象は、時代的には平安中期から後期、貴族や天皇家によって建立された寺院を中心とするものであった。平安時代の仏教建築を通史的に把握するためには平安浄土教や密教の源泉となった比叡山延暦寺の歴史と建築を追究することが必須である。前著の公刊後はかつての勉強会での成果を下敷きにしつつ、再び延暦寺の建築史研究に取り組むことになった。大学の雑用等に追われ、研究は遅々として進まなかったが、二〇〇三年頃からようやく成果が形をなし始め、『建築史学』や『日本宗教文化史研究』に論考を発表できるようになった。そしてこのたびそれらを集大成して、『延暦寺の建築史的研究』として出版の運びとなった。

この研究は、文献史料を丹念に読み込んで解釈を加え、それらを総合して延暦寺建築の実像に迫ろうとする、きわめて地道なものである。史料を網羅できたかといえばその自信はないが、筆者の力量の限界近くまで努力はしたつもりである。延暦寺の建築について、かつてそれを総合的に把握する試みはなされてこなかった。また地道で努力の割には成果のあがりにくいこうした研究に取り組もうとする後進も、ひょっとすると現れないかもしれない。

前著『平安時代仏教建築史の研究』は、そのあとがきで「研究者としての前半生の締めくくり」と位置づけたが、本書はたぶん「後半生の締めくくり」になるだろう。前著の上梓から十七年、そして筆者は来年三月で勤務する大学の定年を迎える。それに先だって「後半生の締めくくり」を上梓できたことを、研究者としてのささやかな喜びとしたい。

最後に、この研究の基となったかつての研究会のメンバー、なかでも長期間苦楽をともにした丸山茂氏には心から感謝の意を表したい。

二〇〇九年六月十五日

清水　擴

〔著者略歴〕
清水　擴（しみず・ひろし）

1945年２月生まれ。
1967年３月　横浜国立大学工学部建築学科卒業。
1969年３月　東京大学大学院工学研究科建築学専攻修士課程修了。
1974年３月　同博士課程修了。
1974年10月　東京工芸大学工学部専任講師。
1981年４月　同助教授。
1989年４月　同教授、現在に至る。
2001年２月～2009年２月　文部科学省文化審議会文化財分科会第２専門調査会委員。
2009年２月　文部科学省文化審議会委員、現在に至る。

延暦寺の建築史的研究 ©

平成二十一年七月　十　日印刷
平成二十一年七月二十五日発行

著者　清水　擴
発行者　小菅　勉
印刷　三陽社
用紙　北越製紙株式会社
製本　山田大成堂

中央公論美術出版
東京都中央区京橋二丁目八の七
電話　〇三（三五六一）五九九三番

製函　加藤製函所

ISBN978-4-8055-0595-3